Kohlhammer

Die Autorin

Prof. i. R. Dr. Gertraud Diem-Wille ist Lehranalytikerin für Erwachsene, Kinder und Jugendliche der Wiener Psychoanalytischen Vereinigung (WPV) und der Internationalen Psychoanalytischen Vereinigung (IPV). Sie ist in der Aus- und Weiterbildung von PsychotherapeutInnen und AnalytikerInnen tätig. Sie ist wissenschaftliche Co-Leiterin des Weiterbildungslehrgangs »Psychoanalytisch-orientierte Säuglings-, Kinder- und Jugendtherapie« an der Wiener Psychoanalytischen Akademie (WPA).

Gertraud Diem-Wille

Die innere Welt der Eltern

Psychoanalytische Perspektiven
der Elternschaft

Verlag W. Kohlhammer

Meinen Eltern
Leopoldine und Heinrich Wille
in Dankbarkeit

Dieses Werk einschließlich aller seiner Teile ist urheberrechtlich geschützt. Jede Verwendung außerhalb der engen Grenzen des Urheberrechts ist ohne Zustimmung des Verlags unzulässig und strafbar. Das gilt insbesondere für Vervielfältigungen, Übersetzungen, Mikroverfilmungen und für die Einspeicherung und Verarbeitung in elektronischen Systemen.

Pharmakologische Daten verändern sich ständig. Verlag und Autoren tragen dafür Sorge, dass alle gemachten Angaben dem derzeitigen Wissensstand entsprechen. Eine Haftung hierfür kann jedoch nicht übernommen werden. Es empfiehlt sich, die Angaben anhand des Beipackzettels und der entsprechenden Fachinformationen zu überprüfen. Aufgrund der Auswahl häufig angewendeter Arzneimittel besteht kein Anspruch auf Vollständigkeit.

Die Wiedergabe von Warenbezeichnungen, Handelsnamen und sonstigen Kennzeichen berechtigt nicht zu der Annahme, dass diese frei benutzt werden dürfen. Vielmehr kann es sich auch dann um eingetragene Warenzeichen oder sonstige geschützte Kennzeichen handeln, wenn sie nicht eigens als solche gekennzeichnet sind.

Es konnten nicht alle Rechtsinhaber von Abbildungen ermittelt werden. Sollte dem Verlag gegenüber der Nachweis der Rechtsinhaberschaft geführt werden, wird das branchenübliche Honorar nachträglich gezahlt.

Dieses Werk enthält Hinweise/Links zu externen Websites Dritter, auf deren Inhalt der Verlag keinen Einfluss hat und die der Haftung der jeweiligen Seitenanbieter oder -betreiber unterliegen. Zum Zeitpunkt der Verlinkung wurden die externen Websites auf mögliche Rechtsverstöße überprüft und dabei keine Rechtsverletzung festgestellt. Ohne konkrete Hinweise auf eine solche Rechtsverletzung ist eine permanente inhaltliche Kontrolle der verlinkten Seiten nicht zumutbar. Sollten jedoch Rechtsverletzungen bekannt werden, werden die betroffenen externen Links soweit möglich unverzüglich entfernt.

1. Auflage 2024

Alle Rechte vorbehalten
© W. Kohlhammer GmbH, Stuttgart
Gesamtherstellung: W. Kohlhammer GmbH, Stuttgart

Print:
ISBN 978-3-17-043223-9

E-Book-Formate:
pdf: ISBN 978-3-17-043224-6
epub: ISBN 978-3-17-043225-3

Inhalt

	Vorwort	7
1	**Elternschaft aus einer psychoanalytischen Perspektive**	**11**
	1.1 Die Bedeutung des Kindes für die Identität des Vaters	16
	1.2 Die Bedeutung des Kindes für die Identität als Mutter	29
2	**Schwangerschaft – Vorbereitung auf die Elternschaft**	**43**
	2.1 Kinderwunsch	43
	2.2 Schwangerschaft als Thema der inneren Welt	43
	2.3 Erleben der Schwangerschaft	48
	2.4 Träume während der Schwangerschaft	50
	2.5 Konflikthafte Schwangerschaft – Fehlgeburt	62
	2.6 Fehlgeburt aus der Perspektive des Vaters	73
	2.7 Schwangerschaft mit Hilfe von Reproduktionstechniken (AIH, AID, IVF)	75
	2.8 Träume während einer IVF-Behandlung	78
3	**Elternliebe – Elternhass**	**81**
	3.1 Mutterliebe – Mutterhass	85
	3.2 Vaterliebe – Vaterhass	89
	3.3 Entlastung der Eltern durch das Singen von Kinderliedern	94
	3.4 Elternhass im Märchen und in der Mythologie	95
	3.5 Besondere Ausgangssituationen	101
	3.6 Abschließende Bemerkungen zum Kapitel	103
4	**Besondere Familienkonstellationen**	**106**
	4.1 Parentifizierung – Umkehr der sozialen Rollen der Eltern und Kinder	106
	4.2 Pflege- und Adoptionsfamilien	115
	4.3 Patchwork-Familien – Stieffamilien	134
5	**Eltern-Kleinkind-Therapie**	**141**
	5.1 Begriff der Eltern-Kleinkind Therapie	141
	5.2 Fallbeispiele von Eltern-Kleinkind-Therapien	145

6	Zur Bedeutung der Elternarbeit in Kindertherapien	161
6.1	Fallbeispiel: Die Therapie von Patrik und seinen Eltern	167
6.2	Fallbeispiel: Eltern von Mark (13 Jahre alt)	177
6.3	Fallbeispiel: Jonathan und seine Eltern	187
6.4	Fallbeispiel: Jana und ihre Eltern	204

7	Literatur	213
	Stichwortverzeichnis	221

Vorwort

Die enorm große Bedeutung der Elternschaft für die Identitätsentwicklung der Frau und des Mannes ist sowohl alltagspraktisch nachvollziehbar als auch wissenschaftlich und klinisch belegt. Trotzdem wird der Bewusstseinszustand der Eltern in diesem krisenhaften Umgestaltungsprozess nur sehr wenig untersucht. Richards (1979, S. 41) spricht von »Lücken in der Entwicklungsforschung über die elterliche psychische Befindlichkeit« (übersetzt von GDW). Auch strukturell erfährt die Bezugseinheit der Paarbeziehung durch das Kind eine Erweiterung auf ein Drei- bzw. Mehr-Personen-System bzw. die Familie. Die Bedürfnisse der Paarbeziehung stehen oft im Widerspruch zu den Erfordernissen der Familie. Die Zeit und die Intimität des Paares wird besonders am Beginn der Familiengründung geringer, es entstehen neue Abhängigkeitsverhältnisse bezogen auf die Babybetreuung. Großeltern, Geschwister und Freunde erfüllen als Babysitter Aufgaben für die Familie. Die Umwandlung von einer Zweier- in eine Dreierbeziehung erfordert ein hohes Maß an Neustrukturierung und Neudefinition der jeweiligen Beziehung und erfordert so Fähigkeiten, die dabei entstehenden Konflikte auszutragen und zu verhandeln (Simon & Stierlin, 1984, S. 92). Bei konflikthaften Ehen kann die Geburt eines Kindes eine Entlastung bringen und daher stabilisierend wirken (Erikson, 1959; Lidz, 1974).

Die Elternschaft stellt trotz der großen physischen, psychischen und finanziellen Belastungen in allen Kulturen einen hohen Wert dar. Freud hat darauf hingewiesen, dass die Idealisierung der Kinder durch die Eltern die Reproduktion des eigenen längst aufgegebenen Narzissmus darstellt. (Freud 1914a, S. 57). Das Kind verkörpert die »Unsterblichkeit der Eltern«. Es soll die unausgesprochenen Wunschträume der Eltern erfüllen. Bettelheim betont, wie wichtig diese Idealisierung der Kinder für deren Selbstwertgefühl und Selbstachtung ist (Bettelheim, 1977). Die Freude, die die Eltern über die Existenz ihres Kindes haben, stellt die Quelle der späteren Selbstachtung des Kindes dar.

Aus psychoanalytischer Sicht stellt das Mutterwerden/Vaterwerden einen Kristallisationspunkt der radikalen Veränderung der inneren und der äußeren Welt dar. Tiefe Schichten der Persönlichkeit, die frühesten Erfahrungen – vermutlich schon die vor der Geburt erlebten Momente als Embryo – werden unbewusst wieder lebendig. Ich spreche daher von der Zeit der Schwangerschaft als einer »Umgestaltung der inneren Welt«, bei der wie bei der Formung eines Gebirges »tausendjährige Schichten nach oben gefaltet werden«, sodass »Relikte eines Meeres mitten im Festland des Wiener Beckens« zum Vorschein kommen. Alle Aspekte der Beziehung zur eigenen Mutter und zum eigenen Vater – nicht nur in der Gegenwart, sondern in den verschiedenen Entwicklungsphasen –, die realen und die phantasierten, werden aktiviert und neu geordnet. Es werden emotional die Seiten gewechselt – statt der Perspektive des Kindes muss sich die werdende Mutter und der werdende Vater nun als jemand sehen, der Verantwortung für ihr gemeinsames Kind übernimmt – oder wenn man sich dem nicht gewachsen fühlt, die Verantwortung verweigern. Jedenfalls muss eine Entscheidung getroffen werden.

All diese Fragen werden schon bei der Entscheidung, ein Kind zu bekommen, aktuell. Es geht daher in diesem Buch um die verschiedenen Perspektiven, sich mit einer möglichen oder unmöglichen Elternschaft auseinanderzusetzen. Der Gegensatz einer geplanten zu einer ungeplanten Elternschaft ist ebenso relevant, wie auch den Schmerz einer ungewollten Kinderlosigkeit zu ertragen, die Trauer um ein verlorenes Kind durch einen Schwangerschaftsabbruch oder einen spontanen Abortus. Frühe Entscheidungen bei einer durch Untersuchungen festgestellten Anomalie des Kindes oder eine Behinderung haben einen fundamentalen Einfluss auf die Entwicklung der Persönlichkeit des Vaters und der Mutter sowie auf die Paarbeziehung.

Der Schutz des (ehelichen) Kindes in einer Familie ist Teil der Menschenrechte. Die Gesetzgebung, die eine uneheliche Geburt regelt, ist abhängig von den politischen, religiösen und sozialen Gegebenheiten der jeweiligen Länder. Sie stellen den Rahmen dar, der für die psychische und emotionale Grundstimmung verantwortlich ist. Es wird daher notwendig sein, sich die enormen Veränderungen der Haltung zu einem ehelichen/unehelichen Kind vor Augen zu führen.

Das Buch beschäftigt sich mit Elternschaft als prinzipiellem Aspekt der Lebensgestaltung, d. h. die Entscheidung für oder gegen eine Elternschaft und deren Voraussetzung bzw. Auswirkung auf die Persönlichkeit sollen untersucht werden. Bleiben die Eltern zusammen, so übernehmen sie mindestens für zwei Jahrzehnte die gemeinsame Verantwortung für ihre Kinder, was eine große Herausforderung aber auch Entwicklungschance darstellt. Kommt es zu einer Trennung oder Scheidung, ist die Situation des alleinerziehenden Elternteils sowie der Kontakt zu dem getrenntlebenden Elternteil nicht nur für die Kinder, sondern auch für die beiden Eltern schmerzlich und erfordert eine psychische Trauer und einen Adoptionsprozess. Auch wenn ein Elternteil das Kind nicht mehr sehen darf oder will, bleibt die Elternschaft ein Leben lang bestehen, was meist zu bewussten oder unbewussten Schuldgefühlen führt, die oft verleugnet werden und dann zu depressiven Verstimmungen führen können. Neben der biologischen Elternschaft spielen auch verschiedene Formen der sozialen Elternschaft eine wichtige Rolle: Pflege- und Adoptionsfamilien sowie Patchworkfamilien stellen zum Beispiel besondere Ansprüche an alle betroffenen Personen. Es soll untersucht werden, welche Auswirkung die Übernahme solcher elterlicher Verantwortung auf die innere Welt der Eltern hat. Die Folge einer Kindesabnahme und die Art und Weise, wie diese durchgeführt wird, bzw. wie der weitere Kontakt zu den Kindern gestaltet wird, stellen psychoanalytisch relevante Fragestellungen dar.

Im zweiten Teil des Buches wird die besondere Situation der psychoanalytischen Arbeit mit Eltern in verschiedenen therapeutischen Settings beschrieben: die erste Hilfestellung in den frühen Lebensjahren bei dem in einer Eltern-Kleinkind-Therapie die Eltern mit dem Baby oder Kleinkind in einer Kurztherapie gesehen werden, um entstehende Probleme neu ordnen zu können, bevor sie sich zu massiven

Störungen auswachsen. Die »Elternarbeit« mit Müttern und Väter, deren Kind in Psychotherapie oder Kinderanalyse ist, bedarf einer besonderen Darstellung, da sie als ein »zweites Patientensystem« besondere Aufmerksamkeit erfordert. Es hängt von den Eltern des Therapiekindes ab, ob eine Fortführung der Therapie möglich ist oder nicht.

Die Darstellung der Auswirkung der Elternschaft auf Väter und Mütter bezieht unterschiedliche empirische Daten ein. Wie Freud betont, haben Dichter und Denker psychoanalytische Zusammenhänge bereits erahnt und dargestellt, bevor Freud die bewussten und unbewussten psychischen Antriebskräfte erforschte. Es werden daher Beispiele aus der Literatur zur Illustration der Wechselwirkung zwischen der Entwicklung des Kindes und der Veränderung der Identität als Vater und Mutter herangezogen. Die im Rahmen eines Forschungsprojektes des Österreichischen Wissenschaftsfonds innerhalb der *Follow-up-Studie zur Infant Observation an der Tavistock*-Klinik durchgeführten Interviews mit Müttern und Vätern, deren Baby im ersten Lebensjahr von Studierenden beobachtet worden war, werden zum Thema ihrer Erfahrungen als Mutter und Vater angeführt (Diem-Wille, 1997).

In diesem klinischen Teil geht es um die Erfahrungen der Eltern im Rahmen von Eltern-Kleinkind-Therapien oder bei der begleitenden analytischen Arbeit mit Eltern während einer Kinderanalyse/Kindertherapie. In der Tradition von Freuds Herangehensweise, der von einer Einheit von Forschen und Heilen ausgeht, werden ausführliche Protokolle der therapeutischen Elterngespräche nachgezeichnet.[1] Anhand dieser – aus der Erinnerung unmittelbar nach den Stunden rekonstruierten – wörtlichen Erzählungen der Eltern sowie der Deutungen der Analytikerin wird versucht, den Lesern das behutsame Heranführen an die emotionalen Verstrickungen der Eltern mit dem Kind näherzubringen. Ob eine Deutung »richtig« ist, bezieht sich nicht primär darauf, ob sie einen tatsächlichen Zusammenhang aufdeckt, sondern ob sie so gegeben werden, dass die Deutung zu einer Einsicht der Eltern führt. Es geht daher nicht nur um den Inhalt einer Deutung, sondern um die Wortwahl und den Zeitpunkt. So kann es hilfreich sein, die Eltern zu einem Verständnis der Handlung ihres Kindes hinzuführen, indem die Analytikerin sie fragt: »Wie können Sie das Verhalten ihres Kindes in dieser speziellen Situation verstehen?« Diese Frage führt eine neue Sichtweise ein, d. h. zum Beispiel über die Bedeutung eines Weinens, eines Wutausbruchs, einer trotzigen Reaktion des Kindes nachzudenken, statt diese einfach als »schlimm«, »ärgerlich« oder »frech« abzuwehren. Können die Eltern dann selbst den versteckten Sinn einer Handlung ihres Kindes verstehen, ist ein wichtiger Schritt der Bewusstmachung geschehen.

Bei der analytischen Arbeit mit Kindern und ihren Eltern geht es darum, die pathologischen Beziehungsmuster zu erkennen und durchzuarbeiten. Gelingt es, den Eltern ihren Anteil an der Symptomatik des Kindes bewusst zu machen, entsteht ein Freiraum, der vom Kind genützt werden kann. Die analytische Haltung der Therapeutin den Eltern gegenüber umfasst gleichzeitig zwei Ebenen, sie nicht nur

---

1 Vorbilder einer detaillierten Wiedergabe einer Psychoanalyse stellen Kleins *Darstellung einer Kinderanalyse* (1975), die Beschreibung von Little Richard, Winnicotts *The Piggle* (1977), die Behandlung eines kleinen Mädchens sowie Parkers *Meine Sprache bin ich. Modell einer Psychotherapie* (1970) dar.

als verantwortungsbewusste Eltern anzusprechen, sondern auch ihren »Baby-Teil«, den irrationalen, bedürftigen, archaischen – meist verdrängten – Teil im Blick zu haben und zu verstehen. Die emotionale Logik, die Verknüpfung in der freien Assoziation oder im Spiel des Kindes wird jeweils anschließend anhand des ausführlichen Stundenprotokolls diskutiert. Das klinische Material in der Verknüpfung mit der psychoanalytischen Theorie soll das Erforschen der jeweils einmaligen familiären Dynamik erleichtern. Die Symptome des Kindes, die die Psychoanalyse als Kommunikation über problematische, unbewältigte emotionale Verstrickungen versteht, können erst aufgegeben werden, wenn sie verstanden und besprochen wurden. Erst dann kann das Kind die Symptome (Bettnässen, Angst vor dem Kindergarten, Alpträume etc.) aufgeben, da sie verstanden wurden und dieser »Umweg« nicht mehr notwendig ist. Es ist wie ein Übersetzungsprozess von unbewussten durch Symptome ausgedrückten psychischen Schmerzen in direkte sprachliche Kommunikation. Kinder, denen in einer Therapie geholfen wurde, ihre Probleme zu verstehen, zeichnen sich durch einen rasanten Sprung in der sprachlichen Ausdrucksweise aus sowie durch ihre Fähigkeit, ihre Gefühle zu benennen und im kreativem Spiel auszudrücken.

Das »Entwirren« verwirrter transgenerativer Beziehungsmuster (wenn etwa von den Eltern im Kind der überstrenge Vater oder die zurückweisende Mutter gesehen wird), unter denen Eltern und Kinder leiden, schafft Freiraum zur Entwicklung für Eltern und Kinder. Durch das Sich-Hineinziehen-Lassen in die Übertragungs- Gegenübertragungsbeziehung empfindet die Analytikerin den psychischen Schmerz, die Hilflosigkeit, sadistische Lust, Verzweiflung oder Einsamkeit für kurze Momente, bevor diese Empfindungen mental verdaut als Deutungen den Patienten zur Verfügung gestellt werden können. Die ausführlichen Protokolle und die anschließenden Diskussionen stellen den Versuch dar, den Lesern Einblick in diesen dynamischen emotionalen Prozess zu gewähren. Die ungewöhnlich intimen Einblicke in den analytischen/therapeutischen Prozess verstehen sich als »Werkstattbericht«, um den Lesern einen emotionalen Zugang zum analytischen Prozess zu ermöglichen, statt aus einer distanzierten Beobachterrolle rasch Ergebnisse und Lösungen angeboten zu bekommen.

1 Elternschaft aus einer psychoanalytischen Perspektive

Es gibt eine Vielzahl von Elternratgebern, in denen versucht wird, Eltern Ratschläge für die Erziehung ihrer Kinder zu geben. Die Ausrichtung dieser Empfehlungen geht entweder von einer tendenziell typologisch autoritären Haltung aus, die die Durchsetzung des Willens der Eltern und den Gehorsam des Kindes zum Ziel hat, oder einer demokratischen, kooperativen Erziehung oder – als drittem Pol – einer antiautoritären Erziehung, bei der die Wünsche des Kindes erfüllt werden sollen, um seine Entfaltung und Kreativität zu fördern. Meist führt der Mangel an klaren Grenzen und Konsequenz zu einer Verunsicherung des Kindes. Dabei steht jeweils die äußere Realität im Mittelpunkt. Die Ratschläge beziehen sich auf das, was die Eltern tun sollen, um ein gewisses Verhalten des Kindes zu erreichen.

Was jedoch bedeutet eine psychoanalytische Perspektive der Elternschaft? Im Zentrum steht das Verstehen der Beziehung zwischen Eltern und Kind, und zwar in zwei getrennten, aber aufeinander bezogenen Welten – der realen äußeren Welt und der realen, inneren Welt der Fantasie, der Gefühle der Imagination von Eltern und Kind. Wir gehen von der Annahme aus, dass die innere Welt des Kindes mit den Repräsentanzen von Selbst-mit-Mutter-, Selbst-mit-Vater- und Selbst-mit-Elternpaar-Introjektionen der äußeren und inneren Erlebniswelten bevölkert ist, die als »innere Objekte« miteinander in Beziehung treten (Winnicott, 1978). Umgangssprachlich ausgedrückt heißt das, dass das Kind gleichsam durch die Brille seiner Gefühle, Ängste, Stimmungen die Erfahrungen mit den Eltern in sich, in seine innere Welt aufnimmt. Elternbilder, die »inneren Eltern«, sind daher nie Eins-zu-eins-Abbildungen der realen Eltern, sondern immer positiv oder negativ verzerrt. So kann ein Patient erst nach mehrjähriger Analyse einige positive Erinnerungen an seinen zunächst nur als kalt und ablehnend beschriebenen Vater entdecken. Aus den unterschiedlichen Lebensphasen lagern unterschiedliche Bilder (»Imagines«) der Eltern in der inneren Welt übereinander. Die wechselseitige Beeinflussung kann konstruktiv oder pathologisch sein und auch in einer mehrgenerativen Linie Auswirkungen auf die Persönlichkeit des Kindes haben. Auf der Seite der Eltern ist die Entwicklung einer tragfähigen Beziehung davon abhängig, ob in der Mutter und dem Vater ein innerer Raum zur Verfügung steht, in dem dieser Elternteil über sein Baby/Kind nachdenken und es auch bei physischer Abwesenheit gedanklich mit den Eltern in Verbindung bleiben kann. Dann fühlt sich das Kind in Verbindung mit der Mutter/dem Vater, angenommen und verstanden. Ist die Mutter oder der Vater von ängstigenden oder verfolgenden Gedanken okkupiert, wie das etwa in einer postpartalen Depression der Fall ist, so ist sie/er nur physisch anwesend und emotional nicht für das Kind erreichbar. »Nur deine leere Hülle war bei uns, deine Seele war weg« beschreibt der Nobelpreisträger Liaou Yiwu (2013) diese Form des sich Verlassenfühlens eines Kindes. André Green (1993) spricht von der »toten Mutter«, die gleichzeitig physisch anwesend und geistig abwesend ist. Es wird später ausführlich auf das Konzept »Container und Contained« von Wilfred Bion eingegangen, der diese Form einer denkend-fühlenden Beziehung differenziert beschreibt. Es gibt keine lineare Beeinflussung, sondern eine aufeinander bezogene Wechselwirkung: Das Kind mit seinem besonderen Temperament beeinflusst und formt die Psyche der Eltern, wir sprechen von einer Identitätsentwicklung durch die Erfahrungen als Eltern, die sich um ihr Baby kümmern und sorgen. Elternschaft bedeutet eine lebenslange, nichtlineare Entwicklung der Person, die verschiedene Transformationen abhängig vom Alter des/der Kinder erfordert. Erfordern die ersten Lebensjahre des Säuglings eine besonders enge Beziehung, ist diese dann für die Latenz oder Pubertät kontraproduktiv, da das Kind oder der Jugendliche eine größere Unabhängigkeit benötigt, um selbständig werden zu können. Auch die spätere Fähigkeit, Großvater und Großmutter für die nächste Generation zu werden, ist nur durch eine Elternschaft eröffnet. Einen Enkel zu bekommen, kann ein großes Geschenk für die Großeltern darstellen. Isca Salzberger-Wittenberg meint, dass wir durch unsere Kinder »ein Verbindungsglied zwischen der vergangenen und der zukünftigen Generation sind..., dass ein Teil von uns in einer Zukunft jenseits unseres Lebenszyklus erhalten bleibt und so unsterblich ist« (Salzberger-Wittenberg 2019, S. 105). Es geht um die Fähigkeit etwas zu schaffen, zu umsorgen, zu schützen, zu nähren, zu lieben, zu respektieren und daran Freude zu empfinden« (Novick & Novick 2009, S. 31).

Das erste Mal Vater oder Mutter zu werden, stellt immer eine gewaltige psychische und physische Herausforderung dar, bei der diese wesentlich auf Unterstützungssysteme angewiesen sind. Wenn die Eltern von der Möglichkeit Gebrauch machen, »die seelischen Folgen der Elternschaft zu bedenken und zu erforschen, ... ist die Elternschaft entwicklungsförderlich« (Bründel et al., 2016). Diese seelischen Transformationen können mit bildgebenden Verfahren als tiefgreifende Veränderungen im Gehirn gezeigt werden (Ammaniti & Gallese 2014). Erik Erikson bezeichnet die siebte Stufe der psychosozialen Identitätsentwicklung im Lebenszyklus als »Generativität gegen Stagnierung«, wobei er die Elternschaft als »wesentliches Stadium der gesunden Persönlichkeitsentwicklung« bezeichnet (Erikson 1974, S. 118). Entfällt diese Erfahrung der schöpferischen Leistung, gemeinsam Kinder zu zeugen und aufzuziehen, so besteht die Gefahr einer Regression auf eine »Pseudointimität«, und sich selbst als Kind zu verwöhnen« (ebd.). Gemeinsam ein neues Lebewesen hervorzubringen, das als Produkt der Liebe erlebt wird, bei dem biologisch und psychisch beide Elternteile verschmelzen, kann als der Inbegriff der Kreativität des ödipalen Paares gesehen werden. Jeder kann im Kind Teile von sich und seinen Vorfahren und Teile, Ähnlichkeiten des geliebten Partners und seiner Familie erkennen und lieben.

Aspekte einer elterlichen Fürsorge können auch von Pflege- und Adoptiveltern sowie Angehörigen von Berufsgruppen, die sich durch soziales Engagement auszeichnen, wie Psychotherapeuten oder Sozialarbeiter erlebt werden, wobei aber die tiefgreifende Identitätsentwicklung (ins Positive oder Negative) und der Zwang, die Interessen eines anderen Wesens als gleichwertig zu sehen, in geringerem Maß gegeben sind.

Wir gehen mit Freud von der Annahme aus, dass das Unbewusste und alle Erfahrungen im Leben Eingang in die innere Welt gefunden haben: die Art und Weise, wie wir uns selbst, den anderen und die Welt wahrnehmen, uns bestimmen. Zwischen dem Säugling/Kind und seinen Eltern werden Informationen auf zwei Ebenen ausgetauscht: auf der bewussten Ebene durch Sprache und Handlungen und auf der unbewussten Ebene durch Intonation beim Sprechen, Kommunikationsformen allgemein, Art der Wahrnehmung und Verzerrung von idealisierten oder verfolgenden Qualitäten sowie mimischen Ausdrucksformen, die wir unbewusst sehr genau registrieren.

Freud geht davon aus, dass die Bedeutung des Unbewussten 80 % unserer Handlungen und Wahrnehmungen beeinflusst. Er vergleicht das Verhältnis von Bewusstem und Unbewusstem mit dem Verhältnis des sichtbaren Teils des Eisbergs mit dem viel größeren Teil, der sich unter der Wasseroberfläche befindet.

Zur Illustration der Auswirkung unbewusster Konflikte der Mutter auf ihren Umgang mit dem Kind, gebe ich ein Beispiel aus dem Alltag, das einen Idealtypus einer ambivalenten und einer zureichend-guten mütterlichen Haltung zeigt. Zwei dreijährige Kinder spielen auf dem Kinderspielplatz in Anwesenheit ihrer Mütter.

- *Kind A* steigt die Treppe zur Rutsche hinauf, setzt sich flott hin, blickt kurz herum und rutscht mit viel Freude herunter. Die Mutter hat dem Kind einen freundlichen Blick zugeworfen, genickt und ist dann wieder zu ihrer Lektüre zurückgekehrt.
- *Kind B* wird von seiner Mutter zur Rutsche begleitet. Halb steigt es hinauf, halb hilft die Mutter nach, setzt das Kind hin, läuft rasch nach vorne, um das Kind unten auffangen zu können. Gemeinsam gehen sie mehrere Male zurück und wiederholen das Hinaufsteigen und Rutschen.

Ein Beobachter könnte zu dem Schluss kommen, dass die Mutter von Kind A dem Kind kaum Beachtung schenkt, selbst mit ihrem Buch beschäftigt ist und sich bei dieser »gefährlichen« Aktion nicht wirklich gut um ihr Kind kümmert. Es kommt auch manchmal vor, dass eine andere Mutter sich aufregt und alarmiert darauf aufmerksam macht, dass ihr Kind »ganz allein« auf die Stufen der Rutsche hinaufgeklettert sei.

Ein Beobachter des Kindes B könnte zu der Ansicht kommen, dass die Mutter von Kind B eine äußerst liebevolle und aufmerksame Mutter ist, die sich vorbildlich um ihr Kind kümmert und ihre eigenen egoistischen Interessen hintanstellt.

Betrachten wir diese beiden Sequenzen aus einer psychoanalytischen Perspektive so interessiert uns, welche Vermutungen wir über die Beziehung der jeweiligen Mutter zu ihrem Kind anstellen können und welche Auswirkungen und Entwicklungschancen beim Kind erwartet werden können. In der Terminologie der Bindungstheorie nach John Bowlby und Mary Ainsworth geht es um die Qualität der emotionalen Bindung zwischen Mutter und Kind. (Bowlby, 2014; Ainsworth, 1978; Brisch, 2014).

Die Mutter von Kind A traut ihrem Kind zu, dass es nur dort hinaufklettert, wo es auch wieder allein herunterkommen kann. Sie vergewissert sich durch kurze Blicke, was ihr Kind macht und ob alles in Ordnung ist. Der kurze Blick des Kindes zur

Mutter zeigt dessen Stolz, es allein geschafft, ein Hindernis überwunden zu haben. Die Freude beim Herunterrutschen drückt sein Selbstbewusstsein und seine Zuversicht aus, die Welt lustvoll zu meistern. Es wird vermutlich weitere Bereiche der Welt erforschen und seine Geschicklichkeit erproben.

Tatsächlich klettern kleine Kinder, die allein in einem kindgerechten Rahmen sind, nur so weit auf Gegenstände hinauf, wie sie sicher sind, wieder zurückzukönnen. Die Bewegungsobjekte von Emmi Pikler (2018), der ungarischen Kinderärztin und Pädagogin, stellen – ähnlich wie bei Montessori – Spielsachen und Klettergegenstände für Kinder dar, um selbst die Welt erforschen und zu erproben – wenn sie nicht von ehrgeizigen Eltern gepusht werden. *Lass mir Zeit* (2018) heißt eines ihrer wichtigen Bücher.

Die Mutter von Kind B stellt sich zwischen ihr Kind und die Welt. Nur mit ihrer Hilfe und Vermittlung kann das Kind die Treppe zur Rutsche hinaufsteigen und dann herunterrutschen. Es mag sogar sein, dass es dann, wenn es unbeobachtet ist, allein versucht und herunterfällt oder durch Zeichen der Mutter mitteilt, dass es hinaufgehoben werden will. Kind B erhält immer wieder die Botschaft »Du kannst es nicht allein! Du brauchst mich«. Und tatsächlich erlebt es immer wieder, dass es die Mutter braucht und kann keine Zuversicht entwickeln, es selbst, allein zu schaffen. Für Mutter B ist es äußerst anstrengend, dauernd diese Hilfsfunktion für ihr Kind ausüben zu müssen. Sie ist erschöpft und braucht viel Geduld und fühlt sich vermutlich oft überfordert.

Stellen wir Vermutungen über die Beschaffenheit der inneren Welt von Mutter A und Mutter B an: Die Mutter von Kind A scheint eine gute, stabile Beziehung zu ihrem Kind und Zutrauen zu sich als Mutter zu haben. Sie traut dem Kind zu, selbständig unter ihrer Aufmerksamkeit seinen Körper und seine Mobilität zu erproben und die Welt Stück für Stück neugierig zu erforschen. Falls das Kind A stolpert, steht es meist allein wieder auf und versucht es noch einmal – gute Voraussetzungen zur Entwicklung von Resilienz, Durchhaltevermögen und Ausdauer. Die Mutter A ist sich vermutlich ihrer ambivalenten Gefühle dem Kind gegenüber bewusst, weiß, dass sie es liebt, aber kann sich auch eingestehen, dass sie oft ärgerlich ist, sich manchmal überfordert fühlt und sich manchmal nach der Zeit mit ihrem Mann ohne Kinder sehnt. Sie weiß, dass sie als Mutter nicht perfekt ist und ist zufrieden, wie sie sich als Mutter und ihr Kind sich entwickelt. Sie kann sich auch Zeit für sich und gemeinsame Zeit mit ihrem Mann organisieren, da sie verschiedene Formen der Unterstützung (durch Großeltern, Freunde, Babysitter) annehmen kann.

Die Mutter von Kind B versucht vermutlich, eine perfekte Mutter zu sein, ihre Bedürfnisse denen des Kindes unterzuordnen, alles für ihr Kind zu machen. Hinter dieser ununterbrochenen Sorge um das Wohlbefinden ihres Kindes kann leicht eine geringe bis massive unbewusste Aggression und Ablehnung verborgen sein, die sie sich nicht einzugestehen traut. Es kann sein, dass durch eine schwere Geburt ein unbewusster Groll auf das Kind vorhanden ist, den sie sich nicht einzugestehen wagt. Es kann sein, dass sie denkt, sie müsse ununterbrochen für ihr Kind da sein. Es kann sein, dass sie es ganz anders als ihre berufstätige Mutter machen will, die sie früh in die Kinderkrippe gegeben und sie sich von dieser abgeschoben gefühlt hat. Es fällt ihr schwer, sich vom Kind auch nur für kurze Zeit zu trennen, um mit ihrem

Mann gemeinsam ungestört zusammen sein zu können. Es kann sein, dass sie in der engen Beziehung zum Kind einen Ersatz für die fehlende emotionale/sexuelle Nähe zu ihrem Mann sucht. Es können höchst unterschiedliche Erfahrungen und Konflikte dahinterstehen, die eine kurze emotionale Trennung vom Kind, die seine Individualisierung fördern würde, behindert. Jedenfalls ist anzunehmen, dass die Beziehung zum Kind ambivalent und belastet ist. Durch die permanente Überforderung kann die Frustration und Unsicherheit der Mutter vermehrt werden. Kommen dann noch Entwicklungsverzögerungen beim Kind, Trotz oder Schlafprobleme dazu, so kann daraus rasch eine Verschärfung der Problematik entstehen.

Wenn wir von einer psychoanalytischen Perspektive sprechen, möge die Leserschaft vermutlich an pathologische, krankhafte Aspekte der Eltern denken. Sie meint jedoch das Einbeziehen der unbewussten Dimension der Person. »Normal« heißt nicht ohne Probleme, ohne Konflikte, ohne Projektionen oder ohne Abwehrmechanismen zu sein. Ganz im Gegenteil hat Freud gezeigt, dass es keine scharfe Grenze zwischen normal und krank, von gesund und pathologisch gibt. Wir sprechen vom alltäglichen Menschen als »Alltagsneurotiker«. Es gibt eine große Bandbreite des normalen »Alltagsneurotikers«. Der Unterschied auf diesem Spektrum zwischen normal und pathologisch besteht darin, wie massiv oder milde die Reaktionen sind, ob wir zwischen Fantasie und Realität unterscheiden können und über uns und unser Verhalten nachdenken können. Alle negativen Aspekte wie Neid, Konkurrenz, Rivalität oder Wünsche nach Bewundertwerden können in milder Form verwirklicht werden oder müssen verdrängt werden und äußern sich in psychischen Problemen wie depressiven Verstimmungen oder werden über den Körper durch psychosomatische Probleme (hoher Blutdruck, Migräne, Magengeschwüre etc.) ausgedrückt (McDougall, 1989). Die klinischen Beispiele sollen die Leser anregen, über die Kommunikation des Unbewussten in den Interaktionen von Eltern und Kindern nachzudenken, um zu verstehen, wie für jeden Menschen die Qualität seiner frühen Beziehung das Fundament für den einzigartigen Charakter seiner Erfahrung von sich und der Welt legt.

Bei der Beschreibung der inneren Welt der Eltern mag eine ähnliche Fehleinschätzung und Erwartung vorhanden sein – so als ob es eine perfekte Mutter oder einen perfekten Vater geben könnte. Jede Mutter und jeder Vater bringt ihre bzw. seine Persönlichkeit in diesen neuen Lebensabschnitt mit. Wir sprechen zwar davon, dass die Elternschaft eine Identitätsveränderung mit sich bringt, doch werden durch Schwangerschaft, Geburt und das neue Lebenswesen unbewusste Ebenen der Person, die bereichernden und belastenden Erfahrungen der vorhergehenden Generation lebendig. Wie bei der Faltung eines Gebirges bringt das neue Lebewesen in den Eltern tiefe frühere Gefühls- und Erlebensweisen an die Oberfläche. Die Psychoanalyse hat uns durch die klinischen Erfahrungen gezeigt, dass die psychische Realität ebenso bedeutend für die Entwicklung des Säuglings und Kindes ist wie die realen sozialen und ökonomischen Lebensumstände. Traumatische, verdrängte und nicht betrauerte Erfahrungen der Eltern und Großeltern können dann als »Geister im Kinderzimmer«, wie Selma Fraiberg dieses Phänomen genannt hat, wirken und eine Belastung für die Familie darstellen. Ebenso können das Meistern von hoffnungslosen Situationen, Resilienz und Hoffnung der früheren Generation eine Bereicherung für das neue Lebewesen darstellen. Die Fantasien, Hoffnungen,

Ängste und Träume, die Erinnerungen an die eigene Kindheit, elterliche Vorbilder und Erwartungen beeinflussen die Entwicklung des Säuglings – sowohl die Wahrnehmung des Babys als auch die Art und Weise, wie die Mutter und der Vater mit dem Baby sprechen und es anfassen. Der innere Raum der Mutter, wie die Eltern über ihr Kind nachdenken und sich vom Baby emotional berühren lassen, ermöglicht das Entstehen einer emotionalen Beziehung, eines emotionalen Bandes (»Bonding«, Bowlby), eines Kontakts (»Linking«, Bion).

1.1 Die Bedeutung des Kindes für die Identität des Vaters

Die Elternschaft stellt für den Vater eine gravierende Veränderung dar, die seine Identität sowie seine Bedeutung in der Familie radikal ändert. Schon während der Schwangerschaft seiner Frau/Partnerin werden unbewusste, unerledigte Erfahrungen und Konflikte den eigenen Eltern gegenüber aktiviert. Der Übergang von Mannsein auf Vatersein stellt sowohl eine Krise als auch eine Chance und Herausforderung dar. Die Beziehung zu seiner Partnerin/Frau verändert sich, wenn sie Mutter wird. Aus einer Zweierbeziehung wird eine Dreierbeziehung. Bei der Geburt eines zweiten Kindes wird aus der Dreiergruppe eine wirkliche Familie, bei der das Kind nicht mehr an den Rhythmus des Paares angepasst werden kann, sondern den Bedürfnissen der Kinder ein größerer Raum eingeräumt werden muss. Wie gut ein Mann diese Umstellung auf eine Dreierbeziehung schafft, hängt von seiner emotionalen Reife, seiner emotionalen Ausgeglichenheit, seiner Konfliktfähigkeit sowie seiner Fähigkeit ab, sich selbst und andere zu verstehen.

Die Situation des Mannes, der Vater wird, ist in der gegenwärtigen Zeit in Europa und in den USA eine besonders schwierige. Traditionell stellte die Unterstützung der Frau in der Zeit vor und nach der Geburt durch Großeltern, Schwestern oder Freundinnen eine Matrix der mütterlichen und weiblichen Unterstützung dar. Durch die Mobilität der Gesellschaft, der Berufstätigkeit der Frauen, d. h. nicht nur der werdenden Mutter, sondern auch der werdenden Großmutter, können gebärende Frauen und junge Mütter oft nicht mehr auf ein unterstützendes und tragfähiges soziales Bezugssystem zurückgreifen, auf ein »Supportsystem«, das die Unsicherheit der neuen Anforderungen als Mutter mildert. Stern beschreibt diese Situation folgendermaßen: »Die weitgehend verschwundene funktionale Großfamilie, die der Mutter beistehen konnte, wurde durch keine anderen sozialen Einheiten ersetzt, ganz sicher nicht durch die Strukturen der medizinischen Versorgung und des Gesundheitssystems. Somit stehen der Ehemann und das Paar unter einem wachsenden Druck, sich die notwendige stützende Matrix allein zu schaffen – eine fast unmögliche Aufgabe« (Stern, 1998, S. 216).

Dabei geht es um zwei zentrale Aufgaben:

1. Die Mutter körperlich zu schützen, sie von den alltäglichen Anforderungen der Lebensorganisation zu entlasten, ihre vitalen Bedürfnisse zu befriedigen und sie von der äußeren Realität abzuschirmen. Diese Entlastung ermöglicht es der Mutter, sich »nur um das Baby und um sich« zu kümmern.
2. Die zweite Unterstützungsebene bezieht sich auf eine psychologische und pädagogische Ebene. Der Mutter emotionalen Halt und Anerkennung zu geben sowie ihr in Hinblick auf die Versorgung des Neugeborenen Anleitung und Erfahrung zur Verfügung zu stellen.

Männer sind gefordert, diese Lücke zu schließen. Einerseits kommt von Vätern der Wunsch, von der Geburt und Betreuung des Babys nicht mehr ausgeschlossen zu sein, bei der Geburt dabei und eng mit der Betreuung verbunden zu sein. Andererseits gilt es auch, die Lücke zu schließen, die durch oft in großer Entfernung lebende Großmütter oder berufstätige Großeltern entsteht. Der hohe Anteil von geschiedenen Großeltern macht die Unterstützung der neuen Familie oft noch schwieriger. Die Forderung nach einem »Papamonat« oder einer zeitlichen Entlastung von Eltern in den ersten vier Lebensjahren, wie es in vielen Ländern diskutiert wird, würde einen gesellschaftlichen Rahmen zur Wahrnehmung der Unterstützung durch die Väter darstellen.

Traditionell und von der Psychoanalyse in ihrer Bedeutung betont, war und ist die Aufgabe des Vaters, für das Mutter-Kind-Paar einen sicheren emotionalen Container zur Verfügung zu stellen. Gleichzeitig ist der Vater als Dritter wichtig, um nach und nach die enge Verbindung zwischen Mutter und Baby zu erweitern, um die Paarbeziehung zu stärken, d. h. der Vater ist auch derjenige, der darauf achtet, dass die Beziehung zwischen ihm und seiner Frau, das »ödipale Paar«, durch dessen Zusammenkommen das Baby gezeugt wurde, zu stärken. Der Mann vermittelt seiner Frau/Partnerin, dass diese Einheit die Basis der Familie ist. In Eltern-Kleinkind-Therapien schätzen wir den Einfluss des Vaters, der seiner Frau vermittelt, dass eine gewisse Trennung vom Baby notwendig ist, um dem Baby seine eigene Persönlichkeit erlebbar zu machen. Oft ist es für die Mutter nicht leicht, das Baby für kurze Zeitabschnitte loszulassen, sich Zeit für sich und auch Zeit für die Partnerschaft zu nehmen. Manche Familien berichten, dass sie seit der Geburt des Kindes immer zu dritt waren, oder die Mutter und das Baby sich nicht getrennt hätten. Die Frage der Therapeutin »Wann haben sie Zeit zu zweit verbracht?« wird vom Paar wie eine Erlaubnis verstanden, auch als Paar Zeit ohne das Baby verbringen zu dürfen.

Aus psychoanalytischer Sicht ist jedoch zu bedenken, dass sich die Väter ebenso wie die Mütter in einer inneren Umbruchsituation befinden, in der frühe Erlebnisse, kindliche Bedürfnisse nach Schutz und Geborgenheit aktiviert werden, sie ebenfalls sehr bedürftig erscheinen. Hat der Mann noch keine Erfahrungen mit der Versorgung und Betreuung eines kleinen Babys gemacht, so wird er die Aufgabe der Anleitung und Ermutigung nur schwer wahrnehmen können. Es bleibt daher wichtig, im Auge zu behalten, dass es für die gesamte Familie, d. h. auch den Vater, ein weibliches, mütterliches Netzwerk bereitzustellen gilt, um Hilfestellungen zur Verfügung zu stellen. Das können Hebammen, Stillgruppen, Tanten und Schwestern oder aber bezahlte Babysitter, Au-Pair Mädchen, Familienberaterinnen sein.

1 Elternschaft aus einer psychoanalytischen Perspektive

Die Geburt des Kindes stellt eine Krise und einen Einschnitt im Leben des Mannes dar. Der Geburtsvorgang birgt trotz aller modernen medizinischen Technologien ein großes Risiko für das Leben und die Gesundheit der Mutter und des Neugeborenen. Seit ca. 20–30 Jahren werden in Europa und in den USA die Väter routinemäßig eingeladen, bei der Geburt auch im Kreißsaal dabei zu sein. Die Brutalität des Geburtsvorgangs, der archaische Vorgang des Herauspressens des Babys aus der Gebärmutter stellt auch für viele Medizinstudenten ein erschreckendes Erlebnis dar. Väter, die üblicherweise wenig Erfahrungen mit diesen medizinischen Vorgängen haben können, werden von dem Geburtsprozess sehr unter Druck gesetzt. Das neue Familienmitglied stellt unbewusst auch einen Rivalen dar, der die frühere Geschwisterrivalität wieder aktualisieren kann.

Es ist unvorstellbar, welche Bedürfnisse ein Neugeborenes hat, bis es tatsächlich geboren wird, gefüttert, gepflegt und niedergelegt werden muss – und das sieben Tage in der Woche ohne Wochenendpause. Auch welche Anforderungen an die Mutter und den Vater gestellt werden, kann nicht antizipiert werden. Von »modernen« neuen Vätern wird erwartet, dass sie die Fürsorge für das Neugeborene mit der Mutter teilen. Trotzdem ist die Situation des Vaters ganz anders, da er nicht wie die Mutter das Baby bereits neun Monate in seinem Körper getragen hat, eng verwoben mit dem Größerwerden und der Entwicklung ist, seine Bewegungen gespürt hat und daher auch die Existenz des Babys noch keinen zentralen Platz in seinen Gedanken hatte. Für die Mutter, deren Körper durch das Wachstum des Embryos in allen Dimensionen verändert wird, ist es Teil von sich, auch wenn es als eigene Persönlichkeit psychischen Raum einnimmt.

Bei vielen werdenden Vätern entsteht eine geschwisterähnliche Rivalität mit der werdenden Mutter, was sich z. B. daran zeigt, dass sie psychosomatische Reaktionen zeigen, zunehmen, um einen ebenso wachsenden Bauch zu entwickeln etc. Der schwangere Körper der Frau ist eine neue Erfahrung, die sein sexuelles Begehren stimulieren oder vermindern kann. Es besteht eine Tendenz, dass die Väter eher keine Zeit allein mit dem neugeborenen Baby verbringen, aus Angst, es fallen zu lassen oder dessen Bedürfnisse nicht erfüllen zu können. Wenn sie allein mit dem Baby sind, tendieren sie später dazu, wildere Spiele und Bewegungen mit dem Baby auszuführen, auch schon relativ kleine Babys in die Luft zu werfen und sie wieder aufzufangen – vermutlich ein Ventil ihrer meist unbewussten Rivalität und Eifersucht, die aber von Babys durchaus lustvoll erlebt werden können. Garstick (2013, S. 44) spricht von einer »Gefahr der Überforderung der Männer«, wenn sie diese Matrix, dieses komplexe Unterstützungssystem für Frauen aufbauen sollen. Es hängt dann davon ab, ob der werdende Vater ein inneres Modell hat, mit dem er sich identifizieren kann. Findet er in der Gegenwart Bestätigung durch andere Männer und Väter, die ihn ermutigen und seine Leistung anerkennen? Kann die Frau Dankbarkeit für sein Engagement zeigen?

Mit einem Neugeborenen zu Hause ist der Vater nicht mehr die Nummer eins im Haus; das Baby (»his/her majesty the baby«) ist wie ein neues Geschwisterchen. Gedanken an seine eigene Kindheit und seine Eltern tauchen auf. Das Modell, wie sich ein Vater zum Kind verhält, wird von den Erfahrungen, die er als Kind mit seinem Vater gemacht hat, bewusst und unbewusst beeinflusst. Auch wenn sich der Vater vornimmt und plant, ein anderer Vater zu seiner Tochter oder zu seinem Sohn zu sein, hat er das Modell seines Vaters so sehr verinnerlicht, dass sich dieses oft auch gegen die bewussten Überlegungen durchsetzen wird. Die neue Aufgabe erfordert eine intensive Auseinandersetzung mit aktuellen Zielsetzungen, aufsteigenden Rivalitätsgefühlen, sowie einer neuen Positionierung im System der Familie.

Zur Illustration der Anforderungen und Chancen der Elternschaft, die durch die Transformation der inneren Welt während der Schwangerschaft und nach der Geburt des Kindes in dem neuen Vater und der neuen Mutter entstehen, werden nachfolgend Interviews mit zwei Vätern über ihre Erfahrungen beschrieben.

In narrativen Interviews wurden Eltern, deren Baby in einer psychoanalytisch orientierten Babybeobachtung teilgenommen hatte, befragt. Es ging um die Bedeutung der Elternschaft für sie, die veränderte Beziehung zum anderen Elternteil und um ihr neues Selbstverständnis.[2]

Studierende, die eine psychotherapeutische Ausbildung machen, beobachteten für zwei Jahre die Entwicklung eines Kindes von der Geburt bis zum Ende des zweiten Lebensjahres. Dazu wurden Eltern, die ein Baby bekamen, gefragt, ob sie einer einstündigen Beobachtung einmal die Woche für den Zeitraum von zwei Jahren zustimmen. Als Eltern wurden keine Problemfamilien gewählt, sondern normale, durchschnittliche Familien. Das Hauptaugenmerk wurde auf die Entwicklung der inneren Welt des Babys gelegt, wie es durch die Interaktion mit den Eltern, die vielfältigen Einflüsse der Umgebung seine Persönlichkeit entwickelt. Die Familien waren sehr unterschiedlich: Es konnte das erste Baby oder eines mit älteren Geschwistern sein; die Eltern können sich das Baby gewünscht haben oder von der Schwangerschaft überrascht worden sein. Es sollte aus Erfahrung gelernt werden, wie groß das Spektrum der »Normalität« der kindlichen Entwicklung ist. Gleichzeitig richtete die beobachtende Person ihre Aufmerksamkeit auch nach innen, als »innere/r Beobachter/in«, der/die die eigenen Gefühle, Wünsche, Ängste und Erinnerungen, die beim Zusehen wieder lebendig werden, registrierte. Für die spätere Arbeit als Psychotherapeut ist diese Ebene sehr wichtig, um die eigenen Gefühle zu registrieren, und unterscheiden zu lernen, was durch die Interaktion in der Familie erlebt wird (in den Beobachter projiziert wird) und was aus der eigenen Biografie stammt (Miller et al., 1989; Diem-Wille, 2009).

1.1.1 Fallbeispiel: Vater von Felice

Das Interview fand im Wohnzimmer der Familie statt. Da der Vater während der Beobachtungen nicht anwesend gewesen war, stellt die Mutter ihm die Interviewerin vor.

> Matty, wie er im Interview genannt wird, ist ein 35-jähriger, sportlicher Mann, der aus der Karibik stammt. Er arbeitet als Automechaniker in London. Er ist im Alter von sieben Jahren aus der Karibik, wo er die ersten Jahre seines Lebens mit

---

2 Die narrativen Interviews wurden im Rahmen einer FWF-Forschungsprojektes erstellt und einer »Infant-Observation-Follow-up-Studie« in London an der Tavistock-Klinik durchgeführt (Diem-Wille, 2009).

seiner Schwester bei der Großmutter verbrachte, von seinen Eltern nach England geholt worden. Seit der zweijährigen Babybeobachtung seiner Tochter Felice ist noch ein Sohn geboren worden, der jetzt drei Jahre alt ist.

Auf die Frage der Interviewerin, wann Matty das erste Mal daran gedacht hat, Kinder zu bekommen, antwortet er: »Well, okay. Hintergrund. Ich habe fünf Kinder von vier verschiedenen Müttern. Okay?«

Diese Antwort soll vermutlich die Interviewerin schockieren und verwirren, was Matty tatsächlich gelang. Es dauerte einen Moment, bis die Situation klarer wurde. Diese Verwirrung der Interviewerin kann auch als Gegenübertragungsreaktion verstanden werden. Matty scheint seine Verwirrung, die er – wie wir gleich hören werden – als Teenager erlebte, in die Interviewerin zu projizieren und löst in ihr Ratlosigkeit aus. Oder ist dieser abrupte Kommentar eine Reinszenierung seines plötzlichen Herausgerissenwerdens aus dem friedlichen, vertrauten Leben mit der Großmutter in der Karibik zu seinen »fremden« Eltern, die er nicht kennt, ins kalte, regnerische England? Ist seine Promiskuität als ein Ausdruck seiner verzweifelten Suche nach Nähe und Liebe, die sich in raschen sexuellen Kontakten in verschiedenen, parallelen Beziehungen ausdrückt, zu verstehen? Zufrieden stellt Matty fest, dass »es die Interviewerin umgehauen hat«.

Matty: »Ich sage ihnen, ich habe immer Kinder gewollt, und ich wusste seit dem Alter von 16, 17 Jahren, dass ich fruchtbar war ... Als ich jung war, hatte ich Ambitionen, also ergriff ich Vorsichtsmaßnahmen.«

Als die Interviewerin (I.) meint, dass er die Idee, so zeugungsfähig zu sein, gern hat, lacht Matty und meint: »Ja, es ist nett, das zu wissen.« Männlichkeit und Zeugungsfähigkeit sind eng miteinander verbunden. Mehrmals betont Matty, dass er sehr fruchtbar sei und sich gar nicht vorstellen könnte, keine Kinder zeugen zu können. Einer seiner Onkel hätte 33 Kinder, eine Cousine bekam mit zwölf Jahren das erste Kind, eine andere mit 13 Jahren. Zu den drei Müttern seiner ersten drei Kinder, die alle in Mittelengland leben, hat er keinen Kontakt; er hat sie nie gesehen. Die Mütter füllten die Rubrik »Vater unbekannt« aus und erhielten staatliche Unterstützung. Von seinen Freunden erfahre er, wie es den Kindern geht.

Mit der Mutter von Felice, die Edith genannt wird, sei es anders gewesen:

Matty: »Edith hatte einige Jahre lang versucht, schwanger zu werden, wissen Sie ... Und sie dachte nicht, dass sie noch je Kinder bekommen könnte.«
I.: »Und Sie dachten: ›Ich kann es machen‹?«
Matty: (lacht laut und zustimmend) »Ja, es war anders. Ich wollte ja immer Kinder, aber hatte ehrgeizige Pläne und Ziele.«
I.: »So, Sie sagen, dass Edith überzeugt war, keine Kinder mehr bekommen zu können; sie war schon älter und dann sagten Sie: ›Ich möchte auch Kinder, also schauen wir, was passiert‹«?
Matty: »Ja, so ähnlich (lacht). So klingt es sehr nett; nein, es war so ... Ich hatte Kinder außerhalb einer Beziehung und wollte die Kinder um mich haben ... Ich wollte meine Kinder sehen und mit ihnen sein.«

1.1 Die Bedeutung des Kindes für die Identität des Vaters

Aus der Tatsache, dass er so rasch Frauen schwängerte, was in der Folge zu Schwierigkeiten führte, wird in der Beziehung zu Edith eine erstrebenswerte Fähigkeit, ihren sehnlichsten Wunsch nach Kindern zu erfüllen, an den sie sich nicht mehr zu glauben wagte. Die enorme narzisstische Gratifikation und sein Stolz zeigen sich in den Worten und der Mimik von Matty.

Mögliche ambivalente Gefühle während der Schwangerschaft werden von Matty gänzlich verleugnet. Auf die Frage, wie die Zeit der Schwangerschaft für ihn gewesen sei, antwortet er einige Male mit »Ich habe alles darüber gelesen, das war okay.« Oder: »Es ist nichts Neues, so wie alle Montage nach den Sonntagen kommen« und »Es ist keine, keine große Veränderung deines Lebens«. Matty betont, nie Angst gehabt zu haben, weil er »bereit dazu war«. »Du weißt, dass du Leben weitergibst«, meint er. Erst als es eine Komplikation, nämlich eine Steißlage des Babys, gab, hatte er Angst: Angst um die Mutter und Angst um das Baby.

Aus »purer Neugierde« wollte Matty bei der Geburt dabei sein, obwohl das in der Karibik ganz ungewöhnlich für den Vater ist. »Es ist strikt ein weibliches Terrain«, sagt er. »Absolut wollte ich dabei sein. Ich würde es nicht für alles auf der Welt vermissen wollen.«

Die Geburt seiner Tochter Felice sei für ihn ein wunderschönes, sehr eindrucksvolles Erlebnis gewesen: Er durfte Felice als Erster in seinen Armen halten.

»Ich war überwältigt, wissen Sie. Ich konnte es nicht glauben. Es war, es war, es war so anders, so erfreulich, wissen Sie. Felice sah wunderschön aus, als sie herauskam, so hübsch ... ihr Kopf war nicht verdrückt ... keine Deformation. Hübsch. So ein hübsches Kind. Die Mutter war ganz arm, sie hatte Nachwirkungen vom Kreuzstich – aber sie war glücklich«, sagte Matty.

»Wann haben Sie sie zum ersten Mal gehalten?«, fragte die Interviewerin. Matty antwortete: »Als sie mir Felice gaben (lacht glücklich). Ich durfte sie halten, bevor ihre Mutter sie nehmen konnte, gleich nach dem Herauskommen.«

Sehr deutlich zeigt Matty, wie eindrucksvoll es für ihn war, das Größerwerden von Felice mitzuerleben und zu wissen, dass sie bei ihm und er bei ihr bleiben konnte. Nach fünf Abtreibungen der von ihm geschwängerten Frauen, drei getrennt lebenden Kindern und den verdrängten Schuldgefühlen darüber herrschte diesmal Freude und Glück. Die Mutter war überglücklich und konnte es kaum fassen, wirklich so spät in ihrem Leben – sie war 48 Jahre alt – doch noch schwanger zu werden, und zwar ganz problemlos und rasch. Nur die Lage des Babys, die einen Kaiserschnitt erforderte, gab Anlass zur Sorge. Sorge um die Mutter und Sorge um das Leben des Babys. Umso größer waren die Erleichterung, Freude und das Glück des Vaters, Felice, ein gesundes Baby, als erster in seinen Armen halten zu können. Matty sprach davon, dass er vermutlich »sehr naiv« sei, aber das alles »erfreulich und schön« finde.

Dieser erster liebevolle Blick des Vaters auf seine Tochter stellt die erste Begegnung zwischen den beiden dar; zudem der Blick eines Neugeborenen, das die neue Welt erkennt und sich als erstes an den Augen des Vaters anhält. Die Intensität dieses Blicks ist immer überraschend, es ist wie ein Festsaugen an den Augen dieser ersten Person, des ersten Objekts. Psychoanalytiker denken, dass im Vater dabei die Erinnerung an sein Aufgenommenwerden in der Welt durch die Liebe und Freude der Mutter/des Vaters wach werden. Winnicott (1971, S. 130) spricht vom »Glanz in den Augen der Mutter«, wenn sie ihr Baby anschaut. Wir können das aber auf den Blick des Vaters übertragen. Es ist Freude gemischt mit Erstaunen über die Vollkommenheit eines gesunden Babys. Die Mutter beschreibt es in ihrem Interview als glücklichen Moment zu sehen, wie liebevoll der Vater Felice anschaue, so als ob er sich gar nicht sattsehen könnte. Dieser Anblick tröstet sich darüber hinweg, dass sie ihr Baby wegen des Kaiserschnitts nicht selbst in den Arm nehmen und an die Brust legen kann. Das erste An-die-Brust-Legen stellt eine wichtige Erfahrung dar. Denn sie symbolisiert, dass die Trennung durch die Geburt keine absolute ist, sondern es durch das Stillen eine neue Form des Zusammenkommens gibt. Bion bezeichnet das Zusammenkommen der Brustwarze mit dem Mund des Babys als fundamentale Form des »Linking«, eines passenden Zusammenkommens.

Noch größer war die Freude von Matty und der Mutter, als sie zwei Jahre nach der Geburt von Felice wieder schwanger wurde und dann einem kleinen Jungen das Leben schenkte.

Auf die Frage, welche Auswirkung die Geburt von Felice auf ihn und sein Leben hatte, antwortet Matty nach einer kurzen Pause: »Ich würde es nicht Auswirkung nennen, sondern ›Thrill‹.«

Er verwendet den englischen Ausdruck, der auch im Deutschen genutzt wird, und eine Mischung von Angst und Lust – »Angstlust« bzw. Aufregung – meint. Ein Begriff, der ein zwiespältiges Gefühlserleben ausdrückt, das sich zwischen Angst und Lust, zwischen Leiden und Freude bewegt, einen »Nervenkitzel«, einen »Kick« – also ein abenteuerliches, intensives Ereignis meint. Matty beschreibt das Erleben wie folgt: »Alles ist möglich. Sie brachte nur Freude. Freude nicht Ängste … Alles, was man tut, soll man aus Freude tun.«

Es fällt Matty schwer, widersprüchliche Gefühle und Konflikte zu beschreiben – alles soll Glück und Freude sein. Er scheint nur schwer über sich selbst nachdenken zu können. Er klammert sich an die Parole, dass alles reines Glück sein soll, Freude und keine Mühe, keine Ungeduld, kein Hass und keine Ablehnung – eben die Ambivalenz der Gefühle, die in jeder Beziehung wirksam ist.

Vaterbild
Betrachten wir Mattys Situation als Vater und welches Vaterbild er verinnerlicht hatte, so erfahren wir von einer äußerst schmerzlichen Bruchsituation. Seine Eltern folgten der Werbung, mit der Menschen aus der Karibik als Gastarbeiter in England gesucht wurden. Das Leben in England wurde in herrlichen, bunten Farben beschrieben. Wie leicht es wäre, Arbeit zu bekommen und sich in England eine neue, finanziell sichere Existenz aufzubauen.

Seine Mutter ließ ihn im Alter von neun Monaten gemeinsam mit seiner zwei Jahre älteren Schwester bei der Großmutter in großer Armut zurück. Von der Großmutter spricht er äußerst positiv und liebevoll, betont aber, dass er genau wusste, »dass sie nicht meine Mutter, sondern meine Großmutter war«. Alle Onkel und Tanten, Cousins und Cousinen sahen einander täglich. Als seine Eltern nach sieben Jahren ihn und seine Schwester zu sich holen wollten, waren sie Fremde für ihn. Matty sagte:

1.1 Die Bedeutung des Kindes für die Identität des Vaters

»Es war ein ziemlicher Schock, als meine Mama, mein Bruder und mein Vater kamen und ich das tun musste, was sie sagten ... Jemand zeigte mit dem Finger auf meine Mutter und sagte: ›Das ist deine Mutter‹. Und ein Mann, der mein Vater genannt wurde, war mein Vater ... ›ein hohes Tier‹, ein ›Big shot‹ ... denn bis zu diesem Zeitpunkt war meine Großmutter das Zentrum, der Glanzpunkt, ›Highlight‹. Was sie sagte, habe ich gemacht, weil ich immer ihr gehört habe.«

Gegen seinen Willen wurde er von der geliebten Großmutter getrennt und kam mit den Eltern und seiner älteren Schwester nach England. Matty:

»Meine Mutter war eine totale Fremde. Ich rebellierte, ich rebellierte immer gegen mein Familienleben ... Ich sah keinen Grund, warum ich jemanden ›Mutter‹ oder ›Vater‹ nennen sollte ... Das Klima in England war bei meiner Ankunft scheiß kalt – so wie jetzt (lacht). Wie kann man von der Karibik in so ein kaltes Land ziehen?«

Die engste Beziehung besteht zu seiner zwei Jahre älteren Schwester, mit der Matty in der Karibik bei seiner Großmutter gelebt hatte.

Matty: »Ich hatte täglich Kämpfe mit meiner Mutter – wenn sie mich schlug, schlug ich zurück. ›Wenn du schreist, schreie ich zurück‹, brüllte ich sie an.«

Die massiven Schläge seiner vermutlich hilflosen Mutter blieben Matty in lebhafter Erinnerung. Seine Mutter bezeichnet er als wild und gewalttätig. Zu seinem Vater, der ihn nie schlug, hatte er eine bessere Beziehung. Matty bezeichnet ihn als »guten Freund«.

Matty sagt: »Die Beziehung ist sehr tief, wissen Sie. Wenn er spricht, hast du zuzuhören (lacht laut). Aber ich ...« »Was meinen sie mit ›tief‹?«, fragt die Interviewerin. Matty antwortet: »Eh, (lange Pause) mein Vater ist mein Stern, er, er, er ist ein guter Freund. Er hat nicht das Temperament meiner Mutter. Meine Mutter ist wie ein Vulkan, einen Moment ist sie ruhig und im nächsten hat sie einen Ausbruch, sie hat extrem hohen Blutdruck ... Mein Vater ist cool... Er ist ein Mann aus Eisen, alles ist nett und solid. Es bedarf eines guten Grundes, um ihn zu treffen.« »Können Sie mit ihm sprechen?«, fragt die Interviewerin. »Ja, mit ihm kann ich sprechen, aber mit meiner Mutter kann ich nie sprechen, weil sie immer sagt, ich widerspreche und argumentiere, verstehen Sie. Sie denkt, sie weiß alles, sie will auch jetzt noch mein Leben kontrollieren. Egal wie alt man ist, die Mutter weiß es immer besser. Ich könnte 16 sein oder 40 sein, ich soll tun, was sie mir sagt«, sagt Matty.

Immer wenn Matty etwas von seinem Vater erzählen will, kommt er auf die konfliktreiche Beziehung zu seiner Mutter zu sprechen. Wir nehmen an, dass Matty seinen Vater eigentlich als schwach erlebt, der sich nicht zwischen ihn und die strenge, gewalttätige Mutter stellen, ihn nicht beschützen konnte.

Matty betont, wie wichtig es für ihn sei, ein »ausgezeichneter Vater« zu sein. Er meint, er wisse, er *ist* ein ausgezeichneter Vater. Dann fällt es ihm aber sehr schwer zu beschreiben, was er darunter versteht. Als die Interviewerin nachfragt, meint er, das sei eine sehr wichtige Frage, über die er erst nachdenken müsse.

Matty ist überzeugt: »Elternschaft ist ein Lernprozess. Ich beginne, meinen akademischen Abschluss in Elternschaft zu machen. Meine Frau denkt, ich bin zu streng mit den Kindern.«

Seine Frau bewundert er für ihre mütterlichen Qualitäten und sagt: »Sie ist ›die‹ Mutter in meinen Augen, die Mutter! Sie verbringt ihre Zeit mit den Kindern, sie liest den Kindern Bücher vor ... Sie ist aktiv, wirklich an den Kindern interessiert ... Ich unterstütze sie, weil die Art und Weise, wie sie mit meinen Kindern ist, ist absolut positiv. Ich sehe andere Eltern, andere Mütter und ihre Art mit den Kindern zu spielen.«

»Ist das etwas, was Sie als Kind vermisst haben?«, fragt die Interviewerin. Matty antwortet: »In gewisser Weise Ja. Sie ist wirklich gut dabei ... sie hat meiner Meinung nach eine sehr gute Haltung den Kindern gegenüber; sie ist 90 Prozent mit den Kindern ... Die englischen Mütter haben nicht so ein aktives Interesse an den Kindern. Die Mütter aus der Arbeiterschicht stellen ein Kind hin und überlassen es sich selbst.«

Matty betont, wie er seine Frau unterstützt, weil sie sich so gut um seine Kinder kümmere und sie fördere. Als die Interviewerin diese Förderung der kleinen Kinder mit seiner eigenen Kindheit in Verbindung bringt und meint, er erlebe mit seinen Kindern etwas, was er als Kind vermisst habe, stimmt er zu und wird nachdenklich. Er und seine Schwester haben einen hohen Preis dafür gezahlt, dass die Eltern nach England auswanderten, weil ihnen eine glänzende Zukunft versprochen worden war. Seine Eltern wurden tief enttäuscht. Es war ein schwieriger Start, fünf Personen schliefen in einem Raum; die Eltern verdienten wenig Geld und mussten die Raten für das Haus zahlen.

Diskussion

Vater zu werden, Vater zu sein und seine Kinder bei sich zu haben, sie täglich zu sehen und in einer Familie zu leben, stellt die Erfüllung eines Wunsches von Matty dar. In seinem Leben waren Fortpflanzung und Familiengründung zwei gänzlich voneinander getrennte Welten. Fruchtbarkeit und Zeugungsfähigkeit stellten in seiner Jugend eher ein Problem dar; über Empfängnisverhütung wurde nicht gesprochen. Erst mit der aus Deutschland stammenden Frau, die ich Edith nenne, stellte die Schwangerschaft eine beglückende Wunscherfüllung dar, an die Edith wegen ihres Alters nicht mehr zu hoffen gewagt hatte. Durch seine Rebellion als Adoleszenter konnte er keinen Schulabschluss und damit keinen Zugang zu einer höheren Bildung erlangen. Sein Beruf als Automechaniker war und ist ein »Brotberuf«, der nicht seinen Wünschen entsprach, aber ein Einkommen für die Familie sicherte. Er übernahm Verantwortung für die Familie, war der Ernährer, musste aber alle seine ehrgeizigen Pläne aufgeben.

Der Übergang vom Mannsein zum Vatersein konfrontiert Matty mit den schmerzlichen Beziehungserfahrungen seiner Kindheit, dem frühen Verlassenwerden durch die Eltern. Ihm fehlten der Vater und all die Dinge, die er durch dessen Abwesenheit nicht erleben konnte. Seine eigene Vernachlässigung als Kind und die seiner Schwester werden durch die Geburt seiner beiden Kinder lebendig. Das große Lob, das er seiner Frau für die vorbildliche Beschäftigung mit den Kindern zollt, verweist auf den Schmerz, dass er als Kind all diese Liebe und Förderung nicht erlebt hat. Teilweise scheint er mit seinen Kindern identifiziert zu sein, die nun bekommen, wonach er sich gesehnt hat. Die drei weiteren Kinder, die er nie sieht, können als Wiederholung seines Schicksals, von Vater und Mutter verlassen worden zu sein, verstanden werden. Mit den beiden bei ihm lebenden Kindern ist eine Wiedergutmachung möglich. Matty ist sich bewusst, dass er mit der Rolle eines verantwortungsbewussten, reifen Vaters Schwierigkeiten hat. Er betont, wie leicht er wütend wird, genauso schreit wie seine Mutter, seinen Sohn in Kämpfe verwickelt, als ob zwei Jungen miteinander ringen. Manchmal wirkt es so, als ob ihm klar sei, dass seine Frau oft den Eindruck hat, drei Kinder zu haben. Seine verschütteten Bedürfnisse als Sohn gegenüber dem Vater und Sehnsucht nach einer zärtlichen, liebevollen Mutter werden ihm wieder schmerzlich klar. Seinen Sohn drängt er unbewusst in die Rolle eines eher wilden Knaben, den er zu ausgelassenen, spielerischen Boxkämpfen animiert.

1.1.2 Fallbeispiel: Vater von Kelly

Das Interview fand in der Wohnung des Vaters statt. Die Eltern trennten sich als Kelly zwei Jahre alt war. Beide Eltern stammen aus England, der Vater arbeitet als Steuerberater und engagiert sich sehr für sein Hobby, Schlagzeug in einer Jazzband zu spielen. Beide Eltern waren bei der Geburt von Kelly, dem ersten Kind, 30 Jahre alt.

Auf die Frage der Interviewerin, ob der Vater, den ich Miles nenne, Kinder wollte, bejaht er dies spontan. Immer schon wollte er Kinder haben, sagt er, obwohl er mit Kellys Mutter, noch nicht über das Thema Kinder zu bekommen, gesprochen hatte. Er fährt fort zu beschreiben, wie es für ihn war, als er erfahren hatte, dass seine Partnerin mit Kelly schwanger war:

»Als ich von der Schwangerschaft erfahren habe, war ich glücklich, extrem glücklich... Ich nehme an, zu diesem Zeitpunkt war es erfreulich und doch zugleich auch... Es war ein Wendepunkt in meinem Leben, weil ich dachte, nun muss ich mich disziplinieren, Verantwortung übernehmen und weniger selbstsüchtig sein... Mehr auf die Bedürfnisse des Kindes eingehen... Wenn du ein Kind hast, hast du ein Leben in deinen Händen... du hast Verantwortung.«

Der Gedanke, diese Verantwortung übernehmen zu wollen und seine Aufgabe zu erfüllen, beschäftigte ihn sehr. Miles hat ein klares Bild von den Aufgaben eines Vaters, die er erfüllen will, gut erfüllen will. Für ihn eröffnet sich eine neue Dimension, eine Dimension, die sein Leben und seine Identität verändert. Auch nach der schmerzlichen und ungewollten Trennung von seiner Frau bezeichnet er Kellys Geburt als das Wichtigste in seinem Leben. Sofort nach der Mitteilung über die Schwangerschaft, machte er seiner Partnerin einen Heiratsantrag. Sie heirateten und machten eine Hochzeitsreise nach Paris. Für ihn war immer klar, dass er nicht nur das Baby bekommen wollte, sondern es für ihn eine riesige Freude darstellte. Ihr durch ihre Skepsis, ob Miles das Baby überhaupt wolle, begründeter Kommentar, sie werde das Baby auf alle Fälle bekommen, passten so gar nicht zu Miles Freude und war für ihn wohl die erste Zurückweisung. Miles beschreibt die Zeit der Schwangerschaft als schwierige und schmerzliche Zeit für ihn:

»Als Grace (so nenne ich die Mutter, Anmerkung von GDW) schwanger war, fühlte sie sich nicht gut und hat mich sexuell abgewiesen. Und wir hatten während der gesamten

Schwangerschaft keinen Sex und wir hatten keinen Sex, nachdem Kelly geboren war ... Meine Haltung war: ›Wenn das geschieht, damit mein Kind geboren werden kann, dann ist das der Preis, den ich gerne zahle.‹ Ich meine, ihre Zurückweisung war nicht angenehm, aber ich akzeptierte es als Teil meiner neuen Verantwortung.«

Wie schmerzlich diese Zurückweisung für ihn gewesen sein dürfte, wird am Ende des Interviews deutlich, als er sich eingesteht, dass er immer den Wunsch gehabt hatte, mit einer schwangeren Frau Sex zu haben. Aber er akzeptierte den Wunsch von Grace, wollte sich nicht aufdrängen und versuchte ihr das Leben zu erleichtern; er massierte ihr die Beine, war sehr aufmerksam, rücksichtsvoll und zärtlich. Er machte sich aber große Sorgen um die Gesundheit von Grace: »Ich machte mir Sorgen; du hoffst, alles wird gut gehen, bei der Geburt wird alles gut laufen. Wird das Kind in Ordnung sein? Es gibt so viele Ding, über die man sich Sorgen machen kann.«

Sein schmerzliches Ausgegrenztsein aus der Intimität mit seiner schwangeren Frau dürften zu seinen Sorgen beigetragen haben, da er seinen Ärger und Wut gar nicht bewusst wahrnehmen durfte. Bei ambivalenten Gefühlen gegenüber einer geliebten Person werden negative Gefühle verdrängt und tauchen in der Veränderung als Sorgen um das Leben oder die Gesundheit dieser geliebten Person auf und dürfen nur als solche wahrgenommen werden.

Da diese Schwangerschaft seiner Partnerin, die er sofort zu seiner Frau macht, einen heiß ersehnten Wunsch nach einem Kind erfüllt, stellt Miles sofort eine Beziehung zu Kelly her, hat Vorstellungen, wie dieses Kind aussehen wird:

> »Ich konnte sie mir gleich vorstellen. Bei den Ultraschalluntersuchungen sah ich ihre Bewegungen, das Schlagen des Herzens und ihr Wachstum von Monat zu Monat. Unglaublich faszinierend ...Diese Untersuchungen waren auch beruhigend, da ihr physisches Wachstum zufriedenstellend war. Wir wollten uns beide vom Geschlecht des Kindes überraschen lassen.«

Miles wurde eng in die Schwangerschaft einbezogen. Er besorgte Bücher über Schwangerschaft und Geburt, die sie gemeinsam lasen. Sie besuchten gemeinsam einen Vorbereitungskurs für Eltern – so war eine emotionale Verbundenheit trotz der sexuellen Abstinenz möglich. Im Kurs wurde den Vätern gezeigt, wie sie ihre Frauen bei der Geburt physisch und emotional unterstützen konnten, auch über die Geburt wurde wöchentlich ausführlich gesprochen, was Miles als positive, beruhigende Erfahrung bezeichnet.

Auf die Frage, wie Kellys Geburt verlief, gibt Miles eine ausführliche Beschreibung, die das Hauptaugenmerk auf Kellys Gesundheit legt. Er sagt:

> »Ich denke, was die Geburt betrifft, hatten wir in der Nacht einen falschen Alarm. Wir fuhren dann wieder nach Hause und später noch einmal ins Krankenhaus. Zwischen drei und vier in der Früh gab es ein Problem. Kellys Kopf war so groß, dass sie ihn nicht herausbekamen. Das war schrecklich. Deshalb mussten sie die Hebamme rufen, die einen Schnitt setzte. Es war fürchterlich, ich hasste das alles. Es war entsetzlich, das ansehen zu müssen ... Sobald wir aber sahen, dass Kelly lebendig war, war alles okay. Aber dann sahen wir die ganze Unordnung; die Krankenschwestern und die Hebamme sahen einander besorgt an, überall war Blut. Überall. Meine Frau war sehr grob mit einer Schere geschnitten worden, es war viel brutaler, als ich mir das vorgestellt hatte. Ich weiß nicht, warum es so war, aber es war okay. Alles war gut, aber zum Zeitpunkt damals war es nicht nett, überhaupt nicht. Es war entsetzlich, weil wir nicht wussten, ob Kelly am

Leben war. Wir hofften, aber waren nicht sicher. Es dauerte nicht lange, aber es schien endlos zu dauern, es war ein schrecklicher Moment.«

Diese dramatische Erzählung von Miles zeigt das Risiko jeder Geburt, die Angst und Sorge, dass das Kind oder die Mutter sterben könnte. Und niemand kann den Ausgang einer Geburt vorhersagen. Erst wenn das Kind atmet und man den vollständig entwickelten Körper sieht, es den ersten Schrei abgibt, erfolgt die Entspannung und Freude.

Die erste Zeit nach dem Heimkommen aus dem Krankenhaus beschreibt Miles als turbulent und hektisch. Da Kelly drei Wochen zu früh zur Welt kam, war er mit dem Umbau des Hauses noch nicht ganz fertig. Unmittelbar nach der Geburt eilte er nach Hause, um den letzten Raum fertig auszubauen und dann alles aufzuräumen. Seine Schwiegermutter war für einige Wochen gekommen, um ihnen zu helfen, was er als sehr hilfreich empfand: »Sie wusste alles über Babys, was wir nicht wussten. Sie machte viele gute Vorschläge, die wir ausführten, das war extrem hilfreich. Wir waren auch beide sehr, sehr müde.«

Die Schwiegermutter führte den Haushalt, sodass sich Kellys Mutter ganz um das Baby kümmern und selbst auch während des Tages schlafen konnte. Miles beschreibt sich selbst als nicht so hilfreich für seine Tochter, weil er diese nicht stillen konnte, wie er sagt.

> »Das Einzige, was Kelly in der Nacht beruhigen konnte, war, sie an die Brust zu legen. Unglücklicherweise nahmen wir üblicherweise Zuflucht zur Brust ... Aber für das Wechseln der Windeln war ich zuständig. Ich muss mehr Windeln gewechselt haben als jeder andere Mann auf der Welt. Alle waren überrascht, dass ich das so bereitwillig tat ... Ich machte es sehr gerne, und verstand nicht, warum Leute das so schrecklich finden ... Du leistest einen Beitrag, dass das Baby sich wohlfühlt; es ist eine gute Arbeit.«

Da er aus so vielen Bereichen herausgedrängt wurde – er durfte Kelly auch nicht auf seiner Brust einschlafen lassen, da seine Frau fürchtete, Kelly könnte ersticken –, war das Wechseln der Windeln sein wichtiger Beitrag. Vater zu sein bedeutete sehr viel für Miles, wie er sagte:

> »Es war wunderbar und auch erzieherisch ... Der alte Spruch, dass das Kind wie ein Vater für den Ehemann ist ... Du erwirbst kein Wissen, aber du lernst eine Menge, wenn du ein Kind hast. Du lernst dich selbst besser kennen, du erlebst deine eigenen Grenzen und wie du noch funktionsfähig bist, auch wenn du total ermüdet und übernächtig bist. Ich verstand, warum Leute ihre Kinder im Alter von 20 Jahren bekommen statt mit 41 Jahren. Da haben sie einfach noch mehr Energie.«

Miles ist sich bewusst, dass er wegen seines Alters die Betreuung von Kelly schwieriger und anstrengender findet als ein junger Vater. Für ihn und für seine Frau stellt Kelly aber das Wichtigste in ihrem Leben dar.

Miles hat Respekt vor der sich entwickelnden Persönlichkeit seiner Tochter, beobachtet sie und ihre Entwicklung äußerst aufmerksam. Er selbst bezeichnet sich als taktile Person, die gerne physische Nähe hat. Auch nach der überaus schmerzlichen Trennung nehmen beide ihre Aufgabe als Eltern sehr ernst und können das auch gut managen.

Auf die Frage nach der Beziehung zu seinem Vater, meint er, er habe eine »glückliche Kindheit« gehabt. Es fällt ihm schwer, über die Beziehung zu seinen Eltern zu sprechen. Hinter seiner abwehrenden Haltung in Bezug auf seine

Kindheit wird eine große Bedürftigkeit sichtbar. Miles idealisiert seine Kindheit; über seine Eltern sagt er:

> »Ich schätzte ihre liebevolle Fürsorge und ihren Hausverstand (Commonsense). Mein Vater war ein sehr feinfühliger Mann, manchmal hat er sich ganz zurückgezogen, war oft schweigsam. Er interessierte sich sehr fürs Lesen and für Sport, was ich auch liebe. Mein Vater war auch bei seinen Arbeitskollegen und Freunden sehr beliebt…Ich machte mich bald selbständig und verließ Australien – (wohin seine Eltern mit ihm erst vor einigen Jahren ausgewandert waren, Anmerkung von GDW). Gegen den Rat der Eltern begann ich in England als Schlagzeuger bei einer Band zu spielen. Meine Eltern warnten mich und meinten, ich werde verhungern, aber hinderten mich nicht daran.«

Es ist verwunderlich, dass Miles seine Eltern gar nicht kritisch beschreibt. Er ist ein Rebell, der gegen den Willen der Eltern wieder nach England zurückgekehrt ist und in einer Band spielte. Er übernahm alle Arten von Gelegenheitsarbeit, um sich seiner Musik widmen zu können. Er ist ein warmherziger, verständnisvoller Vater für Kelly. Seinen Vater bezeichnet er – so wie sich – als taktile Person, die gerne Körperkontakt hat, mit herzlicher Zuneigung und physischen Kontakt. Er nennt seine Eltern, ehrlich, offen und großzügig. Sein Bild als Vater von Kelly bleibt widersprüchlich, wenn er einerseits beschreibt, welchen Spaß es ihm macht, ihre Entwicklung zu sehen und zu fördern und zugleich aber hofft, dass sie ihm nicht ähnlich wird.

Die Scheidung nennt Miles »einen schmerzlichen« Prozess. Er kann nicht über Details sprechen, da er vermutlich nicht über seine physische Gewalt der Mutter gegenüber sprechen will, die die Mutter im Interview erwähnt. Miles sagt:

> »Es war ein extrem kostspieliger Prozess in emotionaler und finanzieller Hinsicht, bei dem ich die ärgste Seite von der Mutter gesehen habe: ihre Untreue und Lügengeschichten. Nur über einen gerichtlichen Prozess konnte ich meine Tochter sehen. Es war eine klar begrenzte Besuchszeit, bei der ich Kelly um sechs Uhr am Abend zurückbringen musste. Es war wie ein Ausgang aus einem Gefängnis. Als ob jemand sagt, dass ich unwürdig bin, mit meinem eigenen Kind zu sein.«

Miles betont, dass er keine Scheidung wollte, weil er nicht wollte, dass Kelly ohne Vater aufwächst. Während dieser schwierigen Zeit konnten sie ihre Aufgaben als Eltern weiter wahrnehmen; beide schienen einander vertraut zu haben, dass sie jeweils an einer guten Beziehung von Kelly zu beiden Eltern interessiert waren. Er wollte keine Scheidung: »Kelly zu bekommen war das befriedigendste Ereignis und geschieden zu werden das Schrecklichste in meinem Leben.« Er wollte nicht, dass Kelly ohne Vater aufwächst und hätte alles getan, um das zu vermeiden. Nach der Trennung gaben sie das Kindermädchen auf, und Kelly kam zu einer Tagesmutter:

> »Ich pflegte Kelly am Morgen abzuholen und sie zur Tagemutter zu bringen. Vorher ging ich gewöhnlich mit ihr in den Park. Im Auto erzählten wir einander Geschichten … Nach sechs Monaten – eines Tages, ohne Grund –, als wir im Park waren, um die Enten zu füttern, kam sie zu mir, legte mir den Arm um den Hals und sagte: ›Daddy, ich liebe dich, ich vermisse dich so!‹ Ich dachte mir: ›Es zahlt sich aus. Es geht.‹ Das war der Zeitpunkt, an dem ich wusste, meine Mühe trägt Früchte. Bis zu diesem Tag hatte ich kein einziges Zeichen bekommen.«

Miles Bemühung trotz der Trennung eine intensive Beziehung zu Kelly zu erhalten, scheint erfolgreich zu sein. In seiner Wohnung hat er ein Zimmer für sie eingerichtet, wo sie jedes zweite Wochenende übernachten kann.

Diskussion

Zusammenfassend können wir sagen, dass Miles die Geburt seiner Tochter als wichtigstes Ereignis seines Lebens bezeichnet. Er hatte sich nie zugetraut, ein Kind zu bekommen, da er sich dafür nicht reif und gut genug gefühlt hatte. Seine Freude war groß, er wollte, dass Kelly in eine sichere Familie geboren wurde; er heiratete Kellys Mutter und wollte Kelly in der Familie heranwachsen sehen. Seine Aufgabe als Vater nahm er sehr ernst, wurde aber von seiner Frau aus einigen Bereichen, wie etwa Kelly während der Nacht zu beruhigen, ausgeschlossen. Auch nach der Scheidung erkämpft er sich ein flexibles Besuchsrecht, das er verantwortungsbewusst handhabt.

Seinen Vater erlebt er als Vorbild; trotzdem mangelt es ihm an einem stabilen Selbstwertgefühl. Nach dem Interview fragt er die Interviewerin, ob eine Psychotherapie ihm helfen könne.

1.2 Die Bedeutung des Kindes für die Identität als Mutter

Für die Frau haben Schwangerschaft, Geburt und Kinderbetreuung eine wesentlich intensivere Auswirkung, da diese Veränderungen, insbesondere bei den beiden erstgenannten, direkt ihren Körper betreffen, ihr Erleben ihres eigenen Körpers verändern. Zugleich befindet sich die Frau während der Schwangerschaft in einer Situation, die sie selbst als Embryo erlebt hat, wenn auch in der anderen Rolle. Zwei Leben in einem Körper. »Das Ich ist immer ein körperliches« schreibt Freud. Der Einfluss auf die innere Welt der Frau ist durch ihre Fantasie über ein Baby, ihre Ängste und Hoffnungen bestimmt sowie in ganz besonderer Weise durch die nicht steuerbaren körperlichen, physiologischen, chemischen Veränderungen, die wiederum Einfluss auf das psychische Erleben haben. Es gibt eine Tendenz von »der Mutter« zu sprechen, als ob es eine gleichförmige, gemeinsame Identität gäbe. Die psychoanalytische Perspektive untersucht jedoch die innere Welt, in der unbewusste Repräsentationen der unterschiedlichen, lebensgeschichtlichen Erfahrungen in verschiedenen Schichten existieren, die die Träume, Fantasien und das emotionale Leben beeinflussen.

Die Perspektive, eine Tochter ihrer Eltern zu sein, kehrt sich um, wenn die Frau beginnt, Mutter einer Tochter oder eines Sohnes zu werden und zu sein. Sie wird beginnen, ihre eigene Mutter und ihren eigenen Vater in einem anderen Licht zu sehen. Eine junge Patientin fragte ihre Mutter: »War das damals bei mir auch so

1 Elternschaft aus einer psychoanalytischen Perspektive

anstrengend und aufwühlend?« Erfahrungen aus der ersten Lebensphase tauchen wie bei der Faltung eines Gebirges auf, treten an die Oberfläche. »Die Repräsentationen (innere Bilder, Anmerkung v. GDW), die die Mutter von ihrer eigenen Mutter als Mutter ihrer Kindheit entwickelt hat, üben einen erheblichen Einfluss darauf aus, wie sie selbst sich als Mutter ihrem eigenen Baby gegenüber verhalten wird«, sagt Stern in die *Mutterschaftskonstellation* (1998, S. 55). Wir gehen nicht davon aus, dass die Qualität der mütterlichen/väterlichen Beziehung, Bemutterung und Sorge die Frau in die Lage versetzen, sich ihrem Baby in ähnlicher Weise zuzuwenden. Die inneren Bilder, die eine Mutter von ihrer eigenen Mutter entwickelt hat, haben einen erheblichen Einfluss, wie sich die Mutter zu ihrem eigenen Baby verhält. Eine Forschergruppe um den Analytiker Peter Fonagy (Fonagy et al., 1991) haben am Anna-Freud-Center eine umfangreiche Untersuchung von 200 Eltern-Kind-Paaren gemacht, bei der durch das Adult-Attachment-Interview die Bindungsqualität des Vaters und der Mutter zu deren Eltern erhoben wurde. In zwei Testsituationen (Fremde-Situations-Test, Ainsworth et al., 1978) mit Kindern im Alter von einem Jahr wurde deren Bindungsqualität untersucht. Es zeigte sich, dass ein gewaltiger intergenerativer Einfluss festzustellen war, dass »der Charakter der aktuellen Repräsentationen der Mutter über ihre eigene Mutter als Mutter die besten Vorhersagen über das Bindungsmuster (sicher, ambivalent, vermeidend oder desorganisiert) erlaubt, das sie mit ihrem eigenen Säugling nach zwölf Monaten entwickelt haben wird« (Fonagy et al., 1991). Es geht bei dieser transgenerativen Weitergabe nicht um eine lineare Weitergabe, sondern es hängt davon ab, ob die negativen, schmerzlichen Erfahrungen verdrängt werden, als »erledigt« betrachtet oder die Mutter mit ihren Gefühlen als Kind verbunden ist, den Schmerz fühlen kann. Die Form der Bearbeitung in der Art und Weise, wie die Mutter über ihre negativen Erfahrungen spricht, macht deutlich, ob sie weggeschoben wurden und sich dann in der Gegenwart wiederholen. In diesem Fall ist die Erzählung inkohärent, unausgewogen. Hat die Mutter ihre Vergangenheit bewältigt, betrauert, ist sie mit ihren kindlichen Gefühlen in emotionalem Kontakt, so zeigt sich das in einer kohärenten, ausgewogenen Erzählung (Narration), bei der die Erzählung und die gezeigten Gefühle zusammenpassen.

Die Beziehung zum wachsenden Leben ist nicht nur von der Beziehung der schwangeren Frau zu ihrer Mutter beeinflusst, sondern auch von ihren Fantasien dem Körper ihrer Mutter und ihren Babys gegenüber. Die frühkindlichen, liebevollen und aggressiven Fantasien dem mütterlichen Körper gegenüber, ihn erforschen zu wollen, die dort vermuteten Babys zu attackieren, wie es Melanie Klein erforscht hat, werden wieder lebendig und können Ängste und Schuldgefühle verstärken. Archaische Befruchtungsfantasien – oral durch einen Kuss, anal als »Kotbabys« (in der Fantasie des Kleinkindes werden Körperausscheidungen oft mit der Geburt eines Babys gleichgesetzt) – werden im Traum in Bildern ausgedrückt. Diese frühen Fantasien erzeugen – auch bei erwünschten, ersehnten Schwangerschaften – Ängste und ein Gefühl bedroht zu werden. Eine konflikthafte Beziehung zur eigenen Mutter kann den Wunsch der Frau, selbst Mutter zu werden, behindern. Viele Frauen, die nicht schwanger werden konnten, konnten nach der Bearbeitung dieser Konflikte in einer Therapie spontan schwanger werden (Raphael-Leff, 1993). Auch die Überlegung, das Kind abzutreiben, kann auf unbewusste Aggression der eigenen

Mutter gegenüber zurückzuführen sein, der die junge Frau nicht gönnt, Großmutter zu werden (Diem-Wille, 2013).

Als zweite wichtige Lebensphase, die zur Herausbildung einer mütterlichen (elterlichen) Kompetenz und der Übernahme von Verantwortung als Eltern führt, nennt King (2010) die Bewältigung der adoleszenten Krise. Als Mutter muss die Frau ihr Identitätszentrum in mehrfacher Hinsicht verändern, nämlich das Gleichgewicht zwischen Narzissmus und Altruismus (Stern, 1998). Die Rücknahme oder Unterbrechung der durch die Berufstätigkeit vermittelten narzisstischen Gratifikationen sind umso schwieriger, je anspruchsvoller und befriedigender der Beruf der Frau war. Wer bin ich, wenn ich meine Tätigkeit und Anerkennung nicht mehr als Ärztin, Managerin, Friseurin, Kindergärtnerin oder Psychologin täglich bestätigt bekomme? »Elternschaft erfordert in der Übergangsphase als auch mittel- und langfristig Fähigkeiten, selbst- oder objektbezogene Strebungen in konstruktiver Weise miteinander zu verbinden«, fasst King (2010, S. 15) diese Konstellation zusammen. Hier spielt eine partnerschaftliche Übernahme der elterlichen Aufgaben durch Mutter und Vater eine entscheidende Rolle. Es erfordert eben sowohl bei der Mutter als auch beim Vater eine »Reorganisation« der Identität beim Übergang zur Elternschaft. Die Gestaltung der Adoleszenz ist neben den bereits genannten frühkindlichen Erfahrungen von entscheidender Bedeutung: »Gibt es ausreichend Spielraum für konstruktives Experimentieren mit Größenfantasien?«, fragt King (2010, S. 22). Weiter spielt die Verlässlichkeit der eigenen Eltern auch im Ablösungsprozess sowie eine unaufdringliche, generative Fürsorge und ein emotionales Zur-Verfügung-Stehen der Erwachsenen eine wichtige Rolle, die dann als Großeltern eine wichtige Unterstützung und Entlastung darstellen können. Wird eine Individuation und Ablösung während der Adoleszenz verhindert, mündet dies oft in der Verweigerung der Elternschaft. Statt wie Stern von »Mutterschaftskonstellation« zu sprechen, sollte von der »Elternschaftskonstellation« (King) gesprochen werden, da es bei Mutter und Vater zu einer Reorganisation der Identität kommen muss, um den neuen Aufgaben gewachsen zu sein.

Wenn sich eine Frau nach einem Baby sehnt und trotz einer liebevollen Beziehung zu einem Mann kein Baby bekommen kann, so wird das häufig als großes Versagen erlebt. Ein Leben mit oder ohne Kinder stellt eine völlig unterschiedliche Perspektive dar. Mit einem Kind nehmen die Eltern Anteil an den ständigen körperlichen und psychischen Veränderungen des Kindes/der Kinder, und damit sind sie eng in der nachfolgenden Generation involviert. So schwierig auch die genannte Anforderungsleistung des Kindes, des Kindergartens, der Schule, der Freunde sind, so bedeutet es ein Involviertsein im Kreislauf der Generationen.

Ob die Schwangerschaft als freudiges Ereignis oder unerwünscht ist, hängt von der Lebenssituation der Frau und ihrer psychischen Situation ab. Ist der Zeitpunkt passend? Existiert eine verlässliche Beziehung, sind die ökonomischen und sozialen Umstände hilfreich? Wird der Fötus den Leib der Mutter beschädigen? Wird die Mutter ihrem in ihr wachsendem Baby schaden? Diese Ängste sind besonders groß, wenn es vorher einen Abortus, einen ungewollten Schwangerschaftsabbruch oder eine Totgeburt gegeben hat. Ist das Gute in ihr so stabil, dass alle bösen Gedanken und Vorstellungen überwunden werden können? Der Fötus kann unterschiedlich erlebt werden, als Bereicherung oder als etwas Fremdes, als gefährlicher Eindringling. Jede Schwangerschaft ist einzigartig und wird durch die Unterstützung des Partners stark beeinflusst.

Die nachfolgenden Falldarstellungen beziehen sich auf die Mütter der beiden Kinder Felice und Kelly, deren Väter in ▶ Kap. 1.1.1 bzw. ▶ Kap. 1.1.2 vorgestellt wurden.

1.2.1 Fallbeispiel: Mutter von Felice

Das Interview fand im Wohnzimmer der Familie statt. Ich hatte Felice bereits fünf Mal im Kontext der Familie beobachtet und bat die Mutter um ein Interview über ihre Erfahrungen als Mutter.

> Die Mutter ist sehr freundlich und begeistert, dass die Infant Observation nach vier Jahren fortgesetzt wird. Die Wohnung ist sehr eng; das Elternschlafzimmer wirkt eher wie ein Mädchenzimmer mit Puppen und Stofftieren, die den Eindruck vermitteln, die Familie wäre erst vor Kurzem eingezogen.
>
> Edith, wie ich die Mutter nenne, ist eine 49-jährige Frau aus Deutschland, die in einem Hotel bei der Rezeption gearbeitet hatte. Schon bei der ersten Begegnung ist sie sehr offen, so als ob sie mich schon erwartet hätte. Sie bezeichnet sich selbst als »redselig«. Auf die Frage nach ihrem Kinderwunsch sagt sie:
>
>> »Ich wollte immer Kinder. Da ich lange keine länger dauernde Beziehung hatte, überlegte ich, ein Baby allein aufzuziehen. Matty stammt aus der Karibik, von den West Indies ... Wir sind schon nach zwei Monaten zusammengezogen und ich wurde zwei Monate danach schwanger, was mich sehr glücklich machte ... Wir machten keine Fruchtwasseruntersuchung. Mit Liebe und Hingabe hätten wir das Baby aufgezogen, egal wie es gewesen wäre.«
>
> Die Geburt wurde wegen der Steißlage des Kindes zum Termin eingeleitet und mit einem Kaiserschnitt entbunden. Edith sagt:
>
>> »Da wir nichts riskieren wollten, wurde Felice mit einem Kaiserschnitt entbunden. Ich konnte alles sehen, weil ich einen Kreuzstich bekam. Matty half mir durch seine Unterstützung...Nach der Geburt, gab die Hebamme Felice in Mattys Arme. Sein glücklicher Gesichtsausdruck und seine Freude, sie in den Armen zu halten, entschädigte mich für alles.«
>
> Die Art und Weise, wie die Mutter über die Schwangerschaft, die Untersuchungen und die Geburt spricht, zeigt eine Idealisierung. Nach zwei Abtreibungen hatte Edith große Zweifel, ob sie je ein gesundes Kind bekommen könnte oder durch Kinderlosigkeit bestraft werden würde. Ihre Angst, eine Totgeburt zu haben, verweist auf eine feindselige innere Mutter, die sie für die beiden Abtreibungen bestrafen würde. Umso größer ist die Freude, dass Felice ein gesundes, robustes Baby ist, das gut und gerne an der Brust trinkt. Für Felice bedeutet der Kaiserschnitt einen plötzlichen Wechsel von der Lage im Mutterleib in die helle, kalte Welt ohne den Übergang des Geburtsprozesses, bei dem Mutter und Baby zusammenarbeiten, um den Übergang zu ermöglichen. Die Enttäuschung über den medizinisch notwendigen Kaiserschnitt wurde durch die Fähigkeit gemildert, stillen zu können.

1.2 Die Bedeutung des Kindes für die Identität als Mutter

Edith: »Ich wollte immer stillen, das war mir ganz wichtig.«
Interviewerin: »Haben Sie gerne gestillt?«
Edith: »Ja, es ist die natürlichste Sache der Welt. Es ist das Beste für das Baby, es gibt ihm Immunität ... es bedarf keiner Vorbereitung. Du musst nichts sterilisieren, nichts mitnehmen, wenn du weggehst. Es ist alles da. Du brauchst nur Windeln. Nach ein paar Wochen, wenn alles eingespielt ist, ist es so einfach.«

Die enge Verbindung zwischen Mutter und Baby durch Brustwarze und Mund scheint Ediths Vorstellungen von Muttersein zu entsprechen und wird von ihr als Bestätigung erlebt, wie gut sie sich um ihr Baby kümmern kann, das gut gedeiht.

Edith beschreibt Felice als wählerisch, da sie die angebotenen Speisen nicht mochte, geschabter Apfel, Kartoffelpüree, alles gesunde Sachen, und erzählt:

»Eines Tages entdeckte sie einen Hühnerspieß, kaute daran herum und schien den Geschmack zu mögen. Langsam nahm sie auch andere Sachen, es dauerte fast ein Jahr. Sie liebte McDonald's. Es ist lustig. Ich hatte so hohe Prinzipien, die ich aufgab. Ich vergleiche es mit meinem Hund. Ich hatte am Beginn so hohe Prinzipien, und im realen Leben wirfst du alle Prinzipien über Bord, und machst, was einfach ist (lacht). Du möchtest keine Kämpfe haben.«

Das Abstillen beschreibt Edith folgendermaßen:

»Das Abstillen erfolgte ganz spontan. Sehr lange trank Felice am Abend, bevor sie einschlief und gleich nach dem Aufwachen. Ich ließ es sie selbst tun. Ich sagte nicht, hören wir auf, ich habe genug. Sie ließ dann den Abend aus, weil sie so beschäftigt war. Dann kletterte sie in der Früh nicht mehr in mein Bett, um sich die Brust unter meinem Nachthemd zu holen; dann vergaß sie einfach darauf. Sie hatte kein Interesse mehr.«

Interviewerin: »Heißt das, dass Sie noch stillten, nachdem Sie mit ihrem zweiten Kind, Maxi, schwanger waren?«
Edith: »Ja, ja, sicherlich. Für Matty war es ok. Er liebte es. Maxi hat nur 10 Monate an der Brust getrunken, dann wollte er nicht mehr. Es war ganz anders als bei Felice... Wenn die Kinder das Stillen beenden, war es einfach.«

Nach den Gewohnheiten beim Schlafen gefragt, sagt Edith, dass es bei den beiden Kindern ganz verschieden war. Felice schlief nicht durch bis zum Alter von 7,5 Monaten, während Maxi viel früher durchschlief: »Felice saß auf unserem Schoß und schlief irgendwann ein. Mit Maxi war es ganz anders. Er hat sich leicht schlafen gelegt als er kleiner war, jetzt braucht er aber am Abend eine Kuschelstunde...Er braucht mehr Sicherheit.«

Beide Kinder schlafen jetzt meist bei der Mutter im Bett. Befragt, wo Matty schläft, lacht sie und sagt auf dem Sofa. Es ist ein flexibles Arrangement.

Edith scheint die physische Nähe zu den Kindern zu genießen und möchte nichts ändern. Auf die Frage, welche Auswirkung die Kinder auf ihr Leben hatten, entwickelt sich folgender Dialog:

Edith: »Alles ändert sich. Neue Dinge. Jeder, der denkt, das Leben geht einfach weiter wie vorher, wird überrascht sein.«

Interviewerin:	»War das überraschend für Sie?«
Edith:	»Die Intensität der Veränderung, ja. Es gibt Dinge, auf die man sich nicht vorbereiten kann. Leute sprechen drüber, aber ... Bei Felicia war ich in einem totalen Chaos. Darauf war ich nicht vorbereitet. Ich konnte mich nicht organisieren. Besonders wenn man stillt, wissen Sie, man verbringt so viel Zeit damit, darauf war ich nicht vorbereitet. Nach einem Job, bei dem ich sehr organisiert war, so ein Chaos, das war schwierig.
Interviewerin:	»Im Sinn einer Zeitstruktur?«
Edith:	»Ja, das war schwierig. Bei Maxi nicht mehr, da war ich schon Mutter und daran gewöhnt. Aber mit Felice war es so eine Anforderung, immer ist jemand da. ...Ich sagte, es ist wie ein besitzergreifender Liebhaber, der dich immer will und ich fand es manchmal überwältigend. Ich meine, ich liebte es, aber ich fand es manchmal schwierig. Oh Gott.«

Es war für Edith ein Schock zu erleben, wie sich das ganze Leben ändert. Aus der organisierten berufstätigen Frau wird sie zu einer Hausfrau und Mutter. Bis sie sich selbst sagt: »Ich kann nicht alles können, und entspanne mich (lacht)«. Den Kommentar der Interviewerin, dass es ein wirklicher Schock war, greift sie auf:

> »Ja, es ist ein Schock, weil sich alles verändert. Vielleicht ist es leichter, wenn man jünger ist und andere Erwartungen hat ... Ich hatte schon ein volles Leben, viel Reisen, viel Ausgehen etc. Ich hoffe, es wird besser, wenn Maxi in den Kindergarten geht und ich den Vormittag frei habe.«

Auf die Frage, welche Auswirkung die Kinder auf ihre Beziehung zu Matty hatte, sagt Edith:

> »Sehr positive. Wir beide wollten Kinder ... Er freut sich, der Daddy zu sein. Wir haben nicht viel Privatheit. Nicht wirklich. Aber es macht nichts. Er ist müde, wenn er am Abend heimkommt; ich nenne ihn ›My Sleeping Ugly‹ statt my ›Sleeping Beauty‹ (Dornröschen), weil er nur auf dem Sofa sitzt und TV schaut und dann schläfrig wird. Ich bin am Abend auch müde ... Privatleben und Sex ist nicht existent, manchmal beklagt er sich, dann tue ich, was er will.«

Sehr offen spricht sie davon, dass es bei ihr länger gedauert hat, ein paar Monate, bis sie wieder Sex hatten. Aber er ist ganz entspannt. Edith meint, nach den Schwangerschaften braucht ihr Körper eine Rast.

Vorbild als Mutter
Da die Mutterschaft bewusst oder unbewusst eine Auseinandersetzung mit den positiven oder negativen Erfahrungen mit der eigenen Mutter erfordert, wird Edith nach den Ähnlichkeiten mit ihrer Mutter gefragt. Sie sagt:

> »Ich denke, sie war eine sehr gute Mutter. Wissen Sie, wenn man älter wird, kann man über diese Dinge nachdenken ...Ich denke, wir waren sehr glücklich. Meine Mutter war eine einfache Frau. Sie war immer für uns da – ich bin sehr altmodisch, aber ich denke, das war das Wichtigste. Die Mutter meiner Freundin arbeitete und ich erinnere mich, wie sie mich immer beneidet hat, eine Mutter zu Hause zu haben. Meine Mutter ist gut

> mit uns umgegangen: Sie (war liebevoll, aber, Anmerkung v. GDW) hatte strenge Regeln.«

Edith ist das letztgeborene Kind, sie hat zwei ältere Brüder. Der älteste Bruder ist zehn Jahre älter als sie, er hat einen anderen Vater. Die Beziehung zu ihrem Vater war nicht so eng wie zu ihrer Mutter; er ist ein »grantiger Mann«, sagte sie und führte aus:

> »Der älteste Bruder wurde von meiner Mutter viel geschlagen (lacht laut). Sie (die Mutter, Anmerkung v. GDW) sagte: ›Ich habe ihn fest geschlagen, meine Hände brannten, aber er drehte sich um und sagte: Muttili (mit einer hohen Kinderstimme)‹. Uns behandelte sie viel milder ... Meine Kinder wollte ich nie schlagen, aber wenn mir die Geduld reißt, kommt es schon vor.«

Diskussion

Betrachten wir die Situation von Edith mit ihren Kindern, zeigt sich, dass es kein wirkliches emotionales Getrenntsein zwischen Mutter und Kindern gibt. Felice schlief einfach auf dem Schoß ein, es gab kein Gute-Nacht-sagen, das die Trennung in der Nacht einleitet. Oft nimmt Edith Zuflucht in allgemeinen Aussagen, Platituden, Generalisierungen, zeigt wenig Selbstreflexion. Sie äußert sich so, als ob es nur nette und freundliche Dinge gäbe. Eigentlich wird Edith nicht wirklich von ihrem Mann unterstützt; zwischen den Eheleuten gibt es wenig Lebendiges und Entwicklung. Beide sagen, sie nehmen Dinge, so wie sind – alles soll positiv sein. Aber sie verschließen die Augen vor den negativen belastenden Dingen in der Familie wie etwa der fehlenden Sexualität des Paares. Die beiden Kinder erleben keine Struktur in der Familie mit einem lebendig verbundenen Elternpaar. Strukturell projiziert Matty seine Aggression in den kleinen Maxi; er ist der »Boss« der Familie, niemand beschützt Felice. Auch beim Abstillen wartet Edith, bis das Kind das Interesse verliert, so als ob sie keine Grenzen setzen könnte. Die Erzählung hat eine entspannte Qualität, Edith kann zuwarten, bis die Kinder älter sind und sie mehr Raum für sich hat. Das lange Stillen könnte eine Form der Sexualisierung darstellen, ihr Körper und der von Felicia sind so eng beisammen, dass für eine erwachsene Sexualität mit ihrem Mann nur wenig Raum bleibt.

Die fehlende Nähe zwischen den Ehepartnern scheint durch die zweijährige Babybeobachtung durch einen jungen Psychiater etwas gemildert worden zu sein; die regelmäßigen Besuche und das große Interesse an ihrem Baby scheinen der Mutter eine gewisse Sicherheit gegeben zu haben.

1.2.2 Fallbeispiel: Mutter von Kelly

Das Interview fand im Wohnzimmer des Einfamilienhauses, in dem die Mutter mit Kelly wohnt, statt.

> Kellys Mutter arbeitet als selbstständige Organisationsberaterin und ist sehr erfolgreich. Das Haus befindet sich in einem bürgerlichen Bezirk in London. Auf

die Frage, wann sie das erste Mal daran gedacht habe, Mutter zu werden, antwortet sie, die ich Grace nenne, mit einem Lachen:

> »Nie, es war ein Unfall (lacht). Ich war mit ihrem Vater ungefähr zweieinhalb Jahre zusammen. Wir lebten nicht zusammen. Ich hatte eben das Haus gekauft ... und dachte, es sei perfekt für mich allein (lacht). Wir haben nie über Kinder gesprochen. Ich wurde ungeplant schwanger. Wir hatten auch nicht darüber gesprochen, zusammen zu leben. Es war wirklich eigenartig, sobald ich keine Regel bekam, wusste ich, dass ich schwanger war. Im ersten Moment ...Wir haben immer Acht gegeben und sind nie ein Risiko eingegangen, aber diese Dinge passieren. Ich habe mich so krank gefühlt, so krank, wie nie in meinem Leben.«

Grace war zu diesem Zeitpunkt 27 Jahre alt, hatte einen guten Job, ein Haus und fand die Beziehung zu dieser Zeit wirklich gut. In dem Moment, als sie ihre Vermutung der Schwangerschaft bestätigt fand, teilte sie es ihrem Partner mit: »Um 7 Uhr in der Früh weckte ich ihn auf, nachdem ich den Schwangerschaftstest gemacht hatte und sagte: ›Der Test ist positiv! Und übrigens, ich bekomme das Baby auf alle Fälle, unabhängig, wie du dich entscheidest.‹ Ich wusste, ich wollte sie.«

Obwohl Kelly nicht geplant war, reagiert die Mutter Grace so, als ob ein großer Wunsch in Erfüllung gegangen sei. Sie ist sich ab dem ersten Moment sicher, dass sie das Baby will – mit ihrem Partner oder auch allein. Sie ist überrascht und erfreut, dass Miles sich sehr über die Schwangerschaft freut, um ihre Hand anhält und sie zur Hochzeitsreise nach Paris führt. Auf die Frage, wie die Schwangerschaft für sie war, erzählt sie:

> »Großartig. Ich war sehr glücklich, schwanger zu sein. Wir hatten ab diesem Zeitpunkt keinen Sex mehr, aber ich machte mir keine Sorgen, weil Miles sehr fürsorglich und zärtlich gewesen ist. Er massierte täglich meine Beine und freute sich schon auf das Baby... Er wollte, dass ich mich ganz auf die Schwangerschaft konzentriere und hatte Verständnis für meine Situation.«

Grace nahm die Schwangerschaft sehr ernst und wollte für das Baby optimale Umstände schaffen: Sie aß vegetarisch, machte Yoga und ging in Schwangerschaftsvorbereitungskurse. Da sie gerade ihre Firma aufbaute, arbeitete sie viel und blieb erst drei Wochen vor dem Geburtstermin zu Hause. Schon drei Tage danach begannen die Wehen. Es folgt eine ausführliche Schilderung der Geburt. Sie war nicht zufrieden mit der Art, wie sie gebären sollte; sie wollte sitzen und nicht liegen. Da sie den Kopf lange nicht herauspressen konnte, wollten die Ärzte einen Kreuzstich machen, aber dann gelang es ihr doch. »Sie mussten schneiden. Das Nähen nachher war das Schlimmste. Ich musste lange warten, bis mich ein Arzt nähen konnte«, erzählt Grace.

Sie bekam einen Tee und machte ein ausführliches astrologisches Gutachten für Kelly. Da Kelly drei Wochen zu früh gekommen war, stimmten ihre Vorbereitungen nicht und sie musste alles (die astrologischen Sternkonstellationen) neu nachschlagen und berechnen.

Interviewerin: »Wann sahen Sie Kelly zuerst?«
Grace: »Sobald sie draußen war, legten sie sie mir auf die Brust. Ich habe darum gebeten. Sie hat nicht getrunken, sie weinte ein bisschen.

1.2 Die Bedeutung des Kindes für die Identität als Mutter

	Ich bat die Schwestern, die Nabelschnur erst durchzuschneiden, wenn es nicht mehr pulsiert. Dann rieben sie sie ab und legten sie zum Untersuchen auf einen beleuchteten Tisch.«
Interviewerin:	»Was machte Miles?«
Grace:	»Er saß Rücken an Rücken mit mir, wärmte mich und hielt meine Hand. Er fühlte sich unnütz, aber er war sehr hilfreich und unterstützend für mich. Als sie geboren worden war, weinte er. Und dann konnte er sie halten.«
Interviewerin:	»Warum weinte er?«
Grace:	»Ich weiß es nicht, all die Gefühle: Er war 41, als sie geboren wurde und er hatte so ein unstetes Leben als Musiker, er reiste viel herum und dachte nie, dass er eine Frau und eine Familie haben könnte … Er hat eine sehr enge Beziehung zu seiner Mutter, sein Vater ist schon gestorben … Sie (seine Mutter, Anmerkung v. GDW) war absolut glücklich, ein Enkelkind zu bekommen … Er hat eine ungewöhnlich enge Beziehung zu seiner Mutter; es war teilweise seine Freude und teilweise die Freude, seiner Mutter eine Enkelin geben zu können – sie wollte immer eine Enkelin. Sie kann nun sagen: ›Ich kann in Frieden sterben, weil du mir eine Enkelin geschenkt hast.‹«

Obwohl Grace, seit Kelly 18 Monate alt war, von Miles geschieden ist, spricht sie liebevoll und einfühlsam von ihm. Seine Gegenwart bei der Geburt erlebte sie als hilfreich. Bei der Beschreibung seiner Tränen und seiner Rührung mischen sich jedoch kritische, fast abwertende Töne in die Erzählung. Fällt es Grace schwer zu sehen, welch große Bedeutung Kelly für ihren Mann und die väterliche Großmutter hatte? Solange er sie unterstützte, konnte sie es anerkennen, danach war es schwieriger. Wir beginnen uns zu fragen, ob hier bereits Anzeichen einer Eifersucht auf Kelly mitschwingen. Hat ihr eigener Vater so großes Interesse an ihr gehabt wie Miles an der gemeinsamen Tochter? Diese Annahme wird durch die weitere kritische Bemerkung von Grace über die übermäßig enge Beziehung von Miles zu dessen Mutter unterstützt.

Der Hinweis, dass Grace seit dem Beginn der Schwangerschaft ihrem Mann keinen sexuellen Kontakt zu sich gestattete, lässt vermuten, dass es Grace schwerfällt, eine Beziehung zu zwei Personen gleichzeitig zu haben – in psychoanalytischer Terminologie ausgedrückt, eine Triangulierung auszuhalten. Kann das neue Baby als Produkt einer fruchtbaren, sexuellen Beziehung eines kreativen ödipalen Paares erlebt werden, das nun zu einer Familie, einer drei Personen umschließenden Einheit wird? Wenn es in der Vorstellung der Mutter (oder des Vaters) nur ein Denken in Paarbeziehungen gibt, muss die dritte Person ausgeschlossen werden. Die Mutter ging mit dem Baby eine Paarbeziehung (Stillpaar) ein, von der der Vater ausgeschlossen war. Schon der sexuelle Akt während der Schwangerschaft ist ein konkretes Zusammensein von drei Personen, das Baby in der Mutter, die Mutter selbst und der Vater. Miles, der Vater von Kelly, hatte sich das besonders gewünscht und durfte es nie erleben. Viele Frauen genießen das sexuelle Zusammensein mit dem werdenden Vater während der Schwangerschaft besonders, da die Frau dann »alles« in sich aufnehmen kann.

Auf die Frage der Interviewerin, wie sich die Geburt von Kelly auf ihr Leben und auf ihre Beziehung ausgewirkt hat, antwortet Grace: »Ich weiß, die Leute sagen, dass ein Kind einen großen Unterschied in einer Beziehung macht. Aber ich denke, unsere Beziehung wäre sowieso den Bach hinuntergegangen ... Schon bevor ich schwanger wurde, hatten wir Probleme.«

Noch einmal betont Grace, dass ihre Probleme nicht mit Kelly und ihrer Geburt zu tun hatten. Am Beginn des Interviews, als sie von der Schwangerschaft sprach, meinte sie: »Zu dieser Zeit war unsere Beziehung recht gut, wir verbrachten viel Zeit zusammen.« Sie erzählte, wie aufmerksam und zärtlich Miles zu ihr gewesen sei trotz der sexuellen Zurückweisung:

> »Es waren hauptsächlich sexuelle Probleme (lacht). Wir hatten fast keinen Sex und mein größter Schock war, dass ich trotzdem schwanger wurde. Ich dachte: ›Wie ist das geschehen? Wir haben fast keinen Sex!‹ Ich kann mich an eine Konversation mit ihm erinnern, bei der ich zu ihm sagte, dass wir mehr Zeit für uns brauchten ... Ich respektiere ihn als Kellys Vater, er ist ein guter Vater ... Ohne Kelly hätten wir vermutlich nicht geheiratet. Wir wollten beide das Baby. Seine Mutter bekam damals Krebs, er hatte große Probleme in seiner Firma, fürchtete den Job zu verlieren.«

Wie wir im Interview mit Miles erfahren haben, ist seine Sichtweise diametral entgegengesetzt. Er wollte eine sexuelle Beziehung zu Grace und respektierte ihren Wunsch, während der Schwangerschaft keinen Sex zu haben. Es ist nicht klar, ob Grace Schuldgefühle hat und Dinge durcheinanderbringt, verwirrt ist, was wann geschehen ist. In der ausführlichen Erzählung wird klar, dass sie eine Affäre hatte und Miles dahinterkam. Sie erfand Geschichten, um ihr Wegsein zu erklären, was Miles wütend machte. Es spitzte sich zu, führte zu physischer Gewalt und Grace zog ohne Vorwarnung plötzlich aus. Diese Form wegzugehen ist genau die Art, wie sie aus ihrer elterlichen Wohnung ausgezogen ist und wird daher später ausführlich dargestellt.

Es scheint auch eine Konkurrenz zwischen den Eltern gegeben haben, wer Kelly besser beruhigen kann. Miles hatte berichtet, dass er mehr Windeln gewechselt hat als jeder andere Mann und dass er glücklich war, in dieser Weise für Kelly hilfreich zu sein. Grace meinte: »Männer sind nicht so kompetent mit Windeln wechseln ... Manchmal, wenn Kelly Koliken in der Nacht hatte, legte er sie auf seine Brust und sie liebte das und schlief gleich ein. Ich konnte jedoch dann nicht schlafen, weil ich Angst hatte, sie könnte herunterrollen. Deshalb nahm ich sie zurück ... Also ich denke, manchmal machen wir unsere Probleme selbst.«

An dieser Stelle kann Grace anerkennen, dass sie einen Teil der Probleme selbst verursachte, sie ließ sich von Miles nicht entlasten, obwohl Kelly es liebte, auf der väterlichen Brust einzuschlafen. Sie musste die Einzige sein, die Kelly beruhigen konnte, fühlte sich aber dann rasch zu wenig unterstützt.

Die Auswirkung des Babys auf ihr Leben beschreibt Grace (nach einer langen Pause zum Überlegen) folgendermaßen:

> »Generell fand ich es sehr gut, ein Baby zu bekommen, die Vorbereitung, alles war sehr positiv. Als sie sieben Wochen alt war, bekam ich einen Anruf für eine Beratung. Also

> konnte ich wieder zu arbeiten beginnen, als Kelly acht Wochen alt war, oft nur für zwei oder drei Stunden am Tag. Viele junge Mütter verlieren ihre Identität als berufstätige Frau und fühlen sich wie Baby-Maschinen. Ich hatte das Gefühl, ich hatte alles: meinen Beruf, meine Karriere, meinen Mann, alles war o.k. Also ich fühlte mich wirklich gut … In den letzten beiden Jahren (Kelly war dann vier bzw. fünf Jahre, Anmerkung v. GDW) hatte ich großen Erfolg. Zunächst musste ich – nachdem ich ihn verlassen hatte – einfach Geld verdienen … Manchmal bin ich frustriert, weil meine beruflichen Möglichkeiten eingeschränkt sind, ich könnte berufliche Angebote in Europa oder in den USA annehmen … Aber ich versuche Kelly an vier Abenden selbst zu Bett zu bringen.«

Obwohl Grace auch von beruflichen Einschränkungen spricht, vermittelt sie den Eindruck, durch die Mutterschaft enorm an Selbstbewusstsein gewonnen zu haben. Zunächst hatte sie den Eindruck, arbeiten zu müssen, um Geld für Kelly und sich zu haben; dann entwickelte sich ihre Karriere aber »raketenartig«, wie sie sagt. Ohne Kelly wäre sie nicht so ehrgeizig, würde nur so viel arbeiten, wie sie zum Leben braucht. Aber für Kelly will sie ein großes Haus mit einem Spielzimmer, auch genügend Platz für ihre Freunde haben, gemeinsam in Urlaub fahren. Seit sie Kelly hat, hat sie mehr Lebensfreude, größeren Ehrgeiz und mehr Energie. Sie bedauert, nicht früher große Reisen gemacht und die Welt entdeckt zu haben. Aber sie kann es später machen, tröstet sie sich selbst, mit Kelly oder allein, wenn Kelly größer geworden ist.

Welche inneren Bilder hat Grace von einer Mutter? Wie sieht das Bild ihrer Mutter aus, das sie verinnerlicht hat? Die Interviewerin fragt nach ihrer Beziehung zu ihrer Mutter und ihrem Vater. Grace antwortet:

> »Meine Eltern haben sich scheiden lassen, als ich neun Jahre alt war. Meine Mutter hatte danach nie mehr eine Beziehung zu einem Mann. Schon vorher war mein Vater fast nie da. Er arbeitete immer. Bis spät in die Nacht. Ich habe nicht viel von ihm gesehen. Meine Mutter war immer da, sie ging nicht mehr arbeiten, bis ich acht Jahre alt war. Ich hatte einen jüngeren Bruder und eine jüngere Schwester … Als Kind kam ich nicht gut aus mit meiner Mutter; sie war eine praktische Person, kümmerte sich ums Essen etc. Ich denke, sie ist viel liebevoller mit Kelly, als sie es mit mir war … Mein Bruder war ihr Favorit, weil er der Jüngste war, meine Schwester hatte gesundheitliche Probleme, die viel Aufmerksamkeit erforderten. Ich war immer der Sündenbock, mit mir schimpfte sie (lacht).«

Sehr deutlich beschreibt Grace das Gefühl, zurückgesetzt worden zu sein gegenüber dem kleinen, geliebten Bruder und der kränklichen Schwester. Der Vater ist nie da, von ihm fühlt sie sich vernachlässigt. Ist ihr Umgang mit ihrem eigenen Mann eigentlich eine Revanche an ihrem Vater? Sehr ähnlich beschreibt sie ihren Vater und ihren Mann, die beide immer weg waren, arbeiteten und keine Zeit für sie hatten. Die Beschreibung ihrer Mutter, die 26 Jahre ohne Beziehung zu einem Mann lebte, lässt vermuten, dass diese frustriert war. Hat sie ihre Enttäuschung und Einsamkeit auf Grace projiziert? Als Kind konnte Grace ihrer Mutter nichts recht machen. Sie wurde immer kritisiert.

> »Meine Mutter ist eine sehr kontrollierte Person; sie trinkt nicht, geht nicht aus. ›Das Leben ist ein Kampf, du musst hart kämpfen‹, ist ihre Lebensmaxime … Ich durfte nie ausgehen; ich verließ das Haus als ich 17 Jahre alt war«, sagt Grace und ergänzt:

> »Zu Kelly ist sie ganz anders. Sie verwöhnt sie – mich hat sie nie verwöhnt … Sie lässt Kelly Dinge tun, die ich nie tun durfte. Sie ist viel milder mit ihr als sie mit mir war. (Pause) Mir vertraute sie nie, ließ mich nie so ausgehen wie meine Freunde. Sie traute mir nie zu, für mich selbst verantwortlich zu sein. Es gab immer Regeln und ich fühlte mich ausgeschlossen. Ich hielt es nicht mehr aus und ging.«

Obwohl für Grace die Betreuung ihrer Tochter Kelly durch ihre Mutter eine große Hilfe ist, klingt Bitterkeit durch. Sie war nie so wichtig für ihre Mutter wie Kelly. Grace kann auch wegfahren, da die Großmutter dann bei Kelly übernachtet. Kelly ist das einzige Enkelkind, die Großmutter zog nach London in ihre Nähe, um sie regelmäßig sehen zu können. Einmal sagte ihre Mutter zu Grace: »Ich war zu streng mit dir«. Wegen Kelly übersiedelte die Großmutter nach London. Sie ist eifersüchtig auf ihre Tochter Kelly, weil sie findet, dass die Großmutter zum Enkel viel zuwendender ist, als sie je zu ihr war. Selbst heute noch fühlt sie sich von ihrer Mutter kritisiert, sie soll ihr Leben nur der Betreuung von Kelly widmen und keine neuen Beziehungen eingehen. Grace schildert, wie sie es damals zu Hause nicht mehr aushielt und fluchtartig die Wohnung verließ. Den genauen Ablauf beschreibt sie folgendermaßen:

> »Ich hinterließ eine Nachricht am Kaminsims mit den Worten: ›Mutter, ich ziehe am Samstag aus, ich halte es nicht mehr aus. Ich weiß, du kannst mir nicht zustimmen, ich weiß, du denkst, ich schaffe es nicht, aber ich tue es.‹ Ich zog einfach aus. Sie sprach nicht mehr mit mir. Ich rief einmal in der Woche an, und nach einiger Zeit sagte sie: ›Komm doch zum Mittagessen‹.«

Grace verhält sich wie ein Mann, der die Familie verlässt, tatsächlich so wie ihr Vater, der die Familie abrupt verlassen hat. Sie scheint mit ihm identifiziert zu sein. Weder ihr Vater noch ihre Mutter gaben ihr Geld. Sie machte eine Lehre als Friseurin und arbeitete zusätzlich drei Abende in einer Bar als Kellnerin. Sie kämpfte hart für ihre Selbständigkeit, genoss das Leben so, »als ob sie aus einem Käfig entkommen sei«. Mit 18 Jahren flüchtete sie für kurze Zeit in eine Ehe, die nur wenige Wochen bestand; beide trennten sich einvernehmlich.

Grace' Erzählung, wie sie mit Kelly ihren Mann Miles verlassen hatte, klingt sehr ähnlich:

> »Ich ging zu einer Beratung, dort bekam ich gesagt: ›Sie können nicht dauernd in Angst leben. Sie können es mit ihm besprechen … oder sie gehen.‹ Eine Freundin hatte mir angeboten, bei ihr zu wohnen in einem großen Haus. Ich organisierte es in zwei Tagen. Als er am Freitag zu seiner Jazzband Schlagzeug spielen ging, warf ich unsere Sachen in drei Taschen. Eine Freundin, die zu mir als Friseurin kam, fuhr mich und Kelly nach West London … Ich ließ eine Nachricht im Haus, mit dem Inhalt: ›Ich bin in Sicherheit bei Freunden. Ich brauche Zeit.‹«

Grace erzählte weiter:

> »Er suchte uns überall, klopfte an die Tür aller unserer Freunde. Nach zehn Tagen vereinbarten wir ein Gespräch in einem Haus bei Freunden. Ich wollte nicht allein mit ihm sein. Wir vereinbarten, dass Kelly mit mir zu meiner Mutter ziehen und wir in eine Paartherapie gehen sollten, was wir machten.«

Wie damals als Teenager kann Grace ihr Ausziehen nicht vorher besprechen, sondern verschwindet still und heimlich – eine besondere Grausamkeit gegenüber dem Verlassenen. Nun hat Grace auch die gemeinsame Tochter mitgenommen und dem Vater jeden Kontakt zu Kelly unmöglich gemacht. Grace hat kein Verständnis, dass er als Vater ein Recht hat, seine Tochter zu sehen. Es ist, als ob Kelly ganz ihr gehören würde. Sie erzählt: »Als ich ihn verließ, sprachen wir am Telefon miteinander. Er schrie: ›Wo ist meine Tochter, du hast kein Recht‹ ... Und ich sagte: ›Sorry, aber seit dem Tag, als du die Hand gegen mich erhoben hast, hast du kein Recht mehr auf sie.‹«

Grace erlebt sich als Einheit mit ihrer Tochter. Sie kann nicht anerkennen, dass Miles als Vater an seiner Tochter – auch unabhängig von ihr – interessiert ist. Sie weiß als Erwachsene, dass es nicht stimmt, dass er jedes Recht, seine Tochter zu sehen, verloren hat. Sie erzählt, dass Miles jeden Morgen und jeden Abend vorbeigekommen ist. Sie meint, es habe jetzt »mehr mit ihr zu tun«. Doch dann fügt sie hinzu: »Er war immer ein liebevoller Vater, er betet sie an.« Es fällt ihr schwer zu glauben, dass er mehr an Kelly interessiert sein könnte als an ihr. Ebenso wie sie sich bei ihrer Großmutter im Vergleich zu Kelly weniger beachtet fühlt, kann sie nicht glauben, wie wichtig Kelly für Miles als Vater ist. Selbst nach der Scheidung, bei der er lange um ein adäquates Besuchsrecht gekämpft hat, sieht Miles seine Tochter sehr oft.

»Ich denke, Kelly sieht ihn jetzt mehr als damals, als er bei uns lebte. Sie schläft einige Nächte bei ihm, er kocht für sie, sie geht sehr gerne zu ihm«, sagt Grace. Es ist Grace ein Anliegen, Kelly eine gute Beziehung zum Vater zu ermöglichen.

Auch mit Kelly hat sie die Trennung nie besprochen. Sie meint, dass das Leben in dem neuen Haus »wie ein Urlaub« für sie gewesen sei. Sie meint, Kelly könne sich nicht an die schmerzliche Trennung vom Vater erinnern, weil sie sich nicht eingestehen kann, welches Leid sie Kelly und ihrem Mann durch die abrupte Trennung zugefügt hat. Es ist nicht möglich für Grace, den seelischen Schmerz ihrer Tochter anzuerkennen.

Ihren Vater und ihren Ehemann beschreibt Grace sehr ähnlich, beide hatten eine gute akademische Ausbildung, lasen viel und waren kulturell interessiert. Der Vater ermutigte sie, ein Universitätsstudium zu machen, aber die ökonomische Situation machte es unmöglich. Grace hat das Gefühl, es ihren Eltern nie recht machen zu können. Ihre Mutter wollte, dass sie mit Kelly zu Miles zurückgeht.

Diskussion

Die beiden Fallbeispiele beschreiben jeweils die Ereignisse der Väter und der Mütter von Felice und Kelly aus deren jeweils persönlicher Perspektive. Es geht dabei nicht um exemplarische Familien bzw. Familien, die ein gutes Beispiel geben sollen. Es handelt sich um Familien, deren Babys zwei Jahre beobachtet wurden, um »gewöhnliche«, alltägliche Familien; es sollten keine Problemfamilien sein, die schon vor der Geburt große Belastungen hatten. Es geht darum zu zeigen, wie sich die Persönlichkeit von Vätern und Müttern durch ein Baby verändert und auf welch innere Modelle sie in ihrer neuen Rolle als Vater bzw. Mutter zurückgreifen.

Man könnte meinen, dass die frühe Scheidung der Eltern von Kelly zu einer großen emotionalen Belastung geführt hat. Die psychoanalytische Beobachtung konnte trotz der Trennung und Scheidung zwei Jahre ohne Unterbrechung weitergeführt werden. Der Beobachter, der in den ersten beiden Lebensjahren Kellys einmal wöchentlich die Familie beobachtete, wurde über die Scheidung gar nicht informiert; er beobachtete Kelly einige Monate lang im Haus der Großmutter, ohne über die Hintergründe informiert zu sein.

2 Schwangerschaft – Vorbereitung auf die Elternschaft

2.1 Kinderwunsch

Schon bei sehr kleinen Kindern unter zwei Jahren kann man im Spiel mit einer Puppe oder einem Stofftier sehen, wie sie die zärtliche und liebevolle Bemutterung, die sie erlebt haben, weitergeben, indem sie die Handlungen der Mutter oder des Vaters nachahmen. Der Höhepunkt dieses Baby-Bemuttern-Spiels liegt bei zwei Jahren, wenn das Kleinkind versucht, autonom zu werden. Es nimmt »sein Baby«, legt es auf die Schulter, trägt es herum, füttert und wickelt es. Es identifiziert sich mit seiner Mutter und lernt durch Imitation. Aber diese Verhaltensweise zeigt nur eine Hälfte der Entwicklung. Dasselbe Kind kann von einem Moment auf den anderen »sein Baby« anbrüllen, weit weg von sich werfen, es schlagen oder mit Füßen treten. Helene Deutsch (1944, S. 48) hat schon darauf hingewiesen, dass es im Mutterspiel des kleinen Mädchens zu einer Umkehrung der Rollen kommt: Das kleine Mädchen nimmt in seiner Fantasie den Platz der mächtigen Mutter ein und benützt diese Rolle, um ihre aggressiven »mütterlichen« Tendenzen zu befriedigen. Es versucht, sich aus der Abhängigkeit mit der Mutter zu befreien, indem es in der Fantasie ausdrückt: »Wenn du klein sein wirst, und ich groß.«

Mädchen und Jungen drücken ihren unbewussten Neid auf die weibliche Fähigkeit des Gebärens in Fantasien aus, in den Innenraum des mütterlichen Körpers eindringen zu wollen, um dort alle neuen Babys zu zerstören (Klein, 1995). Dieses Thema finden wir in den Alpträumen der Schwangeren wieder, wenn Tausende von Kaulquappen, Spinnen oder Kriechtiere getötet werden oder Obdachlose aus Wohnungen vertrieben werden. Bei Kindern zeigen sich diese Wünsche, in den Körper der Mutter eindringen zu wollen, im Spiel, wenn Boxen, Schubladen, Autos, Züge etc. erforscht und ausgeräumt werden. Spielsachen werden oft zerbrochen und kaputt gemacht, weil es so wichtig ist, zu sehen, was sich innen (wie im Inneren des mütterlichen Körpers) verbirgt.

2.2 Schwangerschaft als Thema der inneren Welt

Das Einnisten eines befruchteten Eis in der Gebärmutter einer Frau geschieht unabhängig davon, ob ein Paar einen bewussten oder unbewussten Wunsch nach einem Kind hat. Die Psychoanalyse geht von der Annahme aus, dass mit diesem biologischen Ereignis der körperlichen dramatischen Umgestaltung eine ebenso wichtige innere Umgestaltung der psychischen Realität bei Frauen und modifiziert auch bei Männern einhergeht. Für die Frau stellt sich die Frage, ob sie dieses neue Leben, diese Schwangerschaft er- und austragen will. Wird sie in der Lage sein, dieses Leben zu erhalten, bange Fragen und Entscheidungen. Die Einheit der Frau ist ersetzt durch eine Zweiheit, drängt sie in eine neue Position zu anderen. Ihr Körper spielt eine wichtigere Rolle als je zuvor. Wie sehr kann sie ihrem Körper, ihrer inneren guten Fähigkeit vertrauen?

Durch die reale Schwangerschaft scheinen frühkindliche und adoleszente unbewusste Fantasien, Ängste und Wünsche wahr zu werden und erleben eine mächtige Renaissance. Die Fantasien, die den Körper der Frau betreffen, sind eng mit den Vorstellungen und Fantasien über den Körper der Mutter, über deren ungeborene Babys und die Fantasie über die sexuelle Vereinigung der Eltern verbunden und werden wiederbelebt. Der »Schock der Schwangerschaft« betrifft also nicht nur den Umstand, dass nun tatsächlich im Körper der Frau ein neues Leben entsteht, sondern wie dieses embryonale Wesen emotional besetzt wird. Es geht im psychoanalytischen Verstehen nicht um den realen Körper der Frau, sondern darum, was dieser weibliche Körper für sie repräsentiert, wie sie zu ihrer Weiblichkeit steht, wie sie sich mit ihrer Mutter identifizieren kann, welche Beziehung sie zu ihrem Vater hat.[3] Auch für den Vater stellt das Wissen, dass sein Spermium nun tatsächlich in die Eizelle eindringen konnte, sich dort vereint und nun neues Leben entsteht, eine Veränderung seiner männlichen Identität dar. Es kann ein freudiges, überwältigendes Erlebnis sein, dass alle Befürchtungen, unfruchtbar zu sein, widerlegt sind. Es kann aber auch als Bedrohung erlebt werden, nun Verantwortung für eine Familie zu übernehmen, vielleicht ungeplant sein Leben anders orientieren zu müssen. Aus einer unverbindlichen Beziehung wird eine lebenslange Verpflichtung. Oder diese Schwangerschaft erweckt ungeahnte Liebesfähigkeit und Glücksgefühle, die zu einer Vertiefung der Liebesbeziehung des Paares führen.

Wurde die Befruchtung außerhalb des weiblichen Körpers durch In-vitro-Fertilisation (IVF) durchgeführt oder wird die befruchtete Eizelle von einer Leihmutter ausgetragen, so umfassen die fantasierten Einflussfaktoren, den Arzt und alle technischen Instrumente, die sich zwischen die werdenden Eltern als dritte Einflussgröße geschoben haben oder den Körper der Leihmutter. Wieweit ist es ein Drittes, das von dem ödipalen Paar in einem kreativen Akt hervorgebracht wurde? Belasten die Erfahrungen der oft zahlreichen Versuche der künstlichen Befruchtung solche Erwartungen und Hoffnungen? Jeder erfolglose Versuch vermindert die Zuversicht in die eigenen mütterlichen Fähigkeiten.

Die erste Schwangerschaft bedeutet für ein Paar, das »Lager« zu wechseln: das Beenden der ewigen Rolle der Tochter oder des Sohnes. Da die kindlichen Liebes- und Hassgefühle meist tief verdrängt sind, kann ihr Lebendigwerden wie ein Schock erlebt werden, der sich in großer körperlicher Müdigkeit und einer labilen

---

3 Breen (1994) weist darauf hin, dass im Feminismus und seiner Kritik an der Psychoanalyse oft die realen weiblichen Körper und die emotionale Besetzung des Körpers vermischt werden.

Grundstimmung äußert, die zwischen Freude und Angst schwankt. Die Fantasien der Eltern über ihr entstehendes Baby, ihr »imaginäres Baby«, »haben eine hohe Vorhersagekraft, wie die künftige Beziehung zum Kind gestaltet werden wird« (Lenkitsch-Gnädinger, 2003, S. 49). Winnicott (1947) hat in seiner Schrift *Der Hass in der Gegenübertragung* darauf hingewiesen, dass es neben dem imaginären und dem realen Baby auch das in der Fantasie ersehnte »ödipale« Baby des Vaters gibt, das in einer tiefen Schicht des Unbewussten Realität werden darf, was Befriedigung und zugleich Schuldgefühle hervorruft.

Wie die Schwangerschaft von der Frau aufgenommen wird, hängt von verschiedenen Faktoren ab: wie sie ihren Körper emotional besetzt, welche bewussten oder unbewussten Fantasien sie mit dem Körper ihrer Mutter und deren geborenen und ungeborenen Babys entwickelt hat. Die Umstände, wie, wann, warum und mit wem sie ein Baby empfängt, strukturieren das Szenario für die Schwangerschaft. »Auch die sehnsüchtig erwartete Empfängnis birgt ambivalente Gefühle, da die Schaffung neuen Lebens auch den Verlust des alten mit sich bringt« (Raphael-Leff,1993, S. 15, übersetzt v. GDW).

Die innere Geschichte jeder Frau unterscheidet sich von jeder anderen Frau, weil sie die besondere Lebensgeschichte einschließt. Erst seit der Konzeption der Objektbeziehungstheorie verlagert die Psychoanalyse die Perspektive von der kindlichen Entwicklung des Selbst zur Entstehung der Beziehung des Babys zu seinen Eltern, welche die ganze Person der Mutter und des Vaters einbezieht (Salzberger-Wittenberg, 2019). Vor allem durch die psychoanalytische Säuglingsbeobachtung nach Esther Bick (1964) wurden die Interaktionen der Eltern mit dem Kind in den beiden ersten Lebensjahren beobachtet und in den detaillierten Beschreibungen zu verstehen versucht (Waddell,1999). Das entstehende Baby wird in die unbewussten archaischen Mythologien und Fantasien der Mutter hineingezogen.

Welche Fantasien über ihren Körper und das entstehende Baby können in der »Übergangsphase« der Schwangerschaft lebendig werden? Ähnlich wie Winnicott (2002) das Übergangsobjekt zwischen einem greifbaren Objekt und einem inneren Bild der Mutter sieht, verstehe ich Schwangerschaft als Übergangsphase von dem Erleben der Welt aus der kindlichen zu einer elterlichen Perspektive, zu dem die innere Realität der werdenden Eltern und das äußere Leben beitragen. Die reale Lebenssituation der werdenden Eltern, ihre finanzielle Situation tragen ebenso zur Grundstimmung bei wie die Reaktion der Umwelt. Die Bewegungen des Babys, sein Stoßen, Schlucken, Urinieren werden von der Mutter wahrgenommen und beeinflussen ihre Fantasie über das Temperament ihres Babys. Die Schwangerschaft aktiviert frühe Fantasien und Vorstellungen des Kindes im Mutterleib.

Wir nehmen an, dass das Kind schon sehr früh Interesse an den biologischen Vorgängen seines Körpers und dem Körper der Mutter hat. Die ersten Fantasien über Schwangerschaft sind mit oralen und analen Vorgängen verknüpft. Die biologischen Vorgänge des Essens (Einverleibens), des Ausscheidens (Stuhlgang) und des Behaltens (Wachstum) dienen nicht nur der Ernährung und Erhaltung des Lebens, sondern sind gleichzeitig Quellen der Lust. Das kleine Kind beobachtet diese Vorgänge bei sich und seinen Eltern. Der Prozess der Ausscheidung der unverdaulichen Nahrungsreste (Defäkation) wird bei sich und bei der Mutter mit der Fantasie über den Austritt des Babys aus dem Leib der Mutter verbunden. Frühe Befruchtungs- und Geburtsfantasien werden gebildet und bleiben oft bis zur Schwangerschaft der erwachsenen Frau lebendig. Der Ausscheidungsvorgang ist beim Kind mit widersprüchlichen Motiven und emotionalen Reaktionen verbunden, er kann als Geschenk an die Mutter oder aggressive Waffe erlebt werden. Es herrscht ein Kampf zwischen dem Wunsch, die Darmausscheidungen zu behalten, und dem, sie auszustoßen. Das Kind erlebt Lustgefühle beim Zurückhalten und Reizen der Afterschleimhäute. Das anale »Produkt« kann in der Fantasie mit liebevollen Gefühlen als Geschenk an die Eltern oder mit aggressiven Impulsen als gefährliche, zerstörerische Waffe verbunden sein. Die zahlreichen fantasierten Babys im Körper der Mutter, auf die das Kind eifersüchtig ist und die es als Rivalen fürchtet, können in der Fantasie angegriffen oder der Mutter geraubt werden. Ebenso ist das Einverleiben lustvoll besetzt und kann einen aggressiven Impuls (oraler Sadismus) ausdrücken. Das Einverleiben der Nahrung als Saugen an der Mutterbrust oder Flasche vermittelt neben der Milch die Wärme, Liebe und Geborgenheit der Mutter. In Analogie kann das Aufnehmen des Samens in der Gebärmutter der rezeptiven Funktion des Mundes, der die Brustwarze aufnimmt, entsprechen. Bion (1962) hat das Zusammenpassen von Brustwarze und Mund des Säuglings als Präkonzeption des physischen und mentalen Zusammenkommens (»linking«) verstanden. Die Schwangerschaft belebt insofern die positiven und negativen oralen und analen Fantasien. Das Glücksgefühl ist mit der Idee verbunden, dass frühe Hoffnungen und Wünsche der Eltern vom Kind realisiert werden. Die werdenden Eltern sind nun ebenso fruchtbar wie ihre Eltern. Voraussetzung dafür ist ein überwiegend mildes und freundliches inneres Mutterbild, das der Tochter gestattet, Anteil an der weiblichen Gebärfähigkeit zu nehmen. Überwiegt ein neidisches Mutterbild, einer Mutter, die der aggressiven Tochter kein eigenes Baby gönnt, es ihr wieder wegnimmt, dann trägt die Phantasie oft dazu bei, dass es zu einem ungewollten Abortus kommt, die Frau also ihr Baby verliert.

Große Schuldgefühle der werdenden Mutter, die aus der Fantasie entstehen, die eigene Mutter könnte den Vorwurf erheben, dass sie damals in ihrer Mutter potentielle neue Babys erfolgreich verhindert habe, zeigen sich in der Angst der werdenden Mutter die Großmutter könne aus Rache nun ihr Baby beschädigen oder zerstören. Diese unbewussten Phantasien können das Austragen des neuen Babys erschweren oder unmöglich machen, wenn das grausame Über-Ich der werdenden Mutter sie durch einen Abortus bestrafen will. In Therapien mit Frauen, die einige Male ihr Baby verloren haben, kann die Überzeugung, ihre neidische, böse Mutter gönne ihr kein eigenes Baby, durchgearbeitet werden und so ein ungestörtes Austragen des Babys ermöglichen. Eine Patientin, deren felsenfeste Überzeugung es war, sie werde wie ihre Mutter auch eine Totgeburt erleiden, wollte ursprünglich ihrer Mutter in den ersten Wochen keinen Zutritt zu ihrem Baby, dem ersten Enkelkind ihrer Mutter, erlauben. Erst im Bearbeiten in der Übertragung, bei der sie mich als ältere, neidische Analytikerin phantasierte und diese Überzeugung auf ihre frühen neidischen Gefühle als Mädchen auf die schöne Mutter zurückzuführen war, gelang ein liebevolles Zugehen auf ihre Mutter, die sie nun zur heißersehnten Großmutter gemacht hatte. Eine überwiegend positive Erfahrung des Genährt- und Verstandenwerdens stellt die Urform des Aufeinanderbezogenseins dar, eine positive Form des Gebens und Nehmens. Gibt es kein positives Bild, so wird auch der Embryo als

Eindringling empfunden, der die Mutter beraubt oder sie beschädigt (Salzberger-Wittenberg, 2019). Manche Frauen empfinden es als sehr schön, neues Leben in sich wachsen zu fühlen. Der Fötus kann aber auch als Eindringling und als etwas Fremdes, Feindliches erlebt werden, manchmal von derselben Frau zu einer anderen Zeit.

Die Veränderung des Körpers, der Gestalt, des Geruchs, der Wahrnehmungsfähigkeit kann als Bereicherung oder Bedrohung erlebt werden. Die Art, wie diese Umstellungen bewältigt werden können, bildet einen Prüfstein der psychischen Leistungsfähigkeit der Frau und der Kooperationsfähigkeit des Paares. Die Freude des Mannes über die Schwangerschaft, eine bewundernde Anteilnahme am Wachsen des Bauches stellt eine wichtige Dimension im Erleben der Frau dar.

Die Befruchtungs- und Geburtstheorien der frühen Kindheit sind oral oder anal. Die Empfängnis wird als orale Berührung beim Küssen oder Schlecken phantasiert. Die Geburt wird mit den anderen Körperöffnungen in Verbindung gebracht, mit dem After, dem Nabel oder der Brust. Das Innere des Körpers des kleinen Mädchens kann mit Stolz und Wertschätzung verbunden sein oder mit »der Vorstellung, ein böser, gefährlicher, mit Explosivstoffen bewaffneter Feind hause dort, den das Mädchen mit Erbrechen, Diarrhöe oder mit Einläufen heraus befördern muss« (Deutsch 1944, S. 45). Wird das Innere der Frau von ihr als gefährlicher oder böser Ort erlebt, so kann sie sich Sorgen machen, ihren Embryo nicht gut ernähren zu können, ihm zu schaden. Die Kleinheit der Körperöffnungen des kleinen Mädchens erzeugen erschreckende Vorstellungen von Geburt und Zerreißen, die bei der erwachsenen Frau im Unbewussten wirksam bleiben und oft eine unüberwindbare Angst vor einer natürlichen, spontanen Geburt erzeugen, sodass ein Kaiserschnitt als einziger Ausweg erscheint (Raphael-Leff, 2020, Waddell, 1998).

Das ersehnte Kind kann dem Wunsch nach einer Verwirklichung eines idealen Selbst entsprechen, als Wesen gesehen werden, das die unerfüllten Hoffnungen der Eltern erfüllt, dem die Eltern die Chancen geben wollen, die sie selbst nicht hatten oder ergreifen konnten. Das phantasierte Kind erfüllt dann das Idealbild der Eltern in Größe, Schönheit und Macht. Die meist unbewusste Seite ist das Gefühl der Allmacht und Potenz. Das Kind kann jedoch auch unbewusst alle Aspekte des negativen Selbstbildes tragen, der Gier und des Neides, des Eindringenwollens in den Leib der Mutter, um dort deren Babys zu zerstören.

Die meist unbewusste Seite stellt die Angst dar, dass das Kind eine Enttäuschung, ein Versager wird. Als anderer Pol existiert die Neugierde, welches Kind hier entsteht, welchen Charakter und welche Persönlichkeit das unbekannte Wesen entwickeln wird. Werden die Eltern in der Lage sein, ihr Baby zu verstehen, seine Wünsche kennenzulernen und zu befriedigen?

Dem imaginären Baby werden magische Kräfte zugeschrieben, vergangene Trennungen aufzuheben, den Zwang der Zeit, Verlust und Tod ungeschehen zu machen. Brazelton und Craemer (1991, S. 15) meinen, ein Kind sei ein »potenzieller Heiler«, da er das Versprechen einer Fortführung verborgener befriedigender Beziehungen in sich trägt.

2.3 Erleben der Schwangerschaft

Ob eine Schwangerschaft ein freudiges Ereignis oder eine bedrohliche Gefahr darstellt, als etwas Fremdes im Körper oder als beglückende Erweiterung des Selbst erlebt wird, hängt von verschiedenen Faktoren ab: ob das Kind zu diesem Zeitpunkt erwünscht oder ob es »passiert« ist, ob es das Produkt einer kurzen sexuellen Begegnung oder die Krönung einer liebevollen Liebesbeziehung ist. Die Ängste sind besonders groß, wenn es eine Vorgeschichte von Schwangerschaftsabbrüchen, Fehlgeburten oder Totgeburten gibt. Zur Illustration werden zwei gegensätzliche Erlebnisweisen der Schwangerschaft gegenübergestellt.

Ángeles Mastretta (1990) beschreibt in ihrem Roman *Mexikanischer Tango* die Reaktion ihrer Hauptperson Catalina, die mit 16 Jahren einen weitaus älteren, mächtigen Mann heiratet und mit 17 Jahren schwanger wird:

> »Ich war siebzehn, als Verania zur Welt kam. Neun Monate lang hatte ich sie wie ein Zentnergewicht mit mir herumgeschleppt. Ich hatte miterlebt, wie vorn aus meinem Bauch ein Buckel herauswuchs, und es einfach nicht fertiggebracht, mich zur zärtlichen Mutter zu wandeln. Der erste Schlag, der mich traf, war, dass ich das Reiten und die taillierten Kleider aufgeben musste; der zweite, dass ich solches Sodbrennen bekam, dass es mir bis zur Nase sauer aufstieg. Lamentieren war mir verhasst, aber ebenso verhasst war mir das Gefühl, von etwas Körperfremdem in Beschlag genommen zu werden. Als es sich auch noch zu bewegen anfing und wie ein Fisch in meinem Leib herumschwamm, dachte ich, dass es gleich herausflutschen und mein Blut so lange nach sich ziehen werde, bis ich ausgeblutet wäre.«

Ihr Mann reagiert enerviert, sagte, sie solle sich nicht aufspielen. »Da werden Viecher trächtig und werfen ihre Jungen doch auch ohne großes Gezeter. Außerdem bist du jung. Denk einfach nicht daran, dann werden deine Wehwehchen schon vergehen« (ebd., S. 41).

Mit wenigen Worten gelingt es Mastretta, das Erleben der Schwangerschaft als negative Erfahrung darzustellen, bei der der Körper der Frau von etwas Fremdem okkupiert wird, das sie hindert, ihr gewohntes Leben fortzusetzen. Auch die Bewegungen des Embryos, die bei manchen Frauen die Entstehung einer liebevollen Beziehung begünstigen, weil es als etwas Lebendes wahrgenommen wird, gibt Protagonistin Catalina Anlass für weitere Befürchtungen, auszubluten und zu sterben. Der Ehemann ist nicht hilfreich, da er ihre Befürchtungen und ihre Schwierigkeiten nicht ernst nimmt, sondern das Gebären mit dem Werfen der Tiere gleichsetzt – und so entwertet.

Im Rahmen eines Forschungsprojektes (Diem-Wille, 1993) wurden vier Familien in London, die von der Geburt an bis zum zweiten Lebensjahres des Kindes von einem Studenten an der Tavistock-Klinik in London wöchentlich beobachtet worden waren, nach vier Jahren von mir einige Male beobachtet. Zudem wurde mit den Eltern ein Interview durchgeführt. Ein Elternpaar, die Eltern von Max, beschreiben die positive Bedeutung der Schwangerschaft für ihre Beziehung Die Schwangerschaft wird als kreativer Akt per se gesehen, das der ehelichen Beziehung neuen Glanz und Dynamik verleiht:

Fallbeispiel: Eltern von Max

Max ist ein Kind, das nach acht Jahren ungeplant empfangen wurde. Beide Eltern waren überzeugt, aus biologischen Gründen kein Baby bekommen zu können, unfruchtbar zu sein. Mutter und Vater hatten und haben sehr belastende Beziehungen zu ihren eigenen Eltern. Auf die Frage an den Vater, wie er die Nachricht von der Schwangerschaft seiner Frau aufgenommen habe, antwortet er spontan: »Es war eine ungeheuer große Freude. Wir waren sehr, absolut glücklich. Es war eine großartige Zeit. Ja, bestimmt, die Entdeckung, dass sie schwanger war, der ganze Monat danach war eine außergewöhnlich glückliche Zeit.«

Max' Vater scheint überschwänglich glücklich gewesen zu sein, es gibt keinen Hinweis auf eine Ambivalenz oder Unsicherheit. Seine Überzeugung, unfruchtbar zu sein, wurde damit widerlegt. Seine Einstellung zum Körper seiner Frau und die Entwicklung der Beziehung während der Schwangerschaft beschreibt er folgendermaßen:

> »Wunderbar! Ich meine, das Ganze, es machte sie wunderbar, ich war sehr, sehr angezogen von ihr, als sie schwanger war. Ich fand sie noch anziehender … sexuell attraktiver, ja, ein bestimmtes Bild von ihr als fruchtbare Frau wurde Wirklichkeit. Ich vermute, sehen Sie (Pause), es vertrieb alle negativen Gefühle … Fundamentale, sexuelle Fruchtbarkeit oder irgendwie emotional und so – dieses Leben bewies, dass wir nicht … Ihre körperliche Veränderung stand ihr sehr gut.«

Wir sehen, wie die Schwangerschaft als für alle sichtbares Zeichen der Fruchtbarkeit gleichsam ein Gegenbeweis seiner Angst, zeugungsunfähig zu sein, darstellt. Er unterbricht sich im Satz, als er über den »Beweis, nicht (unfruchtbar) zu sein« spricht. Mit jedem Tag wird öffentlich deutlicher sichtbar, dass sie ein sexuelles Paar sind, das in einem kreativen Akt neues Leben hervorbringen kann.

Die Mutter von Max beschreibt die Situation sehr ähnlich. Sie sagt:

> »Ich war überglücklich, außer mir vor Freude, wirklich, ich glaube, wir beide waren absolut, phantastisch glücklich (lacht) und ich wollte es noch niemanden erzählen, weil es die absolut erstaunlichste Sache war, die wir für uns behalten wollten. Im Wesentlichen ging es mir wirklich, wirklich gut, ich fühlte mich wunderbar, schwanger zu sein, auch physisch fühlte ich mich sehr gut während der gesamten Schwangerschaft.«

Auch die Mutter von Max war überwältigt vor Glück. Erst zwei Jahre nach Absetzen der Anti-Baby-Pille wurde sie schwanger. Sie ließen alles offen, sagten sie. Die Mutter sagte:

> »In den ersten Monaten hatte ich viel Angst, hatte viele Alpträume, dass ich ihn verlieren würde, eine Fehlgeburt haben könnte … Damals begann ich meine Therapie, und ich hatte erstaunliche Träume über die Geburt, Entbindung im Spital, wo mich alle herumkommandierten und ich nicht das bekam, was ich wollte … Es hatte mit meiner Mutter zu tun, die Probleme mit den Kindern hatte … Abgesehen davon war es eine perfekte Schwangerschaft, ich meine, ich war sehr, sehr glücklich.«

Ihre Ängste zeigen sich in ihren Träumen. Sie stellt klar einen Zusammenhang mit ihrer Beziehung zur Mutter her. Ihre Mutter hatte acht Schwangerschaften und verlor vier Babys, eine Tochter starb mit elf Jahren. Die Mutter »verlor« ihre Babys in recht dramatischen Situationen, als sie erfuhr, dass ihr Mann eine Freundin hatte. Je klarer die Ängste in der Beziehung oder in einer Therapie besprochen werden, können sie, statt somatisch ausgedrückt zu werden, mental bearbeitet und integriert werden. Träume fungieren während der Schwangerschaft in besonderer Weise als Ventil und haben eine kathartische Wirkung.

2.4 Träume während der Schwangerschaft

Das Deuten von Träumen während der Schwangerschaft in einer Analyse kann die Dynamik der Veränderung der inneren Welt verständlich machen. Pines spricht von der ersten Schwangerschaft als »Zeit der Krise der weiblichen Identität«, da es ein »point of no return« sei, egal ob das Baby geboren wird oder die Schwangerschaft mit einem Abortus oder einem Schwangerschaftsabbruch endet (Pines, 1993, S. 60). Die innere Auseinandersetzung mit der Schwangerschaft bleibt im weiteren Leben der Frau und des Mannes ein wesentlicher Bezugspunkt. Auch Männer, die vor der Verantwortung als Vater weggelaufen sind, das Kind und die Mutter abgelehnt haben, wissen, dass sie zeugungsfähig und Väter sind.

Es herrscht Übereinstimmung, dass es während der Schwangerschaft zu vermehrten Träumen, oft Angstträumen kommt. Schon bei den Anbahnungsgesprächen mit Eltern, bei der die Beobachter die Zustimmung zur einjährigen Babybeobachtung erhalten, erzählen die schwangeren Frauen von ihren besonderen Träumen. Beim Anbahnungsgespräch einer psychoanalytischen Babybeobachtung wurde festgehalten:

»Auf meinen Hinweis, dass Schwangere vermehrt träumen, erzählt sie (die schwangere Frau) mit einem Schmunzeln, dass sie sehr häufig von ›der Kleinen‹ träumt. Anfangs waren die Träume bezogen auf Sorgen und Ängste, dass es Probleme beim Stillen geben könnte. … Der Vater meint, sie spreche im Traum und antworte ihm. Im letzten Traum hätte das Baby laut geweint und der Vater sei sich sicher gewesen, dass ›die Kleine‹ hungrig sei. Sie hätte sie mit einem sicheren Gefühl und ›innerer Klarheit‹ gestillt und es sei ein sehr harmonisches, erfülltes Gefühl gewesen. Ein Erfolgserlebnis und ein ›sehr kuscheliges Gefühl‹. Im Schlaf habe sie richtig gestrahlt, fügt der Vater dazu.« (unveröffentlichte Babybeobachtungsprotokolle; Diem-Wille, 2022)

Schon beim ersten Kontakt mit der zukünftigen Beobachterin vertrauen ihr die Eltern ihre Träume an und freuen sich über ihre Anteilnahme. Es wird deutlich, dass beide Eltern bereits einen inneren Raum für ihr entstehendes Baby bereit haben, nach der Phase der Ängstlichkeit nun mehr Zuversicht vorherrscht und sie ihr Baby nähren und gut halten zu können.

Die Qualität der Träume ist auch von der jeweiligen Phase der Schwangerschaft abhängig. »Träume während der Schwangerschaft sind tendenziell ungewöhnlich reichhaltig, lebhaft und manchmal überwältigend realistisch«, meint Raffael-Leff (1993, S. 30, übersetzt von GDW). Manchmal fürchten Frauen, von ihrer inneren Welt und ihren Fantasien überwältigt zu werden, wissen nicht, ob sie noch schlafen oder schon wach sind. Heftige Ängste werden in Träumen mit Feuer, Tod und Gefahr ausgedrückt.

Zugleich stellt die Schwangerschaft den kreativen Akt per se dar, aus zwei Leben entsteht ein drittes, unbekanntes Wesen. Die Frau, die selbst in einer Gebärmutter gewachsen ist, wird nun selbst »Container« werdenden Lebens.

Im historischen Kontext in Europa zeigt Roper (1994) die Abspaltung der unbewussten Ängste vor der todbringenden Seite der (schwangeren) Frau im Mittelalter, als Hebammen als Hexen angeklagt wurden. Anhand historischer Texte zeigt sich, wie Hebammen beschuldigt wurden, für die Tötung von Embryos bei oder kurz nach der Geburt verantwortlich zu sein; wie Hebammen angeklagt wurden, die Milch der Mutter zu vergiften oder zum Verschwinden zu bringen, wobei die Körpersäfte als gefährliche Waffen dargestellt werden. Roper interpretiert dieses Vorgehen als Abspaltung und Projektion der verfolgenden Ängste der Frauen auf die »Hebammen-Hexen«.

Es gibt wenig Literatur über den Einfluss der Schwangerschaft auf die analytische Arbeit. Ich beziehe mich in meiner Darstellung auf einen weiten Begriff der Übertragung. Freud hat die Übertragung zunächst als »Haupthindernis« der Behandlung betrachtet. Später schrieb er der Übertragung jedoch eine enorme Bedeutung als »mächtiges Hilfsmittel« zu, da so die »Elemente des kindlichen Konflikts ›frisch und in statu nascendi‹« erfasst werden könnten und so dem Analytiker einen »unschätzbaren Dienst erweisen, die verborgenen und vergessenen Liebesregungen der Kranken aktuell und manifest zu machen«, ..., »denn schließlich kann niemand in absentia oder in effigie erschlagen werden« (Freud, 1912, S. 374).

Das Ernstnehmen dessen, was der Patient aktuell und manifest in der Analyse mit dem Analytiker und dessen Deutungen tut, lässt Joseph von der »Übertragung als totale Situation« sprechen (Joseph, 1985). Es geht dabei nicht darum, alle inhaltlichen Äußerungen des Patienten rigide oder linear auf die Analytikerin zu beziehen, wie es oft missverstanden wurde. Beim Verstehen des unbewussten Abwehrsystems, in das die Patienten versuchen, die Analytikerin hineinzuziehen, geht es weniger um den Inhalt der Erzählung als um den Kontext, um die Art und Weise der Darstellung. In der Beschreibung, wie der Patient mit der Deutung umgeht, wie er darauf reagiert, zeigt sich das feine emotionale Muster des Abwehrsystems. Versteht der Patient eine beschreibende Deutung als kritische Äußerung, der er sich unterwirft oder gegen die er rebelliert? Versucht der Patient alles Denken in sich und im Analytiker zu vernichten, die Analyse anzugreifen und jede psychische Bewegung zu verhindern? Oder kann er die Deutungen aufnehmen und über sie nachdenken? Ist eine Kooperation zwischen Patienten und Analytiker möglich, darf Neues entstehen?

Diese Rekonstruktion der psychischen Muster und Abwehrsysteme des Patienten im Hier und Jetzt der analytischen Beziehung eröffnet ein dramatisches Erleben: Was heißt es, in dem psychischen Zustand der Angst, Verwirrung oder Leblosigkeit zu sein, welchen der Patient durch seine Inszenierung in uns als Analytikern auszulösen versucht? »Mittlerweile sind wir uns darüber im Klaren«, schreibt Feldman, »dass dieser bewusste oder unbewusste Druck die Arbeit des Analytikers zwar erschweren kann, andererseits aber auch als unschätzbare Quelle der Information über das unbewusste Innenleben des Patienten und zumal über dessen innere Objektbeziehungen dienen kann« (Feldman 1999, S. 992) Die spezifische Form, wie ein Patient die Analytikerin zu einem entwerteten und geschwächten Objekt macht, das er kontrollieren und über das er triumphieren kann, bringt zugleich eine Gratifikation, die der schwer gestörte Patient aufrechterhalten will (Feldman, 2000, übersetzt v. GDW; Joseph, 1982) Hinshelwood bezeichnet dieses Phänomen »acting out in the transference«, das die Erforschung eines pathologischen, rigiden Abwehrsystems nur schwer erreichbarer Patienten ermöglicht (Hinshelwood, 1989, S. 465).

Ich möchte anhand von Träumen einer Patientin, die im zweiten Jahr der Analyse schwanger wurde, untersuchen, ob wir hier in besonderer Weise eine Wiederbelebung ödipaler Rivalitätskonflikte und Schuldgefühle erkennen können.

Die Deutung der Träume stellte für Freud (1900a, S. 613) einen »Königsweg« (Via Regia) zum Erforschen des Unbewussten im Seelenleben dar. Träume sind nach der Logik der Gefühle, dem »primärprozesshaften Denken« konstruiert, bei der statt Worten Bilder als Ausdrucksweisen verwendet werden. Es gibt keine Verneinung, kein Zeitgefühl, Symbole können Unterschiedliches ausdrücken, es kommt zu einer »Verdichtung«, wenn verschiedene Bedeutungen in einem Bild, einer Szene zusammengefügt werden. Zahlreiche Analytiker sehen in Träumen einen fundamentalen Denk- und Symbolisierungsvorgang und die Fähigkeit zu träumen, als wesentlichen Ausdruck seelischer Gesundheit. Beim Träumen werden unbewusste Konflikte, Ängste und Wünsche verarbeitet und die Träume dienen als Ventil. In Analysen spielt es eine große Rolle, wann und wie ein Traum erzählt wird; soll er als »Geschenk« an den Analytiker fungieren, ob darin Gefühle aus der Übertragungsbeziehung dargestellt werden, oder soll mit dem Traum von einem belastenden Thema weggeführt werden? Beim Deuten wird daher auch immer die Übertragungsebene zur Analytikerin einbezogen. Welche frühen Gefühle aus der Beziehung zu den Eltern der Patientin in der Beziehung zur Analytikerin wieder belebt werden und so einen frischen Zugang zu aktualisierten Gefühlen und Konflikten ermöglichen? Die Übertragung und Gegenübertragung stellt gleichsam eine Brücke zwischen dem Dort und Damals der kindlichen Erlebnisweise und dem Hier und Jetzt des Erlebens im analytischen Prozess dar. Perelberg spricht von der »dramatischen Dimension der analytischen Situation«, weil es den Zustand der Hilflosigkeit des neugeborenen Kindes hervorruft, die den Prototyp der traumatischen Situation und den Ursprung der Erfahrung von Angst darstellt« (Perelberg, 2016, S. 1586, übersetzt v. GDW).

Bevor ich das Beispiel von Frau A. vorstelle, möchte ich auf mögliche Kritikpunkte am psychoanalytischen Vorgehen eingehen. Ein erster Einwand könnte lauten: Warum will man denn diese frühen »Geschichten« immer wieder aufwärmen? Wäre es nicht besser, die Vergangenheit zu vergessen und sich ganz mit der Gegenwart, mit dem werdenden Leben auseinanderzusetzen? Tiefe Skepsis zeigt sich gegen ein psychoanalytisches Erforschen früher Muster der eigenen Kindheit. Auch diese Meinung wird oft geäußert: »Ich will nicht so tiefe Schichten aufwühlen, das regt mich zu sehr auf!« Ohne selbst die Erfahrung einer Analyse oder therapeutischen Selbsterfahrung gehabt zu haben, mag es gar nicht so leicht sein, den Prozess als nützlich oder wertvoll nachzuvollziehen. Beim Durcharbeiten früher unbewusster Konflikte im Hier und Jetzt der Übertragung zur Analytikerin werden nicht nur die kindlichen Erlebensweisen wieder lebendig, zeigen sich in Traumbildern, sondern zugleich existiert das erwachsene Selbst des Patienten, das diese Erfahrungen mit Hilfe der Analytikerin verstehen und einordnen kann. Unbewusste

Schuldgefühle wegen fantasierter Attacken gegen den Leib der Mutter können vom erwachsenen Selbst des Patienten eben als Fantasien erkannt werden und verändern somit die aus der Allmacht des Kindes gespeiste Überzeugung, die feindseligen Attacken auf den Leib der Mutter könnten wirklichen Schaden angerichtet haben. So kann ein massives Schuldgefühl relativiert und entkräftet werden. Das erwachsene Selbst der Patientin versteht, dass kindliche Fantasien eben nur Fantasien sind. Wie groß die Erleichterung darüber ist, zeigt sich, wenn die damit verbundenen Symptome oder psychosomatische Beschwerden wie Schwindel, Panikattacken, Phantomschmerzen, Beklemmung oder Schlaflosigkeit plötzlich verschwinden.

Zugleich erwirbt die Patientin Verständnis für die Macht der kindlichen Vorstellungskraft. Im Fall der beschriebenen Patientin A. kann sie, indem sie ihre eifersüchtige Reaktion als Kind nach der Geburt ihrer kleinen Schwester verstehen und neu ordnen kann, ein tiefes Verstehen der aktuellen Situation ihrer älteren Tochter bei der Ankunft des neuen Babys erwerben. Sie kann ihr helfen, über ihre gemischten Gefühle hinwegzukommen: Eifersucht und Freude über die neue Schwester/den neuen Bruder können dann ausgedrückt und verstanden werden. Eine weitere Unterscheidung ist wichtig zu betonen: Je besser es gelingt, die unbewussten Konflikte in der Analysestunde zu bearbeiten, desto ungestörter kann die Patientin in der äußeren Welt ihre Aufgaben erfüllen. Oft klingen die Beschreibungen des Geschehens in den Stunden dramatisch und aufwühlend; es ist auch mit psychischem Schmerz verbunden; doch zugleich sind sie befreiend und entlastend, da sich die Patientin nach der Stunde entlastet und frei fühlt, neuen Mut und Lebensfreude empfindet und sich ungestört auf das neue Baby freuen kann. Es ist mehr so, dass alter Ballast, den die werdende Mutter unbemerkt mit sich herumträgt und der viel Energie bindet, in der Stunde zurückgelassen werden kann. Real kann dann statt eines aus Angst geplanten Kaiserschnitts eine Spontangeburt möglich werden, die ein Glückserleben und eine erste Kooperation von Mutter und Baby erfahrbar macht. »Hätte ich schon früher eine Analyse machen können, hätte ich mir viel Leid und Schmerz erspart«, ist eine oft geäußerte Meinung nach erfolgreichen Analysen.

Ein zweites Argument für die Psychoanalyse – und hier nun für die für die Bearbeitung unbewusster, belastender Konflikte während der Schwangerschaft – stellt die Entlastung des neuen Menschen dar. Wenn diese unerledigten Konflikte nicht bearbeitet werden, besteht die Gefahr, dass sie in massiver Weise auf das Baby übertragen werden und dessen Entwicklung gefährden, sowie die Mutter-Vater-Kind-Beziehung belasten. Sind sie bearbeitet, so kann sich die Eltern-Kind-Beziehung gut und konstruktiv entwickeln, aber ohne den Ballast der frühen Jahre. Wie kann man sich so eine Projektion der unbewussten Konflikte auf das Neugeborene/Baby vorstellen? Der Vater/die Mutter nehmen das Kind nicht so wahr, wie es ist, sondern ein verzerrtes Bild vom Baby, wie es ihnen – gesehen durch die Brille der unerledigten Konflikte – erscheint. So kann ein werdender Vater, der durch eine enge Hassliebe mit seinem strengen Vater verbunden ist, seinen Sohn als Abbild seines Vaters sehen. Es ist immer wieder faszinierend, wie es Personen gelingt, andere – auch das eigene Kind – in eine bestimmte Rolle hineinzuziehen/hineinzupressen. Wie kann sich ein kleines, hilfloses Baby wie ein verfolgender, strenger, immer unzufriedener Vater verhalten? Beobachten wir die Interaktion genau – wir werden einige Beispiele in dem Kapitel über Eltern-Kleinkind-Therapie beleuchten (▶ Kap. 5) –, so sehen wir folgende Interaktionen. Der Vater ist z. B. unsicher, wie er seinen kleinen Sohn beruhigen kann. Er nimmt ihn nach dem Füttern, wechselt die Windel und legt ihn ins Babybett. Schläft das Baby nicht sofort ein, sondern stöhnt und quengelt ein bisschen, denkt er, er soll es wieder herausnehmen und herumtragen. Dieser Rhythmus wiederholt sich einige Male, immer wenn es ins Bettchen gelegt wird, wacht es auf und weint. Der Vater hält es nicht aus, das Weinen für einige Zeit zu ertragen, bis das Baby seinen Daumen gefunden hat und einschläft, weil er das Weinen als Vorwurf an seine unzureichende Fürsorge versteht. Er wird immer ungeduldiger und ärgerlich auf seinen Sohn. Je mehr er sich bemüht – denkt der Vater –, desto kritischer und fordernder wird sein Sohn – genauso wie sein Vater.

In welche Rollen das Baby durch die Projektionen der Mutter/des Vaters gepresst wird, kann vielfältig sein, wie später im zweiten Teil ausführlich dargestellt werden wird.

2.4.1 Klinisches Fallbeispiel von Frau A.

Im nachfolgenden Beispiel werden Träume aus vier Phasen der Schwangerschaft besprochen: einer zu Beginn, einer aus der mittleren Phase, einer kurz vor der Geburt und aus der Zeit kurz nach der Geburt.

Frau A. ist eine dreißigjährige Frau, die bereits ein Kind mit ihrem Mann hat. Sie ist seit zwei Jahren in einer vierstündigen Analyse. Die Beziehung zu ihrer Mutter stellt sie ursprünglich als sehr gut, idealisiert dar. Sie seien wie zwei Freundinnen, die über alles sprechen könnten. Erst im Lauf der Analyse wird die dunkle Seite der Beziehung sowie gut gehütete Geheimnisse der Mutter deutlich. Vor der Geburt von Frau A. hatte ihre Mutter eine Totgeburt, die fast nie erwähnt wurde. Erst als Frau A sie explizit darauf ansprach, erzählte die Mutter unter Tränen über den Tod der ersten Tochter, sie habe wie ein Engel ausgeschaut. Die Mutter sei sehr rasch nach ihrer Geburt wieder arbeiten gegangen, da ja ihre Großmutter auf die Kinder aufgepasst habe. Es wird so getan, als ob es keinen Unterschied zwischen der Bemutterung durch die Großmutter oder Mutter gäbe. Erst während ihrer eigenen Schwangerschaft kann Frau A. mit ihren Gefühlen, so früh weggegeben worden zu sein und dem Gefühl, verlassen worden zu sein, in Kontakt kommen. Ich versuche diese Entwicklung in der Erzählung der Träume und deren Deutungen nachzuzeichnen, um zu zeigen, wie während der Schwangerschaft nicht nur die gegenwärtige Beziehung zur eigenen Mutter aktualisiert wird, sondern auch die Mutterimagines aus der frühen Kindheit.

Traum am Beginn der Schwangerschaft
Den ersten Traum berichtet Frau A., nachdem sie mir am Vortag mitgeteilt hatte, dass sie schwanger ist. Die Beziehung zu ihrer Mutter hatte sie bis dahin als eng beschrieben, sie seien vertraut wie zwei Freundinnen, die alles miteinander besprechen. In der Analyse war sie zu Beginn eine »brave« Patientin gewesen, die die Stunden als sehr hilfreich erlebt. Als sie stärker mit ihren Gefühlen in Berührung

kam, begann sie mich in milder Form anzuklagen, indem sie sagte, dass ihr Mann Bedenken habe, ob ihr die Analyse wirklich etwas brächte. Ich deutete ihre Angst, welche Motive bei mir dahinter stünden, sie zu stärkeren Kontakt mit ihren Gefühlen zu bringen. Heimlich sei sie davon überzeugt, dass es gefährliche Motive wären. Sie sah mich zunächst als hilfreiche Figur, hatte aber Angst, dass ich tiefe und gefährliche Gefühle in ihr aufrühre, die bis dahin verborgen geblieben waren. Ich nahm an, dass hinter der guten und freundschaftlichen Beziehung zu ihrer Mutter ein tiefes Misstrauen und eine verfolgende Angst stand, betrogen und getäuscht worden zu sein, wie es in der Übertragung spürbar war.

Der Traum wurde in einer Dienstagstunde eingebracht. Frau A. beginnt mit der Feststellung, dass sie heute nur klagen werde. Dieser und der folgende Traum handeln von Wohnungen:

> »Im Haus eines Freundes, Markus, ist im selben Stock eine Wohnung frei. Seine jetzige Freundin, mit der er zwei Kinder hat, schaut ganz traurig. Ich tröste sie und sage, dass es schon gehen wird. Eine schwarze Krankenschwester, die ein Kind mit einem Basketballspieler hat, ist ausgezogen. Die Wohnung ist groß und schön. Die Besitzerin kommt und sagt: ›Sie kostet 2,5 Sandler-Millionen.‹ Ich habe mich nicht ausgekannt und bin aufgewacht.«

Als Assoziation zum Traum erzählt Frau A. dann von einem Treffen mit einer Freundin M., die »unechte Zwillinge« habe, weil ihre beiden Töchter so nahe zusammen seien. Die Freundin habe ihren Töchtern vom »Geheimnis« (der neuen Schwangerschaft) der Patientin erzählt. Auf die Frage, warum das ein Geheimnis sei, habe sie auf einen möglichen Abortus hingewiesen, wenn das Baby nicht ausgetragen werden kann.

Ich kommentiere nach einer Pause, dass es wie eine Einleitung zu einem zweiten Traum klinge. Darauf erzählt Frau A. den zweiten Traum: »Ja, das war schön. Es war eine helle, sonnige, freundliche Wohnung mit vier Zimmern – aber im Traum bin ich traurig geworden, weil ich gewusst habe, die ist unerreichbar. Die können wir uns nicht leisten.«

Als sie dann ihren schönen Traum mit der Realität vergleicht, in der sie zu wenig Geld für so eine schöne Wohnung zu haben scheint, endet sie mit »das ist alles so ein Durcheinander.«

Als ich das »Durcheinander« auf die Analyse beziehe, da ich nächste Woche weg sei, und darauf hinweise, dass sie die Träume erzähle, aber keine Einfälle dazu habe, so als ob ich alleine etwas dazu sagen soll, stimmt sie zu: »Sie lassen mich im Stich. Ich kann keine Träume deuten«. Die helle Wohnung mit vier Zimmern bezieht sich wohl auf die positiven Aspekte der vierstündigen Analyse.

Dann fällt ihr zu den Wohnungen ihre Schwangerschaft ein. Wird sie dem Embryo eine gute, helle Wohnung bieten können? Oder wird die Schwangerschaft unterbrochen? Steht die helle teure Wohnung, die 2,5 »Sandler«-Millionen kosten soll, für den Körper der Mutter, die als einzige neue Babys bekommen darf?

Diskussion

Der erste Traum zeigt das Chaos und das Durcheinander, das durch die Absage der Stunden in der nächsten Woche stimuliert wurde. So als ob sie in meinen Körper bzw. meine Wohnung schauen und dort in ihrer eindringenden Neugierde das Durcheinander sieht. Die Wohnung, die zu haben ist, verweist auf den mütterlichen Körper, der frei ist. Wer ist ausgezogen? Sie besetzt mich, meinen Raum, sie besetzt den Platz durch ihre Analyse. Die »Sandler«-Millionen beziehen sich vermutlich auf ihre Vorstellung, dass sie – Millionen Eizellen – verdrängt habe. Das kann ein Aufleben ihrer kindlichen Fantasie zeigen, alle Babys aus dem Körper der Mutter verdrängt zu haben. Wenn ich die Wohnung bewohne, fühlt sie sich traurig; wenn ich weg bin, zieht sie in Fantasie ein, nimmt den Raum in Besitz, fühlt sich schuldig, bedroht. Sie ist mit dem Gedanken beschäftigt, ob ich ihr gestatte, selbst ein Baby zu bekommen, selbst eine schöne Wohnung für ihr neues Baby zu haben. Das Wissen um ihre Schwangerschaft weckt auch Ängste, wie sie mit zwei Kindern zurechtkommen wird (sie hat bereits ein Kind). Träume über Wohnungen verweisen auf ihre Konkurrenz und Gefühle dem Innenraum der Mutter/Analytikerin gegenüber. Im Traum werden unbewusst Fantasien dargestellt, von meinem Körper Besitz zu ergreifen. Dieser primitive psychische Mechanismus kann die Funktion erfüllen, der Patientin glauben zu machen, tatsächlich das Objekt zu besitzen und es von innen heraus zu beherrschen (Klein, 1946).

Drei Monate später

Frau A. hat wieder psychosomatische Beschwerden entwickelt wie vor Beginn der Analyse, Schwindelgefühle in Stresssituationen und Angstattacken. Sie leidet auch an einer hartnäckigen Scheidenentzündung. Die Wochenendunterbrechungen (sie kommt von Dienstag bis Freitag) sind unerträglich schmerzlich. Die beiden Träume werden drei Monate später in der ersten Stunde nach dem Wochenende erzählt. Am letzten Freitag hatte sie von ihrer Wut gesprochen, wegen der Analyse nicht mehr funktionstüchtig zu sein. Ich brächte sie dazu, so heftige Gefühle zu entwickeln. Ich deutete ihr, dass sie durch diese Leiden ihre Überzeugung darstelle, ich dringe in ihre Vagina ein, um dort bösartige Attacken gegen sie auszuführen, um ihre Brillanz zu zerstören und sie schwach und abhängig zu machen. Sie fand es entlastend zu verstehen, dass sie sich arm und schwach präsentiert, um meinen Zorn, vor dem sie sich fürchtet, als »Analytikerin-Göttin« zu besänftigen. Erst nach dem Aufdecken ihrer unbewussten Überzeugung, von meiner Rache bedroht und geschädigt zu werden, fand sie wieder Zugang zu mir als gutem inneren Objekt. Ihr wurde bewusst, dass sie sich als arm präsentiert, sich Asche aufs Haupt streut, »schlechter Reis« ruft, um meinen von ihr fantasierten Neid zu besänftigen. Sie wirkte erleichtert und konnte nun ihre große Freude über ihr neues ungeborenes Baby zeigen. Die Freude war gemischt mit einem Ton des Triumphes, den ich vorerst aber nicht aufgriff. Zu Beginn der Woche erzählte sie zwei Träume:

»Im ersten Traum werde ich vergewaltigt und bei einer Gerichtsverhandlung soll ich es beweisen und schlage deshalb vor, dass ich noch einmal vergewaltigt werden soll, um es sozusagen ›live‹ vorzuführen. Der zweite Darsteller war aber ein sehr attraktiver Mann. Er hatte Schnüre am Körper, wo alle Reaktionen gemessen werden können. Ich wollte dann nicht mehr. Im zweiten Traum – ich weiß nicht, ob es mehr Halbschlaf Fantasien waren – stürmte ich hier in ihre Praxis und bin wütend, schlage um mich.«

Die Patientin erzählt dann von einer Untersuchung bei ihrer Gynäkologin, der sie erzählt habe, dass der Sex jetzt nicht mehr so gut klappe. Sie beendet ihre Erzählung mit der Beobachtung, dass sie, wenn sie sich selbst so zuhöre, ja nur Klagen äußere. Und dann mit ganz leiser Stimme: »Ich bin so bedürftig, ich bräuchte jeden Tag eine Stunde bei ihnen.«

Nach einer langen Pause beschreibe ich die unterschiedlichen Stimmungen im Traum, ihr Armsein und ihre Bedürftigkeit einerseits und andererseits ihre Wut, wenn sie alles in meiner Praxis kaputtschlagen will. Ihr fällt dazu der Film *Accused* ein, den sie gestern gesehen hat. Nach einer Pause meint sie nachdenklich, dass sie ihre Mutter nun mit anderen Augen sehe, wenn sie bei ihrer Tochter erlebe, was es heißt, ein Kind schon mit sechs Monaten in den Kindergarten zu geben und ihren Bruder noch früher. Sie könnte sich das bei ihrem Kind nie vorstellen. »Niemand glaubt, wie grausam meine Mutter ist; sie wird von allen als Supermutter und als Vorbild betrachtet«, meint sie nachdenklich.

Diskussion

Zunächst war ich mir in der Stunde nicht über die Übertragungsbedeutung von mir im Traum klar. Beim Erzählen spürte ich einen enormen Druck und Ratlosigkeit. Erst beim Niederschreiben wurde mir klar, dass vermutlich ich im Traum der Vergewaltiger bin. Die Patientin fühlt sich von mir vergewaltigt und an ihrer Vagina beschädigt (als Ursache der Vaginalentzündungen). Ich bin wie die Mutter äußerlich eine gute Figur, die aber dahinter grausam ist und ihre Kinder viel zu früh in den Kindergarten abschiebt – so wie ich sie am Wochenende allein lasse. In ihrer Vorstellung verfolge ich in der Analyse eigentlich das Ziel, sie ganz abhängig zu machen und dann in grausamer Weise in sie einzudringen und dabei wird alles gemessen und analysiert (so wie die Messgeräte bei der zweiten Figur). Sie will vor Zeugen im Traum beweisen, wie ich sie vergewaltige, indem sie die Vergewaltigung wiederholen will. Ihre Wut, mit der sie in mein Therapiezimmer stürzt, scheint zweifach motiviert zu sein: durch mein fantasiertes Eindringen in ihren Körper und auch durch mein Unerreichbarsein am Wochenende. Sie kann mich als gutes inneres Objekt über das einsame Wochenende nicht lebendig erhalten, das gute Bild zerbricht und sie macht mich zum Vergewaltiger.

In der nächsten Stunde stellt Frau A. einen Zusammenhang zu ihrer »vergewaltigenden« Mutter her, die sie als Kind dazu überredete, vor Gästen zu singen, ohne auf ihre Bedürfnisse zu achten. Erst nach und nach wird hinter dem Bild der grausamen Mutter die beneidete Mutter sichtbar, als diese mit der jüngeren Schwester schwanger war. Sie fragt sich, ob sie in der Lage sein wird, auf die Bedürfnisse ihrer größeren Tochter und die des neuen Babys eingehen zu können. Obwohl sie in der Realität in der Lage ist, ihre familiären und beruflichen Aufgaben gut zu erfüllen, ist sie überzeugt, dass ich ihr ihre Fähigkeiten wegnehmen könne. »Nun haben sie mich so weit, wie sie wollen: Ich sehe, dass ich sie wirklich brauche«, meint sie am Schluss der Stunde.

Sie ist überzeugt, dass ich sie als kompetente Frau und Mutter nicht akzeptiere, sondern sie von mir abhängig machen will. Ihr Neid auf mich als Analytikerin, die sie gerne sein möchte, als Mutter – sie hat herausgefunden, dass ich zwei Töchter habe – soll verborgen bleiben.

Kurz vor dem Geburtstermin

Diese Träume stammen aus der Zeit unmittelbar vor ihrer Niederkunft. Sie beginnt die Stunde zunächst mit der Klage, wie depressiv sie sich gestern gefühlt habe, nichts habe tun können. Dann fällt ihr der Traum ein:

> »Ich bin im Spital zu einer Untersuchung, aber es gibt eine lange Warteschlange. Ich wollte mich nicht anstellen und so lange warten. Ich suchte R., die Hebamme, die noch einen anderen Eingang kennt. Ich steige in einen Aufzug, der aber nicht stehenbleibt, wo ich hinwill. Er fährt verschoben – die Wände gehen zusammen, ich muss irgendwie herausklettern. Dort sitzt eine Frau, die nicht R. ist, ihr aber gleichschaut. Sie lacht und sagt: ›Wo kommst denn du da her?‹ Sie nimmt mich freundlich auf – ich weiß, sie stammt aus demselben Dorf. Ich fühle mich dann wohlig und geborgen.«

Als Assoziation fällt ihr ein, dass alle Frauen sie bei der Geburt in Stich lassen werden, ihre beiden Freundinnen, die wegfahren, und ich, da ich in der Sommerpause bin. Dann schildert sie eine Szene mit ihrem Mann und ihrer Tochter, bei der sie ganz ausgerastet sei und gebrüllt habe, was ihr Mann mit einem »Du kannst aber brüllen« humorvoll kommentiert habe. Sie sagt, wie gut es ihr getan habe, ihren Frust auszudrücken. Danach fällt ihr ein, dass sie früher vor Aufzügen Angst hatte und das Gefühl sie verfolgt habe, das Treppenhaus falle zusammen, obwohl sie noch nie wirklich im Aufzug stecken geblieben sei.

Ich deute ihre Angst vor den zusammenfallenden Wänden als Angst vor einem psychischen Zusammenbruch bei oder nach der Geburt. Nur mit einer hilfreichen Person neben sich fühlt sie sich geborgen. Nicht nur ihre beiden Freundinnen werden zur Zeit der Geburt weg sein, sondern auch ich als ihre Analytikerin. Die zusammenfallenden Wände symbolisieren auch die Unterbrechung der Stunden, mit der Geburt. Sie erzählt, dass sie Gedanken an eine Stillpsychose habe oder eine postpartale Depression; von ihrer Angst, dass ihr Inneres bei der Geburt herausfalle, dass sie keinen stabilen Schoss habe.

Das Ende des Traums deutet auf eine manische Abwehr hin, bei der alles freundlich wird, auf ihre Überzeugung für mich eine nette Patientin sein zu müssen, die mich als hilfreich erlebt. Im Traum ist diese Person aber unbekannt und nimmt die Stelle der vertrauten Hebamme ein. Im Traum kommt sie nur über ein psychotisches Erleben zur richtigen Stelle. Die Szene mit ihrer Tochter, die Glas zerbricht und alles zerbricht und zerstört, drückt ihre unbewusste Angst aus, dass sich die Welt ihrer Tochter aber auch ihre Welt durch die Geburt des Babys dramatisch verändern werde. Sie selbst hat bei der Geburt ihrer kleinen Schwester eine dramatische Veränderung erfahren. Unbewusst hat sie Angst, dass ihre ältere Tochter voll Hass dem neuen Baby gegenüber sei, wie sie gegenüber ihrer Schwester gewesen ist. Vor ihrer Geburt hatte die Mutter eine Totgeburt, sodass sie jetzt Angst hat, ihre Mutter könnte aus Rache ihr neues Baby umbringen. Im Vorfeld der Geburt hat sie katastrophale Angst, vor den Wehen und vor der Geburt selbst, so als ob zweitere ein kleines psychotisches Ereignis wäre. Die zusammenfallenden Wände im Aufzug verweisen auch auf die Angst, das Baby werde beim Austritt aus dem Geburtskanal alles zum Einstürzen bringen. Aus diesem Grund plant sie einen Kaiserschnitt.

Erst später, als das Baby sicher geboren wurde, konnte sie langsam mit ihrer Eifersucht der jüngeren Schwester gegenüber in Berührung kommen, die sie hinter der Fassade einer liebevollen großen Schwester verborgen hatte. Es gelingt ihr, ihre ältere Tochter und deren Eifersucht zu verstehen. Sie hätte gerne eine Mutter gehabt, die ihr geholfen hätte, über ihre Eifersucht zu sprechen, so wie sie es ihrer Tochter gestattet, böse und eifersüchtig zu sein. Es fällt ihr sehr schwer, ihre Tochter nicht unter Druck zu setzen, so zu tun, als ob das Baby eine nette Puppe sei (Verleugnung der Rivalität und Angst, verdrängt zu werden).

Traum nach der Geburt
Am Tag, als der Kaiserschnitt geplant gewesen ist, spürte sie Wehen, fuhr ins Krankenhaus und konnte spontan entbinden. Die Geburt verlief ohne Komplikationen und war ein wunderschönes Erlebnis. Nach der Bearbeitung des Aufzug-Traums konnte sie über ihre Angst vor einer zu raschen Geburt, einer Sturzgeburt, bei der ihr Inneres zusammenstürzen könnte, weil alles so rasch geht, sprechen. Die Deutung ihrer Angst vor einem psychotischen Zusammenbruch ängstigte sie sehr, so als ob es eine Diagnose oder gar eine Prophezeiung wäre. Zunehmend konnte sie jedoch ihre Ängste und die Realität besser unterscheiden und sie war vor der Geburt sehr zuversichtlich. Kurz vor der Geburt jährte sich der Todestag ihrer Großmutter, die sie im ersten Lebensjahr wie eine Mutter betreut hatte. Sie konnte erst jetzt ihre Wut über das Verlassenwerden und ihre Trauer um den Verlust der Großmutter fühlen. Sie besuchte nach vielen Jahren das Grab der Großmutter und stellte sich ein Bild von ihr auf – sie hatte ihr vergeben.

Ich komme zum Traum, der in die Zeit nach der Geburt fällt. Frau A. nahm ihre Stunden sehr bald, eine Woche nach der Geburt wieder auf. Analyse sei wie eine seelische Nahrung, die es ihr ermögliche, das Baby so gut zu stillen, da sie auch selbst »satt« wird, meint sie. Bevor Frau A. den Traum erzählt, bezieht sie sich auf die nährende Versorgung durch die Analysestunden und erzählt, wie schwierig das Wochenende (ohne Stunden) gewesen sei. Im Traum erlebt sie Folgendes:

> »Ich fahre mit meiner Tochter auf der Zweierlinie, es ist nur B. mit. Vor mir ist ein schrecklicher Unfall. Ich schaffe es gerade noch, das Auto vorher zum Stehen zu bringen. Eine ältere Frau steigt aus und beschuldigt mich. Sie schreit mich an: ›Alles ist ihre Schuld!‹ Ich hätte dauernd die Spur gewechselt und hätte sie total geschnitten. Ich verteidigte mich empört. Ich bin aber seit der Alser Straße hinter ihr gefahren und habe sie gar nicht schneiden können. Es ist jedenfalls klar, dass wir alle, auch ich, auf die Polizei warten müssen, bis wir vernommen worden sind. Wir gehen in ein Lokal. Als wir dort sind, kommt plötzlich ein Paar, ein behinderter Mann und eine Frau mit einer Pistole. Die Frau droht, uns alle niederzuschießen, wenn wir ihr nicht alles geben. ›Das

ist ein Überfall«, sagt sie. Ich habe meine Koffer und gebe ihr die Papierschlangen und Luftballons. Es scheint, dass alles nur ein Spiel war, ein gespielter Überfall. Doch dann ändert sich die Situation: Sie sagt ganz ruhig, dass sie uns mit einer Bombe in die Luft sprengen wird. Draußen stehen noch Leute mit einem Maschinengewehr. Es ist klar, dass die beiden psychotisch sind. Ein Mann, es ist mein Mann, männlich und mit breiten Schultern, nähert sich, um sie zu entwaffnen. Im Handgemenge erschießt sie ihn. Ich bekomme Panik, weil nun der einzige Mensch, der uns retten kann, tot ist. Es gelingt mir aber zu fliehen – allerdings ohne das Baby. Wie wir auf die Straße kommen, ist es eine andere Stadt: spanisch, portugiesisch oder mexikanisch. Es ist wie in einem Actionthriller. Es gibt eine Mauer, wir werfen uns in den Schatten und warten. Nach kurzer Zeit kommt ein Polizist, der uns für die Täter hält und uns gefangen nehmen will. Ich werfe mich ihm vor die Füße und flehe ihn an, uns zu meinem Baby zu bringen. Als wir zu dem Lokal kommen, sind alle weg. Es ist ganz leer. Auf der Straße sehen wir ein Baby auf einer Decke. Es ist nackt, ganz dünn, wie eine Frühgeburt. Ich hebe es auf und lege es an die Brust. Ich bin zuversichtlich, dass ich sie wieder wärmen und nähren kann.«

In der Früh, sagt die Patientin, habe sie mit ihrem Mann über diesen Traum gesprochen. »Ich habe mir gedacht, dass sie denken werden, die ältere Frau im Traum sind sie«, sagt sie.

Ich beschreibe zuerst den Widerspruch zwischen ihrer Stimmung am Anfang der Stunde, als sie Analyse als wichtige Nahrung für ihre Psyche gewürdigt hatte und den gefährlichen Dingen im Traum, den Unfall und dann den Überfall mit dem Maschinengewehr. Die Wut könnte mit dem frierenden und halb verhungerten Baby zusammenhängen, das ihre Bedürfnisse nach dem langen Wochenende ausdrückt. Darunter werden ihre Erlebnisse als kleines Kind sichtbar, das von der Mutter sehr früh der Großmutter überlassen wurde und in eine Kinderkrippe gegeben wurde. Ich weise darauf hin, wie schwer es ihr fällt, etwas zu den anderen Bildern im Traum zu sagen. Frau A stellt eine Verbindung zwischen dieser Frau, die alle erschießen will und einem Teil von sich her. Sie habe am Wochenende ihrem Mann vorgeschlagen, einfach abzuhauen, weil sie so wütend auf alle war. Hinter der ins Spielerische gedrehten Attacke wird dann der psychotische, verrückte Teil von ihr sichtbar, der alles in die Luft sprengen will.

Diskussion

Auffallend ist, dass Frau A. kaum über das neue Baby und die Geburt spricht; im Traum hat sie es im Lokal vergessen. Solange sie Stunden hat und seelische Nahrung von mir bekommt, kann sie das Baby stillen. Ist sie aber am Wochenende hungrig und bedürftig, ist ihr Neid auf das Baby an ihrer Brust fast unerträglich. Dieses Baby bekommt etwas, was sie selbst von ihrer Mutter nicht bekommen hat (sie wurde nur eine Woche gestillt). Zugleich hat sie Angst, dass ich sie wegschicke, wie der Polizist im Traum, wenn ich ihre rohen Gefühle des Neids auf das Baby sehe, das sie allein lassen will. In keinem Punkt ist sie im Traum verantwortlich für den Unfall; sie wird fälschlicherweise angeklagt und für die Täterin gehalten. Wenn Frau A. bemerkt, dass ich am Wochenende mit anderen Personen zusammen bin, will sie einen schrecklichen Zusammenprall herbeiführen. Sie denkt, die Analytikerin provoziere diese Gewalttätigkeit in ihr. Damit drückt sie ihre enorme Schwierigkeit aus, Verantwortung für ihre Gefühle zu übernehmen. Ihr Abwehrsystem verwandelt das

Bedrohliche in ihr in einen Traum, in einen Actionthriller. Rosenfeld (1971) beschreibt diesen gewalttätigen Teil der inneren Welt als »Mafia Gang«, die die Person terrorisiert. Im Traum gibt es aber auch ein gutes Objekt, einen Polizisten, der sie zum Baby bringen soll, für Gerechtigkeit und Ordnung sorgt, eine Analytikerin, die sie mit ihrem psychotischen Teil verstehen und akzeptieren kann. Daher kann sie diese psychotischen Ängste in die Analyse bringen und in der realen Welt davon unbelastet ihre Aufgaben wahrnehmen.

Zusammenfassung

Die Zeit vor der Geburt bringt tiefe unbewusste Themen an die Oberfläche. Balint (2003) meint, dass Frauen knapp vor der Geburt Zugang zu ihren primitivsten Ängsten hätten, so dass es für Therapeuten technisch ratsam wäre, sie bis zur Geburt zu sehen.

Im klinischen Material habe ich zu zeigen versucht, wie in der Übertragung zur Analytikerin frühe Aspekte der Mutter-Tochter-Beziehung, besonders die Fantasien der Tochter, die sich auf den Körper der Mutter beziehen, wiederbelebt werden. Es ging mir darum, nicht nur die inhaltlichen Themenbereiche zu skizzieren, sondern auf die besondere Qualität der Übertragung hinzuweisen. Ich denke, dass während der Schwangerschaft und besonders vor der Geburt eine größere Offenheit und Zugänglichkeit zu unbewussten Konflikten besteht, die leichter ins Bewusstsein aufgenommen und integriert werden können. Frau A. träumte nicht nur wesentlich häufiger als vorher; sie konnte sich an die Träume erinnern und wollte sie verstehen.

Die Vorstellung, selbst Mutter zu werden, aktiviert die ödipale Rivalität mit der Mutter, aber auch die Angst, die Mutter beraubt zu haben, ihr diese Fähigkeit zu entreißen. Pines (1993) spricht daher von der Schwangerschaft als »Drei-Generationen Ereignis«, das in der inneren und äußeren Realität zu einer Umgestaltung der Beziehung zu den Eltern führt. Je besser es gelingt, die aktualisierten inneren Konflikte zu verstehen und zu integrieren, desto eher kann die Schwangerschaft als Chance der Entwicklung einer Identität der Frau (und des Vaters) und eine Verbesserung der Beziehung zu den eigenen Eltern sein.

Eine Geburt weckt bei allen Frauen stärkere oder schwächere verfolgende Ängste der Trennung und des Verlusts. Auch wenn sich die werdende Mutter auf der bewussten Ebene schon sehr auf ihr Baby freut, werden unbewusst Ängste vor einer Verletzung an der Vagina und des Körpers aktualisiert. Diese Ängste führen zu einer dramatischen Erhöhung der medizinisch nicht notwendigen Kaiserschnitte; in Österreich und Deutschland werden bereits ca. 30 %, in Ländern wie dem Iran oder Brasilien zwischen 70–85 % der Geburten durch Kaiserschnitt entbunden. Ich verstehe das als Ausdruck der Angst, die durch den fantasierten Kontakt mit der archaischen Ur-Mutter entsteht, die in der Fantasie ihrer Gebärfähigkeit beraubt wurde und die sich dann rächt, indem sie den Körper der Gebärenden verletzt oder sie tötet. Die Geburt als Trennung von dem im Leib getragenen Baby aktiviert ein Gefühl des unwiederbringlichen Verlusts, der Erfahrung der Separation. Die Erfahrung dieser Separation, die beiden Trennungen, die der eigenen Geburt und die Geburt des Babys wirkt als belastend, was als »Baby-Blues« bezeichnet wird.

2.5 Konflikthafte Schwangerschaft – Fehlgeburt

In diesem Teil wird zunächst eine konflikthafte Schwangerschaft dargestellt, während der die werdende Mutter keine therapeutische Hilfe in Anspruch nahm und mit allem allein fertig werden wollte. Danach wird eine konflikthafte Schwangerschaft in einer Kurztherapie diskutiert, bei der die Frage, ob die Frau ihr Baby austragen will oder nicht, im Mittelpunkt steht. Bei beiden Frauen waren sowohl die äußeren Bedingungen schwierig als auch die innere Situation der ungelösten Spannungen zu den eigenen Eltern. Die genaue Dokumentation der Gedanken, Gefühle und Träume lassen ein detailliertes Bild der inneren Welt entstehen, wie sie ohne Hilfe oder im therapeutischen Prozess bearbeitet werden kann.

2.5.1 Konflikthafte Schwangerschaft ohne therapeutische Hilfe

Die italienische Journalistin Oriana Fallaci (1979) beschreibt ihre Erfahrungen während der Schwangerschaft in Form von Briefen. Der Titel *Briefe an ein nie geborenes Kind* zeigt bereits, dass dieses Kind nicht ausgetragen und geboren werden konnte. Sie beginnt mit dem Gewahrwerden eines »Du«.

> »Heute Nacht erfuhr ich, dass du da bist: ein Tropfen Leben, dem Nichts entkommen. Ich hatte die Augen weit in das Dunkel hinein aufgerissen, und plötzlich flammte in diesem Dunkel ein Strahl von Gewissheit auf: ja, du bist da. Es gibt dich. Es war, als würde einem eine Kugel in die Brust geschossen. Mein Herz stockte. Und als es wieder zu schlagen begann, mit dumpfen, betäubenden Schlägen des Staunens, war mir, als stürze ich in einen Schacht, wo alles Unsicherheit und Schrecken ist. Hier bin ich nun, eingesperrt in eine Angst, bei der mir Gesicht, Haar und Gedanken nass werden. Und ich verliere mich in ihr … Es ist die Angst vor dir, vor dem Zufall, der dich aus dem Nichts gerissen hat, um dich in meinen Leib zu hängen. Ich war niemals darauf vorbereitet, dich aufzunehmen, obwohl ich dich sehr erwartet habe« (Fallaci, 1979, S. 7).

Fallaci erlebt beides zugleich: Freude und Angst vor dem Unbekannten. Die Intensität der Erfahrung scheint die Schreiberin zu überwältigen. Gleich danach bringt sie ihrem ungeborenen Kind ihre Einstellung der Welt gegenüber zur Kenntnis: Das Leben sei so eine Mühsal, ein Krieg aller gegen alle und seine Momente der Freude seien kurz und dafür müsse man einen schrecklichen Preis zahlen. Die eigene Ambivalenz wird auf das Kind projiziert, wenn sie sich fragt: »Wenn du nun gar nicht geboren werden möchtest? Wenn du es mir eines Tages zum Vorwurf machen und mich anschreien würdest: ›Wer hat dich denn gebeten, mich zur Welt zu bringen?‹« (Fallaci, 1979, S. 7)

Dann bittet sie den »Tropfen Leben« um ein Zeichen, einen Hinweis dafür, dass es leben will. Hier verknüpft sie ihr Gespräch mit dem Fötus mit der Erinnerung an ihre Mutter und sich. Ihre Mutter wollte sie damals abtreiben und hat erst bei der ersten Bewegung des Fötus diesen Gedanken aufgegeben:

> »Jeden Abend löste sie eine Medizin im Wasser auf und trank sie weinend. Trank sie bis zu jenem Abend, als ich mich in ihrem Leib bewegte und ihr einen Fußtritt gab, um ihr zu bedeuten, dass sie mich nicht wegwerfen sollte … Einige Monate darauf rollte ich mich

siegreich in der Sonne, und ob das nun gut oder schlecht gewesen ist, weiß ich nicht« (Fallaci, 1979, S. 8).

Die großen emotionalen Gegensätze, ihre Sehnsucht und Furcht davor, Mutter zu werden, teilt sie mit dem Fötus. Sie ist unsicher, ob das Leben für ihr werdendes Kind ein Geschenk oder eine Belastung wäre. In diesem imaginären Zwiegespräch erleben wir, wie Fallaci sich vom Embryo Antworten auf ihre Fragen, Trost und Unterstützung erwartet, so als ob sie umgekehrte Rollen hätten.

Wie groß ihre Angst ist, sich an ihr imaginäres Baby zu binden, können wir aus der immer wieder gemachten Bemerkung »Ich habe dich überhaupt nicht nötig« ablesen. Diese häufigen Verneinungen und die Betonung, wie wenig sie überhaupt jemanden braucht, auch den Vater des Kindes nicht, der das Baby zunächst abtreiben wollte, verweisen auf das Gegenteil: auf ihre große Bedürftigkeit, die sie sich aber nicht eingestehen darf. Als der Vater dann seine Meinung ändert, ist sie unversöhnlich und weist ihn zurück. Ihre Verpflichtungen als berufstätige Frau werden sie nicht hindern, das Baby auszutragen, schreibt sie hoffnungsfroh und trotzig.

Ihre Sehnsucht nach dem Vater des Kindes, nach der Hilfe ihrer Eltern oder einer guten Freundin klingt nur verdeckt an, so als ob es zu schmerzlich wäre, so einen Gedanken direkt auszudrücken:

> »Ich bin eine alleinstehende Frau, die sich entschieden hat, allein zu leben. Dein Vater ist nicht bei mir. Und das bedaure ich nicht, obwohl mein Blick zuweilen die Türe sucht, durch die er mit seinem festen Schritt herausgegangen ist, ohne dass ich ihn zurückgehalten hätte, fast als hätten wir uns nichts mehr zu sagen« (Fallaci, 1979, S. 12).

Der tiefe Schmerz, dass der Vater das Baby einfach »loswerden will«, ohne auch nur einen Gedanken darauf zu verwenden, dieses Baby vielleicht gemeinsam bekommen zu können, wird von Fallaci als grausame Ablehnung und Zurückweisung ihr gegenüber erlebt. Dazwischen gibt es Beschreibungen ihrer Freude über den Embryo. Eine Liebeserklärung an das Foto des Embryos mit sechs Wochen lesen wir:

> »Wie niedlich du geworden bist! Nicht mehr Fisch, nicht mehr Larve, nicht mehr ein unförmiges Etwas, sondern du gleichst schon einem Kind: mit diesem großen, kahlen, rosa Kopf. Das Rückgrat ist gut zu sehen, ein weißer, innen dunkler Strich, deine Arme sind keine ungewissen Auswüchse mehr, auch keine Flossen, sondern Flügel. Dir sind Flügel gewachsen! Man hat richtig Lust, sie zu streicheln« (Fallaci, 1979, S. 2).

Im Gegensatz dazu ist Fallaci den unfreundlichen und ablehnenden Reaktionen der Umwelt ausgesetzt. Ihr Chef, der sie warnt, dass ihr ganzes Leben nun eine andere Richtung nehmen werde, der Arzt, der sie missbilligend betrachtet, als sie ihm mitteilt, dass sie nicht verheiratet sei. Auf der bewussten Ebene entscheidet sie sich für dieses werdende Leben; die Vorschläge, es abzutreiben, empören und verletzen sie.

Im Dialog informiert sie ihr imaginäres Baby »unbarmherzig über alle Gemeinheiten der Welt«, um es vorzubereiten. In ihrer Einsamkeit möchte sie schon jetzt mit diesem Wesen in ihr sprechen, dessen Stummheit bezwingen, in das Gefängnis eindringen, das es umschließt. Die wechselhafte Abhängigkeit beschreibt sie lebhaft:

> »Freilich, wir zwei sind schon ein eigenartiges Gespann. Alles in dir ist von mir abhängig, und alles in mir ist von dir abhängig: wirst du krank, werde auch ich krank, sterbe ich, stirbst auch du ... Bei all deinem womöglich unbegrenzten Wissen weißt du nicht einmal, wie

mein Gesicht aussieht, was für ein Alter ich habe, was für eine Sprache ich spreche ... Und ich frage mich immer noch, ob du eine Person bist oder nicht. Niemals waren sich zwei Unbekannte, die in demselben Körper vereint sind, einander unbekannter, ferner als wir« (Fallaci, 1979, S. 30).

Die wechselseitige Abhängigkeit verbunden mit der Ungewissheit, wie dieses neue Wesen sein wird, alle Ängste und Hassgefühle für das Eindringen in ihren Körper, das Verändern ihres Lebens werden in den nächtlichen Alpträumen sichtbar. Einer dieser Träume lautet:

»In dem einen kam dein Vater vor, und er weinte ... Seine Tränen klatschten wie Brei in meinem Gartenteich, und der Teich war voll von endlosen langen, gallertartigen Schnüren. In den Schnüren befanden sich kleine schwarze Eier, die in einem Schwanz endeten; Kaulquappen. Ich kümmerte mich gar nicht um deinen Vater, mir war einzig und allein darum zu tun, die Kaulquappen zu töten, damit sie nicht Frösche würden, die mich mit ihrem Gequake nachts nicht würden schlafen lassen. Es war ganz einfach: man brauchte nur mit einem Stock die Schnüre herausheben und auf die Wiese zu legen, wo sie die Sonne erstickte und austrocknen würde. Aber die schlüpfrigen Schnüre rutschten in raschen, schlängelnden Bewegungen ab, fielen ins Wasser zurück und versanken im Schlamm: es gelingt mir nicht, sie auf die Wiese zu legen. Dann hat dein Vater nicht mehr geweint und mir geholfen, was ihm mühelos gelang. Mit einem Ast fischte er jene Schnüre aus dem Wasser, die ihm nicht weggrutschten, und schichtete sie auf das Gras auf. Denn es war, als sähe ich Dutzende von Kindern, Hunderte von Kindern, die erstickten und in der Sonne verdorrten. Wie von Sinnen riss ich ihm den Zweig aus der Hand und schrie: ›Lass sie! Du bist doch geboren worden, oder?« (Fallaci, 1979, S. 31).

Da wir die Autorin nicht ersuchen können, ihre Gedanken und Einfälle zu diesem Traum zu berichten, können wir aus dem anderen Material nur vorsichtige Annahmen und Vermutungen formulieren. Im Traum ist sie nicht in der Lage, die kleinen Kaulquappen, die wohl symbolisch für ihre Babys oder die der Mutter stehen, zu töten. Die mörderischen Impulse sind auf ihren Partner projiziert. Ihm gelingt es, die symbolischen Babys zu töten, obwohl auch er Tränen vergießt. Sie selbst hat den Eindruck, dass ihre Mutter und ihr Vater sie damals nicht gewollt hatten. Wollte sie als Kind andere Schwangerschaften der Mutter verhindern und fühlt sie sich deshalb schuldig? Denkt sie, sie darf kein lebendiges Baby haben? Ist sie davon überzeugt, dass in ihr zu wenig Gutes, Feuchtes ist, um ein Baby am Leben erhalten zu können? Sie hat verschiedene Alpträume von toten Babys, von den acht Abtreibungen ihrer Großmutter und deren acht lebenden Kindern, von einem winzigen Känguru-Baby, das es doch schafft, im Beutel der Mutter zu überleben.

Ihre Einsamkeit wird nach dem zweiten Monat besonders groß, da ihr der Arzt Bettruhe verordnet hat und sie einige Wochen zu Hause liegen muss, um die Schwangerschaft zu schützen. Ihren Fötus erlebt Fallaci nun als »Vampir, der ihre Übelkeit verursacht und sich an ihrem Körper vergreift«. Niemand ist bei ihr, nur eine Freundin kommt, um ihr etwas zu essen zu bringen. Immer wieder klagt sie dem Fötus, dass sich dessen Vater nicht rührt. Je mehr er wächst, desto mehr erschreckt Fallaci. In ihr wächst der Zweifel, ob es richtig sei, ihr Baby zu behalten. Der chronische Erschöpfungszustand verweist auf eine steigende Verzweiflung und die Angst, überfordert zu sein, es nicht allein zu schaffen. Beim Besuch des Vaters des Kindes entlädt sich dann ihr Zorn und ihre Verzweiflung, ihre Angst und ihre Hoffnung, das Kind zu verlieren. Sehr berührend schildert sie, wie er zu weinen beginnt, und sich auch in ihr die Spannung löst und sie weinen kann. Es kommt aber zu keiner Versöhnung, sie ist so verletzt, dass sie ihn wegschicken muss, obwohl sie ihn so gerne bei sich hätte. Ihre Sorgen und Nöte finden kein Gehör, der Arzt tut so, als ob sie schuld wäre, dass sich der Fötus nicht gut entwickelt, die Gebärmutter zu empfindlich und die Plazenta nicht gut durchblutet sei.

Kurze Zeit später entschuldigt sie sich für den Racheakt am Fötus, viele Zigaretten und Alkohol konsumiert zu haben, »weil ich dich satthabe« (Fallaci, 1979, S. 69). Sie will das Kind zur Welt bringen und dann sterben, weil sie so erschöpft und müde ist. Als sie dann aber einen winzigen Tropfen Blut sieht, gerät sie in Panik und stimmt einer stationären Behandlung im Krankenhaus zu. Die Einsamkeit ist übergroß – auch ihre Mutter schrieb nur einen Brief und fand es nicht für notwendig, zu kommen und ihre Tochter zu unterstützen. Wie stark Fallaci ihre Aggression und ihre Wünsche verdrängt, wird deutlich, da nie von ihrem Wunsch die Rede ist, emotionale und physische Unterstützung von ihren Eltern zu bekommen.

Wie stark das Bild des werdenden Kindes von dem inneren Bild der eigenen Mutter beeinflusst wird, zeigt Fallaci, wenn sie vom Pakt zwischen Mutter und Kind spricht, bei dem sie den Eindruck hat, immer nur die Gebende sein zu müssen und nicht bekommt, nichts von ihrer eigenen Mutter und nichts vom ungeborenen Kind:

> »So haben wir unseren Pakt nicht geschlossen, ich weiß. Aber ein Pakt ist eine Übereinkunft, wo jeder etwas gibt, um etwas zu erhalten, und als wir ihn unterschrieben, ahnte ich nicht, dass du alles fordern und nichts geben würdest, abgesehen davon, dass du ihn gar nicht unterschrieben hast, ich allein habe ihn unterschrieben ... Deine einzige Mitteilung war ein rosa Blutstropfen« (Fallaci, 1979, S. 74).

Da sie wegen einer wichtigen beruflichen Verpflichtung das Krankenhaus verlassen will, um eine Reise für ein Interview anzutreten, wird sie von ihrem Arzt als »Mörderin« bezeichnet. In diesen dramatischen Momenten erlebt sie ihren Embryo ganz direkt: »Und fast zur gleichen Zeit hast du dich bewegt. Du hast getan, was ich seit Monaten erwartet und ersehnt habe. Du hast dich gestreckt, vielleicht hast du gegähnt, und hast mir einen kleinen Stoß versetzt. Einen kleinen Tritt. Deinen ersten Fußtritt ... (Fallaci, 1979, S. 75).

Das war die einzige Bewegung ihres werdenden Babys. Sie entschied sich, aufzustehen und mit dem Flugzeug zu verreisen, obwohl ihr das Risiko bekannt war. Sie hatte einfach keine Kraft mehr, allein diese Schwangerschaft, die Einsamkeit und Ungewissheit zu ertragen. Ihre Identität ist eng mit ihrem beruflichen Erfolg verbunden, der Chef macht Druck und sie hat Angst, auch noch ihren Job zu verlieren. Die Nachricht vom Tod des Fötus trifft Fallaci aber dann nach vier Wochen wie ein Schock und löst eine Depression aus:

> »Ich rührte mich nicht, Ich zuckte mit keiner Wimper. Ich lag da mit einem Körper ganz Stein und Schweigen. Auch mein Kopf war Stein und Schweigen. Kein Gedanke, kein Wort. Einziges Gefühl war eine unerträgliche Last auf meinem Magen, ein unsichtbares Blei, das mich erdrückte, als wäre der Himmel auf mich gefallen, lautlos ...« (Fallaci, 1979, S. 89).

Danach geht sie heim, weint und verliert die Besinnung. In Träumen drücken sich ihre Selbstanklagen und Selbstvorwürfe aus. Sie wird im Traum angezeigt, in Gerichtsverhandlungen verhört und als schuldig verurteilt. Die Trauer um das tote

Baby, das ihren Körper nicht verlassen will, ist erschütternd. Als totes Baby stellt es eine Gefahr für die Mutter dar, auch sie könnte sterben. Man gewinnt den Eindruck, dass Fallaci so mit dem toten Fötus identifiziert ist, dass ihr eigener Tod ihr für einige Momente sogar wünschenswert erscheint. Spät, fast zu spät, wird der tote Fötus entfernt und die Mutter schwebt in Lebensgefahr. Sie besteht darauf, den toten Fötus in einem Glas neben ihrem Bett zu stellen und ihn dann in ihrem Garten unter einer Magnolie zu begraben. Da sie bereits fast fünfzig Jahre alt ist, weiß sie, dass das ihre einzige Schwangerschaft bleiben wird.

Die inneren Schwierigkeiten und die äußeren Ereignisse machen es nicht möglich, dass Fallaci dieses Kind zur Welt bringen kann, wie es bereits im Titel ihres Buches anklingt. Das Buch als Requiem auf das mögliche Baby zeigt, wie stark diese kurze Schwangerschaft die innere Realität dieser Frau verändert hat.

2.5.2 Konflikthafte Schwangerschaft mit therapeutischer Hilfe

Oft schicken Freundinnen der Frau, die deren Kinderwunsch kennen und dann erleben, wie die Frau vor dem Gedanken, ein Baby zu bekommen, zurückschreckt, diese in eine Psychoanalytische Kurztherapie. Es ist dann die Aufgabe der Analytikerin, der Schwangeren zu helfen, die ungelösten Konflikte mit den eigenen Eltern zu besprechen, die sie abzuhalten scheinen, Mutter werden zu dürfen. Dazu eine Fallgeschichte einer 30-jährigen Ärztin.

Fallbeispiel Frau D.

Angekündigt von einer Kollegin kommt Frau D. Anfang September zum vereinbarten Termin. Sie ist sehr dünn, fast als ob sie magersüchtig wäre.
   Sie ist dankbar, dass sie so rasch einen Termin für eine Kurztherapie bekommen hat. Überstürzt erzählt sie, dass sie sich immer eine Familie mit vier Kindern gewünscht hat. Nun sei sie ungewollt schwanger geworden, und sei sich unsicher, ob sie »es« behalten wolle. Ihre religiöse Überzeugung spräche gegen einen Schwangerschaftsabbruch.
   Ich bitte sie, mir zunächst etwas über sich und ihre Lebenssituation zu erzählen. Frau D. sagt:

> »Ich bin ein eineiiger Zwilling, meine Schwester ist zuerst geboren, ich erst nach 20 Minuten«. Nach einer kurzen Pause erzählt sie vom Problem des Vaters, der verheiratet war und sie daher als uneheliches Kind geboren wurde. Erst während der Schwangerschaft mit dem zweiten Kind hätte er dann die Scheidung eingereicht. Dann blieb er aber weiter bei seiner Frau; sie hätten sechs Jahre ohne eine sexuelle Beziehung zusammengelebt und er habe eine Freundin gehabt. Die Mutter musste ihn von der Polizei aus der gemeinsamen Wohnung weisen lassen, was ein Schock für den 13-jährigen Sohn und die 17-jährige Tochter gewesen sei.

Ich frage nach, warum es 20 Minuten gedauert habe, bis sie als zweiter Zwilling herausgekommen sei. Frau D. führt aus, dass die Schwester mit einer Saugglocke herausgeholt wurde. Sie hatte sich in der Zwischenzeit gedreht und kam leicht

2.5 Konflikthafte Schwangerschaft – Fehlgeburt

heraus. Die Mutter hatte viel Blut verloren und musste sechs Wochen im Krankenhaus bleiben. Sie und ihre Schwester waren drei Wochen im Brutkasten. Der Vater hatte der Mutter gesagt, dass beide Babys leben, aber sie hatte es nicht geglaubt. Sie durfte ihre beiden Babys nicht sehen.

Ich kommentiere, dass die Geburt für alle beteiligten ein traumatisches Erlebnis gewesen sei, die Mutter vielleicht Angst gehabt habe, selbst zu sterben und sie überzeugt war, dass ihre Babys das nicht überlebt hatten. Zudem waren sie in den ersten Wochen von der Mutter getrennt.

Im Leben hatte sie, die Patientin, es leichter gehabt, habe immer gut und leicht gelernt, während die Schwester große Schwierigkeiten hatte. Trotzdem schaffte die Schwester ihr Psychologie-Studium, hatte bis 27 Jahren eine Praxis, wurde dann schizophren, war einige Zeit in der Psychiatrie und lebt seither bei den Eltern.

Ich vergleiche die Beschreibung ihres erfolgreichen Lebens als berühmte Ärztin mit dem unglücklichen Leben ihrer Zwillingsschwester. Könnte es sein, dass sie denkt, sie dürfe neben ihrem beruflichen Erfolg nicht auch Mutter werden, und damit ihre Schwester neuerlich übertreffen? Sie meint, sie habe sich bereits für das Baby entschieden, habe aber keine Hoffnung für eine Therapie. Ich sage: »Sonst wären sie nicht hier, sie haben 90–99 % negative Gefühle und nur 1 % Hoffnung«.

Die Patientin lacht zustimmend: »Mein Therapeut hat das seit 2,5 Jahren nicht verstanden.« Sie berichtet über Missverständnisse zwischen ihr und ihrem Therapeuten. Sie erzählt, wie aggressiv, auch in physischer Weise, sie Männern gegenüber sei. Als ich das in einer Übertragungsdeutung auf mich beziehe und darüber spreche, dass sie denken könnte, ich könnte Angst vor ihrer Aggression haben, beruhigt sie mich: »Frauen greife ich nicht an.«

Am Ende der ersten Stunde sage ich, wie eng die Mutter, ihre Zwillingschwester und sie durch Blut, Gefahr und nahem Tod verbunden sind und wie wichtig es ist, dieses Gewirr zu ordnen, damit sie eine Entscheidung treffen könne. Sie stimmt zu. Wir vereinbaren fünf Therapiestunden.

Eine Frau Mitte 30, die sich vier Kinder wünscht und nun tatsächlich schwanger ist, könnte sich freuen, dass ihre biologische Fruchtbarkeit nicht eingeschränkt ist. Psychologisch ist sie in einer post-traumatischen Reaktion verstrickt, die mit der schwierigen Geburt als Zwilling begonnen hat und bis heute nicht bewältigt ist. Wie aus einem Druckkochtopf sprudeln bei ihr alle belastenden Elemente heraus: fast »schuld« am Tod der Mutter zu sein; einen Vater zu haben, der sich nicht entscheiden konnte; eine Schwester, die psychisch schwer krank ist. Es klingt das Thema »Darf ich ein Baby haben, darf ich beruflich erfolgreich sein, darf ich eine Familie haben?« an. Sie scheint Angst vor ihrer eigenen Aggressivität und Destruktivität zu haben und sich zugleich nach Geborgenheit und Sicherheit zu sehnen.

Wenn Frau D. über »den Vater« spricht, ist nicht klar, ob sie damit den Vater ihres Babys meint oder ihren eigenen Vater. Vermutlich ist diese Unklarheit nicht zufällig, sondern drückt ihre innere Verwirrung in Bezug auf den Vater/Mann an. Dies Hypothese kann zu diesem Zeitpunkt nicht angesprochen werden, bleibt aber im Hinterkopf der Therapeutin.

Zweite Stunde (14 Tage später)

Sie kommt pünktlich, sieht entspannt aus. Nach der letzten Stunde sei es ihr einige Zeit besser gegangen. Obwohl sie verwirrt gewesen sei, habe sie sich erleichtert gefühlt. Sie konnte sogar zwei Nächte bei ihrem Freund (dem Vater des werdenden Kindes) übernachten. Aber danach gab es gleich wieder Streit. Im Krankenhaus habe sie gleich am Montag dem Personalchef ihre Schwangerschaft gemeldet. Der letzte Nachtdienst sei schrecklich gewesen: ein später Schwangerschaftsabbruch, in der 19. Woche, bei dem die Frau eine Infektion bekommen habe. Bei der Narkose sei die Patientin fast gestorben und musste wiederbelebt werden, der OP-Dienst war schrecklich, eine Kollegin habe ihr geholfen. Ich antworte:

> »Sie haben diese Situation doppelt schrecklich gefunden, einmal ging es um diese Frau, aber es gab auch die Erinnerung an die ähnliche Situation ihrer Mutter bei ihrer Geburt, über die sie hier gesprochen haben. Das Gespräch hier scheint ihnen geholfen zu haben, sich für ihr Baby zu entscheiden und die Schwangerschaft offiziell bekanntzugeben, sodass sie auch den Schutz für Mutter und Baby in Anspruch nehmen können.«

Die Patientin nickt nachdenklich und berichtet über ein Gespräch mit ihrer Mutter, »dass ich ihr nie zugetraut hätte«. Die Mutter stehe hinter ihr und versicherte ihr, sie brauche keinen Mann, sie werde sie unterstützen.

»Obwohl sie vom Hilfsangebot der Mutter sprechen, sind sie überzeugt, dass weder die Mutter noch ich Ihnen das Baby gönnen«, sage ich.

Die Patientin lacht auf, nickt und sagt: »Genau getroffen.« Sie fragt sich, ob sie nach der Geburt ihren Beruf wieder aufnehmen dürfe oder ihn aufgeben müsse.

Ich sage: »Sie haben Angst, dass ihre Mutter und ich es Ihnen beides, Beruf und Kind, nicht gestatten.

Frau D.: »Ich habe drei Frauen als Modell, die diese Kombination schaffen, Sie, meine Mutter und meine Kollegin. Sie sind sogar habilitiert.«

Ich sage: »Ich traue mich das!«

Frau D. lacht. Nach ihren Plänen befragt, schildert sie, dass sie wegen des großen Risikos (ihr Alter und ihre Tätigkeit als Ärztin) bereits bald in den frühen Mutterschutz gehen könne. Der Vater habe ihr auch seine volle Unterstützung zugesagt.

Ich sage: »Nun haben Sie auch Zuversicht, dass der Vater des Kindes und ich Sie unterstützen wollen.«

Frau D.: »Ja, ich bin optimistischer.« Dann erzählt sie von ihrem früheren, spontanen Abortus nach drei Monaten, nachdem sie einen Zusammenbruch hatte. Ab nächster Woche habe sie keinen Nachmittagstermine im OP, sondern nur mehr Dienst in der Ambulanz.

Diskussion

Erst in der zweiten Stunde kann Frau D. vom ersten verlorenen Baby sprechen. Es ist anzunehmen, dass in ihrem Inneren ein heftiger, ungelöster ödipaler Konflikt lebendig ist, sodass sie sich verbietet, selbst ein Baby zu bekommen. Ist sie unbewusst in einer heftigen Konkurrenzbeziehung zur eigenen Mutter verstrickt, die sie als

Rivalin beseitigen will und Angst vor deren Vergeltung hat, dann kann es zu einer Abstoßbewegung kommen. Die Mutter wird dann zur »bösen Hexe«, die ihr das Kind nicht gönnt, ihr das Kind wegnimmt, so wie sie in der Fantasie das Baby des Vaters der Mutter weggenommen hat. Erst nachdem Frau D. im ersten Gespräch die Deutung ihrer Phantasie von mir als »neidischer Mutter« annehmen konnte, veränderte sich ihre Überzeugung, für ihre rivalisierenden Wünsche bestraft zu werden. Durch das Bewusstmachen der ödipalen Rivalität wird ihre Überzeugung, der Mutter das Baby weggenommen zu haben, abgemildert und sie darf selbst Mutter werden. Auf der realen Ebene ist sie in der Lage, ihre Schwangerschaft zu melden und dadurch in den Genuss des Schutzes einer älteren Schwangeren als Teil einer Hochrisikogruppe zu kommen. Die Deutungen waren mit einem ironischen Unterton gegeben, da Frau D. auf der erwachsenen Ebene sehr gut über die ödipale Problematik Bescheid wusste. Sie zeigte durch ihr Lachen, dass die Deutung einen wichtigen Zusammenhang aufgezeigt hatte.

Nach Langer (1992) steht die Hexe als inneres Bild der Mutter, die in eine böse Mutter transformiert wurde, da sie in der Phantasie von der Tochter besiegt und des Vater-Prinzen beraubt worden ist. Deshalb wird sie mit phallischen Attributen versehen (lange Nase und der Hexenbesen), die ihre Vereinigung mit dem bösen väterlichen Penis repräsentieren. In ihren unbewussten neidischen Angriffen auf die Mutter für das, was diese hat, antizipiert das Mädchen seinen »manischen Triumph über die Mutter, die sie in eine alte, böse Hexe verwandelt« (Diem-Wille, 2020, S. 85). Indem ich in meiner Deutung ihre Überzeugung ansprach, dass ihr ihre Mutter bzw. dass ich ihr das Baby nicht gönne, bezog ich mich auf diesen Zusammenhang der »zurückschlagenden Mutter-Hexe«, den Frau D. gut aufnehmen konnte. Zugleich weiß sie als erwachsene Frau, dass das ihre Mädchenfantasien sind, die so mächtig sind, dass sie einen Schwangerschaftsabbruch überlegte, obwohl sie sich so dringend ein Baby mit ihrem Partner wünschte. Das Thema der Rivalität mit der Mutter tritt gleich zu Beginn der dritten Stunde deutlich in den Vordergrund.

Dritte Stunde

Sie kommt voller Wut und Hass, mit der Enttäuschung, dass ihr wissenschaftlicher Artikel, den sie zur Publikation eingereicht hatte, abgelehnt worden sei, weil es »zu exotisch« sei. Sie sei so wütend, dass sie mit ihrem Freund nur geschrien habe, weil sie sich seinen Bedingungen unterordnen müsse.

Ich beschreibe, wie sie voller Wut und Enttäuschung hereinkommt, so als ob *ich* die Annahme ihres Beitrags verhindert hätte. So als ob ich die Einzige sein wollte, die wissenschaftlich publiziert. Sie habe mit ihrem Freund nur geschrien, als ob sie ihn vertreiben wollte, um dann arm und verlassen zu sein.

Frau D. wird nachdenklich, fügt aber voll Groll hinzu, dass sie es bereue, sich für das Baby entschieden zu haben. Sie fragt sich, ob ihr Groll und ihre Wut das Baby an einer Entwicklung behindern könne.

Da ich vermute, dass diese Sorge, ob sie ihrem Baby im Mutterleib schaden könne, mit ihrem ersten, nicht betrauerten Abortus zusammenhängen könne, schlage ich vor, über ihre Gefühle beim ersten Abortus zu sprechen.

Mit großen Schwierigkeiten erzählt sie, wie sie damals eine Spirale hatte und der Embryo in einem großen Hämatom gelegen habe und im dritten Monat abgegangen sei. Sie wird traurig und fragt sich, ob diese Situation in der Gebärmutter auch ihre seelische Situation mit den widersprüchlichen Wünschen, ein Baby zu bekommen und eine Schwangerschaft zu verhindern, abgebildet habe. Nach einer Pause erzählt sie in einer ruhigen Stimmung, dass ihr Partner zu Weihnachten aus Deutschland kommen wolle, um bei ihr und dem Baby zu sein.

Ich beziehe ihre Erzählung auf die Übertragungsbeziehung zu mir und spreche von der Vermutung, dass sie den Wunsch haben könne, bei mir eine Therapie oder eine Analyse zu beginnen.

Frau D. schaut mich überrascht an, meint dann, dass sie darüber viel nachgedacht habe, aber sie habe zu große Angst vor einer zu großen Nähe zu mir, da sie mich kaputt machen könne. Nach einer Pause fügt Frau D. hinzu, dass ihre Mutter gesagt habe, sie solle ihren Freund vergessen, ihre Schwester und sie würden sich um ihr Baby kümmern.

Ich beschreibe, wie die unbetrauerte erste Schwangerschaft als eine große Last auf ihr liegt. Ich frage sie, ob sie ihrem verlorenen Baby einen Namen geben habe.

Frau D. reagiert, als ob ich ihr einen Dolch ins Herz gestoßen hätte und sagt: »Nein, nein! Das kann ich nicht! Ich will mich nicht mit dem toten Baby beschäftigen. (Nach einer Pause) Es gibt so viele Baustellen!«

Ich frage nach: »Wollen Sie sich diese Baustellen genauer anschauen und sie ordnen?«

Frau D. (mit sanfter Stimme) »Ich werde es mir überlegen. Ich habe mir mit Martin, meinem Partner, für heute ein Treffen nach der Stunde vereinbart, da bin ich sicher ruhiger und kann besser mit ihm sprechen.«

Ich weise auf diese Zeichen der Hoffnung, also ein potenziell konstruktives Gespräch mit ihrem Partner hin, wenn sie sich hier verstanden fühle und sie und ich in der Therapie gemeinsam über das tote Baby getrauert haben. Zugleich scheint sie große Angst vor ihrer Zerstörungswut zu haben.

Sie kann nun verstehen, wie gerne sie alles so machen wollte, wie sie denkt, dass ich es gemacht habe: Kinder, Mann und gleichzeitig Habilitation. Sie ist wütend auf mich, weil ich – wie sie über Google herausgefunden hat – sowohl eine Familie als auch eine Universitätskarriere gemacht habe.

Die vereinbarte vierte Stunde sagt sie mit drei Nachrichten am Anrufbeantworter ab, da sie im Krankenstand ist. Sie hatte eine Blutung und bekommt eine Hormonbehandlung, um das Leben des Babys zu sichern.

Vierte Stunde

Sie kommt, sieht gut aus, klagt aber, wie schlecht es ihr gehe, sie habe Schlafstörungen und in der Früh Übelkeit. Ihr Freund wolle das Baby, sie wolle es eher nicht. Sie wohne wieder bei den Eltern, ihre Zwillingsschwester komme jeden Tag und begrüße das Baby in ihrem Bauch.

Ich sage: »Ihr Baby hat etwas, was sie nie hatten: Ihre Mutter neun Monate ganz für sich. Sind sie in der Lage, auch wenn es schwer ist, die körperlichen Probleme auszuhalten, damit das Baby wachsen und sich entwickeln kann?«

Die Patientin erzählt als Reaktion auf meine Deutung einen Traum: »Ich werde von einem Wolf verfolgt, der mich beißt. Ich stelle mich tot, aber bin nicht tot. Ich überlege es mir, weiß, er wird mich niederbeißen, wenn ich bleibe. Ich laufe weg und entkomme.«

Ihre Assoziationen beziehen sich auf den Wolf, ihre innere Stimme, die das Baby wegbeißen will. Immer wieder kommen Gedanken, das Baby nicht haben zu wollen. Sie kann ihre immer wieder aufsteigende Wut in scharfen verbalen Attacken gegen ihren Partner und gegen das Baby ausdrücken, als ob sie alle beißen will.

Ich weise darauf hin, dass sie in sich auch eine Kraft hat, die das Baby am Leben erhalten will. Hat sie Angst, mich tödlich zu verletzen, wenn sie eine Analyse beginnt? Zugleich hat sie auch Angst, dass ich so Besitz ergreifend bin wie ihre Mutter und sie nicht mehr weglasse.

Frau D. wird nachdenklich und nickt. Sie beschäftigt sich viel mit der Frage, bei mir eine Analyse zu beginnen, aber sie hat zu viel Angst, Angst vor Nähe. Sie fragt sich, ob sie wieder weg von der Mutter zurück in ihre Wohnung ziehen solle.

Diskussion

Frau D. ist sich ihrer gefährlichen ambivalenten Gefühle bewusst. Sie nutzt die Stunden, um ihre zerstörerische Wut auf die Mutter, der sie nicht gönnen will, Großmutter zu werden, zu verstehen und zu besänftigen. In der Übertragung werde ich zu dem ersehnten und gehassten mütterlichen Zufluchtsort. Durch das Besprechen und Bewusstmachen der widersprüchlichen inneren Spannungen, verlieren diese etwas von ihrer Bedrohung und die Ängste werden geringer. Zugleich geht ihr sehnlicher Wunsch nach einem Baby in Erfüllung, es ist wie eine Erlaubnis, dass ich ihr – trotz der mörderischen Wut auf mich – zutraue, eine liebevolle Mutter zu sein.

Fünfte Stunde – Abschluss

Ich hatte mich innerlich schon darauf eingestellt, dass das die letzte Stunde sein werde. Frau D. kommt und erzählt freudenstrahlend, dass sie gestern ein Gefühl hatte, sich auf ihr Baby zu freuen und sie spricht jetzt mit ihrem Baby (beim Erzählen hat sie Tränen der Rührung in den Augen).

Ich sage, wie überrascht sie ist, dass sie sich wirklich über ihr Baby freuen und es begrüßen könne. Gleichzeitig habe sie große Angst, was alles aus der »Büchse der Pandora« – ihrer inneren Welt – herauskommen werde, wenn sie sich in einer Analyse öffne.

Frau D. sagt, oft habe sie sie Vorstellung, dass sie ihr Baby doch noch töten könne wie das letzte, ihr Körper es einfach totbeißen könne wie der Wolf in ihrem Traum.

Ich verbinde diese besorgten Vorstellungen mit ihrer Wut, weil sie letzte Woche keine Stunde hatte (sie wollte zwei Wochen Pause zwischen den Stunden).

Frau D. antwortet: »Ja. Ich bin richtig krank geworden, war so verkühlt und habe so gehustet, dass ich Angst hatte, das Baby zu stören.«

Ich antworte: »Wenn ich verstehe, dass sie wegen meiner abgesagten Stunde letzte Woche gekränkt und wütend auf mich waren, können sie wieder denken.«

Frau D.: »Letzte Woche gab es so eine schöne Situation. Mein Partner ist zum Ultraschall mitgekommen. Er hat mich ›untersucht‹. Ich habe ihn gelobt, als Supertalent. Dann haben wir herzlich gelacht, dabei hat auch das Baby mitgelacht – man hat es deutlich gesehen.«

Ich betone, wie wichtig diese Momente des Glücks zu dritt sind, die ihre Hoffnung ausdrücken, dass »es sich ausgehen« könnte. Hoffnung auf ein Leben zu dritt.

Auf eine Analyse kann sie sich nicht einlassen, dankt mir für die große Hilfe, ohne der sie sich nicht für ihr Baby hätte entscheiden können.

Diskussion

Die Erfahrungen einer Therapie vor und während der Schwangerschaft bezeichnet Raphael-Leff (1993) als »Reise ins Innere«. Sie ermöglichen akute innere unbewusste Konflikte der Frau, die eine Schwangerschaft verhindern (keine Empfängnis) oder gefährden (spontaner oder geplanter Abortus), zu besprechen und die Ängste und mörderischen, toxischen Phantasien bewusst zu machen und so deren Kraft zu vermindern oder zu modifizieren. Bei Frau D. standen trotz ihres bewussten dringenden Wunsches, ein Baby zu bekommen, ihre unerledigten Konflikte mit der Mutter als zunächst unüberbrückbare Hindernisse im Weg. Ihr heftiges Schwanken zwischen diesen beiden Kräften brachten sie in Therapie. Es mag für Leser zunächst verwunderlich erscheinen, dass bei den Deutungen weniger die Schwangerschaft, sondern ihr (unbewusster) Wunsch, selbst eine Analyse zu machen, im Vordergrund stehen. Die dahinterliegende Annahme geht von einer Rivalität zwischen der werdenden Mutter und ihrem Embryo aus. Bezieht man sich nur auf das werdende Baby, so kann sich die Schwangere (wie von der eigenen Mutter, die ein Enkelkind will) instrumentalisiert und nicht ernst genommen fühlen. Es geht eben darum, der Mutter zu helfen, ihre inneren toxischen Gefühle und Konflikte zu verstehen und sie nicht nur »fit« für die Schwangerschaft zu machen. Meistens, auch bei Frau D., sind allerdings die Ängste vor dem Sichtbarwerden ihrer explosiven inneren Kräfte, die ich die »Büchse der Pandora« genannt habe, zu groß. Aber diese Möglichkeit eines Platzes für die werdende Mutter im Auge zu behalten, eröffnet einen emotionalen Raum, über ihre Ängste vor Abhängigkeit und Nähe in der Therapie zu sprechen. Sie fühlt sich, wie Frau D., als Person angenommen und kann dann auch mit anderen relevanten Personen, ihrem Partner, ihrer Mutter und Schwester, Nähe zulassen und Hilfe annehmen. Erfahrungen, glücklich zu sein, sich gemeinsam über das Baby zu freuen, sind dann möglich, wenn die werdende Mutter neben der Angst vor einer neidischen, gefährlichen »Hexen-Mutter« die Therapeutin auch als eine mitfühlende, unterstützende mütterliche Person erlebt hat.

Schwangerschaften, die durch eine Fehlgeburt, eine Totgeburt oder Tod des Fötus im Mutterleib beendet werden, rufen tiefe Zweifel an der kreativen Potenz des

Paares hervor sowie über das Recht, ein Baby zu bekommen (Raffael-Leff, 2000). Wie die potenziellen Eltern mit diesem Verlust emotional fertig werden, ihn betrauern können, beeinflusst jede weitere Schwangerschaft. Die unbewusste Veränderung der ödipalen Dreiecks Mutter-Vater-Kind lässt das Paar zwischen den zwei Generationen stehen – sie sind jeweils Kind ihrer eigenen Eltern und Eltern des erwarteten Kindes.

2.6 Fehlgeburt aus der Perspektive des Vaters

Die Erfahrungen eines Patienten, Herr F., dessen Frau in der zehnten Schwangerschaftswoche eine Fehlgeburt erlitt, sollen nun beschrieben werden.

Fallbeispiel Herr F.

Herr F. erzählt in der ersten Stunde der Woche:

»Seit der letzten Stunde ist etwas Schreckliches passiert. Meine Frau und ich haben das Baby in der zehnten Woche verloren. Ich war so geschockt, dass ich keine Zeit hatte, Gefühle zu haben. Mein Gedanke war, was ist, wenn mein Herz stehen bleibt? Meine Frau fühlte sich nach der Curettage, als ob sie ein Loch im Bauch hätte; wie eine Blase, die mit Luft gefüllt ist.«

Herr F. erzählt, dass er seine Frau wegen Blutungen ins Krankenhaus brachte, wo sie eine Fehlgeburt hatte. Ursächlich dafür waren genetische Veränderungen, die die Lebensfähigkeit des Fötus einschränkten. Es hatte sich keine Bauchdecke gebildet. Der Vater ist emotional mit dem toten Embryo identifiziert, und er denkt, er werde auch sterben.

In der nächsten Stunde erinnert er sich an den Tod seiner jüngeren Schwester, die plötzlich hohes Fieber bekommen habe. Der Vater habe sie dann auf den Armen ins Krankenhaus getragen und sie sei nie mehr nach Hause gekommen, ohne dass je darüber gesprochen worden wäre. Kurze Zeit später wurde er auch krank und er hörte, wie seine Mutter mit seiner Großmutter darüber gesprochen hatte, dass er der nächste Todeskandidat sei. Er sagt, wie er sich damals ans Leben geklammert hatte.

Der ältere vierjährige Sohn B. hilft Herrn F., sich mit dem Tod des Embryos auseinanderzusetzen. Der kleine B. fragt, wo das neue Baby sei, wann es nach Hause kommt. Als ihm erklärt wird, dass es gestorben sei, fragt er, wo es sei. Und er fragt, ob es wie der tote Goldfisch in die Toilette geworfen worden wäre.

Ich weise darauf hin, wie wichtig es ist, dass sein Sohn neugierig die Fragen stellen kann, die er als Kind nicht über das Verschwinden seiner Schwester hatte stellen können. Gemeinsam mit dem kleinen Sohn kann er über seine Trauer sprechen.

Herr F. meint, dass es ein Luxus sei, hier Raum zu haben, über seine Trauer und den Schmerz über den großen Verlust sprechen zu können. Erstmals kann er dann über das Sterben seines Vaters sprechen, der als politischer Mandatar vergiftet worden war und im Lauf einer Woche verstarb. Er erinnert sich, wie er in den Augen des Vaters den Tod bereits gesehen hatte, obwohl ihm alle versicherten der Vater werde wieder gesund. Der Vater sei beim Weggehen schon so schwach gewesen, dass er sich die Hose nicht mehr allein anziehen konnte und gestützt werden musste. Erstmals kann er mit seinem Entsetzen und seiner Trauer in Berührung kommen und Tränen um den strengen Vater vergießen. Er kann erzählen, was es in seiner Kultur geheißen hat, als »vaterloses Kind« aufzuwachsen, mit einer alleinstehenden Mutter und fünf Geschwistern.

Es ist Herrn F. ein großes Anliegen, im Krankenhaus mit dem Gynäkologen über den Verbleib des »Wesens« zu sprechen. Er hatte wie seine Frau Angst, dass der Gynäkologe ihn auslachen werde. Seine Frau hat sich das Armbändchen als Andenken mitgenommen.

Diskussion

Herr F. kann seine Analyse nutzen, um über diesen Verlust zu trauern und sich an die früheren Verlusterlebnisse zu erinnern und zu diese zu bewältigen. Er war zu dieser Zeit bereits ein Jahr in Analyse. Sein ursprüngliches Bild der Welt war eine bedrohliche, in der die Leute ihn berauben wollten; in der er nur mit äußerster Kraft überleben konnte, indem er sich in Größenfantasien flüchtete und auf alle anderen Menschen herabblickte. Wichtig war dabei, dass er zunächst keine Hilfe – auch nicht von mir – annehmen konnte, er sich immer beweisen musste, dass er bereits alles viel besser wusste als ich. Traumatische Erfahrungen wie den frühen Tod des Vaters und das plötzliche Verschwinden der Schwester konnten nicht besprochen werden, sondern würden weggeschoben. Er fühlte sich von seiner mit fünf anderen Geschwistern überforderten Mutter alleingelassen. Nur kurz konnte er den sicheren Platz in seiner Analyse und meine Hilfe als Analytikerin annehmen sowie mein Verständnis für seine arroganten, aggressiven Attacken. Langsam kann er Gefühle zulassen, sich seine Verletzlichkeit und Hilfsbedürftigkeit eingestehen. Seine harte Haltung sich selbst gegenüber, sein rigides Über-Ich wird milder und er kann seinen beiden Söhnen mehr Aufmerksamkeit und Liebe schenken.

Herr F. kann sich bei der folgenden Schwangerschaft nach einem Jahr auf das kommende Baby freuen. Erst bei der Geburt dieses nächsten Kindes kann er sich daran erinnern, wie er bei der Frühgeburt seinen Blick von der fehlenden Bauchdecke und dem offenen Bauch abgewandt hatte. Mit Hilfe der Analyse kann er diesen schmerzlichen Verlust der Fehlgeburt nutzen, um frühere Trennungserfahrungen durchzuarbeiten, sodass die nächste Schwangerschaft nicht damit belastet wurde und er für beide Kinder letztlich ein liebevoller Vater sein konnte.

2.7 Schwangerschaft mit Hilfe von Reproduktionstechniken (AIH, AID, IVF)

Durch moderne Reproduktionstechniken (Assistierte Reproduktionstechnologie, kurz: ART) können unerfüllte Kinderwünsche in vielen Fällen doch noch erfüllt werden. Sie lösen eine Unzahl von psychologischen Reaktionen während der Prozeduren und auch in der Zeit danach aus. Die notwendigen Prozeduren erzeugen enormen Stress auf die beiden Partner und auf die Paarbeziehung, wenn ein Baby »gemacht« statt empfangen wird. Die Symptome reichen von Angstreaktionen, phobischen Vermeidungsritualen, Zwangshandlungen, Depersonalisierung, Hypochondrie, niedrigem Selbstwertgefühl bis zu Schuldgefühlen und neurotischer Depression. Bei einer AIH (*Artificial Insemination by Husband*) wird eine künstliche Befruchtung verstanden, bei der Sperma direkt in den Uterus eingeführt wird, um die Chance einer Schwangerschaft zu erhöhen. Von einer AID (*Artificial Insemination by Donor*) spricht man, wenn auf einen Samenspender zurückgegriffen wird. Als In-vitro-Fertilisation (IVF) bezeichnet man eine Methode zur künstlichen Befruchtung im Reagenzglas (»in der Retorte«). Man entnimmt Eizellen aus den Eierstöcken der Frau und befruchtet sie mit einer Samenzelle (des Vaters oder eines Samenspenders) im Reagenzglas im Labor. Die befruchtete Eizelle oder Eizellen wird/werden dann in die Gebärmutter der Frau eingesetzt.

In den letzten Jahrzehnten hat sich das Alter der Frau bei der Geburt des ersten Kindes beständig erhöht. In Westdeutschland ist es seit 1970 beständig gestiegen. 2018 waren Mütter durchschnittlich 30 Jahre alt, d. h. circa 5 ½ Jahre älter als vor 50 Jahren. 2018 war jede fünfte Frau gewollt oder ungewollt kinderlos (ca. 21 %), in Städten wie Hamburg lag der Anteil der kinderlosen Frauen 2018 bei 32 % (Statistisches Bundesamt, 2024).

Auch in Österreich stieg das Durchschnittsalter der Erstgebärenden von 26,1 Jahren im Jahr 1970 auf 31,3 Jahren im Jahr 2020 (Statistik Austria, 2022). Ab dem 30. Lebensjahr nimmt die Fruchtbarkeit der Frau rasch ab, sodass eine natürliche Befruchtung schwieriger wird.

Die Auswirkung moderner Reproduktionstechniken auf die Dynamik der inneren Welt des Paares soll untersucht werden. Diese Paare waren vermutlich wegen ungünstiger biologischer Gegebenheiten oder wegen ungelöster innerer Konflikte des Paares nicht in der Lage, durch Geschlechtsverkehr neues Leben hervorzubringen, und ihren Körper als kreativen, fruchtbaren Exponent des Selbst zu erleben. Die sexuelle Vereinigung ist eine Zwei-Personen-Handlung, die neues Leben hervorbringt, in einem Körper, der als kreativ und fruchtbar erlebt wird. Etwas Drittes – die technische Prozedur, der Arzt schieben sich zwischen die beiden Partner: Ein Baby wird »gemacht«, statt es aus einem Liebesakt oder zumindest einer persönlichen physischen Begegnung der Liebe entstehen zu lassen. Wobei festzuhalten ist, dass nicht jedes Kind geht aus einer zärtlichen, liebevollen Vereinigung hervorgeht; es gibt Schwangerschaften nach einer Vergewaltigung, nach einer flüchtigen sexuellen Begegnung. Das Bewusstsein, fruchtbar und zeugungsfähig zu sein, stellt eine besondere narzisstische Gratifikation dar. Bei einer expliziten Planung einer

Schwangerschaft tritt das sexuelle Begehren in den Hintergrund und der »richtige« Zeitpunkt, um das Ziel zu erreichen, drängt sich in den Vordergrund. Es besteht die Gefahr, dass die lustvoll-spielerische Vereinigung zu einer zielorientierten Aufgabe wird, die Stress verursacht. Der Mann kann sich zu einer Zeugungsmaschine degradiert fühlen, der nur zum Befruchten des Eis gebraucht wird. Jede monatliche Regel kann dann mit dem länger dauernden Versuch zu einer Enttäuschung werden. Länger dauernde Unfruchtbarkeit oder Fehlgeburten können das Selbstwertgefühl untergraben sowie die Besetzung des eigenen Körpers bedrohen. Ein Gefühl zu versagen, einen funktionsuntüchtigen Körper zu haben, lassen uns von einem »psychologischen Trauma einer längerdauernden Unfruchtbarkeit« (Raffael-Leff, 1992) sprechen. Erst wenn das Paar alle Hoffnung aufgegeben hat, auf natürlichem Weg schwanger zu werden, wird die Hilfe einer künstlichen Befruchtung in Anspruch genommen.

Psychisch schlägt sich die Erfahrung in vielfältiger Weise nieder. Während der Zeit des »Probierens« erfolgt oft ein sozialer Rückzug aus der Gruppe der Gleichaltrigen, die bereits Kinder bekommen haben oder eben eine Familie planen. Neid auf die Paare, die problemlos schwanger werden, sowie Paare mit Kindern aktualisieren Ängste, nie ein Kind bekommen zu können und so aus der Reproduktionssphäre ausgeschlossen zu sein (Asimakis, 2014). Potenzielle Großeltern, die direkt oder indirekt die Frage der Enkel ansprechen, werden gemieden. Dieser Stress wirkt sich auf die Paarbeziehung aus, unbewusst wird ein Teil als Verursacher gesehen (Kaufman, 1969; Connolly, Edelmann & Cooke, 1987). Tatsächlich gibt es zahlreiche klinische Beispiele aus der analytischen Praxis, dass eine Frau und ein Mann, die beide als »unfruchtbar« diagnostiziert wurden und dann eine neue Partnerschaft eingehen, ungeplant schwanger werden – zum Erstaunen der jeweiligen Ärzte.

Ungewollte Kinderlosigkeit zählt zu den schmerzlichsten Erfahrungen – besonders, wenn es trotz einer liebevollen Beziehung nicht veränderbar ist. Das Körperbild der Frau ändert sich radikal und kann zu einer Identitätskrise führen (Berger, 1993; Kadi & Leithner-Dziubas, 2016). Die Diagnose der Unfruchtbarkeit stellt eine fundamentale Verletzung des existentiellen naiven Vertrauens in eine natürliche Weltordnung dar, die bei Tieren und Menschen vorausgesetzt wird.

Sich einer medizinischen Prozedur zu unterziehen, heißt, eine oder mehreren Personen intime Details über die eheliche Beziehung anzuvertrauen (Springer-Kremser, 2001). Es wird unbewusst wie ein Eindringen in die Paarbeziehung erlebt. Ehrensaft (2008, S. 5) spricht von einem »reproduktionsmedizinischem Seitensprung«, der gemischte Gefühle wie Dankbarkeit, Scham, Neid und auch Hass hervorrufen kann. Zugleich erleidet jeder Partner eine Desillusionierung in Bezug auf die Kontrolle über den eigenen Körper, der nicht mehr »normal« funktioniert, sondern steril und inferior erlebt wird. Auch die Sexualität ohne potentiell kreatives Fortpflanzungspotential kann als steril oder mechanisch erlebt werden. Sexuelle Störungen wie Orgasmusprobleme, Impotenz, vorzeitiger Samenerguss können auftreten. Statt durch Zärtlichkeit und Sexualität verbunden zu sein, werden die beiden Partner beim intimen Beisammensein an ihre häufig als »Unvermögen« oder »Scheitern« empfundenen Schwierigkeiten erinnert, statt sie als Symptom eines emotionalen Problems zu verstehen und psychotherapeutische Hilfe in Anspruch zu nehmen. Die Diagnose, unfruchtbar zu sein, schlägt eine tiefe narzisstische Wunde in die zentrale sexuelle Geschlechtsidentität. Unterschiedliche Prozeduren für Mann und Frau bedrohen die Gemeinsamkeit des Paares.

Während einer Behandlung richtet sich ein Großteil der Aufmerksamkeit auf den jeweiligen Behandlungsschritt, die Entnahme der Eizellen und die Abgabe des Samens, die Frage, ob die Eizellen befruchtet werden, das Einsetzen der befruchteten Eizellen. Es gibt eine ununterbrochene Folge der neuen Hoffnung, des langen, langen bangen Wartens und der Freude oder Enttäuschung – je nachdem, ob ein Schritt erfolgreich absolviert wurde. Die medizinische Reproduktionsbehandlung kann sich über mehrere Jahre hinziehen; bei jedem erfolglosen Versuch steigert sich der Druck und das Wissen um das Ticken der biologischen Uhr, das die Wahrscheinlichkeit einer Schwangerschaft verringert. Das Leben ist gespalten zwischen den üblichen beruflichen und privaten Aufgaben und dem zentralen Anliegen, schwanger zu werden. Der Gedanke, ob das befruchtete Ei »halten« wird, ob es sich sicher in der Gebärmutter einnistet, steht im Gegensatz zur Angst, dass alles umsonst gewesen sein könnte, weil das Ei sich nicht einnistet und es zu keiner Schwangerschaft kommt. Die nächste Regel ist zugleich ein Urteil, dass es nicht funktioniert hat. Da Paare, die eine medizinisch assistierte Reproduktion in Anspruch nehmen, vorher schon oft Fehlgeburten erlitten haben, tritt die Gefahr des Verlusts, des Todes auch nach einer erfolgten Schwangerschaft in den Vordergrund. Da meist mehr als eine befruchtete Eizelle implementiert wird, stellt sich in der Fantasie des Paares die Frage, welche überleben wird. Bei Mehrlingen oder bei Behinderung des Ungeborenen wird oft ein Fötus durch einen gezielten Stich ins Herz absichtlich getötet (Fetozid), sodass ein selektiver Schwangerschaftsabbruch die Überlebendchancen und die Entwicklungsmöglichkeiten der anderen erhöht. Für die schwangere Frau und ihren Partner stellt diese Entscheidung eine große psychische Belastung dar.

Ist die Schwangerschaft erfolgreich, so bleibt die Tatsache der künstlichen Befruchtung für viele Eltern ein Makel, den sie geheim halten wollen. So entsteht ein Familiengeheimnis, um sich selbst vor der Erinnerung an die unerträglichen Gefühlszustände während der reproduktionsmedizinischen Behandlung zu schützen und dem Kind, die »Schande« zu ersparen. Studien zeigen, dass vielen Kindern ihre Entstehungsgeschichte verheimlicht wird (Lebersorger 2016, Zeller-Steinbrich, 2010). Je mehr ein Geheimnis daraus gemacht wird, desto belastender wirkt es sich auf das Kind aus. Dieses Geheimhalten lässt die Eltern in einer Spannung stehen, dass das Kind zufällig die Wahrheit erfährt.

Lebersorger schreibt: »Analog zu Adoptions- oder Pflegefamilien stellt auch der Einsatz von ART eine potenzielle Risikokonstellation für die Eltern-Kind-Beziehungen dar, die seitens der Reproduktionsmedizin weitgehend nicht berücksichtigt wird« (Lebersorger 2020, S. 176). Schon die Erzählung, wie die Schwangerschaft mit medizinischer Hilfe ermöglicht wurde, stellt oft ein Geheimnis dar, das die Beziehung belastet. Es wäre so wichtig, diese Fragestellungen in die ART-Behandlung zu integrieren. In der deutschsprachigen Literatur hat sich der Terminus »Wunschkinder« für IV-gezeugte Kinder eingebürgert. Dieser Begriff versucht den Eindruck zu erwecken, dass diese mit ärztlicher Hilfe befruchteten Kinder besonders erwünscht seien. Handelt es sich dabei nicht eher um eine Reaktionsbildung, die die Enttäuschung zudecken soll, dass dieses Kind nicht einfach durch einen spielerischen sexuellen Akt oder aus Liebe entsteht, sondern durch eine mühsame, oft sehr lang dauernde Prozedur erzwungen wird? Dieser Terminus stellt einen Versuch dar, die enorme narzisstische Kränkung der Eltern zu lindern. Indirekt wird damit auch die meist überhöhte Erwartung an das nun endlich geborene Kind ausgedrückt, das nun keine Krisen durchlaufen soll.

2.8 Träume während einer IVF-Behandlung

Eine Patientin, Eve, wurde von ihrer Analytikerin Raphael-Leff (1992, S. 278 ff.) während der IV-Behandlung unterstützt; diese Erfahrung beschreibt sie in einer Falldarstellung, aus der ich die folgenden Träume zitiere.

Fallbeispiel Eve

Eve suchte nach einer Eileiterschwangerschaft eine therapeutische Behandlung; sie wollte unbedingt mit ihrem Mann, mit dem sie in einer liebevollen Ehe lebte, ein gemeinsames Kind bekommen. Zunächst galt es die Enttäuschung der Schwangerschaft, die in den Eileitern statt in der Gebärmutter stattgefunden hatte, zu verarbeiten. Sie sehnte sich nach einem Baby und trauerte um das verlorene, obwohl ihr Mann zu diesem Zeitpunkt einem Kind distanziert gegenüberstand. Nach zwei Monaten berichtete sie von einer zweiten Eileiterschwangerschaft, die eine Gefahr für die Gesundheit der Mutter darstellte. Sie träumte: »Adam (ihr Ehemann) hat im Badezimmer ein Baby geboren. Es fühlte sich gar nicht ungewöhnlich an, dass er das Baby zur Welt bringt. Ich fütterte das Baby, ich hatte Milch.«

Ihre Assoziationen zum Traum beziehen sich auf ihre neue Zärtlichkeit ihrem Mann gegenüber, der nun ihren Kinderwunsch voll unterstützt und mit ihr um das verlorene zweite Baby trauert. Im Badezimmer entdeckte sie das Abgehen des Fötus; sie war verzweifelt und allein damit. Nicht einmal im Traum kann sie ein Baby zur Welt bringen, es ist ihr Mann, der es für sie macht. Vielleicht klingt hier schon das männliche Element der Ärzte und Reproduktionstechniker an. Da ihre Eierstöcke durch die beiden Eileiterschwangerschaften ganz verklebt sind, ist eine Befruchtung eines Eis nur außerhalb ihres Körpers möglich. Eve und ihr Mann entscheiden sich für eine Befruchtung im Reagenzglas.

Während der ersten Interviews in der »Babyklinik« hat ihr Vater einen Herzinfarkt. Ihr Mann Adam hat, obwohl die Beweglichkeit seines Spermas wegen einer Infektion gering war, nach einer 70-tägigen Behandlung mit einer hohen Dosis von Antibiotika ausreichend gutes Sperma. Wenn sie sich lieben und Geschlechtsverkehr haben, beginnt sie heftig zu weinen, wie in einem orgastischen Ausstoß ihres tiefen Schmerzes (Raphael-Leff, 1992, S. 284). Eve ärgert sich über ihren Körper, der nicht einmal so eine natürliche Sache wie eine Schwangerschaft zuwege bringt.

2.8 Träume während einer IVF-Behandlung

Nach acht Monaten der Vorbereitung haben Eve und ihr Mann einen Termin im Krankenhaus, bei dem entschieden wird, ob sie an dem IVF-Programm teilnehmen dürfen. Sie ist glücklich, als die Untersuchung ihrer Eierstöcke als »ausgezeichnet« ausweist. Der Arzt lobt sie; Adam ist besorgt wegen der Untersuchung seines Spermas. Bei diesen Untersuchungen fühlt sie sich wie ein kleines Mädchen in der Schule bei einer schweren Prüfung.

Sie hat Alpträume und ängstliche Fantasien über Autokraten, Verstopfung und abwertende Dinge, bei denen sie mit ihrem wehrlosen Körper verschiedene Prozeduren ertragen muss.

In den Assoziationen verbindet sie die »Babymacher-Ärzte« mit den Autokraten, die alles bestimmen. Sie ist neidisch auf alle anderen Paare, denen niemand reinredet und die ohne Probleme schwanger werden. Eve fühlt eine irrationale Traurigkeit als zu dieser Zeit ihrer Mutter die Gebärmutter aus medizinischen Gründen entfernt wird. Es fühlt sich so an, als ob sie jetzt ihren intimen Platz verlieren würde. Sie lebt ganz im Rhythmus ihrer monatlichen Menstruation, voller Hoffnung. Nach weiteren vier Monaten gibt das Krankenhaus grünes Licht für eine Behandlung. Das bedeutet, dass Eve jeden Tag zu ihrem Arzt geht, um Injektionen zur Förderung der Reifung der Eier zu bekommen. Wenn es am Montag ein positives Ergebnis gibt, findet am Dienstag eine weitere Untersuchung statt, ob Eier in den Eierstöcken reifen. Am Donnerstag können dann operativ die Eizellen entnommen und kultiviert werden; nach 48 Stunden ist ersichtlich, ob eine Befruchtung stattgefunden hat, um in der Folge die drei Embryos zu implantieren. Sie lebt in einem Zustand »zwischen zwei Welten« (ebd., S. 287). Adam unterstützt sie dabei in wunderbarer Weise, doch, wie sie sagt, halten sie und ihr Mann den Atem an. Alles steht unter diesem Druck, nichts anderes ist bedeutsam. Wie in einer Lotterie. Sie berichtet, dass fünf Eizellen befruchtet wurden und die besten drei am Montag implantiert werden. Der Arzt sagt: »Wir haben alles gemacht, was wir können. Nun liegt es an ihnen« (ebd., S. 288). Eve und ihr Mann haben das Gefühl, alles, was sie können, beigetragen zu haben. Wieder ein langes zweiwöchiges Warten, ob die Regel kommt. Gleichzeitig erfährt sie, dass ihr Vater plötzlich an einem Herzinfarkt gestorben ist. Alles bricht für sie zusammen und deshalb ist sie nicht überrascht, dass die Blutung kommt. Sie fühlt sich umgeben von Katastrophen.

Die Behandlung geht weiter, aber Eve ist sich bewusst, dass die biologische Uhr tickt. Kinder um sie herum machen sie traurig, »so als ob sie blind wäre in einer Welt voller Sehender« (ebd., S. 299). Nach sechs Monaten wollen sie einen zweiten Versuch starten. Das Team im Krankenhaus ist freundlich und sehr unterstützend, die Mitarbeiter halten ihre Hand und beschreiben, wie sie die Eizellen herausnehmen. Die befruchteten Eizellen werden wieder implantiert, aber Eve ist pessimistisch. Sie stellt sich vor, wie »winzig und fragil sie sind. Ich dachte, sie fallen einfach heraus, wenn ich auf die Toilette gehe, ... ich möchte mich so gerne mit diesen kleinen Wesen verbinden. Sie sind so nahe und doch so weit weg« (ebd., S. 290). Das »Versagen« des zweiten Versuchs erlebt Eve als existentielle Krise, sie fühlt sich am Ende ihrer Kräfte, ohne Perspektive. Da es in England nur drei von der Krankenkasse finanzierten IV-Versuche gibt, beginnen Eve und Adam die Möglichkeiten einer Adoption zu erkunden. Voll Bitterkeit sagt

Eve: »Meine Mutter und mein Vater waren *reale* Eltern, weil ich geboren wurde. Aber ich werde nur geheiratet und adoptierte Kinder haben. Wenn meine Mutter stirbt, wird die Blutsverwandtschaft sterben« (ebd., S. 290). Die Adoptionsagentur rät ihnen, den dritten IV-Versuch bald zu machen, da sie sonst zu alt für eine Adoption sein würden. Sie wollen Geschwister adoptieren, die wenigstens blutsverwandt sind. Zweimal kommt ihre Menstruation nach der Deadline am Montag um 12 Uhr, sodass sie wieder zwei Monate warten müssen. Einmal ist die Klinik voll und kann sie nicht aufnehmen, also wieder einen Monat warten.

Nach der dritten erfolgreichen Entnahme von Eizellen stellte sich heraus, dass Adams entnommenes Sperma nicht nutzbar und immobil war. Er fühlte sich gedemütigt und ärgerlich, während Eve »außer sich war«, so wütend, die ganze wochenlange Prozedur umsonst auf sich genommen zu haben. Eve fühlte sich, »als ob sie einen Arm und ein Bein verloren hätte« (ebd., S. 291). Beide waren sich einig, keine Samenspende eines anderen Mannes zu akzeptieren. Die Erfahrungen »der letzten fünf Jahre waren wie die Erfahrung ein Kind zu haben, allerdings ohne ein Kind zu haben« (ebd., S. 291), sagt Eve. Eve macht sich Vorwürfe, die Verhütungsmittel nicht schon früher, vor sechs Jahren, abgesetzt zu haben. In der Falldarstellung bleibt es offen, ob Eve and Adam ein oder zwei Geschwister adoptieren konnten.

Diskussion

Die psychologischen Aspekte einer medizinisch assistierten Reproduktion, der Stress, das Schwanken zwischen Hoffnung und Enttäuschung werden im Fall von Eve plastisch. Tatsächlich liegt die Erfolgsquote (bei IVF-Behandlungen mit klassischer IVF und ICSI) 2021 bei Frauen unter 35 Jahren bei 35,7 %, bei Frauen zwischen 35–39 bei 26,4 % und bei Frauen über 40 bei 12 % (Lebersorger, 2022, S. 38).

3   Elternliebe – Elternhass

Unter der Elternliebe verstehen wir die Liebe der Eltern zu ihrem Kind bzw. zu ihren Kindern. Es ist ein äußerst positiv besetzter Begriff, der die selbstloseste Form der Liebe, eine »bedingungslose« Liebe (*unconditional love*), meint, die niemals endet, und das Wohl des Kindes über das eigene Wohl stellt. Aus psychoanalytischer Sicht ist klar, dass es sich dabei um eine Idealisierung handelt, da sich die prinzipielle Ambivalenz der Gefühle, wie Freud gezeigt hat, auf alle menschlichen Beziehungen erstreckt.

Ambivalenz ist, wie Freud anmerkt, eine der prinzipiellen Dimensionen der menschlichen Psyche, nämlich dass eine »gut begründete Liebe und nicht minder berechtigter Haß, beide auf dieselbe Person gerichtet« bestehen. (Freud 1926d, S. 129). Freud schreibt in Hemmung, Symptom und Angst: »Solche Ambivalenzkonflikte sind sehr häufig, wir kennen einen anderen typischen Ausgang derselben. Bei diesem wird die eine der beiden miteinander ringenden Regungen, in der Regel die zärtliche, enorm verstärkt, die andere verschwindet. Nur das Übermaß und das Zwangsmäßige der Zärtlichkeit verrät uns, daß diese Einstellung nicht die einzig vorhandene ist, daß sie ständig auf der Hut ist, ihr Gegenteil in Unterdrückung zu halten, und läßt uns einen Hergang konstruieren, den wir als Verdrängung durch Reaktionsbildung (im Ich) beschreiben« (Freud 1926d, S. 129).

Dem eigenen Kind gegenüber Aggression gemischt mit Liebe zu empfinden, ist schwer zu ertragen. Heftige Hassgefühle werden daher meist mit besonderer Zärtlichkeit – die allerdings übertrieben und unecht erscheint – überdeckt. Und doch wissen wir, dass es keine Liebe ohne Beimengung von Aggression oder Hass gibt. Für Eltern ist es sehr schwierig, sich auch die aggressiven Gefühle ihren Kindern gegenüber einzugestehen; sie werden daher stark verdrängt und belasten dann die Beziehung zum Kind umso stärker. Ist es möglich, diese Aggressionen bewusst zu machen und den Eltern klarzumachen, dass diese in jeder Beziehung – auch der Beziehung der Ehepartner – existieren, so bedeutet das eine große Entlastung für das ganze Familiensystem.

Winnicott spricht in seinem Aufsatz *Hass in der Gegenübertragung* davon, dass »die Mutter ihren Säugling jedoch von Anfang an hasst« (Winnicott 1947, S. 87–88) Diese Aussage ist leicht missverständlich, wenn nicht gleichzeitig die Liebe der Mutter zu ihrem Baby genannt wird. Als Gründe führt Winnicott folgende an:

- »Es ist nicht das Baby des Kinderspiels, das Kind des Vaters, das Kind des Bruders usw. zustande gekommen« (Winnicott, 1947, S.87)
- Das Baby stellt während der Schwangerschaft und bei der Geburt eine Gefahr für den Körper der Frau dar.

- Das Baby stört das Privatleben des Paares und fordert viel Aufmerksamkeit.
- Die Mutter fühlt den Wunsch ihrer eigenen Mutter, sie zur Großmutter zu machen, sodass das Baby zur Welt gebracht wird, um ihre Mutter zu besänftigen.
- Das Saugen des Babys an den Brustwarzen tut der Mutter weh.
- »Es ist erbarmungslos, behandelt sie wie Dreck, wie eine unbezahlte Magd, wie eine Sklavin« (Winnicott, 1947, S. 88).
- Das Baby zeigt Enttäuschung über sie.
- Die Liebe des Baby ist auf die sofortige Befriedigung seiner Bedürfnisse gerichtet.
- Das Baby ist nur auf sich bezogen, es erkennt nicht, was die Mutter für es tut oder was sie für es opfert.
- »Es erregt sie, frustriert sie aber auch – sie darf es nicht vor Liebe auffressen oder sich sexuell mit ihm befassen.« (Winnicott, 1947, S. 88)

Wie wichtig es ist, sich neben den liebevollen Gefühlen seinen Kindern gegenüber auch die dunklen einzugestehen, wird von der Psychoanalyse betont. Werden sie verdrängt oder durch übertriebene Sorge und Zärtlichkeit überdeckt, entwickeln sie im Unbewussten ein vernichtendes oder zumindest belastendes Konfliktpotential. Winnicott beschreibt das Baby aus der archaischen Position, die Klein die »paranoid-schizoide Position« nennt. Das Baby erkennt nur Teilaspekte der Mutter, ihre Stimme, ihre Brust als Teilobjekt, sieht sich als Mittelpunkt der Welt, will alles kontrollieren, um seine Bedürfnisse befriedigt zu bekommen, hat Angst auseinanderzufallen und braucht die Mutter als Container seiner unerträglichen Ängste. Es schwankt zwischen Größenfantasien und Ohnmacht, spaltet die Welt in idealisiert und böse, bedarf einer liebevollen und verständnisvollen Betreuung. Es gibt keinen Feiertag, keinen Urlaub, das Baby braucht die Fürsorge der Eltern jeden Tag. All diese Entbehrungen und Schwierigkeiten wären für die Eltern nicht erträglich, wenn es nicht ein starkes Gegengewicht des Glücks und der Freude, so ein wunderbares Baby zur Welt gebracht zu haben, gäbe. Winnicott spricht von der »primären Mütterlichkeit«, Bion von der »Reverie«, einem träumerischen Ahnungsvermögen, das es der Mutter ermöglicht, all diese Bedingungen des Neugeborenen zu managen und dabei glücklich zu sein, ganz verliebt in ihr neues Baby.

Winnicott bezieht sich auch auf die innere Welt der Mutter mit ihren frühen ödipalen Wünschen, ihre eigene Mutter als »Königin« zu entthronen und ihren Platz einzunehmen, um ein Baby des Vaters zu bekommen.

Da wir die geliebte Person immer auch beneiden, hassen oder in der Phantasie attackieren oder zerstören, erfordert eine integrative Liebe, sich beider Aspekte bewusst zu werden. Es ist sehr hilfreich, wenn Vater und Mutter so viel Vertrauen zueinander haben, dass sie auch über ihre dunklen, aggressiven Gefühle dem Baby gegenüber sprechen können, um sich gegenseitig zu entlasten. Solche offenen Gespräche wirken kathartisch, sie entgiften die innere Welt und schaffen einen größeren Raum für die liebevollen Gefühle. Das klingt zunächst paradox, doch liegt darin das Geheimnis des analytischen Zugangs, dass das Bewusstmachen der Aggression und der Angst bedeutet, diese im Licht der Vernunft kleiner werden lassen und integrieren zu können. Mit anderen Worten, wenn negative Gefühle bei den Eltern nicht auftauchen, können sie auch keine tieferen Liebesgefühle empfinden – die Gefühle bleiben dann flach. Die libidinösen Gefühle sind wichtig, bleiben aber oberflächlich. Sie reichen erst dann tiefer, wenn wir uns auch der traurigen, dunklen Gefühle bewusstwerden. Der britische Psychoanalytiker John Steiner schreibt dazu:

> »Wenn wir erst einmal erkannt haben, dass Liebe nicht einfach romantisch und libidinös ist, sondern eine große Bürde an Trauer, Schuldgefühlen und Angst um die geliebten und gefährdeten Objekte mit sich bringt, verstehen wir besser, warum für manche Patienten Liebe zu schmerzhaft sein kann, sodass sie Liebesgefühle zu vermeiden versuchen und abweisen, manchmal durch gesteigerten Hass und Groll. D. h., dass die Liebe manchmal hinter Groll begraben ist und erst freigesetzt werden kann, wenn der Hass analysiert ist. Dass Hass unter Liebe verborgen sein kann, ist schon lange klar« (Steiner, 2019, S. 22).

Ein wichtiger Beitrag der Psychoanalyse zur Bewältigung früher Beziehungsprobleme in der Eltern-Kleinkind-Beziehung besteht darin, die unbewussten aggressiven Gefühle, die aus unbewältigten Konflikten mit den eigenen Eltern stammen und auf das neue Baby übertragen (projiziert) werden, bewusst zu machen und damit die darunterliegenden liebevollen Gefühle zugänglich zu machen. Im zweiten Teil des Buches, insbesondere in Kap. 5, werden einige Beispiele der Psychotherapie mit Eltern und Kleinkindern gebracht, die diese Dynamik illustrieren (▶ Kap. 5).

Ein Ideal einer bedingungslosen Liebe der Eltern ihren Kindern gegenüber wird implizit auf die eheliche Form der Elternschaft bezogen, diese soll geschützt werden. Als archetypische Form wird die Liebe der Mutter und des Vaters oft als Metapher der Beziehung zu Gott gesehen. Gott wird als Vater bezeichnet, den die Gläubigen wie Kinder lieben und von ihm beschützt werden, mit all ihrer Not und Schwierigkeiten zu ihm kommen können (Frevert, 2020).

Interessant ist, dass besonders in autoritären politischen Systemen die Überhöhung der Familie auftritt. So beschwert sich z. B. die 32-jährige Nationalsozialistin Elsa Walter in einem Brief an Hitler gegen die sozialdemokratische Ehe- und Sexualberatung als Unsittlichkeit: »(Ein sozialdemokratischer Arzt habe) einen ganz schamlosen Vortrag über Themen, die ich nicht einmal niederschreiben will, gehalten. Jeder anständigen Frau müsse dabei die Schamesröte in das Gesicht steigen. (Denn) Ehe, Liebe und Mutterschaft seien Dinge, die man fühlt und über die man kaum spricht, wenigstens nicht in der Weise, um einem diese Dinge heilig zu erhalten (Eberle, 2002, S. 78 f.). Im Nationalsozialismus gibt es eine Spaltung in ideale Liebe (Eltern, Führer, Vaterland) und Hass gegenüber den Minderheiten wie Juden und Geisteskranken sowie anderen Personengruppen, die verfolgt werden.

Bezogen auf das Herkunftsland sprechen wir im Englischen von »Fatherland« und im Deutschen vom »Mutterland«. Ebenso ist die gesprochene Sprache die der »Muttersprache«, im Englischen ebenso »mother tongue« oder »native language«. Die positive Bedeutung zeigt sich im Begriff »Mutterwitz«. Damit ist die Fähigkeit gemeint, komplexe Sachverhalte schnell zu begreifen und auf solche rasch zu reagieren.

Kinder zu haben stellt, so meint Freud, stellt eine Form der Erfüllung der Teilhabe an der Unsterblichkeit dar. Eine große Kinderschar zu haben, wird als Gnade, als Auszeichnung gesehen. In der Bibel wird berichtet, dass Gott Abraham prophezeite, dass seine Nachkommen zahlreich sein sollen »wie die Sterne am Himmel« (Die Bibel 1. Moses 15:5).

Haben die Eltern eine eher glückliche Kindheit gehabt, so wollen sie ihrem Kind auch diese Form der Geborgenheit, Liebe und den sicheren Platz geben, den sie erlebt haben. Haben sie ihre Kindheit eher als schmerzliche Zeit erlebt, gelitten, sich unverstanden oder einsam gefühlt, so werden sie versuchen, es bei ihren Kindern anders zu machen. Der bewusste Wunsch, es bei den eigenen Kindern anders, meist besser machen zu wollen, sagt zunächst gar nichts über die tatsächlichen Erziehungshandlungen und Zuwendung aus. Als Psychoanalytiker gehen wir eher davon aus, dass die gemachten Erfahrungen größere Bedeutung haben als gute Vorsätze und theoretische Überlegungen. Unbewusst versucht man, die erlebten Erfahrungen zu wiederholen, was Freud den »Wiederholungszwang« genannt hat.

Kinder sind immer Adressat moderater oder exzessiver Projektionen der Eltern. Die besondere Nähe des Kindes zu den Eltern, also Teil von deren eigenen Körpern zu sein, begünstigt unterschiedliche Formen der projektiven Identifizierung. Unerfüllte Wünsche der Eltern für ihr Leben können leicht auf den Sohn oder die Tochter übertragen werden; sie oder er sollen nun jene Erfahrungen machen, Dinge erreichen, die sich die Mutter/der Vater immer gewünscht haben.

Der andere Pol der ambivalenten Gefühle, nämlich »Elternhass« ist so tabuisiert, dass dieser Begriff gar nicht in dem Sinn des Hasses der Eltern auf ihre Kinder, sondern nur in der Umkehrung, nämlich des Hasses der Kinder *auf ihre Eltern* definiert wird. Es wird betont, dass ein Mensch, der seine Eltern hasst, viele Enttäuschungen erlebt oder einen Missbrauch erlitten haben muss.

Es gibt kaum einen Tatbestand, der von den beteiligten Parteien so unterschiedlich eingeschätzt wird, wie die Beziehung der Eltern zu ihren Kindern. In der Kurzgeschichte *A Little Burst* kommentiert die US-amerikanische Pulitzer-Preisträgerin Elisabeth Strout diese widersprüchliche Perspektive. Die Eltern, sagt sie, tendierten dazu, ihre aufopfernde Mühe, Liebe, finanzielle Belastung positiv zu sehen und von ihren Kindern Anerkennung und vielleicht Dankbarkeit zu erwarten. Sie wollen immer nur das Beste für ihre Kinder, denken, sie haben ihre Bedürfnisse zu Gunsten der Kinder zurückgestellt, haben mit Freude an ihrer Entwicklung Anteil genommen. Haben sich ihre Klavierkonzerte/Theaterschulaufführungen angeschaut, mit Lehrern gesprochen, Konflikte bereinigt, sie »sie waren immer da« für ihre Kinder (Strout, 2008).

Kinder sehen es tendenziell anders. Sie finden, sie haben nie genug Aufmerksamkeit bekommen; denken, die Eltern haben sie mit ihren Erwartungen und Leistungsanforderungen unter Druck gesetzt – oder am anderen Ende der Skala: Ihr Leben war dem Vater gleichgültig, er war nur an seinem beruflichen Erfolg interessiert (Strout, 2008).

Die Anerkennung der Leistung der Eltern erfolgt erst dann, wenn die Kinder selbst Eltern werden. Eine Patientin erzählte, dass sie von ihrer Tochter im ersten Lebensjahr von deren eigener Tochter gefragt wurde: »Sag, Mama, war das bei uns auch so anstrengend?«

3.1 Mutterliebe – Mutterhass

Die Mutterliebe wird sowohl als Liebe der Mutter zum Kind als auch als Liebe des Kindes zur Mutter verstanden. In der Literatur von Euripides bis Goethe werden sie als Inbegriff der Liebe besungen. Meist wird die Liebe der Mutter zum Kind als auch die geforderte Liebe zur Mutter nur in seiner positiven Dimension gesehen.

Auf die komplexe Vermischung und Vielschichtigkeit von Liebe und Hass weist jedoch die Bachmann-Preisträgerin Helga Schubert hin.

> »Ich habe drei Heldentaten vollbracht, die dich betreffen: Ich habe dich nicht abgetrieben, obwohl dein Vater das wollte. Und für mich kamst du eigentlich auch unerwünscht. Wir haben deinetwegen im fünften Monat geheiratet. Zweitens: Ich habe dich bei der Flucht aus Hinterpommern bis zur Erschöpfung in einem dreirädrigen Kinderwagen im Treck bis Greifswald geschoben, und drittens: Ich habe dich nicht vergiftet oder erschossen, als die Russen in Greifswald einmarschierten. Dein Großvater verlangte nämlich von mir, dass ich mich vergifte oder erschieße. Gift und Pistole legte er vor mir auf den Tisch ... Du hattest neben mir gesessen und warst fünf Jahre alt, gerade wieder auf den Beinen nach der Flucht, nach Typhus und Mittelohrvereiterung. Dann muss ich ja mein Kind vorher töten, habe ich zu ihm gesagt, das kann ich nicht. Da habe ich dich am Leben gelassen. Du warst eben dein ganzes Leben ein Sonntagskind, sagte meine Mutter zu mir, sechs Tage vor ihrem Tod.« (Schubert, 2021, S. 216 f.)

Diese Worte der Mutter sind aus der Erinnerung der Tochter wiedergegeben und sind keine Aussagen, die die Mutter so niedergeschrieben hat. Helga war ein Kind, das sich ungeplant ins Leben gedrängt hat – und das in einer schwierigen politischen Zeit vor Beginn des Zweiten Weltkriegs. Für die Mutter scheint das Kind eine permanente Überforderung gewesen zu sein, das die Mutter dann für einige Jahre zur Großmutter gegeben hat. Jede dieser »Heldentaten« stellt eine Entscheidung zwischen Leben und Tod dar: Abtreibung oder Austragen; Mitschleppen des kranken Kindes bis zur Erschöpfung der Mutter oder Zurücklassen; politischer Freitod/erweiterter Selbstmord bzw. Mord, wie vom Großvater gefordert, oder Weiterleben. Die Entscheidung, ihr einziges Kind, das sie geboren hat, unter Einsatz ihres eigenen Lebens am Leben zu lassen scheint klar gewesen zu sein. Allerdings berichtet die Tochter, dass die Mutter immer wieder zu ihr gesagt habe: »Schade, dass du nicht auf der Flucht gestorben bist.« Aus Wut und Überforderung schlug die Mutter das Kind mit einem Bügel auch bei kleinen Vergehen, wie etwa wenn sie ihren Mantel nicht auf den Garderobehacken gehängt hatte. Wieder handelt es sich um eine Erzählung aus der Perspektive der Tochter.

Und doch gibt es die wunderbaren Erinnerungen an die Mutter, die ihr mit wunderschöner Stimme am Abend beim Schlafengehen, Lieder vorsingt, deren Texte präsent sind (Schubert, 2021, S. 13 f.):

> »›Müde bin ich, geh zur Ruh, schließe meine Äuglein zu, Vater lass die Augen dein über meinem Bettchen sein‹. Das war das Schönste an meinem Tag als Kind: Ich faltete die Hände, schloss die Augen, meine Mutter saß auf der Bettkante und sang, Drei Strophen ... Hypnotisch, noch heute, fast siebzig Jahre später, wird mir beim Schreiben warm, zuerst im Kopf, dann in den Armen: ein leichtes wohliges Zischen in meinen Ohren. Es ist alles gut ... Ich höre noch heute ihre weiche und helle Stimme. Ich fühle mich geborgen bei einem unsichtbaren Vater.«

Eingeschoben ist die Beschreibung der schönen Mutter, ihrer hellblonden Haare und strengen, dunkelblauen Augen, die allerdings beim Vorsingen des Lieds am Abend nicht sichtbar sind, weil Helga ihre Augen schon geschlossen hat. Daher kann sie sich geborgen fühlen. Rückblickend liest Schubert den Text des Liedes nach und erfährt, dass es vier Strophen hat; in der vierten Strophe kommt zum ersten Mal »uns« vor: »… Gott im Himmel halte Wacht, gib uns eine gute Nacht«. Schubert nennt die Geschichte »Die vierte Strophe« und kommentiert schmerzlich, dass die Mutter diese Strophe nicht gesungen hat, weil »sie hätte sich einbeziehen müssen, sie hätte uns beide als zusammengehörend und uns beide als schutzbedürftig ansehen müssen.«. Obwohl die Trauer oder auch der Groll anklingt, beendet sie die Erzählung *Das vierte Gebot* mit »So half sie nur mir«. Schubert ist erleichtert, als ihr eine Pastorin sagt, sie brauche ihre Mutter nicht zu lieben, es genüge der Respekt und das sie ehren … Liebe sei etwas Freiwilliges, ein Geschenk« (Schubert, 2021, S. 192).

Negative Gefühle der Mutter den Kindern gegenüber entstehen, wenn das Kind sich nicht so verhält, wie die Mutter es haben will. Die schwierige Balance zwischen dem Eingehen auf die kindlichen Bedürfnisse, mit klaren Regeln und deren Einhaltung konsequent zu verfolgen, überfordern viele Mütter. In einer kritischen Sichtweise wird jene Pädagogik als »Schwarze Pädagogik« bezeichnet. Diese fordert vorrangig eine Disziplinierung durch Gewalt, Einschüchterung und Erniedrigung, unter Hintanstellung der Selbständigkeit und der Förderung der Persönlichkeit des Kindes. Seit den 1960er Jahren schlug »das Pendel in die andere Richtung« um. Häufiger zu beobachten war nun, dass Eltern dem Kind zu wenig Grenzen setzen, und dann unter den kindlichen Wutanfällen leiden. Die US-amerikanische Autorin Michaeleen Doucleff beschreibt in ihrem Bestseller Kindern mehr zutrauen verschiedene Erziehungsstile. Die Situation einer Universitätsprofessorin in den USA beschreibt sie folgendermaßen: »Wirkliche Furcht erlebte die promovierte Berkeley-Chemikerin aber erst, als ihre Tochter Rosy – ein heiß geliebtes Wunschkind –, die drei Jahre alt war und die ständigen Kämpfe um die alltäglichen Dinge in ihr das Gefühl wachsen ließ, dass ihr Kind zu ihrem größten Feind wurde« (Doucleff, 2021, S. 55).

Die Angst vor den Begegnungen mit der dreijährigen Tochter sind vermutlich mehr als Mischung von einem Ohnmachtsgefühl und Wut zu verstehen; sie hat vermutlich Angst vor ihren eigenen aggressiven Gefühlen der Tochter gegenüber, von denen sie denkt, sie sollte sie gar nicht haben.

Aggressive Träume einer Mutter ihren Kindern gegenüber

Als Psychoanalytiker sind wir es gewohnt, die Eltern aus der Perspektive der Kinder geschildert zu bekommen. Auch wenn wir in der Tradition der Objektbeziehungstheorie diese Schilderungen als von den Wünschen, Schuldgefühlen und dem Neid verzerrten Bilder verstehen, bleibt die Wahrnehmung der grausamen, nur auf sich bezogenen oder lieblosen Eltern bestehen. Oft ändern sich die Imagines des Analysanden und sie beginnen, sich auch an die liebevollen, humorvollen oder großzügigen Seiten des Vaters oder der Mutter zu erinnern. In dem Maß, in dem ein Analysand seine labile männliche Potenz nach dem Besprechen der Angst vor der unberechenbaren und verletzlichen Mutter in der Übertragung bearbeiten kann, kann er bestimmter auftreten, Nein sagen und sich durchsetzen. Ganz überraschend fallen ihm dann Begebenheiten im Leben seines bis dahin als schwach und abwesend bezeichneten Vaters auf, die er mutig und bewundernswert findet.

In meinem Buch wechsle ich die Perspektive: Hier stehen die Phantasien und Träume der Eltern, die von ihren Kindern handeln, im Mittelpunkt. Ich habe eine Mutter und einen Vater gewählt, die ihren Kindern einen zentralen Platz in ihrem Leben einräumen. Beide empfinden große Liebe für ihre Kinder und wehren sich, erkennen zu müssen, dass in ihrer inneren Welt dahinter eine dunkle Seite existiert, die in Träumen sichtbar werden.

Fallbeispiel Frau B.

Frau B. hat drei Söhne. Sie war sehr stolz, rasch und ohne Probleme schwanger geworden zu sein. Die Schwangerschaften waren die glücklichsten Zeiten ihres Lebens, sagt sie. Sie hatte jedoch eine Ahnung, dass es neben ihrem Bild von sich als einer sich aufopfernden Mutter noch etwas anderes geben müsse, was ihre Beziehung vor allem zu ihrem zweiten Sohn belastet und ihn psychisch krank macht.

Sie war eine Hörerin bei einem Vortrag, bei dem ich über die frühe Mutter-Kind-Beziehung sprach. Neben der großen Bedeutung der Mutter für das Baby, dem ersten »Liebespaar«, das ein Grundmuster für die spätere romantische Liebesbeziehung legt, erwähnte ich auch den Hass jeder Mutter auf ihr Baby, Aggression gemischt mit Liebe. Statt des Wunsches, eine ideale Mutter sein zu wollen, gehe es darum, eine »zureichend-gute-Mutter«, wie Winnicott es nennt, zu sein. Das Baby sei auch ein Eindringling in die Paarbeziehung; die »Majestät des Babys« will der Mittelpunkt der Welt sein und alles kontrollieren – was durch sein Schreien oft tatsächlich der Fall ist. Ich sprach davon, dass jede Mutter Momente hat, in denen sie ihr Baby zurückschicken oder »an die Wand knallen« will, dass Liebe und Hass zwei Seiten der Beziehung zum Baby seien. Die ausschließlich weiblichen Zuhörerinnen nickten nachdenklich. In der Pause kam Frau B. zu mir und bat mich, kurz nach dem Vortrag persönlich mit mir sprechen zu dürfen, sie habe mein Hinweis auf den Hass der Mutter auf ihr Baby so bewegt. Ich stimmte zu. Nach der Diskussion fragte sie mich, ob ich denke, dass eine zu enge Mutterbeziehung zu ihrem zweiten Sohn dazu beitragen könne, dass er schwer psychisch krank geworden sei, zwei Aufenthalte in der Psychiatrie gehabt habe und sie sich nicht mehr zu helfen wisse. Ich meinte, es könne sehr hilfreich für ihren Sohn sein, wenn sie in Therapie gehen würde. Sie rief eine Woche später an. Nach zwei Vorgesprächen begann sie eine zweistündige Therapie, wobei ihr dringender Wunsch nach den analytischen Stunden sehr bald zu einer Umwandlung in eine vierstündige, sehr fruchtbare Analyse führte.

Die enorme Aggression von Frau B. wurde bereits in einem ihrer ersten Träume sicht- und besprechbar. Im zweiten Analysejahr sprach sie in einer Freitagstunde zuerst davon, dass sie sich nicht an Träume erinnere, um dann zu sagen, dass sie »einen grauslichen Traum« gehabt habe. Sie erzählte den Traum: »Ich, meine Geschwister und andere Kinder wollen von einer Rutsche rutschen.

Aber die Rutsche ist wie ein Gurkenhobel. Den Kindern wird ein Stück vom Popo abgehobelt. Ich soll rutschen, habe aber Angst.«

Sie hatte den Traum in den letzten Minuten vor dem Ende der Stunde erzählt. Meinen Hinweis auf das Ende der Stunde, das es ihr ermöglicht hat, über den Traum zu sprechen, ohne Zeit zu haben, diesen wiederum zu besprechen, quittiert sie mit: »Ja, das Ende der Stunde ist wie Sterben«. Tatsächlich waren Trennungen wie die Wochenendunterbrechungen sehr schmerzlich für sie.

In ihrer nächsten Stunde am Dienstag begann sie gleich, weiter über ihren Traum zu sprechen. Den Traum mit dem »Popoabschneiden« habe sie vor ca. sieben Jahren das erste Mal geträumt. Das erinnerte sie an zwei schmerzliche Erfahrungen, nämlich wie sie ihren zweiten Sohn, den ich Vinzenz nenne, in der Psychiatrie lassen musste. Er hatte seinen jüngeren Bruder attackiert, der sich ins Bad gerettet hatte, die Türe versperren konnte und sie angerufen hatte. Von der Polizei wurde Vinzenz in die Psychiatrie gebracht. Sie fühle sich schuldig, weil sie zu dieser Zeit mit der Freundin im Kaffeehaus gewesen war.

Eine ähnliche Situation, bei der sie ihren Sohn allein lassen musste, ereignete sich in der ersten Lebenswoche von Vinzens, als er auf die Intensivstation gekommen sei, weil der Sättigungsgrad des Blutes mit Sauerstoff nicht gestimmt habe. Die Krankenschwestern bestimmten, sie dürfe nicht im Krankenhaus bleiben, sodass ihn allein dort lassen musste.

Diskussion

Die Patientin B. verbindet den manifesten Trauminhalt mit den abgeschnittenen Kinderpopos mit zwei Themen: Einerseits erinnert sie sich an zwei Situationen, wo sie Vinzenz allein lassen musste – von ihm getrennt wurde, als ob ein Teil von ihr weggeschnitten worden sei. Andererseits ist sie mit dem »Vinzenz-Babyteil« identifiziert, fühlt sich von mir als Baby allein gelassen, ist wütend auf mich und will die »analytischen Brüste« abschneiden. Die Ebene der Übertragung deute ich hier nur an, bei der Bearbeitung stellt sie jedoch einen wichtigen Bezug zum Hier-und-Jetzt des analytischen Prozesses dar. Die Aggressionsausbrüche und Selbstmorddrohungen von Vinzenz hatten sie so wütend gemacht, dass sie ihm einmal angeschrien hatte: »Dann bring dich eben um! Dann habe ich wenigstens meine Ruhe«, wofür sie sich später schämte und schuldig fühlte.

Ihre Bedürftigkeit und ihre Gier hat sie auf ihren zweiten Sohn – so wie sie selbst die zweite Tochter war – projiziert. Als ihre heftigen Liebes- und Hassgefühle auf mich und auf ihren Sohn bearbeitet werden konnten, änderte sich ihr Verhalten in der äußeren Realität. Sie konnte Vinzenz gehen lassen. Er zog in eine betreute Wohnung und kam dort mit Hilfe einer sozialen Betreuung und einer Therapie gut zurecht. Für die Mutter war es sehr schwer, das zuzulassen. Statt der zahlreichen Versuche, ihn zu bevormunden und sein Selbständigsein zu verhindern, konnte sie in der Analyse über ihre Impulse sprechen, sie einordnen und unterlassen.

Im zweiten Jahr der Analyse erzählte Frau B. in der Stunde vor einer längeren Sommerpause folgenden Traum (beim Hinlegen seufzte sie drei Mal, dann erzählte sie ihn): »Ich fahre mit dem Auto auf eine Wiese; beim Näherkommen merke ich, dass eine Decke draufliegt. Erst beim Fahren bemerke ich, dass unter der Decke Menschen liegen, die schreien. Ich fahre weg und komme am nächsten Tag zurück, um mich zu entschuldigen. Es ist dort ein junger Mann, der verletzt ist, und ein Baby, dem nichts passiert ist. Die Beine des Mannes sind verletzt und gelähmt, aber er ist nicht böse; es macht ihm nichts aus.«

Zunächst wunderte sie sich über ihre Aggression im Traum. Ihre Assoziationen bezogen sich auf mein Wegsein und ihre Eifersucht auf meinen Mann. Im Traum deckte sie ihre Aggression mit einer großen Decke zu und bemerkte nur schwer, wie wütend sie auf mich war, wenn ich sie während der Ferien allein lasse. Unter der Decke verbirgt sich ein Geheimnis. Als ich den jungen Mann im Traum mit ihrer Vorstellung von meinem Mann verband, den sie im Traum gelähmt und impotent machen will, wurde sie ganz traurig und weinte. Zu dem Baby, das die Attacke im Traum überraschenderweise überlebt hatte, fiel ihr die Schwangerschaft der Partnerin ihres Sohnes ein, dessen Leben durch einen Schwangerschaftsabbruch beendet worden war. Sie beneidete die Freundin des Sohns um die Schwangerschaft und hatte sich schon auf ihr erstes Enkelkind gefreut. Ihr unbewusster Neid war so groß, dass sie alles niederfahren wollte. Beim Erzählen war sie entsetzt über ihren Traum, mit dem Auto über alle Menschen, die darunter liegen, drüberzufahren, ohne anzuhalten. So wie schon oft kann sie ihre aggressiven Impulse, die sie im Traum ausdrückt, nur schwer sehen. Dann sprach sie davon, dass sie eigentlich gar nicht in die Wechseljahre kommen möchte. Sie fürchtete die körperlichen Veränderungen, eine mögliche Verminderung ihrer sexuellen Wünsche und Aktivität.

Das Besprechen ihrer ambivalenten Gefühle führte zu einer verstärkten Wahrnehmung ihrer Wünsche; sie musste nicht zuerst an alle anderen denken, sondern durfte eigene Wünsche erkennen und formulieren. Sie traute sich erstmals, ein großes Fest zu einem runden Geburtstag zu machen, bei dem sie eine Rede hielt. Erstmals konnte sie auch die Leistung ihrer Eltern anerkennen und ihre Liebe zu ihnen ausdrücken und war gerührt, als ihr Vater sagte, das sei der schönste Moment in seinem Leben gewesen. Überrascht war sie, dass alle drei Söhne gemeinsam mit ihrem Mann ein originelles Gedicht über sie vortrugen, mit dem Refrain »Applaus, Applaus!«

3.2 Vaterliebe – Vaterhass

Die Bedeutung der Vaterschaft spielt für den Mann eine ebenso große Rolle wie für die Frau die Mutterschaft. Es schließt die Frage der Potenz und der Zeugungsfähigkeit ebenso ein wie die Frage der gesellschaftlichen Position, der Weiterführung des Namens und der Persönlichkeitsentwicklung. In den letzten 50 Jahren rückte die emotionale Bedeutung des Vaters für das Baby und Kind/Adoleszenten immer mehr in das Zentrum der Aufmerksamkeit.

Die Vaterliebe – als Liebe des Vaters zu seinem Kind – ist stark an die Familienform, die gesellschaftlichen Normen sowie an die rechtlichen und gesellschaftlichen und wirtschaftlichen Rahmenbedingungen gebunden.

In der Psychoanalyse wird von der Vaterliebe sowohl in Bezug auf die konkreten Nachkommen als auch in einem übertragenen Sinn gesprochen. Im Gegensatz zur Mutterliebe wurde die Liebe des Vaters stärker auf Verantwortung, Fürsorge und Repräsentation der gesellschaftlichen Normen und Vorstellungen und weniger auf Zärtlichkeit und selbstlose Hingabe bezogen. Die Versorgung der Familie finanziell und sozial durch einen Beruf sicherzustellen, stellte und stellt eine wichtige Erwartung an den Vater dar.

Bei der Zuschreibung der Gefühlsqualität des Vaters stand lange die Autorität und Normsetzung, verbunden mit Klarheit und Strenge im Vordergrund. Die Psychoanalyse betont jedoch die große Bedeutung der väterlichen Zuwendung, Wertschätzung und Akzeptanz für die Entwicklung eines stabilen Selbstwertgefühls des Kindes. Traditionell werden die unterschiedliche Qualität und Ausprägung der Vaterliebe abhängig vom Geschlecht betont. Das Mädchen, das in gewisser Weise auch ein Abbild der Mutter darstellt, ruft eher zärtliche und beschützende Verhaltensweisen hervor. Bei der Beziehung zum Sohn stehen die Vorbildwirkung und das Modell des Vaters im Vordergrund, welches der Sohn internalisieren kann. Geringe oder massive Gefühle der Rivalität und Konkurrenz dem Sohn gegenüber – oft resultierend aus Rivalitätsgefühlen und negativen Erfahrungen mit dem eigenen Vater – können wiederbelebt werden. Das unbewusste Wiederholen der Beziehungsmuster, die der Vater zu seinem eigenen Sohn herstellt, kann sich im Sinn eines verinnerlichten guten Vaterbildes positiv auswirken oder als schmerzliches, demütigendes und abwertendes Verhaltensmuster zeigen.

Das Christentum hat das Bild des liebenden Vaters erhöht, was an dem Bibelvers »*Also hat Gott die Welt geliebt, dass er ihr seinen eingeborenen Sohn gab*«; (Bibel, Johannes, 3,16.)

Das Judentum hat das Bild des liebenden Vaters in vielfältiger Weise beschrieben: in den Erzvätern Abraham, der seinen geliebten Sohn Isaac Gott opfern soll; Isaac, dessen Sohn sich den Segen und das Erbrecht erschleicht, und Jakob, der seinen jüngsten Sohn Joseph so liebte, dass sein Verhalten den Neid und Hass der Brüder hervorrief.

Wie Freud immer wieder betont, gibt es kein »reines Gefühl«, »reine Liebe« etc., sondern immer Ambivalenzen. Ja, man muss sogar bedenken, dass die Intensität der Gefühle auch im Umschwung von Liebe zu Hass, von Bewunderung zu Ablehnung oder Abwertung einander bedingen. Bei seichten Gefühlen wird einer Kränkung oder Zurückweisung nicht so große Bedeutung beigemessen; bei einer intensiven Liebesbeziehung kann eine Zurückweisung Hass oder heftige, mörderische Wut erzeugen.

Wenn wir von ambivalenten Gefühlen sprechen, so ist die häufigste Erscheinungsform eine Mischung von liebevollen und aggressiven Elementen. In dieser Weise können aggressive oder destruktive Elemente einerseits ausgedrückt werden und doch eingebettet sein in liebevolle, fürsorgliche Handlungen.

3.2 Vaterliebe – Vaterhass

Das väterliche Spiel mit Kleinkindern unterscheidet sich tendenziell von dem der Mutter. Überwiegen bei Müttern zärtliche Formen, streicheln, kuscheln, kosen, küssen, massieren, so greifen Väter ihre Söhne und Töchter fester an. Sie legen das Baby etwa auf ihren Unterarm und bewegen den Unterarm mit dem Baby in rhythmischer Weise recht schwungvoll nach vorne und zurück. Oder sie werfen das Baby etwas in die Luft, das – wenn es daran gewöhnt ist – oft vor Entzücken quietscht und fangen es dann wieder auf, meist begleitet mit herzlichen Worten oder heftigem an-sich-Drücken. Sie spielen gerne Nachlaufen, »verfolgen« das Kind, das schon krabbeln oder gehen kann und fangen es ein. Sie balgen sich mit dem Kleinkind am Boden, geben vielleicht vor mit »Jetzt fresse ich dich«, es aufzuessen.

Freud (1913, S. 9) geht in seinem Beitrag *Märchenstoffe in Träumen* auf diese Art des Spielens ein: »Der Vater meines Patienten hatte übrigens die Eigentümlichkeit des »zärtlichen Schimpfens«, die so viele Personen im Umgang mit ihren Kindern zeigen, und die scherzhafte Drohung: »Ich fress' dich auf« mag in den ersten Jahren, als der später strenge Vater mit dem Söhnlein zu spielen und zu kosen pflegte, mehr als einmal geäußert worden sein. Eine meiner Patientinnen erzählte mir, daß ihre beiden Kinder den Großvater nie liebgewinnen konnten, weil er sie in seinem zärtlichen Spiel zu schrecken pflegte, er werde ihnen den Bauch aufschneiden.«

In diesem Zitat klingt eher das Bedrohliche des väterlichen/großväterlichen Spiels an. Es hängt aber wohl davon ab, wie die grundlegende Beziehung zum Vater/Großvater ist. Ist sie überwiegend von Angst geprägt, so werden diese im Spiel gemachten Drohungen zu einer Verstärkung der Angst führen. Basiert dieses Spiel jedoch auf einer liebevollen, robusten und auch zärtlichen Beziehung zwischen Vater und Sohn/Tochter, so kann es ein wichtiges Entlastungselement darstellen. Der Vater, der ja in den ersten Wochen oder Monaten von dem engen Mutter-Baby-Stillpaar ausgeschlossen ist, wird bewusst oder unbewusst Eifersucht auf das privilegierte Baby fühlen. Darüber hinaus werden in der inneren Welt des Vaters frühere Rivalitätsgefühle gegenüber seinen eigenen Geschwistern oder den beiden Elternteilen aktiviert. Diese meist unbewussten Rivalitätsgefühle, die bis zu dem Wunsch reichen, das neue Baby solle wieder zurückgegeben werden, um die frühere enge Paarbeziehung zwischen Mutter und Vater wieder ungestört zu ermöglichen, können wenigstens im Spiel ausgedrückt werden und wirken karthagisch, entlastend. Werden sie gänzlich unterdrückt und dürfen sich gar nicht zeigen, besteht die Gefahr, dass der Vater sich ganz von der Betreuung und dem Spiel mit dem Kind zurückzieht – aus unbewusster Angst, er könne es fallen lassen und so an seiner Verletzung oder seinem Tod schuld sein.

Nun sollen in einem Traum eines Vaters in Analyse und seiner Deutung und Durcharbeitung diese Ambivalenz sichtbar gemacht werden.

Fallbeispiel – ein Traum von Herrn A.

Herr A. bringt einen Traum in die Stunde ein – nachdem er von seinem neugeborenen Baby gesprochen hat, das die Nabelschnur bei der Geburt um seinen Hals gewickelt hatte. Glücklicherweise hatte die Nabelschnur einen Knoten, sodass sie sich während der Geburt nicht enger um den Hals schlang. Herr A. erzählt:

3 Elternliebe – Elternhass

> »Ich hatte einen Traum, der damit zu tun hat, dass ich mich abgelehnt gefühlt habe (*langer Exkurs über Dinge, die er schon oft erzählt hat und die mich ungeduldig machen*). Der Traum spielt in der Analysestunde, Sie und ich sind da, aber das Zimmer ist viel größer, fünf bis sechsmal so groß wie dieses Zimmer (*mein Therapiezimmer hat etwa 30 m²*) – und schön eingerichtet. Ich komme herein und sehe zwei Arbeiter, die im Eingangsbereich arbeiten. Ein Baby liegt am Boden. Ein Arbeiter geht vorbei und gibt dem Baby unabsichtlich einen Tritt. Dann kommt der zweite Arbeiter, stellt seinen großen Fuß auf das Baby und steigt fest auf die Brust des Babys. Ich gehe zu ihm, schüttle ihn, ziehe ihn weg und frage, was er da macht. Dann komme ich wieder ins Therapiezimmer. Das Zimmer ist sehr schön und eindrucksvoll. Ich spreche und mitten in der Stunde gehen Sie (*er spricht von mir als Analytikerin*) einfach weg, ohne etwas zu sagen. Dann kommt Dr. R. (*ein anderer Analytiker*) herein und setzt sich auf ihren Stuhl. Er sagt auch nichts. Ich spreche weiter bis zum Ende der Stunde.«

Dann fährt Herr A. fort: »Meine Assoziation ist, dass es mein Wunsch ist, dass sie weggehen, weil sie mich gestern nicht verstanden und ich mich abgelehnt gefühlt habe.«

Ich beschreibe, wie er sich von mir abgelehnt gefühlt und mich im Traum entfernt hat, sodass er sich so ausgegrenzt gefühlt hat wie durch das Stillen des Babys durch seine Frau.

Als ich mich auf die beiden Arbeiter im Traum beziehe, die zuerst zufällig und dann absichtlich auf das Baby treten, wird er nachdenklich. Es fällt ihm einerseits schwer, zu akzeptieren, dass sie einen Teil von ihm ausdrücken. Es folgt ein Ringen um ein Verständnis, bei dem er mir immer wieder die aggressiven Impulse zuschieben will und zugleich froh ist, dass ich seine widersprüchlichen Gefühle verstehen kann. Dann meint er: »Ja, jetzt fühle ich mich ganz anders, viel ruhiger.« Am folgenden Tag sagt er:

> »Die gestrige Stunde hat mich innerlich ganz ruhig gemacht, habe mich geborgen gefühlt. Er fährt fort: »Was mich noch am meisten beschäftigt hat, ist das Bild der beiden Arbeiter, die den Fuß aufs Baby setzen. Ich spüre keine Eifersucht oder Mordgedanken. Im Traum habe ich den Unhold bei den Schultern gepackt und weggezogen. Es ist schwer zu glauben, dass das wirklich in mir ist.«

Diskussion

Wenn wir den archaischen Abwehrmechanismus der Spaltung und Projektion, wie ihn Melanie Klein beschreibt, heranziehen, sehen wir, wie Herr A. die Inhalte seines Traums abspaltet und nicht als zu seinem Denken gehörig hinstellt, sondern sie explizit mir zuschreibt: Ich rede von den destruktiven Arbeitern im Traum, so als ob ich die Regisseurin des Traums wäre. Das beneidete Objekt, sein neues Baby, soll getreten oder zertreten, vernichtet und aus dem Weg geschafft werden. So wie Herr A. im Traum das Baby angreift, so greift er in der Stunde meine Deutungen an, was ich mit Bion als »Angriffe auf Denkprozesse« verstehe. Sein Neid, seine Eifersucht und seine Überforderung verbirgt er hinter seiner Großartigkeit: Es ist manchmal so, als ob er der Analytiker wäre und er mir etwas beibringen müsste. Es gelingt ihm immer wieder, mich wirklich ärgerlich zu machen, sodass ich meine Deutungen unabsichtlich in einem scharfen Ton gebe. Allerdings erweckt er dann, wenn er seine

Verlassenheit und Trauer spürt, und zu mir in eine Verbindung tritt, heftige mütterlich-beschützende Impulse.

Er hat ein wunderbares Baby bekommen, seinen dritten Sohn, aber das macht zugleich auch seine Wut und seinen Hass wieder lebendig. Er fühlt, dass er als Baby und Kind nicht genug Verständnis und Unterstützung von seiner überforderten Mutter und seinem strengen Vater bekommen hat.

Im Prozess des Deutens und Verstehens des Traumes wechselt Herr A. von grandiosen Selbstdeutungen – so, als ob er schon alles wüsste und den Traum selbst verstehen könnte – zu einer widerwilligen Akzeptanz meiner Deutungen. Meine Hinweise werden zunächst abgewehrt, es soll keinen lebendigen Prozess des Erforschens geben, sondern ich soll eine leblose, passive Analytikerin sein, seine »Pseudodeutungen« akzeptieren – was jede Entwicklung verhindern soll. Bell hat auf diese Form der Destruktion im analytischen Prozess hingewiesen, der statt Lernen aus Erfahrung und Entwicklung die »Herstellung eines Lähmungszustandes« (Bell 2015, S. 412, übersetzt v. GDW) intendiert.

In der weiteren gemeinsamen Arbeit konnte Herr A. seine massive Eifersucht und Rivalität seiner Kindheit in der Übertragung zu den »analytischen Geschwistern« durcharbeiten, sodass seine darunter liegende große Emotionalität und Liebe für seine Familie und seine Patienten sichtbar werden kann. Er kann bei seinen beiden Söhnen sehen, was sie im Spiel ausdrücken.

> Im Alter von zwei Jahren führt sein Sohn folgendes Ritual ein: Er bringt seinen Vater und den älteren Bruder, der in den Kindergarten geht, zur Eingangstür und verabschiedet sie, so als ob er der Hausherr wäre. Am Vormittag ist er dann allein mit der Mutter ein braves, liebevolles Kind. Herr A. kann beide Seiten sehen: Wie sein Sohn nun die Mutter ganz für sich haben will, und zugleich kann er durchaus bei sich fühlen, wie ausgeschlossen und vertrieben er sich fühlt. Er beneidet seinen Sohn teilweise für diese Zweisamkeit mit der Mutter, die er selbst nie erleben konnte, teilweise kann er sich mit ihm identifizieren.
>
> Die ödipalen Wünsche seines älteren Sohnes beschrieb er mitfühlend in folgender Szene, obwohl er sich oft vehement und kritisch gegen diese »obskure Theorie« ausgesprochen hatte: Im Alter von vier Jahren spielte sein älterer Sohn L. am Abend, als er nach Hause kam mit Bauklötzen. Er begrüßte seinen Sohn wie immer sehr herzlich, umarmte ihn und fragte, was er da baue. Sein Sohn strahlte ihn an und meinte enthusiastisch: »Natürlich ein Schloss für die Mama und mich!« Herr A. fühlte sich schmerzlich ausgeschlossen und fragte: »Und wo soll ich leben?« Sein Sohn dachte einige Zeit angestrengt nach, und sagte dann: »Im Garten steht ein kleines Haus für den Gärtner – dort kannst du wohnen.«

Diskussion

Herr A. konnte den psychischen Schmerz spüren, aus der Fantasie seines Sohnes entweder als Rivale ganz ausgeschlossen zu werden oder nach einer Nachdenkphase eine bescheidene Unterkunft im Gartenhäuschen zugewiesen zu bekommen. Gleichzeitig konnte er als liebender Vater sehen, wie wichtig es für seinen Sohn war, diese Fantasien so konstruktiv auszuleben und ihn als Vater trotzdem zu integrieren. Er gestand sich auch eine milde Form des Neids auf seinen Sohn ein, da dieser mit ihm einen mitfühlenden und verständnisvollen Vater hatte, was ihm gefehlt hatte.

Herr A. hatte mich als Analytikerin gewählt, weil er dachte, dass ich nach der kleinianischen Technik arbeite, in der auch die archaischen, dunklen Seiten beleuchtet und verstanden werden sollen. Nach einigen Widerständen konnte er die beiden starken Arbeiter im Traum, die sein Baby bedrohten, als Teil von sich sehen. Er konnte seine liebevollen und aggressiven Gefühle integrieren. Als ich ihn um seine Zustimmung fragte, ob ich einen Traum von ihm in meinem Buch verwenden dürfte, antwortete er rasch. Er schrieb, dass er sich sehr lebhaft an den Traum, der für ihn sehr bedeutsam war, erinnern könne und wie schwer es ihm gefallen war, diesen Teil von sich zu akzeptieren. Er benutzte diese Gelegenheit, um mir mitzuteilen, wie gut sich sein Leben und seine Familie entwickelt haben. Er dankte mir für die »sicherlich nicht einfache« Analyse, die »die größte Bereicherung für mein Leben und für meine berufliche Tätigkeit war«.

3.3 Entlastung der Eltern durch das Singen von Kinderliedern

Auch in vielen bekannten Kinderliedern wird das Thema des möglichen Todes des Kindes – meist begleitet von dazu passenden Bewegungen – ausgedrückt. So auch im nachfolgenden Kinderlied »Hoppe, hoppe, Reiter«:

> Hoppe, hoppe, Reiter,
> wenn er fällt, dann schreit er.
> Fällt er in den Graben,
> fressen ihn die Raben.
> Fällt er in den Sumpf,
> macht der Reiter plumps!

Darin werden verschiedene Stadien von Unglücksfällen, die einem Kind zustoßen können, beschrieben: Zunächst fällt es nur vom Pferd, dann weint und schreit es; als Steigerung fällt es in den Graben, dann ist es tot und wird von den Raben aufgefressen. Oder es fällt in den Sumpf – was dort genau mit ihm passiert, bleibt offen – erstickt es im Sumpf, steckt es fest? Jedenfalls macht es Plums! Dabei lässt der Vater/ Erwachsene das Kind meist sanft mit dem Boden in Berührung kommen. Die Kinder lieben dieses Spiel und fordern eine Wiederholung. Eltern, die man auf diese mörderische Dimension des Liedes aufmerksam macht, sind erstaunt.

Auch bei dem folgenden Lied »Guten Abend, gute Nacht« bleibt es offen, ob das Kind die Nacht überleben wird:

> Guten Abend, gut' Nacht,
> mit Rosen bedacht,
> mit Näglein besteckt,

schlupf unter die Deck.
Morgen früh, wenn's Gott will,
wirst du wieder geweckt,
morgen früh, wenn's Gott will,
wirst du wieder geweckt.
(von Arnim & Brentano, 1808)

In den ersten beiden Zeilen werden wohl die gemischten Gefühle der Eltern dem Kind gegenüber beschrieben – einerseits mit »Rosen bedacht« als Inbegriff des Glücks, ein gesundes Kind zu haben, andererseits mit »Näglein besteckt«, was sich wohl auf die »dornige« Aufgabe und die Mühe des Aufstehens in der Nacht, des dauernd Eingesetztseins um das Wohl des Kindes, des Angebundenseins durch ein Baby bezieht. Und dann noch deutlicher durch das »Morgen früh, wenn's Gott will, wirst du wieder geweckt«. Ob damit der »Sudden Infant Death« (SID) anklingt oder eher auf die hohe Kindersterblichkeit [4] – das Lied wurde 1868 von Johannes Brahms vertont – Bezug genommen wird, ist unklar. Jedenfalls schwingt der Tod des Kindes mit, ohne große Dramatik, ja vielleicht von den meisten Eltern gar nicht bemerkt.

3.4 Elternhass im Märchen und in der Mythologie

3.4.1 Elternhass in der Mythologie

In der griechischen Mythologie werden zahlreiche Eltern – Väter und Mütter – beschrieben, die ihre Kinder töten, verschlingen oder den Göttern opfern. Bei der Entstehung der Welt, steht der Mord des Kronos an seinen Kindern, wie sie Ovid in den *Metamorphosen* beschreibt. Kronos ist der jüngste Sohn von Gaia (Erde) und Uranos (Himmel), Anführer der Titanen. Sein Vater Uranus hatte seine Kinder, die

---

4 In Wien betrug nach Berechnungen auf der Basis der »Totenbeschauprotokolle« die Säuglingssterblichkeitsrate 1728/1729 55,4 % und sank auf rund 40 % und schließlich um 1840 auf rund 30 % der Lebendgeburten. Erst in den 60er Jahren des 19. Jahrhunderts trat ein, nun im Wesentlichen kontinuierlicher, Rückgang der Säuglingssterblichkeit ein, der sich im folgenden Jahrzehnt noch verstärkte. Mitte der 1870er Jahre begann sich der große Wendepunkt in der Entwicklung der Säuglingssterblichkeit in Österreich im Allgemeinen und in Wien im speziellen anzukündigen, der mit der »sanitären Revolution« in enger Verbindung stand. Nun setzte allmählich ein säkularer ungebrochener Rückgang der Säuglingssterblichkeit ein, der bis in die Gegenwart anhält. Lag die Mortalitätsrate (nach dem heutigen Gebietsumfang) 1886/1890 bei 23,45 %, sank sie 1896/1900 auf 18,97 und 1906/1910 auf 16,57 % ab.(Siegfried Rosenfeld: Geburtenhäufigkeit und Säuglingssterblichkeit in Wien. In: Statistische Mitteilungen der Stadt Wien 1925, S. 66)
Im Jahre 1870 starben in Deutschland fast 250 von 1000 Kindern. Dabei gab es starke regionale Unterschiede. So lag im 19. Jahrhundert die Kindersterblichkeit in der Donauregion bei etwa 35 %, in Südbaden, der Rheinebene und Nord-Württemberg bei unter 20 %. Häufigste Todesursache war dabei Durchfall, wobei vor allem Kinder gefährdet waren, die nicht gestillt wurden. Heute sterben in Deutschland nur noch etwa drei von 1000 Lebendgeborenen (BIB, 2020).

Kyklopen und Hekatoncheiren, so sehr gehasst, dass er sie in den Tartaros verbannte. Die weiteren Kinder – die Titanen – brachte Gaia heimlich zur Welt. Die Mutter stiftete Kronos an, seinen Vater mit der Sichel zu entmannen. Mit seiner Schwester Rhea zeugte er mehrere Kinder, die er aus Angst, sie könnten ihn entmachten, verschlang. Nur der jüngste Sohn Zeus wird durch eine List gerettet: Kronos verschlingt einen in Windeln gewickelten Stein. Später wird Kronos mit List und Gewalt von Zeus überwunden und gezwungen, die verschlungenen Kinder wieder von sich zu geben (Ovid, Metamorphosen, 2010). Hier geht es um den Generationenkonflikt, um die Angst des mächtigen Vaters, von seinen Kindern entmachtet zu werden – so wie er seinen Vater entmachtet hat.

Das Thema, ein Kinder den Göttern zu opfern, taucht in verschiedenen griechischen Mythen auf: So soll Iphigenie, die älteste Tochter von Agamemnon, von ihrem Vater den Göttern als Sühne geopfert werden, um die Windstille, die Artemis zu seiner Bestrafung bewirkt hat, aufzuheben. Ovid sagt: »Nachdem im Herzen Agamemnos das Staatswohl die Stimme des Blutes und der König den Vater besiegt hatte, stand Iphigenie bereit, ihr reines Blut hinzugeben, vor dem Altar« (Ovid, *Metamorphosen*, XII. Buch, S. 30).

Auch in der Sage von Ödipus soll dessen Vater Laios, der König von Theben, durch seinen Sohn bestraft werden. Laios wird nach dem Tod seiner Eltern von Pelops erzogen und unterrichtet dessen schönen Sohn Chrysippos im Wagenrennen. Er verliebt sich in ihn und entführt ihn als seinen Geliebten nach Theben. Danach nimmt sich Chrysippos aus Scham das Leben, wofür Pelops den Laios verflucht: Er solle keinen Sohn bekommen, und falls doch, solle ihn dieser töten. Um diesen Fluch zu verhindern, lässt Laios seinen Sohn, den er sehr spät bekommt, aussetzen, damit er sterbe (Sophokles). Der Vater Laios, der König von Theben, lässt Ödipus die Füße durchstechen, sie zusammenbinden und ihn im Einverständnis seiner Frau von einem Hirten so im Kithairon-Gebirge aussetzen, da das Orakel vorhergesagt hat, dass er seinen Vater töten werde. Der Bote aber hatte Mitleid mit dem Neugeborenen und übergab ihn einem vorbeiziehenden Hirten.

In der Medea-Sage ist Medea die zauberkundige Tochter des Königs Aletes von Kolchis (an der Ostküste des Toten Meeres). Jason soll das Goldene Vlies erbeuten und nach Ilkos bringen. Aus Liebe verhilft Medea Jason, das Goldene Vlies zu erbeuten; sie fliehen, heiraten und ziehen nach Korinth, wo sie mit ihren beiden Söhnen leben. Als Jason Medea verstößt, um die Tochter des Königs Kreon zu heiraten, ermordet sie als Rache ihre beiden gemeinsamen Söhne (Ovid, Metamorphosen, VII. Buch, 2010). Die beiden Söhne werden als Strafe für den Verrat ihres Vaters an Medea getötet, die Liebe unterliegt der Rache und dem Hass. Sie will damit Jason treffen, der zärtlich an seinen Kindern hängt.

3.4.2 Elternhass im Märchen

In den Märchen der Gebrüder Grimm finden wir das Töten und Aussetzen der Kinder in unterschiedlichen Formen.

Im Märchen *Hänsel und Gretel* herrscht in der Holzfällerfamilie so große Not, dass die Mutter den Vater überredet, die Kinder im Wald auszusetzen. Beim ersten Versuch, die Kinder im Wald zurückzulassen, können diese den Heimweg finden, weil Hänsel die Eltern belauscht und kleine weiße Steine am Weg zurückgelassen hat, sodass er wieder nach Hause findet. Beim zweiten Versuch streut Hänsel kleine Brotstücke, die jedoch von den Vögeln aufgegessen werden. Am dritten Tag finden Hänsel und Gretel das Hexenhaus, werden eingesperrt, befreien sich und schieben die Hexe mit List in den Ofen und verbrennen sie. Als sie heimkommen, beladen mit den Schätzen der Hexe, ist die Mutter gestorben und sie leben – zu dritt – glücklich und leiden nun keinen Hunger mehr (Grimm & Grimm, 1812/1815, Fassung von 1812).

Nach Bettelheim (1977) passt die Ausgangssituation zur verbreiteten kindlichen Angst, von den Eltern (wegen ihrer großen Gier) verstoßen zu werden und verhungern zu müssen. Das orale Thema kommt sowohl bei den gestreuten Brotkrumen als auch beim essbaren Lebkuchenhaus vor. Die Schuldgefühle des Kindes, das seine Aggressionen und Zerstörungswut auf die Eltern projiziert und dann meint, dafür bestraft zu werden, wird in dem bösen elterlichen Paar deutlich. Nach Langer (1992, S. 246 ff.) steht die Hexe für das innere Bild der Mutter, die in eine böse Mutter transformiert wurde, da sie in der Fantasie von der Tochter besiegt worden ist, die den Prinzen (Vater) geraubt hat. Nach Melanie Klein stellt das Teilobjekt einer bösen Mutter/Brust etwas dar, das dem Kind die Milch vorenthalten will und deshalb angegriffen, zerstört oder verbrannt wird. Die Gier des Kindes und der Neid auf die Brust, die der Inbegriff der Nahrung und des Guten ist, wird dann in der Fantasie angegriffen und zerstört. Im Märchen triumphieren Hänsel und Gretel über die böse Hexe und sie kehren wohlbehalten zum Vater zurück, mit dem sie glücklich bis ans Ende leben.

Die beiden Geschwister retten sich gemeinsam, was auch einen Ausdruck des Überwindens der unreifen Abhängigkeit von den Eltern darstellt; sie entwickeln sich weiter, indem sie Hilfe von Gleichaltrigen bekommen, wie in der Latenzzeit. Die Schätze, die Hänsel und Gretel heimbringen, entsprechen den wertvollen Erfahrungen, die sie gemacht und die ihre Reife und Entwicklung gefördert haben. »Diese Schätze sind die neugewonnene Unabhängigkeit der Kinder im Denken und Handeln, ihr neues Selbstvertrauen, welches das Gegenteil der passiven Abhängigkeit ist, die sie charakterisiert, als sie ausgesetzt werden«, schreibt Bettelheim (1977, S. 156).

Auch in dem Grimm-Märchen *Rapunzel* geht es um orale Gier. Rapunzels Mutter hat während der Schwangerschaft einen so großen Appetit, ja Heißhunger auf die Rapunzel (Feldsalat oder die Rapunzel-Glockenblume), die im nachbarlichen Garten wachsen. Ihr Mann stiehlt den Rapunzelsalat immer wieder aus dem Garten der Zauberin. Als er dabei ertappt wird, verspricht er der Zauberin sein Kind. Die Zauberin holt es gleich nach der Geburt zu sich und gibt ihm den Namen Rapunzel. Als das Mädchen zwölf Jahre alt ist (und in die Pubertät kommt), sperrt sie das attraktive Mädchen in einen hohen, türlosen Turm. Rapunzel lässt auf Zuruf ihr langes Haar vom Dachfenster herunter, um mit Nahrung versorgt zu werden. Ein Königssohn, angelockt durch Rapunzels wunderschönen Gesang, belauscht sie und imitiert die Rufe der Zauberin: »Rapunzel, Rapunzel, lass mir dein Haar herunter« und zieht sich zu dem schönen Mädchen hinauf. Er gewinnt ihre Liebe. Rapunzel »verplappert« sich der Hexe gegenüber, sodass sie bestraft wird, die Hexe dem Königsohn auflauert und ihn so verhöhnt, dass er beim Herunterspringen seine Augen verletzt und erblindet. Wehklagend irrt er durch die Welt bis er zu Rapunzels Gefängnis gelangt, wo er sie an ihrem schönen Gesang erkennt und befreit. Ihre Tränen benetzen seine Augen und heilen seine Blindheit. Er führt sie heim auf sein Schloss.

Die liebevolle Mutter und die gefährliche Zauberin sind zwei verschiedene Aspekte der Mutter. Die Zauberin, die selbst kein Kind bekommen hat, nimmt es der Mutter weg gemäß der Vereinbarung, die eben getroffen wurde, solange das Baby noch nicht auf der Welt war. Das Kind wird weggesperrt und gehört quasi nur der Zauberin. Als das Mädchen in die Pubertät kommt, eine attraktive junge Frau wird, wird es unerreichbar in einen hohen Turm gesperrt. Die alte Zauberin erträgt es nicht, zu sehen, wie attraktiv Rapunzel wird. Nur ihr wunderschöner Gesang überwindet den hohen Turm und zieht den schönen Prinzen an. Voll Wut bestraft die Hexe Rapunzel grausam, demütigt den Prinzen und zerstört sein Augenlicht. Durch Entbehrung geläutert, treffen die beiden später zusammen und lieben einander.

Wie aktuell diese symbolische Darstellung der Attraktivität des Mädchens durch sein wunderschönes Haar im zuvor vorgestellten Märchen ist, zeigt auch die Erzählung einer Patientin. Ihre neunjährige, wunderschöne Tochter mit langem Haar sagt beim Schlafengehen zu ihr: »Mama, ich glaube, du gönnst mir nicht, dass ich so hübsch bin.« Meine Patientin ist überrascht und antwortet: »Ich hätte als Kind auch gerne so schöne, lange Haare gehabt wie du. Meine Mutter hat mir das damals nicht erlaubt und hat mir die Haare so kurz geschnitten wie ein Bub, weil es so praktisch ist.« Ihre Tochter umarmt sie liebevoll. Die Patientin erzählt dann, dass sie als Kind oft ein Kopftuch getragen und so getan habe, als ob sie lange Haare hätte.

Der hohe Turm im Märchen stellt nicht nur das Wegsperren der jungfräulichen Rapunzel, sondern auch den in der Pubertät so häufigen Rückzug der Adoleszenten dar, die allein sein wollen, sich einsam und unverstanden zu fühlen (Diem-Wille, 2017).

In Grimms Märchen *Schneewittchen* wird die Königin »grün und gelb vor Neid«, als sie von Schneewittchens Schönheit erfährt. Deshalb will sie sie verletzen und aus dem Weg räumen; dann ist sie die Schönste im ganzen Land. Es geht um die ödipalen Konflikte der Eltern, wenn die Mutter oder der Vater ihre/seine kindlichen ödipalen Konflikte nicht gelöst hat, der Ödipus-Konflikt daher nicht »untergegangen« ist, wie Freud sagt, sondern in der Beziehung zum Kind neu entfacht wird. Die Verschiebung der ungelösten Konflikte mit den eigenen Eltern auf die nachfolgende Generation, stellt ein zentrales Thema der Eltern-Kleinkind-Therapie im zweiten Teil des Buches dar. In Märchen wie *Schneewittchen* wird dem Kind vermittelt, dass es nicht nur selbst auf den gleichgeschlechtlichen Elternteil eifersüchtig ist, sondern auch die Eltern das heranwachsende Kind beneiden und selbst in Konkurrenz zu ihm stehen. Wie bei *Rapunzel* beginnt der Neid auf das Kind auch hier in der Reifungszeit der Adoleszenz, wenn aus dem braven Mädchen eine attraktive Frau wird, die, »tausend Mal schöner als die Königin« ist. Das Thema der Schönheit des Kindes zieht sich durch das ganze Märchen.

Zu Beginn des Märchens *Schneewittchen* steht der sehnliche Wunsch der Königin, eine Tochter zu bekommen. Die Königin sitzt mitten im Winter am Fenster, dessen Rahmen aus Ebenholz ist und näht. Sie sticht sich in den Finger, sodass ihr rotes Blut in den Schnee tropft. Sie dachte sich: »Hätt' ich ein Kind. So weiß wie Schnee. So rot

3.4 Elternhass im Märchen und in der Mythologie

wie Blut und schwarz wie das Holz an dem Rahmen«. Bald darauf bekam sie eine Tochter, deren Haut so weiß wie Schnee, die Lippen so rot wie Blut und das Haar so schwarz wie Ebenholz war, weshalb sie »Schneewittchen« genannt wurde (Grimm & Grimm, 1812/1815, Fassung von 1812).

Die Farbe Weiß bezieht sich auf die sexuelle Unschuld, wie bei der der weißen, unbefleckten Lilie. Im Gegensatz zum sexuellen Begehren, das durch das rote Blut symbolisiert wird. Rot nimmt die Farbe des Bluts bei der Menstruation vorweg, wenn das Mädchen die sexuelle Reife erlangt hat und schwanger werden kann. Bettelheim weist darauf hin, dass die Zahl »drei« bei den Blutstropfen »im Unbewussten am engsten mit Sexualität assoziiert wird« (Bettelheim, 1977, S. 192).

Nach der Geburt stirbt die Mutter und der Vater heiratet eine andere Frau. Auf den Wunsch der Stiefmutter, das Mädchen zu töten, lässt es der König im Wald allein zurück, in der Erwartung, es werde von wilden Tieren getötet. Als Schneewittchen ins Zwergenhaus kommt, isst es trotz seines Hungers nur ein wenig von jedem Teller, trinkt aus einem anderen Becher, weil es nicht einem Zwerg alles wegnehmen will. Die eitle (narzisstische) Stiefmutter befragt den Zauberspiegel, wer die Schönste im ganzen Land sei. Mit List verführt die Stiefmutter, Schneewittchen hinter den sieben Bergen bei den Zwergen, die Türe zu öffnen, entgegen der Warnung der Zwerge, niemanden hereinzulassen. Um sie noch schöner zu machen, bietet ihr die verkleidete Stiefmutter beim ersten Besuch zunächst Schnürriemen an, die sie im Mieder, dem enggeschnürten Oberteil des Kleides, ohnmächtig werden lassen und dann einen vergifteten Kamm, der sie beim Kämmen ohnmächtig werden lässt. Beim dritten Besuch gibt sie ihr einen vergifteten Apfel, der ihr im Hals stecken bleibt, sodass sie nicht mehr atmen kann. Sie wird in einen gläsernen Sarg gelegt. Der König will den Sarg von Schneewittchen in sein Schloss bringen lassen. Der Sargträger stolpert, wodurch Schneewittchen den giftigen Apfel ausspuckt, und sie erwacht. Der König führt Schneewittchen heim auf sein Schloss, die neidische Schwiegermutter muss rotglühende Schuhe anziehen, in denen sie sich zu Tode tanzen muss (Grimm & Grimm, 1812/1815, Fassung von 1812).

Die Diskussion des Märchens geht auf jene Aspekte ein, die die Elternschaft betreffen. Die Aspekte der Mutter sind auf zwei Personen aufgeteilt, gespalten in die gute Mutter, die sich sehnsüchtig eine wunderschöne Tochter wünscht, und die böse Mutter, die in der eitlen Stiefmutter versinnbildlicht wird. Wieder entstehen die Probleme erst mit der sexuellen Reifung des Mädchens in der Adoleszenz. Die Stiefmutter blickt in den Spiegel, ist in ihr eigenes Bild verliebt und fragt den Spiegel, wer die Schönste im ganzen Land sei. Auch in der Psychoanalyse ist die Vernachlässigung und emotionale Vereinsamung eines Kindes, das nur die Trophäe einer narzisstischen, in sich selbst verliebten Mutter ist, ein oft sichtbares klinisches Phänomen. Bettelheim betont, dass sich besonders »narzisstische Eltern von ihrem heranwachsenden Kind bedroht fühlen, weil das bedeutet, dass sie selbst altern müssen« (Bettelheim, 1975, S. 192). Solange das Kind klein ist, wird es als Teil der Mutter/des Vaters als eine Erweiterung des Selbst betrachtet und stellt noch keine Bedrohung dar. Erst durch die drohende Loslösung in der Pubertät fühlen sich die Eltern beraubt und entwertet.

Die Person, um deren Liebe die Stiefmutter und Schneewittchen konkurrieren, der ödipale Vater, wird nicht erwähnt. Die Jahre, die Schneewittchen bei den Zwergen verbringt, sind ihre Wachstumsperiode. Die sexuelle Reifung und die Rivalität um den Vater, wer die sexuell attraktivere Frau ist, bleiben im Hintergrund. Die verkleidete Königin verführt Schneewittchen jeweils mit dem Versprechen, es noch schöner zu machen. Sie gibt ihr einen Kamm zum Kämmen, Schnürriemen für das Mieder und den roten Apfel. Nur Eltern, die ihre ödipalen Konflikte ausreichend durchgearbeitet haben, können sich mit dem heranwachsenden Sohn/Tochter positiv identifizieren und sich damit an den Vorzügen des Jugendlichen freuen. »Es ist daher von wesentlicher Bedeutung, dass Vater und Mutter sich mit ihrem gleichgeschlechtlichen Kind intensiv identifizieren, damit dieses sich seinerseits erfolgreich mit ihnen identifizieren kann« (Bettelheim, 1977, S. 197).

Besonders in dem Märchen *Die sieben Geißlein* der Gebrüder Grimm sieht Freud das Thema des verschlingenden Vaters in der Person des Wolfs als auch die in den Vater projizierte Angst vor dem Verschlungenwerden durch ihn. In Träumen wird dieses Thema in Freuds berühmten Fallgeschichten der »Anna O.« (Freud, 1895d) und dem »Wolfsmann« (Freud, 1918b) direkt oder als Deckerinnerung behandelt. Die symbolische Form der Märchen entspricht der unbewussten Vorstellung des Kindes, bei dem bis zum Alter von drei Jahren das magische Denken dominiert. »Bei einigen Menschen hat sich die Erinnerung an ihre Lieblingsmärchen an die Stelle eigener Kindheitserinnerungen gesetzt; sie haben die Märchen zu Deckerinnerungen erhoben« (Freud, 1913, S. 2). Jedes Kind verfügt über einen unmittelbaren Zugang zu und Verständnis über Mythen und Märchen. In der Interpretation der Märchen werden das magische Denken des Kindes sowie die im Unbewussten liegenden Verbindungen nachgezeichnet, die das Kind die Märchen intuitiv versteht und erleben lässt. Drewermann schreibt: »Es (das Kind) erfaßt sehr genau, dass die Märchen, die Mythen, die großen Träume der Völker seine eigenen Stimmungen, Gefühle und Konflikte darstellen und in irgendeiner Form beantworten. Das Kind vermag die symbolische Sprache der Märchen und Mythen zu verstehen, weil es noch selbst unbewusst in diesen Vorstellungen *lebt*; (Drewermann 1990, S. 372, kursiv im Original).

In den oben beschriebenen Mythen von Kronos und Iphigenie werden die tragischen Folgen gezeigt, wenn ein Vater seinen Sohn für seine eigenen Zwecke missbraucht oder wenn er versucht, die Tochter um ihr eigenen Leben zu berauben, weil er ödipal an sie gebunden ist. Bettelheim fasst die todbringenden Beziehungen in der griechischen Mythologie kurz zusammen:

- Statt seine Tochter oder seinen Sohn zu akzeptieren, opfert der Vater sie/ihn für seine eigenen egoistischen Zwecke;
- Statt seine Tochter/Sohn ein eigenes Leben zu ermöglichen, will er sie/ihn für sich behalten; sexuelle Liebe zum eigenen Kind des anderen Geschlechts ist ebenso destruktiv wie eine in die Tat umgesetzte;
- Angst, dass das Kind gleichen Geschlechts, den Vater oder die Mutter von deren Platz verdrängt oder übertreffen wird (Bettelheim, 1977).

Im Märchen dagegen werden dieselben Themen angeschnitten, die potenziell zerstörerischen kindlichen Beziehungen können aber im Entwicklungsprozess integriert werden. »Nur wenn die Eltern ihr Kind als solches akzeptieren – und in ihm weder einen Nebenbuhler noch ein sexuelles Liebesobjekt sehen – kann es zu guten Beziehungen zwischen Eltern und Kindern und zwischen den Geschwistern kommen« (Bettelheim, 1975, S. 188).

Im Mythos gibt es nur unüberwindliche Schwierigkeiten, die zum Untergang – oft über mehrere Generationen hinweg – führen. Im Märchen dagegen werden ähnliche Beziehungsmuster und Gefahren erfolgreich gemeistert. Statt Tod und Qual steht die Belohnung des Helden, Liebe und Ehe am Ende, ein Wachküssen, der Sieg über das Böse und den Nebenbuhler. Für das Kind vermittelt dieser positive Ausgang Hoffnung und eine Ermutigung, nicht aufzugeben, sondern Gefahren und Aufgaben zu lösen, um sich selbst, seine erwachsene Identität zu finden.

3.5 Besondere Ausgangssituationen

Eine besonders belastende Situation entsteht, wenn die Mutter bei der Geburt des Kindes stirbt. Der Vater verliert plötzlich und unvermutet seine geliebte Frau. Das kann so einen intensiven Groll und Hass beim Witwer hervorrufen, dass er seinen Sohn/seine Tochter ablehnt, weil er dem Baby die Schuld am Tod der geliebten Frau gibt.

Jean-Jacques Rousseau beginnt seine *Bekenntnisse* (1961) zunächst mit der Beschreibung der großen Liebe seines Vaters zu seiner Mutter. Nach der Hochzeit musste der Vater nach Konstantinopel. Da die Mutter von einem französischen Adeligen heftig umworben wurde, drängte sie ihn, zurückzukommen. Er ließ dort auch alles »stehen und liegen« und kam zurück. Rousseau erinnert sich:

»Ich war die traurige Frucht dieser Rückkehr. Zehn Monate danach wurde ich, schwach und krank, geboren. Ich kostete meiner Mutter das Leben, und meine Geburt war mein erstes Unglück.
Ich habe nicht erfahren, wie mein Vater diesen Verlust ertrug; aber ich weiß, dass er sich nie darüber tröstete. Er glaubte, sie in mir wiederzusehen, ohne vergessen zu können, dass ich sie ihm genommen hatte. Er umarmte mich nie, ohne dass ich an seinen Seufzern, seiner krampfhaften Umarmung fühlte, dass sich ein bitterer Kummer zu seinen Liebkosungen gesellte; sie wurden dadurch nur noch zärtlicher. Wenn er zu mir sagte: ›Jean-Jacques, wir wollen von deiner Mutter sprechen‹, so antwortete ich ihm: ›Dann wollen wir also weinen, Vater‹ und dies Wort alleine entlockte ihm schon Tränen. ›Ach‹, sagte er seufzend, ›Gib sie mir wieder, tröste mich über ihren Verlust, fülle die Leere, die sie in meiner Seele gelassen hat. Würde ich dich so lieben, wenn du nur mein Sohn wärst?«‹ (Rousseau, 1961, S. 9).

Die große Ähnlichkeit von Jacques mit seiner toten Mutter führte zu einer besonderen Nähe zu seinem Vater, allerdings mit der Bürde der Schuldgefühle, für den Tod seiner Mutter verantwortlich zu sein. Seine Tante hatte sich schon um ihn gekümmert, als er ein schwaches Baby war, und ihn, der »fast sterbend geboren worden war«, gerettet (Rousseau, 1961, S. 9). Er liebte sie und fühlte sich von ihr geliebt. Mit zwölf Jahren wurde er von dieser Tante getrennt, als sein Vater wegen eines Streits Genf verließ.

In seinen *Bekenntnissen* idealisiert Rousseau seine Kindheit. Die Schuldgefühle wegen des Todes der Mutter siebe Tage nach seiner Geburt – vermutlich erlag sie an Kindbettfieber – werden verdrängt. Die bitteren Vorwürfe des Vaters an Jean-Jacque, dass er ihm seine geliebte Frau genommen hat, werden als besondere Verbundenheit dargestellt. Wir können annehmen, dass hinter der liebevollen Zuwendung eine verdrängte mörderische Wut (Klein) auf den Sohn liegt. Unterstützt wird die Hypothese der verdrängten Schuldgefühle Rousseaus durch die Berichte, dass er bei der körperlichen Züchtigung als Jugendlicher masochistische Erregung empfand. Er schreibt: »Die Strafe fand ich in Wirklichkeit weniger schrecklich, als ich es in der Erwartung befürchtet hatte, ja, noch seltsamer war, dass diese Züchtigung mich noch abhängiger an die machte, die sie mir zuteilwerden ließ. In dem Schmerz, in der Scham sogar hatte ich ein Gefühl von Sinnlichkeit entdeckt, das in mir weniger die Furcht vor der Züchtigung zurückließ als das Verlangen, sie von derselben Hand von neuem zu erfahren. Zweifelsohne mischte sich in die Sache eine vorzeitige Regung des Geschlechtlichen … (Rousseau, 1961, S. 11).

Der klar beschriebene erotische Masochismus wird ergänzt durch einen moralischen. Rousseau beschreibt seine Fantasien: »… einer herrischen Geliebten zu Füßen zu liegen, ihren Befehlen gehorchen, Vergebung von ihr zu erbitten, das war mir ein süßer Genuss. Je mehr meine lebhafte Einbildungskraft mir das Blut erhitzte, desto mehr glich ich einem in reiner Liebe verlorenen … ich fühlte Qualen, aber ich liebte diese Qualen« (Rousseau, 1961, S. 11).

Freud unterscheidet zwischen dem erotischen Masochismus (Schlagefantasien) und dem »moralischen Masochismus«, indem sich das Subjekt aufgrund eines unbewussten Schuldgefühls in die Position des Erniedrigten begibt, ohne dass dies eine sexuelle Lust einschließt.

Rousseaus Leben zeigt, wie wenig er über ein stabiles gutes Vaterbild verfügte, das ihm als Vorbild hätte dienen können. Aus der Beziehung zu seiner späteren Frau Thérèse, die er erst nach 27 Jahren heiratet, gingen fünf Kinder hervor, die er ins Findelhaus, ein Haus für ausgesetzte Kinder, gab. Erst im hohen Alter bedauerte er diese Handlung, konnte aber die Kinder nicht ausfindig machen, da er nicht einmal deren Geburtstage notiert hatte Er berief sich darauf, dass »es Sitte des Landes ist, so kann ich es auch befolgen« (Holmstern, 1972, S. 62 f.). Er wiederholte seine Erfahrungen, ohne sie reflektieren und betrauern zu können.

In einer ähnlichen Situation befand sich Wilfred Bion, der in seiner Analyse den Hass auf seine Tochter, die ihm seine geliebte Gattin »geraubt« hatte, besprechen und durcharbeiten konnte. Er beschreibt in seiner Autobiographie *All My Sins Remembered* die Verknüpfung der Geburt seiner ersten Tochter Parthenope mit dem Tod seiner geliebten jungen Frau, die nach jener Geburt verstorben war. In seiner Analyse (bei Melanie Klein) reflektierte er seine Gefühle der Tochter gegenüber, die er für den Tod seiner Frau verantwortlich machte. In seiner Autobiographie beschreibt er, wie ihm die Nachricht vom Tod seiner Frau übermittelt wurde. Seine tiefe Trauer um den Verlust erlebte er als ein Beraubtwerden.

Wie tief Bions Groll und Hass auf seine Tochter waren, die ihm aus seiner Sicht die geliebte Frau genommen hatte, wird in seiner Beschreibung einer Szene in seinem Garten sichtbar, als seine Tochter zu ihm hinkrabbeln will:

> »Ich saß im Gras nahe beim Haus und das Baby krabbelte in der Nähe des Blumenbeets an der anderen Seite des Rasens. Sie rief mich; sie wollte, dass ich zu ihr komme. Ich blieb sitzen. Nun krabbelte sie zu mir. Aber sie rief mich, als ob sie erwartete, dass ich zu ihr komme und sie aufhebe. Ich blieb sitzen. Sie krabbelte weiter auf mich zu und ihre Rufe wurden quälend. Ich blieb sitzen. Ich beobachtete sie, wie sie ihre schmerzliche Reise, über die ihr so großen erscheinende Entfernung zurücklegte, die sie von ihrem Vater trennte. Ich blieb sitzen, aber fühlte mich bitter, ärgerlich und vorwurfsvoll. Warum tat sie mir das an? Nicht hörbar war die Frage: Warum tust du mir das an? Das Kindermädchen konnte es nicht aushalten und stand auf, um sie aufzunehmen. ›Nein‹, sagte ich, ›lass sie krabbeln. Es wird ihr nicht schaden.‹. Wir sahen dem Kind zu, wie sie in tiefen Schmerz krabbelte. Sie weinte bitterlich aber entschlossen, die Entfernung zu überwinden. Ich fühlte mich von einem Laster ergriffen. Nein. Ich würde *nicht* zu ihr gehen. Schließlich stand das Kindermädchen nach einem erstaunten Blick auf mich auf, ohne sich um mein Verbot zu kümmern und hob sie auf. Der Bann war gebrochen. Ich war befreit. Das Baby hatte zu weinen aufgehört und wurde in mütterlicher Art beruhigt. Aber, ich hatte mein Kind verloren. Ich hoffe, es gibt kein zukünftiges Leben. Ich hatte Betty gebeten, ein Kind zu bekommen: ihre Zustimmung hatte ihr das Leben gekostet. Ich schwor, mich um das Baby zu kümmern. Es war kein Versprechen für Betty; es war ein unerwartetes Versprechen an mich selbst. Es war ein Schock, ein schneidender, brennender Schock, solch eine tiefe Grausamkeit in mir zu finden« (Bion, 1985, S. 70, übersetzt v. GDW).

In dieser Szene konfrontiert Bion sich mit seinen Selbstvorwürfen, durch seine Bitte um ein Kind das Leben der Mutter aufs Spiel gesetzt zu haben. Völlig unerwartet war seine Frau sieben Tage nach der Geburt – ohne seine Anwesenheit – gestorben, ohne dass er sie noch hatte sehen können. Er, der sich wie ein Waisenkind gefühlt hatte, als er mit sieben Jahren von seinen Eltern aus dem farbenprächtigen, warmen Indien in das kalte England geschickt worden war, fühlte sich wieder beraubt, wieder alleingelassen, so wie sein mutterloses Kind.

3.6 Abschließende Bemerkungen zum Kapitel

Die Bearbeitung der ambivalenten Gefühle den Kindern gegenüber ist meist eng mit den Gefühlen des Vaters oder der Mutter ihren eigenen Eltern gegenüber verbunden. In der Übertragung in der Analyse geht es daher darum, die frühen Gefühle des Verdrängtwerdens durch das nachfolgende Geschwister, die Wut auf die »untreuen Eltern« – meist mit ödipalen Wünschen und dem Gefühl, zurückgewiesen worden zu sein – im Hier und Jetzt zu deuten. Gelingt es, in der »dramatischen Arena im analytischen Prozess«, die massive Aggression dem Analytiker gegenüber zu deuten, so können die widersprüchlichen Strebungen integriert werden.

Kinder rufen in den Eltern heftige Gefühlsreaktionen hervor, da es während der Schwangerschaft und frühen Elternschaft zu einer Umgestaltung der inneren Welt kommt. Tiefe Schichten der Persönlichkeit, die aus der frühen Kindheit stammen, treten an die Oberfläche. Unerfüllte Wünsche der Eltern für ihr Leben können leicht auf den Sohn oder die Tochter übertragen werden; sie oder er sollen nun als Stellvertreter der Eltern jene Erfahrungen machen, Dinge erreichen, die sich die Mutter/ der Vater immer gewünscht haben. Unerledigte Konflikte mit den eigenen Eltern legen sich gleichsam wie ein Schleier über die Beziehung zum Kind, verzerren die Wahrnehmung und belasten die Beziehung. Die Eltern übertragen Teile ihrer Vergangenheit auf ihr Kind, unbewusste Konflikte werden mit dem Kind als Stellvertreter für den eigenen Vater oder die eigene Mutter neu erlebt. Fraiberg (2011) spricht von den »Geistern im Kinderzimmer«, die die Stimmen der Vergangenheit repräsentieren, wenn traumatische Erlebnisse die Gegenwart der Mutter-Kind-Beziehung belasten. Fraiberg hat damit »die entscheidende Rolle der projektiven Identifizierung und die generationenübergreifende Dimension der frühen pathologischen Beziehungsmuster illustriert (Augustin-Forster, 2011, S. 7). Bei milderen Formen der projektiven Identifizierung werden im Kind jene Eigenschaften, die der Elternteil als ähnlich in Bezug auf sich selbst erkennt, attackiert und kritisiert – ein Zeichen, dass diese Anteile bei den Eltern nicht integriert sind. Ist eine Eigenschaft oder ein Talent von der Mutter/dem Vater bei sich akzeptiert, so kann es beim Kind als etwas Positives gesehen werden.

Die Geburt eines Kindes stellt eine massive Veränderung dar. Das Paar, das sich gefunden hat, um eine neue Familie zu gründen, hat vor der Geburt neben der Erwerbstätigkeit zunächst viel Zeit füreinander. Aus zwei Familiensystemen wird eine neue Paarbeziehung. Durch die Geburt eines Kindes verändert sich die Beziehung der Eltern, die nun Mutter und Vater sind, von einer Zweier- zu einer Dreierbeziehung – in psychoanalytischer Terminologie von einer Paarbeziehung zu einer Triade, einer Dreiecksbeziehung. Frühe ödipale Wünsche, Ängste und Erlebnisse werden sowohl in der Mutter als auch im Vater wiederbelebt. Das Kind ist zugleich eine Bereicherung – etwas Neues, das aus der sexuellen, liebevollen Beziehung hervorgeht – und eine Belastung. Die narzisstische Gratifikation zeugungsfähig/ fruchtbar zu sein, kann innere Ängste, Böses und Zerstörerisches in sich zu tragen, versöhnen. Das elterliche Paar kann ein gesundes Kind hervorbringen. Die große Freude nach der Geburt eines gesunden Babys stellt nach Winnicott eine Widerlegung der Angst dar, innerlich so böse zu sein, dass nur ein »Monster« geboren werden kann (Winnicott, 1993).

Es gibt Ähnlichkeiten bei den Aufgaben der Eltern und bei denen von Psychoanalytikern. Die Aufgabe mit Kindern und in der analytischen Arbeit besteht in der Anerkennung, dass das Wesen der Beziehung von Konflikten gekennzeichnet ist; durch Einsicht in diese Konflikte und dem Streben nach Wahrheit und Authentizität kann seelische Gesundheit gefördert werden. Ist es möglich, diese verlorenen Aspekte der Persönlichkeit durch Einsicht und Verstehen wieder zu integrieren, so ist eine genauere Wahrnehmung der inneren und äußeren Realität möglich.

Die zweite Einsicht besteht darin, dass die eigenen Allmachtsphantasien durch reale Erfahrungen und die schmerzliche Erfahrung der eigenen Grenzen und Mängel modifiziert werden und so ein Gewahrwerden der eigenen Gefühle und der Situation der äußeren Welt gefördert wird.

Am schwierigsten ist es für Eltern und Analytiker, zum »bösen Objekt« gemacht zu werden. Bell erwähnt in diesem Zuge Segals Argument, dass es von zentraler

Bedeutung sei, dass der Analytiker »ertragen kann, ... selbst als böse wahrgenommen zu werden, ohne Verzweiflung oder den Wunsch zurückzuschlagen, egal ob durch Feindseligkeit oder exzessive therapeutische Eifer«. (Segal, zit. nach Bell 1997, S. 21, übersetzt v. GDW) Die intensiven Versuche, die positive Übertragung besonders in Krisensituationen über zusätzliche Stunden zu erhalten, sind ein Versuch, die Auseinandersetzung mit der negativen Übertragung zu vermeiden.

4 Besondere Familienkonstellationen

In diesem Kapitel werden Familien untersucht, die eine besondere Konstellation jenseits der klassischen Vater-Mutter-Kind(er)-Familie aufweisen. Wenn äußere Umstände wie zum Beispiel der Tod eines Elternteils oder der Verlust eines Elternteils durch Scheidung eine neue Familienkonstellation bedingen, sprechen wir von einer Patchwork-Familie oder Adoptivfamilien.

4.1 Parentifizierung – Umkehr der sozialen Rollen der Eltern und Kinder

Der Begriff »Parentifizierung« stammt aus der Familientherapie. Der Begriff geht auf den ungarischen Familientherapeuten Iván Böszörményi-Nagy (1965) zurück, der es von den lateinischen Worten »parentes« für Eltern und »facere« für machen herleitet. Dabei werden die Kinder unbewusst dazu gebracht, in gewissen Lebensbereichen die soziale Rolle der Eltern einzunehmen, sich zum Beispiel um einen Elternteil so zu kümmern, als ob dieser das schutzbedürftige Kind wäre. Die Rolle ist nicht kindgemäß und daher – vor allem, wenn sie längere Zeit ausgeübt werden »muss« – überfordernd und hemmend für die kindliche Entwicklung. Dadurch werden die Generationengrenzen verzerrt und das Kind verliert wichtige Orientierungshilfen.

Für das Kind bedeutet Parentifizierung, dass es »seine Bedürfnisse nach Aufmerksamkeit, Sicherheit und Fürsorge opfert, um sich anzupassen und für die instrumentellen und emotionalen Bedürfnisse des Elternteils zu sorgen« (Chase, 1999, S. 5). Wie die Delegation der elterlichen Verantwortung auf die Kinder im Unbewussten funktioniert, wie sehr etwa das Kind die Wünsche und Bedürftigkeit des Elternteils errät und befriedigen will oder es zu expliziten Aufforderungen kommt, sich um einen Elternteil oder jüngere Geschwister zu kümmern, ist von Fall zu Fall unterschiedlich.

Die Ursachen für solche Eltern, die Anderssen-Plaut (1997) »ungehaltene Eltern« nennt, können vielfältig sein. Den Eltern wurden als Kinder ihre Bedürfnisse nicht oder nur unzulänglich erfüllt, und deshalb bleiben sie in besonderer Weise innerlich weiterhin Kinder. Wenn sie dann Kinder bekommen, erwarten sie Fürsorge von den eigenen Kindern. Oft haben diese Eltern in der Kindheit das vermissen müssen, was sie jetzt ihren Kindern zu geben versuchen, aber der dabei entstehende unbewusste Neid, ist kaum zu ertragen. Astrid Lindgren fasst diese Einsicht in ihrem Buch *Sonnenkinderleben* in der Bemerkung zusammen: »Kinder, die nicht geliebt werden, werden Erwachsene, die nicht lieben können. Man kann in Kinder nichts hineinprügeln, aber vieles herausstreicheln« (Lindgren, 2021). So kann ein Elternteil, der nie seinen Vater gekannt und ihn vermisst hat, dann, wenn er selbst Vater wird, in einen unbewussten Konflikt geraten. Auf der erwachsenen Ebene will er seinem Sohn das ermöglichen, was er selbst nie kennengelernt hat, nämlich beide Eltern zu haben. Auf der kindlichen Ebene gerät er in eine massive Konkurrenz und beneidet seinen Sohn um den anwesenden Vater. Bei älteren Kindern reagieren Väter und Mütter oft mit Abneigung, die sich bis zu Hass steigern kann, auf den schönen Körper der Jugendlichen, ihr Aussehen und ihre fast unbegrenzten Möglichkeiten und stellen ganz starre Regeln auf. Eine teilweise Regression auf eine kindliche Bedürftigkeit entsteht bei der Geburt bei allen Müttern (Vätern) und wird üblicherweise von einer haltenden Umgebung wie etwa Großeltern, Ehemann, Freunde aufgefangen. Die Bewunderung des neuen Babys stellt auch eine Befriedigung der narzisstischen Bedürfnisse der frisch gebackenen Mutter dar, so ein wunderbares Baby hervorgebracht zu haben. Im Normalfall bleibt dabei aber die Fähigkeit erhalten, sich um das Baby zu kümmern, es zu versorgen, es emotional und physisch zu halten.

Die Fähigkeit, die elterliche Verantwortung zu übernehmen, hängt von den biographischen Erfahrungen der Eltern ab. Haben sie als Kind eine hinreichend-gute Zuwendung und ein Containment von den Eltern erhalten, die sie verinnerlichen und als gute innere Objekte ein Leben lang behalten? Dann erfolgt eine Identifikation mit der eigenen Mutter der Kindheit. »Die innere Verfasstheit der Mutter hängt mit der Auseinandersetzung mit der eigenen (inneren, Anmerkung GDW) Mutter ab; ihrem Diskurs mit sich selbst, insbesondere mit sich selbst als Mutter; und ihrem Diskurs mit ihrem Baby« (Stern 1998, S. 210). Nach Vera King (2010) hängt eine psychische Integrationsfähigkeit für die neue Aufgabe als Eltern mit der Art und Weise der Bewältigung ihrer eigenen Adoleszenz zusammen: »Es gilt daher, den Zusammenhang von adoleszenter Individuation einerseits und der Aneignung von Kompetenzen psychischer Elternschaft – in diesem Sinn der Generativität – andererseits zu berücksichtigen« (King, 2010, S. 4). Die psychosozialen Kompetenzen, die für die Elternschaft benötigt werden, hängen davon ab, ob sie sich innerlich entwickeln können, also gewissermaßen eine Transformation »von der Tochter zur Mutter« vollziehen können, ob sie »die Seiten wechseln können«.

Bei einer Rollenumkehr werden die Regeln der Gerechtigkeit verletzt, nachdem jede Generation die Fürsorge und das Gehaltenwerden, das es selbst erfahren hat, an die nächste Generation weitergibt. Man könnte sagen: Jedes Kind hat den Anspruch, von seinen Eltern Liebe, Fürsorge und Aufmerksamkeit zu bekommen, welche es dann der nächsten Generation angedeihen lassen kann. In dem Kind, das mit seinen kindlichen Fähigkeiten durch die Übernahme erwachsener Aufgaben überfordert wird, entsteht oft tief verdrängte Wut und Trauer sowie ein Gefühl der Unzulänglichkeit.

Wir unterscheiden zwischen einer existentiellen und einer emotionalen Rollenumkehr: Unter existentieller Rollenumkehr verstehen wir die explizite oder indirekte Übergabe von Aufgaben wie sich um die jüngeren Geschwister zu kümmern, Haushaltaufgaben zu übernehmen, die Familie zu verpflegen, Geld zu verdienen (Kinderarbeit) oder kranke Familienmitglieder zu versorgen (Schier, 2016).

Unter einer emotionalen Rollenumkehr verstehen wir das (unbewusste) Benutzen eines Kindes als Verbündeten gegen den anderen Elternteil, die Übernahme der Rolle als Sündenbock, die emotionale Stützung eines (depressiven) Elternteils sowie die erotische Instrumentalisierung eines Elternteils, die von einem Schlafen des Sohnes im Ehebett bis zu einem sexuellen Missbrauch gehen kann. Eine »milde« Form der erotischen Instrumentalisierung kann etwa darin bestehen, wenn die Mutter mit ihren beiden adoleszenten Knaben in die Disco geht und diese hauptsächlich mit ihr tanzen, um ihr den Eindruck zu geben, die attraktivste Frau in der Disco zu sein. Die Konkurrenz zu den jungen Mädchen kann sich auch in der Kleidung und der Aufmachung der Mutter zeigen.

Die Verschränkung diverser Formen der Rollenumkehr kann auch darin bestehen, dass beispielsweise die Tochter in der Adoleszenz einem sexuellen Missbrauch zu entgehen versucht, indem sie der Mutter zahlreiche Pflichten im Haushalt abnimmt und damit für diese unabkömmlich ist und nicht mehr zu dem Onkel fahren muss, der sie sexuell missbrauchte.

Eine milde Form der Parentifizierung besteht in einer geringen Übernahme von emotionaler Stützung der Eltern, wobei aber eine grundsätzliche Versorgung der Kinder stattfindet. Eine relativ häufig vorkommende Form der Instrumentalisierung besteht darin, dass das Kind wie ein »Sonnenscheinchen« die Stimmung der vernachlässigten, depressiven oder bedürftigen Mutter aufhellen soll. Diese Kinder erahnen die Bedürfnisse des bedürftigen Elternteils und sind besonders brav, wollen oft in der Nähe dieses Elternteils sein, auch wenn sie von ihrer Entwicklung eigentlich bereits lieber bei ihren Freundinnen oder in ihrer Peergruppe sein sollten. Diese Kinder entwickeln oft eine besondere Einfühlsamkeit für die Bedürfnisse der anderen. Manchmal auch so weit, dass sie ihre eigenen Bedürfnisse, Wünsche und Gefühle nicht wahrnehmen können, was Winnicott (1974) als eine Stufe des »Falschen Selbst« bezeichnet. Diese »Selbstlosigkeit«, sich ganz für andere aufzuopfern, bleibt eine Form der emotionalen Ausbeutung. Wenn der Elternteil oder auch die Umgebung dieses besondere Engagement des Kindes/Jugendlichen anerkennen können und ihre Dankbarkeit ausdrücken, werden die negativen Folgen gemildert. Es können auch positive Folgen damit verbunden sein, wie etwa dass Betroffene ein großes Verantwortungsgefühl entwickeln und soziale Kompetenz gefördert wird.

In Migrationsfamilien können die Kinder, die die neue Sprache des Gastlandes meist rasch erlernen, manchmal als Dolmetscher der Mütter und Väter, als Übersetzer der Familie fungieren. Bei kranken Familienangehörigen wird vom Kind oft ein großes Verständnis für die besondere Aufmerksamkeit für das kranke Geschwisterkind verlangt oder als selbstverständlich vorausgesetzt, sodass es kaum ein Ventil für den Groll und das Gefühl, ungerecht behandelt zu werden, gibt.

Der englische Familientherapeut John Byng-Hall (2008) unterscheidet zwischen destruktiver und adaptiver Parentifizierung. Unter der destruktiven Form versteht er die Notwendigkeit, dass sich das Kind immer um den/die Erwachsene/n kümmern muss. Von einer adaptiven Parentifizierung sprechen wir, wenn das Kümmern auf einen gewissen Zeitraum begrenzt ist, sozusagen, solange es notwendig ist. Dann wird das Kind wieder entlastet und eine erwachsene Person übernimmt die Verantwortung und diese Aufgaben (Byng-Hall, 2008).

Zur Risikogruppe gehören Kinder psychisch kranker Eltern, Kinder von Alkoholikern, Kinder, die nur von einem Elternteil aufgezogen werden, Kinder von ganz jungen Eltern (Teenagermütter und -väter), die selbst noch eine Bemutterung brauchen, Kinder mit kranken oder behinderten Geschwistern sowie Kinder, deren Eltern in Scheidung leben.

Zwei klinische Beispiele

Anhand von zwei klinischen Beispielen möchte ich zeigen, wie es einem Vater gelang, seine Rolle als Vater anzunehmen und in einem zweiten Beispiel, wie eine Mutter sich aus der Rolle der unterprivilegierten Schwester befreien und zu einer Mutter werden konnte, die ihren kleinen Sohn fördert und ihm Grenzen setzen kann. Manchmal helfen die Kinder den Eltern, ihre elterliche Rolle zu übernehmen.

Fallbeispiel: Herr Z. lernt seine Vaterrolle anzunehmen

Herr Z. kam mit seiner Frau und seinem zehn Monate alten Sohn zur Eltern-Kleinkind-Therapie, die ihm im Umfang von fünf Stunden angeboten wurde. Herr Z., ein älterer, hochqualifizierter Manager, heiratete eine wesentlich jüngere Frau, die sich sehnlich ein gemeinsames Kind wünschte. Sie wandten keine Empfängnisverhütung an und die Frau wurde »ungeplant« – trotz seiner Skepsis – rasch schwanger. Beide freuten sich über die rasche Schwangerschaft, die er nicht erwartet hatte. Die Schwangerschaft und Geburt verliefen unkompliziert, doch setzte die Umstellung auf ein Leben zu dritt den Ehemann so unter Druck, dass er seine Tätigkeit nicht weiter ausüben konnte und er für sechs Monate eine Auszeit (Burnout) nehmen musste. Er konnte sich aber teilweise um das Kind kümmern. Die Mutter liebte ihren Mann über alles und war voll Dankbarkeit für das wunderbare Geschenk des gemeinsamen Kindes. Als Herr Z. sagte, er könne nicht glauben, dass seine Frau mit seinem Beitrag im Haushalt zufrieden sei, beschrieb ich die Situation und deutete: »Ihre Frau liebt sie eben und ist so glücklich über das gemeinsame Kind.« Er war tief berührt und hatte Tränen in den Augen. »Sie können es kaum glauben«, fügte ich hinzu. Sie hielten einander kurz an den Händen.

Beim dritten Gespräch trug der Vater seinen zehn Monate alten Sohn an seine Brust geschmiegt, als ob er ein Kängurubaby trage. Der Sohn war ein lebendiger, entdeckungsfreudiger Junge, der sich nach den Spielsachen am Tisch nach vorne streckte, um sie zu ergreifen. Er wechselte dann vom Schoß des Vaters, auf dem er voll Energie durchgestreckt gestanden war und gewippt hatte, zum Schoß der Mutter. Sie saß neben einem Einbauschrank, an dessen Türe ein Schlüssel steckte. Ich hatte vorher beschrieben, wie wohl er sich auf dem Schoß des Vaters gefühlt hatte, weil er sich sicher gehalten fühlte und der Vater alle seine Aktivitäten wohlwollend und mit Freude verfolgte. Herr Z. war offensichtlich sehr stolz auf seinen aktiven Sohn.

Als ich Herrn Z. nach der Beziehung zu seinem Vater fragte, machte er ein unglückliches Gesicht und erzählte von seinem strengen Vater, der nie mit seiner Leistung zufrieden gewesen war. Sein jüngerer Bruder war der Liebling der Eltern, alles, was er machte, wurde gelobt und bestaunt. Herr Z. selbst fühlte sich vom Vater verächtlich behandelt, nie ernst genommen. Während dieser ausführlichen, schmerzlichen Erzählung streckte sich der kleine Sohn mit aller Kraft nach dem Schlüssel, der an der Schranktüre steckte. Die Mutter wollte es ihm verbieten, ich ermutigte sie jedoch, ihm das freizulassen. Vielleicht interessiere er sich für den Schlüssel, so wie er sich für seinen kleinen Penis und den des Vaters interessiere, sagte ich. Der Vater unterbrach seine Erzählung und schaute überrascht und erfreut. Als der Kleine den Schlüssel allein herausziehen konnte, steigerte sich seine Freude, er steckte ihn in den Mund, lutschte daran und biss darauf. Ich beschrieb, wie er den Schlüssel mit allen Sinnen untersuchte. Dann beugte er sich zur Schranktüre und versuchte sehr geschickt, den Schlüssel in das Schlüsselloch zu stecken. »Du verstehst, dass alle Schlüssel in ein Schlüsselloch hineinwollen, und willst es auch tun«, meinte ich. Der Vater, der selbst eine lange Analyse gemacht hatte, lächelte und wir beobachteten alle drei voller Spannung seine Versuche. Schließlich gelang es ihm, den Schlüssel ganz ohne fremde Hilfe hineinzustecken. Wir klatschten lachend in die Hände. Ich kommentierte: »Du zeigst uns, dass du es so machen willst wie dein Papa bei Mama, und auch Babys machen willst«. Der Kleine strahlte uns voll Freude an, jauchzte, schaute von einem zum anderen. Der Vater war begeistert, dass sein kleiner Sohn schon so deutlich symbolisch seine männliche Potenz zeigte.

Beim nächsten Treffen trug der Vater seinen Sohn nicht mehr wie ein Känguru, sondern wie ein großes Baby, das herumschauen darf. Zu Tränen gerührt, erzählte Herr Z., dass sie letzte Woche zu Besuch bei seinen Eltern gewesen waren. Er konnte es gar nicht fassen, wie anders im Vergleich zu früher sein Vater ihn als gleichberechtigten Mann, der eine Familie und einen so gut »gelungenen« Sohn hat, behandelt hatte. Er hätte sich das nie vorstellen können. Ich wies darauf hin, dass auch er vielleicht mit einer neuen Selbstsicherheit seinem Vater gegenüber anders aufgetreten sei. Frau Z. unterstrich meine Bemerkung mit ihren Beobachtungen, dass ihr Mann jetzt viel selbstsicherer auftrete und überlege, seine Arbeit wieder aufzunehmen.

Diskussion

Diese kurze Sequenz zeigt, wie der kleine Sohn dem Vater durch seine gelungene Entwicklung neues Selbstvertrauen als potenter männlicher Spross geben kann. Auch der Großvater nahm Herrn Z. gleichsam in die »Männerriege« auf und behandelt ihn nun als gleichwertigen Mann. Herr Z. kann die Liebe seiner Frau, ihre Unterstützung und die Erfahrungen als Vater verinnerlichen und die Elternschaft als Entwicklungsphase nutzen.

Bei diesen Kurztherapien können psychische Konstellationen nicht so gründlich untersucht werden wie in einer Analyse, doch konnte in diesem Fall auf die langjährigen Erfahrungen des Vaters in seiner Analyse angeknüpft werden. Das Kind als

»potenzieller Heiler«, wie es Brazelton und Cramer (1991) nennen, kann zusammen mit der liebevollen Beziehung seiner Frau zu einer Annahme der neuen Rolle und die damit verbundene Gratifikation hilfreich sein.

In einer zweiten Fallvignette einer Eltern-Kleinkind-Therapie möchte ich zeigen, wie in der Mutter das innere Verbot, die mütterliche Rolle anzunehmen, gelockert werden konnte. Die Familiensituation ist sehr komplex. Es war nicht leicht, diese verborgene Dimension zu erforschen.

Fallbeispiel: Darf Frau B. mütterliche Aufgaben übernehmen?

In dieser Fallgeschichte wird die Mutter durch eine Mischung von Schuldgefühlen und der unbewussten Wiederholung einer belastenden Situation mit der Schwester gehindert, ihre Aufgabe als Mutter wahrzunehmen. Sie »schafft« es, den inzwischen vierjährigen Sohn zu einem unglücklichen Tyrannen zu machen, der nicht mehr zu managen ist. Er bekommt Wutanfälle, haut alles herum, will Dinge kaputt machen. Die Eltern sind hilflos und dann brüllen sie mit ihm, weil sie ihn nicht mehr ertragen, was ihn zu einem verzweifelten Schluchzen veranlasst. Im Kindergarten benimmt er sich unauffällig.

Die Familie B. kam auf Vermittlung des mütterlichen Großvaters, der mit mir Kontakt aufnahm und fragte, ob seine Tochter mit ihrer Familie zu einer Beratung kommen könne. Die Schwierigkeit von Frau B., ihre Mutterrolle zu übernehmen, war gut verborgen. Sie war eine überaus erfolgreiche Managerin, die sich selbständig gemacht, ihr Leben gut im Griff hatte und das Kind gemeinsam mit ihrem Mann so sorgfältig geplant hatte wie ihr ganzes übriges Leben. Ich rätselte lange und fand zunächst keinen Anhaltspukt für tieferliegende Konflikte. Die Geschichte der Familie B. ergab folgendes Bild:

Als Familie B. das erste Mal kam, trug die Mutter den vierjährigen Finn, wie ich ihren Sohn nenne, am Arm in die Praxis. Er war zunächst verschlafen, dann weinte er beim Ausziehen kläglich, klammerte sich an die Mutter. In der ersten halben Stunde schwankte er zwischen kläglichem, lautem oder wimmerndem Weinen oder er wetzte auf dem Schoß der Mutter /manchmal des Vaters herum. Es schien der Mutter sehr unangenehm zu sein, sie machte aber keinen Versuch, die Situation zu ändern. Im Gegenteil: Sie schienen, alles ertragen zu müssen und der Vater entschuldigte Finns Verhalten mit dessen Verschlafensein. In den ersten fünf Stunden erforschten wir gemeinsam Finns Lebensgeschichte und seine Position in der Familie:

Die Schwangerschaft war unkompliziert, doch Frau B. entschloss sich zu einem Kaiserschnitt, da sie Angst vor den Geburtsschmerzen hatte. Da sie nicht stillen konnte, hatte sie große Schuldgefühle, dass sie ihrem Sohn diese Nähe nicht bieten konnte. Als Kompensation trug sie Finn fast ununterbrochen in einem Tragetuch, um ihn zu entschädigen. Er lernte nicht allein einzuschlafen oder einen Unterschied zwischen dem Körper der Mutter und seinem Körper zu machen.

Auch in der Therapiestunde überließ die Mutter Finn ihren Körper, trug ihn herein; er blieb während des Gesprächs auf ihr sitzen, zog sie, bohrte seinen Kopf in ihren Hals, wollte einmal hinter ihr sitzen, gab Anordnungen, wie sie sich zu bewegen hatte. Die Mutter versuchte geduldig alle »Befehle« zu erfüllen, obwohl sichtbar war, dass sie alles lästig fand und immer ärgerlicher wurde. Auffallend war, dass er von den für ihn hergerichteten Spielsachen überhaupt keine Notiz nahm. Weder der Vater noch die Mutter versuchten, ihn für die Spielsachen zu interessieren. Sie schienen ihm hilflos ausgeliefert zu sein. Für alle – auch für mich als Therapeutin – war sein Verhalten sehr unangenehm. Obwohl die beiden Körper dauernd in vielfältiger Weise verschränkt waren, war es nie zärtlich. Ich versuchte mit der Mutter zu erkunden, wann sie den Körperkontakt mit Finn angenehm, zärtlich fände und wann er unangenehm und lästig für sie war. Die Mutter antwortete mit gequälter, beherrschter Stimme und erzählte, dass das Niederlegen oft mehr als zwei Stunden dauerte. Ich versuchte zu beschreiben, wie wichtig es sei, einen Unterschied zwischen einem liebvollen »Kuscheln«, wie Finn es nannte, und einem unangenehmen Herumklettern zu machen und das auch zu benennen. Ich ermutigte sie, sich auf die Couch zu setzen, wenn ihr sein Herumklettern und seine »Befehle« zu viel seien, und mit einem Spielzeug zu spielen. Nachdem sie seinen Befehlen, wieder auf den Stuhl zurückzukommen, nicht gefolgt war, kam Finn bald zu ihr und begann konzentriert mit dem Lastwagen und anderen Autos bis zum Ende der Stunde zu spielen.

In der nächsten Stunde sagten die Eltern, es gehe jetzt viel besser mit Finn. Der Vater habe das Niederlegen übernommen, was viel leichter sei. Als Finn wieder mühsam wurde, auf der Mutter herumkletterte, stand die Mutter auf und sagte, sie möge dieses Herumturnen auf ihr nicht. Nach einem wütenden Weinen verhandelte sie mit Finn, dass er auf ihrem Schoß ruhig liegen könne, was er dann tat. Die Mutter erzählte, dass Finn sie zu Hause auf den Unterschied zwischen einem »lieben Kuscheln« und einem wilden Herumklettern aufmerksam gemachte hatte.

Obwohl es zu kleinen Verbesserungen gekommen war, blieb die Grundproblematik bestehen, dass die Mutter und der Vater Finn weder bestimmt entgegentreten noch mit ihm interessante Dinge tun konnten. Es stellte sich die Frage, ob die Eltern für Finn eine Kindertherapie organisieren könnten. Die Eltern ersuchten um weitere fünf Stunden Eltern-Kleinkind-Therapie, was ich zusagte.

In der fünften Stunde war dann Raum für die Probleme der Mutter. Finn war auf dem Schoß des Vaters eingeschlafen und blieb dort die gesamte Stunde liegen: In Finns Alter sei sie ganz von ihrer Schwester verdrängt worden, gegen die sie sich nicht wehren durfte, berichtete die Mutter. Sie wurde von den Eltern gänzlich vernachlässigt, weil ihre Schwester eine schwere Nierenerkrankung hatte, die drei Monate lang nicht bemerkt worden war. Die Schwester schwebte zwischen Leben und Tod und musste drei Monate im Krankenhaus bleiben. Sie selbst war als Kind selbständig, konnte alles ohne Hilfe erledigen, hat gerechnet und selbst lesen gelernt. Sie begann heftig zu weinen, als ich ihre Schuldgefühle mit ihrer kindlichen Überzeugung verband, ihre eifersüchtigen Gedanken hätten die Schwester krank gemacht, ja fast getötet. Sie fügte hinzu, dass sie damals zu stehlen begonnen habe, weil sie zu wenig Liebe bekommen hatte, etwas, was sie in ihrer Therapie lange besprochen habe. Sie war verwundert, dass das Problem mit ihrer Schwester sie noch immer so belasten würde.

4.1 Parentifizierung – Umkehr der sozialen Rollen der Eltern und Kinder

Ich erläuterte, dass sie Finn gestatte, alles mit ihr zu machen, so wie es bei ihrer Schwester früher war, statt eine Mutter zu sein, die ihn beschützt, zärtlich ist, aber ihm auch klare Grenzen setzt.

In der nächsten Stunde erzählte sie freudestrahlend, dass sie 1 ½ Stunden mit Finn Buchstaben und Zahlen gelernt habe, er habe gar nicht genug davon bekommen können. Er könne nun Worte lesen und Zahlen richtig benennen. Ich wandte mich zu Finn und fragte, wie viele Finger er an einer Hand hatte. Stolz sagt er »fünf« und streckt mir seine fünf Finger entgegen. Ich fragte, wie alt er sei, er zeigte vier Finger. Ich bewunderte ihn und der Vater sagte, er hatte letzte Woche Geburtstag und war sehr stolz, schon so groß zu sein. Die Mutter meinte dankbar, wie gut es war, dass ich ihre Bedeutung als Mutter so betont habe. »Untertags sage ich mir öfter vor: ›Ich bin die Mutter!‹ Das hilft mir, mich klar auszudrücken und auch viel mehr Zeit lustvoll mit Finn zu verbringen«. Wir besprachen das Mutterbild, das sie von ihrer Mutter vermittelt bekommen hatte. Ihre Mutter hatte für alle alles gemacht, bis es ihr zu viel geworden war, dann hatte sie haltlos geschluchzt. Mit der Schwester hatte sie sich letzte Woche getroffen und ausgesprochen, sie wollten wieder ein näheres Verhältnis zueinander haben.

Da die Eltern erzählt hatten, dass das Anziehen oft eine Stunde dauerte, ergriff ich am Ende der Stunde die Gelegenheit, Finn zu motivieren. Ich fragte ihn, was er am leichtesten anziehen könne. Er sah mich freudig an und meinte: »Die Stiefel.« Er lief gleich hinaus, ich folgte ihm, hockte mich zu ihm und beschrieb, wie er geschickt den Kleberverschluss öffnen und schließen konnte. Er strahlte, zeigte den überraschten Eltern seine angezogenen Stiefel.

In der neunten Stunde gab es eine überraschende Entwicklung: Finn kam ganz allein zu Fuß und ließ sich von den Eltern erstmals ohne Weinen ausziehen. Die Mutter wirkte glücklich und entspannt: Sie hätten zu dritt ein wunderbares Familienwochenende gehabt, das gut gelaufen sei. Sie traute sich noch nicht so recht daran zu glauben, dass es so bleiben könnte. Der Vater sagte: »Wir machen es so, wie wir es hier von ihnen mitbekommen haben. Wir warten nicht, bis alles eskaliert und Finn alles herumschmeißt, sondern wir lenken seine Aufmerksamkeit auf etwas Interessantes. Wir fragen ihn nicht dauernd, was er will, sondern schlagen etwas vor. Gestern habe ich gesagt: ›Finn, komm, wir gehen einen Kuchen backen. Hilfst du mir?‹ Begeistert ist er mitgelaufen und hat mit mir gekocht.« Der Vater wirkte viel selbstsicherer.

Die Mutter sagte, es falle ihr nun leichter zu wissen, was sie selbst wolle und was nicht. Sie könne es mit Finn besprechen, der sehr einsichtig reagiere. Die Eltern hatten mich jeweils genau beobachtet, wenn ich zu Finn sprach und er klar geantwortet hatte. Ich hatte sie ermutigt, mit Finn klar zu sprechen und zu sagen, was geplant sei, statt ihn dauernd durch Fragen zu überfordern. Die sprachliche Ausdrucksweise von Finn hatte sich eindrucksvoll verbessert.

Diskussion

Durch die Geburt von Finn wurden unbewusste Konflikte in der Mutter aktualisiert, die es erschwerten, mit Finn eine stabile emotionale Beziehung aufzubauen. Obwohl die Eltern sich auf Finn gefreut hatten, wurde er – so wie damals ihre jüngere Schwester – zu einem Eindringling, der sie aus ihrer Position verdrängte. Sie war wie als Kind hungrig nach emotionaler Zuwendung. Statt altersgemäß umsorgt zu werden, erwartete ihre Mutter, dass sie sich um die jüngere Schwester kümmere, mit ihr spiele und sie betreue. In dem Moment, da die Mutter diese aggressiven Muster auf ihr Baby projiziert, innerlich nicht bereit ist, das Baby zu nähren, belasten die Projektionen das Entstehen einer sicheren Bindung. Es ist wichtig, diese Verstrickung zu entwirren, d. h. der Mutter zu zeigen, dass Finn nicht so wie ihre Schwester ist und sie sich nicht mehr in der Position des kleinen Mädchens befindet, sondern dass sie die Mutter ist und Finn sie braucht. Vielleicht war diese gefühlsmäßige Konstellation auch für das Ausbleiben der Muttermilch verantwortlich. Die Mutter erlebte es als doppeltes Versagen, keine spontane Geburt gehabt und keine Milch zu haben – eine Wiederholung ihres Gefühls, nichts richtig zu machen, das sie als kleines Mädchen erlebte. Erst durch meine Ermutigung, klare Grenzen zu setzen, Nein zu sagen, wenn sie das Herumspielen an ihrem Körper unangenehm erlebte, ermöglichte sie sich selbst, sich nicht weiterhin ausgenutzt und missbraucht zu fühlen. Sie hatte sich von Finn immer wieder so quälen lassen, dass sie in sich dieselbe sadistische, hilflose Wut aufsteigen fühlte wie gegen die Schwester und die Mutter. Wenn sie als Reaktion darauf brüllte, fühlte sie sich nachher wieder schuldig und war überzeugt, als Mutter versagt zu haben. Wenn Finn sie kritisierte und Sachen sagte wie »Blöde Mama«, kamen ihr – wie damals ihrer Mutter – die Tränen und sie fühlte sich tief verletzt. Indem sie in den Stunden den Raum zum Besprechen des alten Grolls gegen die Schwester und das Gefühl, ungerecht behandelt und überfordert worden zu sein, nutzen konnte, konnte die Mutter Finn ohne den Schatten der jüngeren Schwester begegnen. Sie konnte nun Vorschläge machen, die Finn begeistert aufgriff. Die Mutter war in dem alten Groll gegenüber der Schwester gefangen gewesen, und es gelang ihr nun, die Beziehungskonstellation aus der Vergangenheit nicht mehr in die Gegenwart mit Finn zu übertragen. Der Teufelskreis konnte erst durchbrochen werden, als Finn von dem inneren Bild der Schwester befreit werden konnte.

Beide Eltern haben ihre Rolle als Eltern angenommen und erleben, wie entspannt Finn reagiert, wenn sie ihre Elternrolle einnahmen und klare Grenzen setzten. Der Vater hatte schon früher klarere Umgangsformen durchsetzen wollen, doch die Mutter wollte Finn nicht überfordern. Beide erlebten, dass erst ihre innere Klarheit es ermöglichte, mit Finn klar sprechen zu können. Die Mutter entschloss sich danach, noch eine Tranche Analyse bei ihrer früheren Analytikerin zu machen.

4.2 Pflege- und Adoptionsfamilien

Da Pflege- und Adoptiveltern nicht die biologischen Eltern sind, wird ihre Beziehung zu den Kindern im Unterschied zur »biologischen Matrix« als »künstliche Matrix« bezeichnet (Zeiler, 2016, S. 196). Die Entscheidung, ein Kind zur Pflege aufzunehmen oder es zu adoptieren, stellt eine bewusste Entscheidung dar, die sehr umständliche bürokratische Prozeduren erfordert. Die Bewerber werden nach verschiedenen Kriterien untersucht, um zu prüfen, ob sie den Anforderungen entsprechen. »Ich habe mein Kind am Schreibtisch bekommen«, zitiert Zeiler (2016) eine Aussage einer Adoptivmutter. Betrachten wir die innere Welt und die Vorgeschichte einer Adoption oder Pflegeübernahme werden oft tiefe narzisstische Kränkungen und Wunden sichtbar. Zunächst ist zu fragen, warum ein Paar keine eigenen Kinder bekommen kann. Meist sind körperliche Probleme ausschlaggebend, manchmal hat das Paar schon eine mehrjährige Prozedur einer technisch assistierten Befruchtung über sich ergehen lassen, die negativ verlaufen ist. Die Adoption stellt dann eine Art Wiedergutmachung des versagten Kinderwunsches dar. Das als eigenes Versagen Erlebte soll dann wieder gut gemacht werden, indem die Adoptiveltern »bessere« Eltern als die biologischen Eltern sein wollen. Altruistische Vorstellungen belasten ebenso wie überhöhte Ansprüche an das adoptierte Kind den Aufbau einer zureichend-guten Beziehung (Winnicott, 1974), bei der es Toleranz gegenüber alltäglichen Konflikten und Reibereien gibt. Die Frustration, selbst nicht schwanger geworden zu sein/gezeugt zu haben, mündet oft in einen meist unbewussten Hass auf den eigenen Körper.

Bei einer sozialen Elternschaft gibt es weder eine der Schwangerschaft vergleichbare Vorbereitungszeit noch einen gemeinsamen Geburtstermin. Lieberman und Bufferd (1998) empfehlen daher, Zeremonien zu schaffen, die diese besonderen Übergänge kennzeichnen und jährlich gefeiert werden können. Auch die biographische Geschichte jedes Kindes, die verschiedenen Stationen in verschiedenen Institutionen, beginnend mit den leiblichen Eltern soll festgehalten und mit Fotos dokumentiert werden. Die Beziehung zu den leiblichen Eltern aufrechtzuerhalten, fällt vielen Adoptiveltern schwer. Manche würden am liebsten vergessen, dass das Kind leibliche Eltern hat. Erst wenn die Adoptiveltern sich ihre eigene Ohnmacht und das »Versagen« der biologischen Elternschaft eingestehen und sie betrauern, wird die Voraussetzung einer robusten, stabilen emotionalen Ausgangslage zum Aufbau einer zureichend-guten Beziehung zum Pflege- oder Adoptivkind geschaffen. Die Übernahme der sozialen Elternschaft erfordert es ebenso wie bei der biologischen Elternschaft, klare Grenzen und Regeln in der Familie aufzustellen und zu befolgen. Sonst besteht die Gefahr des Verwöhnens als Kompensation früher Deprivationserfahrungen (Zeiler, 2016, S. 209). Gefährlich ist der Druck auf das Kind, ein ideales Kind zu sein, das den Eltern nur Freude und keine Enttäuschung bereitet. Das kann auch dem Wunsch des Kindes entsprechen, gut und lieb zu sein – was die Herausbildung eines »Falschen Selbst« (Winnicott, 1974) begünstigt. Meist bricht die Idealisierung dann – wie in der weiter unten angeführten Fallgeschichte – spätestens in der Pubertät ein oder verkehrt sich ins Gegenteil. Es bedeutet für das Kind, unsicher über seine Identität zu bleiben, nicht zu wissen, was es selbst will.

4.2.1 Fallbeispiel: Aus einem Pflegekind wird ein Vater

Im ersten Fallbeispiel wird untersucht, was es für einen bei Pflegeeltern aufgewachsenen Mann heißt, selbst Vater zu werden. Welche inneren Bilder als Vater bzw. Autoritätsperson konnte er verinnerlichen? Nach welchen Rollenbildern und Vorbildern gestaltet er eine Beziehung zum eigenen Kind?

> Herr U. wurde von seinem praktischen Arzt wegen eines Nervenzusammenbruchs sowie heftiger Panikattacken an eine Psychotherapeutin überwiesen. Er stand einer Psychotherapie zunächst sehr skeptisch gegenüber. Bei den Panikattacken hatte er gedacht, er werde sterben, sein Herz raste und er war unfähig, etwas zu tun, musste mit dem Rettungswagen ins Krankenhaus gebracht werden, wo jedoch keine somatischen Ursachen gefunden worden waren.
>
> Herr U. beschrieb in der Therapie seine schwierige Kindheit. Sein Vater war ein schwerer Alkoholiker, der die Mutter regelmäßig vor den Kindern schlug. In der ersten Klasse in der Volksschule sei er gemeinsam mit seinen beiden Brüdern den Eltern weggenommen worden. Er kam zunächst in ein Kinderheim und nach 1 ½ Jahren zu Pflegeeltern. Die Zeit im Kinderheim gehörte zu den glücklichsten Erinnerungen seines Lebens. Dort durften er und seine Brüder »Lausbuben« sein, die Erzieher waren freundlich und hatten Verständnis. Solange er im Kinderheim war, konnte er in der Schule gut lernen, was sich in der Pflegefamilie umkehrte. Später erzählte er über diese »glückliche Zeit« im Kinderheim, dass er jeden Sonntag auf den Besuch seiner Eltern gewartet hatte, die aber nie kamen. Kinder, die keine Besucher bekommen hatten, erhielten eine Tafel Schokolade zum Trost. Er erhielt jeden Sonntag eine Tafel Schokolade, wartete aber immer voller Hoffnung, dass die Eltern diesmal doch kommen würden.
>
> Erst später in der Therapie sprach Herr U. über die traumatisierenden Umstände des Kinderentzuges durch das Jugendamt und seine Unterbringung in einem Kinderheim. Er und seine beiden Brüder waren auf einem Sommerlager gewesen. Bei der Ankunft am Bahnhof wurden sie von zwei Sozialarbeitern und einem Polizisten abgeholt und in die Kinderübernahmestelle und dann ins Kinderheim gebracht. Ihnen wurde gesagt, dass ihre Eltern sie dort abholen würden. Niemand hatte ihnen gesagt, dass sie nun nicht mehr zu den Eltern zurückkommen würden und warum sie nicht mehr zu Hause wohnen durften. Er hatte schreckliches Heimweh, machte wieder ins Bett und war todunglücklich. Die Eltern hatten keinen Kontakt zu den drei abgenommen Kindern, sondern zeugten noch einmal drei Kinder, die ihnen aber bis auf das letzte Kind wieder abgenommen wurden. Sie erhielten keine therapeutische Hilfe, niemand sprach mit ihnen über den bevorstehenden Kindesentzug.

Diskussion

Diese Form des »Abschieds« von Herrn U. von seinen Eltern stellte eine Traumatisierung dar. Noch dazu wurden den Kindern falsche Informationen gegeben, nämlich, dass ihre Eltern sie im Kinderheim erwarten würden. Weder die Kinder noch die Eltern durften voneinander Abschied nehmen, was nach sozialpsychologischem und psychoanalytischem Verständnis ein Minimum eines Abschiedsrituals darstellt. Wie Herr U. berichtete, hatte er während seines gesamten Aufenthalts im Kinderheim, also mehr als 1 ½ Jahre, auf den Besuch seiner Eltern gewartet. Er reagierte mit Einnässen, sein Bruder hatte massive psychische Probleme, der dritte Bruder war entwicklungsverzögert und konnte nicht die Regelschule besuchen. Wenn wir uns fragen, warum ausgebildete Sozialarbeiter und die Institution des Jugendamtes so ein Vorgehen dieser Art wählten, so können wir nur vermuten, dass sie sich das Erleben des psychischen Schmerzes bei der Trennung ersparen wollten. Vielleicht würden sie als Begründung anführen, dass sie es den Eltern und den Kindern »leichter« machen wollten. Die Eltern haben vermutlich in einer Trotzreaktion die ersten drei abgenommenen Kinder gleichsam »vergessen« und zeugten drei neue Kinder. So als ob sie der Institution entgegenschleudern wollten: Wenn ihr uns unsere Kinder wegnehmt, machen wir uns einfach neue! Für die Entwicklung der Kinder hat das katastrophale Folgen. Herr U. musste den Eindruck gewinnen, dass er seinen Eltern egal sei, für sie »wie gestorben« sei. Auch die Trotzreaktion der Eltern, neue Kinder zu zeugen, war nicht erfolgreich, weil ihnen die ersten beiden bereits bei der Geburt abgenommen wurden. Der jüngste Bruder durfte zwar zu Hause bleiben, wurde aber gar nicht gefördert, bekam keine Ausbildung und ist seither unfähig, einen Beruf zu ergreifen. Die sechs Geschwister haben keinen Kontakt zueinander; es ist, als ob Herr U. keine Familie hätte. Er ist überzeugt, nie geliebt worden zu sein.

Die Beschreibung »Mein Vater war schwerer Alkoholiker, der die Mutter schlug« verbirgt eine dauernde emotionale Belastung der Kinder, die Zeuge dieser demütigenden Behandlung der Mutter sein mussten. Vor allem bei Knaben, die ihre Mutter beschützen wollen, erzeugt die Gewalt des Vaters eine explosive Mischung aus Wut, mörderischen Phantasien und Ohnmacht. Diese Konstellation dürfte vermutlich der Grund für die Kindesabnahme gewesen sein. Bei seinem väterlichen Großvater war Herr U bis zum sechsten Lebensjahr oft und war dessen Liebling. Zu Hause herrschte Chaos, da die Mutter nicht in der Lage gewesen war, den Haushalt zu führen.

> In der dritten Klasse in der Volksschule kam Herr U. zu Pflegeeltern. Die Pflegemutter war in der Kirche beschäftigt, der Pflegevater arbeitete als Lagerlogistiker. Der Pflegevater wird als durchaus positive Person beschrieben. Der Pflegevater machte mit ihm und seinem eigenen, ein Jahr jüngeren Sohn Ausflüge, bastelte und bestand gemeinsame Abenteuer. Er war verlässlich und liebevoll, allerdings konnte er keinen physischen Kontakt herstellen.
> Die Pflegemutter beschreibt Herr U. mit einer herzlichen und einer harten, gewalttätigen Seite. Erst nach einigen Monaten Therapie konnte er sein Martyrium beschreiben: Wenn die Schule angerufen hatte, um mitzuteilen, dass er keine Aufgaben gemacht habe, sei er geschlagen worden. Wenn die Mutter etwas verlegt hatte, wurden er und sein (Zieh-)Bruder eingesperrt, weil die Mutter überzeugt war, sie hätten es gestohlen oder versteckt. Auch wenn der Gegenstand wieder aufgetaucht war, war sie überzeugt, die Jungen hätten es dorthin gelegt. Es

gab keine Einsicht und keine Entschuldigung der Mutter, sie fälschlicherweise verdächtigt zu haben. Bis zum Alter von 18 Jahren wurde er geschlagen; nach einem Streit, bei dem er geschlagen wurde, ging er einfach weg, ohne Kleider, ohne Wohnungsschlüssel oder persönliche Sachen, weil er nicht beschuldigt werden wollte, etwas gestohlen zu haben. Er legte den Wohnungsschlüssel ins Postfach und ging ohne Verabschiedung. Er zog bei seiner biologischen Mutter ein, doch er hielt es dort nur zwei Wochen aus, dann verließ er die Wohnung.

Im Prozess der Therapie kann er Hilfsangebote seiner Umgebung annehmen. Sein Chef, mit dem er vier Jahre gestritten hatte (seit der Geburt seines Sohnes), ist nun sein Freund geworden, wie er berichtet. Er hatte dem Chef von seinen Panikattacken erzählt, der sagte ihm seine Unterstützung zu, gab ihm seine Handynummer und sagte ihm, er könne ihn jederzeit anrufen. Als Herr U. dem Chef gegenüber sagte, er möchte zu 100 % für die Firma da sein, entgegnete dieser, 50 % seien jetzt genug und in einer Krise ein gutes Ergebnis. Auch mit der Sekretärin entstand ein neues Vertrauensverhältnis, da sie erzählt hatte, dass sie auch unter Panikattacken leide und ihn gut verstehe. Als er in einer späteren Phase Angst hatte, gekündigt zu werden, konnte er das mit seinem Chef besprechen, der ihm daraufhin eine Stelle als Abteilungsleiter anbot, die er gut ausfüllen konnte. Es bedurfte in der Therapie einer sorgfältigen Bearbeitung seiner Überzeugung, dass ich (und sein Chef) ihn wie seine Ziehmutter für alles zu dumm halten würde, um die Entwicklung seines Selbstbewusstseins zu ermöglichen.

Die Therapie war nicht nur von den stark negativ gefärbten Übertragungsmustern der vernachlässigenden biologischen Eltern sowie der gewalttätigen Pflegemutter belastet, sondern auch von negativen Erfahrungen mit einer Kindertherapeutin. Obwohl sie ihm Vertraulichkeit zugesichert hatte, erzählte sie alles, was er ihr in der Therapie anvertraut hatte, sowohl dem Jugendamt als auch seiner Ziehmutter. Er wurde dafür wie immer hart bestraft. Er hatte Angst, auch mir so hilflos ausgeliefert zu sein wie seiner Ziehmutter, und von mir genauso betrogen zu werden wie von der Kindertherapeutin. Ich ließ ihn deshalb den Antrag an die Krankenkasse lesen, bevor ich ihn absandte.

Die Therapie half Herrn U., seine unterdrückte Wut, statt in somatischen Beschwerden, direkt in der Übertragung zu erleben und durchzuarbeiten. Diese Erfahrungen waren eng mit einer Änderung seiner Fähigkeiten als Vater seinem vierjährigen Sohn gegenüber verbunden. In manchen Stunden – nach einer Trennung, Urlaub oder Unterbrechung – fürchtete er, eine Panikattacke zu bekommen. Meine Deutung, wie wütend er auf mich wegen meiner Abwesenheit war, kommentierte er mit: »Ich spüre, wie mein Blut kocht.«

Seine Probleme als Vater wurden langsam sichtbar. Er und seine Frau, die auch in einer Pflegefamilie aufgewachsen war, hatten sich ein gemeinsames Kind gewünscht. Die Schwangerschaft und Geburt verliefen ohne Probleme. Doch sobald das Kind auf der Welt war, wussten sie nicht, wie sie ihren Sohn beruhigen konnten. Die Äußerung, der Sohn sei ein Schreibaby gewesen, verstehe ich als Hinweis auf ein fehlendes Containment. Das Weinen ihres Babys dürfte bei Herrn U. (und vermutlich auch bei seiner Frau) Deprivationserfahrungen und Vorwürfe seinen biologischen Eltern gegenüber lebendig gemacht haben. Ist der

Vater (Mutter) mit eigenen ungelösten Konflikten mit seinen eigenen Eltern verstrickt, hat er/sie keinen inneren Raum, um die primitiven Gefühle des Babys aufzunehmen und innerlich zu verdauen. Erst als die Mutter eine Therapie machte, gelang es ihr, den Sohn zu beruhigen. Bei Herrn U. konnten durch kleine Äußerungen tiefe Wunden aufbrechen. So erzählte er, dass sein »Junior«, als er aufräumen sollte, den Vater einen »Dummkopf« genannt hatte, was ihn wütend und verzweifelt gemacht hatte. Das brachte die hunderten Male gehörten Vorwürfe der Ziehmutter, wie dumm er sei, und wie er lüge, wieder zu Bewusstsein und überschwemmte ihn so, dass er Angst hatte, ohnmächtig zu werden. Wenn sein Sohn aus Legosteinen Revolver oder ein Gewehr baute und ihn im Spiel »erschoss«, hatte er das Gefühl, er erschieße seine Ziehmutter und wollte es ihm verbieten.

Zwei Mal brachte er seinen Sohn in die Therapiestunde mit, weil er keinen Babysitter gefunden und die Mutter arbeiten gegangen war. Sein Sohn war ein lebhafter, sehr sympathischer Junge, der reges Interesse an den Spielsachen zeigte. Es wurde deutlich, wie schwer es Herrn U. fiel, das lustvolle Spiel des Sohnes zuzulassen. Er versuchte, ihn immer zu kontrollieren, ihm zu sagen, was und wie er es machen solle. Als das Kind die Holzschienen der Brio-Eisenbahn nicht zu einem Kreis schloss, sondern eine andere Formation wählte, wurde Herr U. ganz aufgeregt und wollte, dass er es »richtig« machte. Ich konnte beschreibend zeigen, wie es für den Sohn lustig war, Verschiedenes auszuprobieren, zu verändern und die Schienen unterschiedlich zu verwenden. Er hingegen war gezwungen und gedrillt worden, alles »richtig« zu machen, vielleicht gar nicht spielen oder experimentieren zu dürfen; nicht zum Beispiel mit einem Legogewehr zu schießen – und so seinen Ärger auszudrücken. Diese Deutung machte Herrn U. nachdenklich. Er fragte sich, ob er den Druck, den er als Ziehsohn erlebt hatte, seinem Sohn weitergab. Ist das Bettnässen seines Sohns vielleicht mit dem unnötigen Druck verbunden, den er und seine Frau auf ihn ausüben, fragte er sich. Die Erkenntnis, dass er sich wie die Ziehmutter verhält, schockierte ihn und er wollte es ändern. In seiner Arbeitsstelle gelang es ihm, ein ganz schüchternes, ängstliches Lehrmädchen, das ihn sehr an sich als Jugendlicher erinnerte, zu fördern und zu ermutigen. Er wurde sogar mit der Betreuung der Lehrlinge beauftragt, weil er so einfühlsam sein konnte und sie ermutigte. Er war überrascht, wie auch seine Frau die Zusammenhänge erkennen und beide ihren Sohn spielen lassen konnten, statt ihn dauernd unter Druck zu setzen. »Wie durch ein Wunder« war damit auch das Problem des Bettnässens gelöst, was ihn sehr verwunderte und erfreute.

Diskussion

In dem Maß, in dem er seinen Sohn förderte, gestattete er sich auch, beruflich eine Ausbildung nachzuholen, die er immer angestrebt hatte, die Zieheltern aber nicht erlaubt hatten, weil sie ihn für zu dumm gehalten hatten. Er fühlte sich von mir als Therapeutin und dem Chef unterstützt und konnte eine anspruchsvolle Ausbildung berufsbegleitend erfolgreich abschließen. Ganz stolz erzählte er, dass er das in der Therapie Gelernte bei seinem Sohn anwenden konnte. Erst nach dem Besprechen in der Therapie konnte er seinem Sohn von seiner Kindheit erzählen und war beeindruckt, wie liebevoll dieser ihn verstand. Davor hatte er immer Angst gehabt, alles könnte wie eine Zeitbombe dessen Kindheit zerstören. Eigentlich hatte er das Gefühl, er könne von seinem Sohn lernen, wie er seine Gefühle, seine Liebe, aber auch seinen Ärger zeigen kann. Zwischendurch hatte er Zweifel, ob sein Sohn auch so dumm sei, wie er selbst von seiner Stiefmutter bezeichnet worden war. In der dritten Stunde, bei der er seinen Sohn mitnehmen musste, weil der Kindergarten geschlossen hatte, spielte er mit ihm mit den Autos und baute mit ihm eine Garage. Als der Vater einfühlsam beschrieb, wie er sich um die Lehrlinge im Betrieb kümmerte, kam sein Sohn spontan auf ihn zu, legte ihm die Arme um den Hals und sagte: »Papa, ich hab' dich lieb!« Herr U. war gerührt und wunderte sich, dass er jetzt ertragen konnte, wenn sein Sohn den Zug manchmal entgleisen lässt oder auf einem Gefäß trommelte. Er konnte die Darstellung von Wut und Aggression ertragen, da Herr U. gelernt hatte, seine Wut und seinen Ärger zu zeigen. Er erfüllt sich einen Wunsch seiner Kindheit, eine kleine Katze zu bekommen. Er, seine Frau und Junior suchten sie aus. Er begann wieder an das Gute glauben. »Ich genieße mein Leben«, konnte er sagen und sich nach dem Abendessen Zeit für einen Spaziergang im Wald nehmen.

Teilweise war er mit seiner Mutter identifiziert, die vor zwei Jahren an einem Gehirntumor gestorben war; er fühlte sich dafür schuldig, weil er sich nicht um sie gekümmert hatte. Wenn er beruflichen Erfolg hatte oder sich seine emotionale Situation verbesserte, bekam Herr U. Kopfschmerzen und war überzeugt, ebenso wie die Mutter einen Hirntumor zu haben und zu sterben. Ganz konkret erwartete er immer wieder, dass ich wie seine Ziehmutter mit dem Nudelwalker hinter der Türe auf ihn laure, um ihn nach dem Urlaub zu bestrafen.

Immer wieder war es wichtig, ihn darauf hinzuweisen, dass er beim Erzählen gar nicht erwartete, dass ich wirklich daran interessiert sei, was er denke, was er lese und wie es ihm gehe. Hinter seiner Wut wurde seine Verzweiflung und seine Todessehnsucht sichtbar und besprechbar. Die positive Entwicklung wechselte sich ab mit Phasen, in denen er Angst hatte, wie sein arbeitsloser, alkoholabhängiger Vater zu werden. Als er seinen Job kündigte und eine Woche arbeitslos war, dachte er, er sei wie sein Vater. Es gelang ihm dann, seinen Traumjob zu bekommen. Er wurde Abteilungsleiter in einer Tiergroßhandlung, um den Tieren ein schönes, neues Zuhause zu ermöglichen.

4.2.2 Fallbeispiel: Adoptivmutter – Adoptivtochter Aurica

Im zweiten nachfolgenden Fallbeispiel werden die typischen strukturellen Probleme und Chancen einer Adoption deutlich sichtbar. Oft erfüllt das Projekt »ein Kind adoptieren« das Ziel, das unerfüllte Leben der Frau oder eines Paares mit Leben oder einer sinnstiftenden Handlung zu füllen. Es existieren allerdings widersprüchliche Gefühle: die Furcht und Unsicherheit, ein Monster oder ein gefährliches, unbekanntes Wesen ins Haus genommen zu haben, und der Wunsch, ein Kind wie ein »tabula rasa« formen zu können. Auf dem Adoptivkind lastet dann die Erwartung, ein ausgezeichnetes Kind zu werden, damit die Mutter sicher ist, eine ausgezeichnete

Mutter zu sein. Oft sind diese Forderungen religiös überhöht und unbewusst, können aber von einer christlichen Umgebung verstärkt werden. Entsprechen die bewussten und unbewussten Ansprüche nicht der Persönlichkeit und den Fähigkeiten des Kindes, so kann dieser Druck zu einer Belastung führen; versucht das Kind die Erwartungen zu erfüllen, sich so zu verhalten, als ob es wirklich ein fröhliches, unbekümmertes Kind sei, so kann es zu einer »Als-ob Persönlichkeit« (Deutsch, 1944) oder zu einem »Falschen Selbst« (Winnicott, 1974) führen. Für gewöhnlich bricht so eine Fassade in der Pubertät zusammen – überraschend sowohl für die Jugendliche als auch für die Eltern. Es kommt dann zu einer plötzlichen Desillusionierung und die Beziehung kann sich ins Gegenteil verkehren. Statt des geliebten, braven Kindes, das die Fähigkeiten der Adoptivmutter unter Beweis stellt, wird es das fremde Kind, dessen »böser Kern« alle Mühe zunichtemachte. Statt der Trauer, selbst kein Kind bekommen zu haben, wird die Undankbarkeit des adoptierten Kindes als Angriff erlebt. Fast nie gelingt es den Eltern, über sich und ihre überhöhten Ansprüche dem Kind gegenüber nachzudenken, sowie über ihr Unvermögen, die Persönlichkeit des Kindes ernst zu nehmen und es zu fördern, statt es in die »erwünschte Form« hineinzupressen. Statt der Machbarkeit eines Menschen, was Zeiler (2016) als den »Prometheus-Effekt« beschreibt, werden die Grenzen der Machbarkeit schmerzlich sichtbar. Wird ein Kind aus einem Kinderheim »geholt«, so dominiert meist der Rettungsgedanke, dieses Kind vor dem sicheren Tod zu retten – eine durchaus reale Einschätzung. Ist das adoptierte Kind ein Mädchen, so kann die Adoptivmutter den Ehrgeiz haben, es nun besser als ihre eigene Mutter zu machen. Eine »Wiedergutmachung eigener Versagung«, wie es Zeller-Steinbrich (2008, S. 457 ff.) nennt, kann angestrebt werden, die besonders labil ist, weil bei ernsten Konflikten nicht nur die reale Beziehung, sondern die Illusion der Überlegenheit der eigenen Mutter gegenüber zerbrechen kann. Diese Phänomene zeigen sich auch im folgenden Fallbeispiel:

> Die Adoptivmutter Frau T. kam auf dringendes Anraten der Schule mit der 19-jährigen Tochter Aurica, wie ich sie nenne (Ich habe einen Namen ihres Herkunftslandes gewählt, sie bekam jedoch gleich bei der Adoption einen österreichischen Namen.) zur Therapie. Aurica erzählte in der Schule Fantasiegeschichten von ihren Krankheiten so überzeugend, dass ihr auch die Lehrer immer wieder Glauben schenkten. Sie sagte, sie sei so krank, dass sie dringend operiert werden müsse; sie stahl Geld und lud dann ihre Schulkolleginnen auf ein Eis oder auf Süßigkeiten ein.
>
> **Elterngespräch**
> Die Adoptivmutter berichtete Folgendes: Aurica wurde in Rumänien von einer 12-jährigen Mutter geboren, der Vater war namentlich unbekannt und 14 Jahre alt. Bei der Geburt war sie sehr klein und wog 2,8 kg. Frau T. hatte Aurica zum ersten Mal im Alter von drei Monaten gesehen. Sie war ein überaus hübsches Baby, deshalb wurde sie vermutlich aus dem Sterbezimmer, in das sie bereits gegeben worden war, wieder ins Kinderzimmer im Krankenhaus und später in ein gutes Kinderheim gebracht. Beim ersten Besuch hatte Aurica beide Arme

streng gewickelt, wurde Frau T. in die Arme gelegt, blickte ihr in die Augen und sie wusste, dieses Kind werde sie adoptieren. Offiziell durfte sie Aurica erst mit neun Monaten adoptieren. Die Mutter blieb sieben Monate bei ihr zu Hause, um ihr die Eingewöhnung zu erleichtern. Schon nach einer Woche hatte sich ihr grünlicher Gesichtsausdruck verändert. Am Beginn gab es zahlreiche gesundheitliche Probleme sowie eine starke Entwicklungsverzögerung. Sie brauchte eine Spreizhose und lernte erst mit 1,5 Jahren zu laufen. In der Nacht wachte sie drei- bis viermal auf und weinte bitterlich, schrie im Schlaf auf.

Aurica entwickelte sich später zunächst sehr gut, war eine gute Skifahrerin. Sie war ein braves, angepasstes Kind, zeichnete gerne, war hilfreich und folgsam. Erst vor zwei Jahren begann sie, wilde Geschichten zu erzählen. Meist handelten diese Geschichten von schweren Krankheiten oder Unfällen (z. B. einem Spalt in der Schädeldecke), die Krankenhausaufenthalte erforderten. Sie konnte die Symptome eines Niereninfarkts (den ihr Adoptivvater eben hatte) so gut imitieren, dass sie tatsächlich ins Krankenhaus gebracht wurde und Infusionen bekam. Oder sie erzählte am Ausflug, dass ihr Vater sich aufgehängt hatte, sie so traurig sei. Am selben Tag erzählte sie einem anderen Mädchen, dass ihr Vater aus Rumänien sie besuchen kommen werde. Sie erfand, dass sie den Opernball eröffnete und welch schönes Ballkleid sie getragen hatte.

Seit 1,5 Jahren besuchte sie eine Gesprächstherapie, die keine Wirkung zeigte, weil die Therapeutin, wie Aurica sagte, sie nur zu schulischen Dingen fragte. Sie wolle nicht mehr hingehen; auch die begleitenden Elterngespräche wurden von den Eltern nicht als hilfreich angesehen. Nach den ersten beiden Vorgesprächen mit Aurica, schlug ich eine dreistündige Analyse vor.

Seit aus Aurica ein »Problemkind« geworden war, das stahl, Fantasiegeschichten erzählte und damit in der Schule viel Aufmerksamkeit, aber auch ernste Probleme bekam, hörte das Verständnis der Mutter auf.

Frau T. war eng in der kirchlichen Gemeinschaft integriert. Ihre Entscheidung als alleinstehende Frau ein Kind aus einem rumänischen Kinderheim zu adoptieren, wurde von der Umgebung bewundert; sie erlebte viel Zuwendung und Unterstützung. Alle bewunderten ihren Einsatz um Aurica und ihre eindrucksvolle Entwicklung. Sie war in einer Gruppe von Adoptiveltern integriert, die sich über ihre Schwierigkeiten mit den adoptierten Kindern austauschten. Nach 1,5 Jahren lernte sie einen Mann kennen, der eine fünfjährige Tochter hatte. Sie verliebten sich und heirateten. Die neue, ältere (Stief-)Schwester kümmerte sich liebevoll um Aurica.

Therapieverlauf
Bei den ersten beiden Assessmentstunden herrschte eine eigenartige, »klebrige« Atmosphäre; so als ob es keine emotionalen Konflikte, keine Probleme geben dürfe. Aurica wirkte pseudofreundlich und pseudokooperativ, wollte eine gute Patientin sein, wollte gerne bei mir beginnen. Der Vorschlag einer höher frequenten Analyse schien ihr zu gefallen.

Doch schon am Beginn der Analyse zeigte sich ihre starke Ambivalenz. Mit den Eltern hatte ich vereinbart, dass Aurica im September nach der Schullandwoche zu mir kommen sollte. Ich hörte nichts von ihr. Erst Mitte September rief die Mutter an, um zu fragen, ob ich schon einen Antrag an die Krankenkasse geschickt hätte. Die Mutter war überzeugt, dass sie schon zwei Wochen bei mir in Analyse sei, Aurica habe angeblich in Anwesenheit der Mutter mit mir telefoniert. Einmal habe die Mutter Aurica sogar zu meiner Praxis gebracht und einige Zeit gewartet, ob sie wieder herauskomme, was sie nicht gemacht hätte.

Ich sagte, das sei ja der Grund, warum sie eine Therapie für Aurica anstrebe. Ihr Platz bleibe bis Ende September für sie reserviert. Zwei Tage später rief Aurica an, als ob nichts gewesen wäre und vereinbarte eine Stunde mit mir. Der Beginn der Analyse gestaltete sich sehr schwierig. Aurica wollte auf der Couch liegen. Sie legte sich hin, als ob sie wie ein Baby fest gewickelt worden wäre, mit den Armen am Körper. Sie schwieg, was ich akzeptierte, um dann nach längeren Pausen zu beschreiben, wie schwer es ihr gefallen sei, den Weg zu mir zu finden; wie sehr sie sich von mir eine Initiative erwartete. Sie wolle herausfinden, ob ich sie wirklich haben wolle, so wie dieses kleine Baby. Sie erlebte die Therapie zunächst wie eine Erinnerung an ihre leibliche Mutter, die sie abgelehnt hatte. Nun wollte sie ausprobieren, ob sie bei mir einen stabilen »Platz« habe. Am Ende der Stunde schüttelte sie mir fest die Hand, schaute mir richtig in die Augen und bedankte sich aufrichtig, was mich überraschte.

In der nächsten Stunde setzte sie sich auf den Stuhl und schaute mich die ganze Stunde hindurch dringend, lauernd und todtraurig an. Mir kamen Gedanken an ein kleines, unterernährtes, verlorenes Baby. Mir wurde kalt, so als ob jemand mir die Decke weggezogen hätte. Ich gab vorsichtig verschiedene Deutungen, dass sie sich hier nun aufsetzen und bestimmen könne, was sie am Beginn des Lebens nicht konnte. Da sei sie ganz hilflos gewesen. Ich meinte, dass sie sich wohl fragte, ob sie hier bei mir wirklich einen Platz habe, da antwortete sie bestimmt: »Diese Frage habe ich nicht!« Ich griff es auf und meinte, vermutlich sei ihr das nicht bewusst. Sie schien froh zu sein, dass ich es für sie aussprechen konnte.

Auch in den nächsten Stunden stand der schwierige Beginn im Mittelpunkt, der schwere Beginn ihres Lebens, ihres Platzes bei der Adoptivmutter sowie in der Analyse. Sie schien jedes Mal erleichtert, wenn ich ihre Gedanken aussprach: Warum hat mich meine Mutter bekommen? Warum hat mich meine Adoptivmutter aufgenommen? Sie wickelte sich in zwei dicke Schals und ließ ihre Jacke an, hatte weniger Angst und konnte sich dann wieder hinlegen. Sie sagte, wie ungewohnt es sei, wenn ich ihr zuhörte, statt sie – wie sie es gewohnt sei – mit Fragen zu bombardieren.

Als sie längere Zeit ganz ruhig, wie ein fest gewickeltes Bay dalag, sagte ich, dass sie mir mit diesem langen Schweigen vielleicht zeigen wolle, wie lange die hoffnungslose Zeit (neun Monate) gedauert habe. Sie habe den Mut, sich nicht mit oberflächlichen Gesprächen abzulenken, sondern zu zeigen, dass es am Beginn des Lebens wirklich um Leben und Tod gegangen sei. Sie bejahte das überzeugend Ich fuhr fort und sagte, dass sie damals selbst nichts tun, sich nicht bewegen konnte.

P.: [Aurica als Patientin] »Ja! Ein Baby will experimentieren, wenn es strampelt und die Arme bewegt. Wenn es aber zur Untätigkeit verurteilt ist, kann es gar nichts. Wenn ich ein Baby (das ihrer Ziehschwester) anschaue, wie stark es sich bewegt, bin ich beeindruckt.«

Th.: »Und wie es sich freut, wenn es sich bewegen kann.«

P.: »Das Baby schaut mich an und sagt: ›Schau! Was ich schon kann!‹«

Th.: »Da ist eine andere Person, die das sich bewegende Baby anschaut und sich freut.«

P.: (Sie hat sich bewegt, streichelt ihre beiden Schals und beginnt, sich lebendig zu fühlen. Dabei spricht Aurica über das (phantasierte) Baby, das sich zu bewegen beginnt und sich dem Leben zuwendet-)

Th.: »Wann haben Sie sich das gedacht?«

P.: »Jetzt. In der Schule haben wir darüber gelernt, wie sich ein Baby bewegt, die Füße, die Arme, niemand zeigt ihm, wie man strampelt oder sich umdreht. Ich kann mir nicht vorstellen, dass sich Eltern hinlegen, um ihm zu zeigen, wie man strampelt oder sich umdreht. Es macht das alles allein, und das ist faszinierend.«

Th.: »Es ist wichtig und beruhigend für Sie, das mitgebracht zu haben, dass es in Ihnen drinnen ist. Hier am Beginn der Stunde liegen sie ganz starr, dann erst beginnen Sie sich zu bewegen und zu sprechen, wenn Sie sicher sind, dass ich Anteil nehme und ich Ihnen meine Aufmerksamkeit schenke.«

P.: (spricht über den Bewegungsdrang des Babys) »Ich werde sehr müde.«

A.: »So einen Bezug zu ihren eigenen Erfahrungen herzustellen – dem ›Baby in ihnen‹ –, ist sehr anstrengend.

P.: »Ja, aber wenn ich mich schon einlasse, dann will ich auch nachher nicht gestört werden. Mein Freund darf mich erst nach einer Stunde anrufen (lacht). Ich möchte nicht so herausgerissen werden, sondern noch nachdenken und nachspüren können. (Pause) Es ist ganz neu, ich habe mich noch nie damit beschäftigt.«

Diskussion

Wie Aurica mit ihren Gefühlen in Kontakt kommt, über das Baby und über sich als Baby spricht, ist für mich als Analytikerin sehr eindrucksvoll und schmerzlich. In meinem Inneren entstehen Bilder von Kindern, die nicht zureichend gefüttert werden, weinen, aber dann zu schwach sind, sich bemerkbar zu machen.

Ihre traurige Geschichte, ihrer 12-jährigen Mutter, die Monate lang liegen musste, um das Kind zu behalten, der Wunsch der Mutter, dieses todgeweihte Kind zu retten, ist sehr berührend. Zugleich wird deutlich, wie verwirrt Aurica ist: Sie erfindet ein imaginäres Leben, zieht sich an einen psychischen Rückzugsort zurück. In der Gegenübertragung spüre ich die Kälte und die bange Frage, ob das Baby schon aufgegeben hat, ob noch jemand an dieses Kind glauben kann. Wird es möglich sein, ihre Fantasiewelt und die Realität zusammenzubringen? Sie wollte nie etwas über ihre biologische Mutter wissen.

Ihr steifes Liegen lässt mich an das Konzept einer »Zweithaut« von Esther Bick (1965) denken, mit der sich ungehaltene Kinder selbst zu halten versuchen. Das Kind kann seinem Leben nicht selbst Sinn verleihen; es braucht ein Du, das sich an seiner Existenz erfreut, einen Wunsch hat, dass dieses Kind lebt. Die Situation bezieht sich auf ihr Erleben, bevor sie Worte hatte, um sich auszudrücken. Ich habe die Aufgabe, diese Gefühle und Wünsche zu beschreiben, ihr damit eine Stimme zu geben. Sie hat überlebt, wir können vermuten, dass sie eine Kapazität hat, sich ans Leben zu klammern.

In den ersten Wochen nach Beginn der Analyse rief mich die Adoptivmutter aufgeregt an, um mich zu fragen, ob Aurica mir erzählt habe, dass sie sich in einen jungen Mann verliebt habe. Da sie schon 19 Jahre alt sei, hätten dessen Eltern erlaubt, dass sie bei ihm übernachte. Die Adoptivmutter war entsetzt, konnte aber nichts machen, weil Aurica einfach ihr Handy ausgeschaltet hatte. Es gelang im Anschluss, in einer Stunde das Thema der ungewollten Schwangerschaft anzusprechen. Aurica sagte, sie habe schon daran gedacht und vorgesorgt.

In der immer größer werdenden Krise zwischen Aurica und ihren Eltern war zu sehen, wie die Eltern immer mehr die emotionale Besetzung von ihr als (Adoptiv-)Tochter abzogen und sich gegen sie stellten.

In den Stunden waren die langen Schweigephasen schwierig zu ertragen, da ich in der Gegenübertragung mit ihr als verlassenes, verlorenes Baby mitfühlte, das nicht wusste, ob es überleben werde. Wenn es gelang, das anzusprechen, konnte auch sie mit ihren Gefühlen in Berührung kommen. Sie versuchte sich vorzustellen, wie es ihrer 12-jährigen Mutter gegangen war, als sie mit ihr schwanger war. Sie ging im fünften Monat ins Krankenhaus und lag dort bis zum Ende der Schwangerschaft, um das Kind zu behalten. Sie fragte sich:»Wie ist das mit den Betreuerinnen der Babys, wenn die alle so daliegen, und niemand nimmt sie auf? Ohne es gelernt zu haben, können es Leute. Ich könnte ein Baby nicht einfach so liegen lassen, würde mit den Kindern spielen.«

Aurica, in Ausbildung als Erzieherin, berichtete, wie viel sie von den Kindern zurückbekomme, wenn sie mit ihnen spielte. Dann berichtete sie von ihrer Reise nach Rumänien mit der Pfarrjugend. Sie hatte ein vierstündiges Gespräch mit der Hebamme, die sie zur Welt gebracht hatte. In der nächsten Stunde überlegte sie, wie es wäre, wenn sie wie zur Hebamme auch zu ihrer Mutter Kontakt aufnehmen würde. Nach dem Schweigen, fragte ich sie, was ihr durch den Kopf gehe. Sie sagte: »Ich habe mir gestern vorgestellt, wie es ist, nicht nur meine Mutter zu treffen, sondern auch meinen Vater. Bekannte von uns haben Kinder in dem Alter, zwölf wie meine Mutter und dreizehn Jahre wie mein Vater. Ich habe sie angeschaut, wie meine Eltern ausschauen könnten. Meine Mutter ist vermutlich so klein wie ich, mein Vater ist viel länger, eher schlaksig.« Ich antwortete: »Es ist eine große Anstrengung, sich das vorzustellen.« Aurica erzählte, dass sie sich frage, wie es sei, mit elf Jahren ein Baby im Bauch zu haben (während der Schwangerschaft).

In der nächsten Woche fand ich eine aufgeregte Nachricht der Mutter auf meinen Anrufbeantworter, dass Aurica weg sei und nicht in die Schule gehe. Ich lud die Eltern zu einem Gespräch ein.

Diskussion

Aurica spaltet ihren Wunsch, in sich die innere Mutter und den inneren Vater zu finden in einer konkretistischen Form ab. Statt in sich zu blicken, sich selbst kennenzulernen, denkt sie über die realen biologischen Eltern nach. Vielleicht ist das lange Schweigen am Beginn jeder Stunde eine Form, mich als Analytikerin den Aspekt einer abwesenden Mutter erleben zu lassen. Obwohl Aurica so klein und schwach war, hatte sie den Wunsch zu überleben, hat die Anstrengung ihrer biologischen Mutter aufgenommen, die eine schwierige Schwangerschaft durchgemacht hat, um sie lebend gebären zu können. Auch die Schuldgefühle ihrer biologischen Mutter, sie zur Adoption freigegeben zu haben, sowie der Neid auf die Adoptivmutter kommen andeutungsweise vor. Ihre Adoptivmutter scheint gar nicht so sensibel zu sein, um zu spüren, was Aurica vermissen musste. Sie denkt, sie könne wirklich die Mutter einfach ersetzen.

Elterngespräch

Die Eltern kamen, lächelten mich an, als ob nichts geschehen wäre. Die Mutter berichtete, dass Aurica zum zweiten Mal »weg sei«. Das erste Mal war es wegen einer hohen Telefonrechnung (130 Euro) und weil sie keine Idee hatte, wie sie den Betrag den Eltern zurückzahlen solle. Die Mutter hatte Aurica deshalb Vorwürfe gemacht. Sie war drei Tage weg gewesen, danach gab es ein gutes Gespräch der Mutter mit Aurica. Sie hatte behauptet, dass sie bei einer Freundin gewesen sei, was nicht gestimmt habe. Der Vater konnte anhand des Handys rekonstruieren, wo sie gewesen war, nämlich bei seiner 24-jährigen Tochter, die eben ein Baby bekommen hatte.

Die Eltern berichteten, Aurica gehe nicht mehr zum Praktikum, denn sie habe so viele Fehlstunden und stehe in zwei Fächern auf »nicht genügend«.

Als ich die großen aktuellen Probleme im Moment anerkannte, fügte ich hinzu, dass die Adoptivmutter insgesamt Großes geleistet habe. Darauf erzählte diese ohne emotionale Beteiligung, dass Aurica damals im Raum für abgelegte Babys, um die man sich fast nicht mehr kümmert, gelegen habe. Sie habe gleich Blickkontakt mit ihr aufgenommen, sie sei wunderschön gewesen, wenn auch sehr zart und klein. Ihre leibliche Mutter, die ich Eva nenne, kam im fünften Schwangerschaftsmonat ins Krankenhaus, weil sie sonst das Baby verloren hätte. Ihr Onkel sollte die Vormundschaft übernehmen, was er dann aber nicht getan habe. Eine Gynäkologin hatte sie zur Adoption empfohlen. Nach dem Besuch der künftigen Adoptivmutter wurde Aurica ins normale Kinderzimmer verlegt und sei dann in »das beste« Kinderheim gekommen. Sie selbst wollte nie ein Baby, weil sie Angst vor der Geburt hatte. Sie habe es nie bereut, kein Baby zu haben, hatte auch nie einen Mann.

Ich versuche das Fabulieren von Aurica als das Erfinden einer Fantasiewelt verständlich zu machen und bitte um die Handynummer von Aurica. Ich schreibe ihr eine sachliche Nachricht: »Liebe Aurica, Du konntest letzte Woche nicht zu deinen Stunden kommen. Ich erwarte dich zur nächsten Stunde am Di.,

1. Dez., um 16.00 Uhr. Liebe Grüße GDW«. Sie antwortet umgehend, dass sie kommen werde.

Diskussion

Die Adoptivmutter kann es nicht ertragen, dass Aurica sich in einen Mann verliebt hatte und liebevoll in dessen Familie aufgenommen wird, sie auch über Nacht bei ihnen schlafen darf, da sie schon volljährig ist.

Es scheint für Aurica nicht möglich zu sein, zu zwei Menschen gleichzeitig ein Vertrauensverhältnis aufzubauen. In dem Moment in dem sie sich auf die Analyse einzulassen beginnt, verliebt sie sich – was man auch als wichtigen Entwicklungsschritt sehen könnte. Schwierig ist es jedoch, dass sie ihre Stunde absagt, wenn sie ihren Freund, den ich Peter nenne, sieht. Es scheint für sie jedoch nur die Liebesbeziehung *oder* eine analytische Beziehung zu geben.

In den folgenden Stunden projiziert Aurica in mich die abwesende Mutter, die sie zurückgelassen hat, ohne Liebe und Anteilnahme. Wenn ich das verstehe, von dieser langen Zeit der Hoffnungslosigkeit spreche, kann sie mich als eine »Kinderschwester« erleben, die sie herausnimmt und Körperkontakt mit ihr hat. Dann spricht sie sehr emotional davon, wie gut sie selbst mit Kindern umgehen kann. Es bleibt unklar, ob es ihr gelingt, mir Zutritt zu ihrer inneren Welt, ihrem Schmerz und ihrer Wut zu gestatten. Es tritt ein Mann in ihr Leben, den sie in einer Mischung als verliebte Adoleszente und bedürftiges Baby anhimmelt und nur mit ihm sein will. Da sie zwei Wochen auf Skikurs ist, kommen die Eltern allein zu einem weiteren Elterngespräch.

Elterngespräch

Die Mutter erzählte mit deutlicher Genugtuung, dass sich Peter von Aurica getrennt habe. Bei einem Abendessen mit den Eltern von Peter und dem jungen Paar hätten sie dessen Eltern auf die Notwendigkeit, dass Aurica eine Anti-Baby-Pille nehmen müsse, hingewiesen. Auf Drängen von Peter hätte Aurica dann die »Pille« hergezeigt, die aber einfache »Zuckerl« gewesen seien. Darauf sagte Peter, er könne seine Zukunft nicht mit jemanden aufbauen, der lüge. Harsch und ironisch kommentierte die (Adoptiv-)Mutter: »Das war die große Liebe.« Aurica sei in den Wald gelaufen und zwei Stunden später ganz verweint zurückgekommen. Die Mutter habe ihr dann vorgeschlagen, in einer Skischule zwei Wochen als Skilehrerin zu arbeiten, was sie freudig aufgriff. Von der Schule hatte sich Aurica selbst abgemeldet, wollte sie aber im nächsten Jahr fertig machen.

Der Vater war verärgert, sagte, bei keinem Problem sei eine Besserung eingetreten, Aurica lüge, gebe zu viel Geld aus. Er hatte Angst, dass die Polizei sie wegen der offenen Rechnungen belangen könnte, sie habe keinen Beruf und könnte sich das Leben nehmen. Auch Peter sei in Sorge und habe sie angerufen. Sie ging jedoch nicht ans Handy. Ich sagte, dass Aurica die Probleme der Eltern in die Analyse bringe und ob sie nicht als Eltern zu einer Therapeutin gehen wollten.

Diesen Vorschlag lehnten sie vehement ab, sie hätten kein Problem, eine erste Therapie habe ihnen gar nichts gebracht.

Diskussion

Es ist deutlich, dass die Illusion eines »wunderbaren Kindes von großartigen Eltern« im Begriff ist zu zerbrechen. Statt einfühlsamen, toleranten Eltern, die die Probleme bei der Ablösung verstehen, zeigen die Eltern Genugtuung, dass die Eltern von Peter, die zunächst von Aurica begeistert waren, später enttäuscht waren. Sie scheinen fast Schadenfreude zu empfinden, dass Peter sie so abrupt verlassen hatte.

Als Aurica nach zwei Wochen in die Therapie zurückkam, erzählte sie vom sauberen Schnee, der schönen Tätigkeit mit den Kindern beim Skifahren; Ich kommentierte, wie gut es ihr getan hatte, dort mit ihren Fähigkeiten anerkannt zu werden, beliebt und kompetent als Skilehrerin gearbeitet zu haben. Sie erzählte, wie ein Kind im Skikurs am Anfang weinte, der Kursleiter es gleich nach Hause schicken wollte, sie es aber trösten konnte, sodass es zu weinen aufhörte und dann nicht von ihrer Seite wich. Ich verband das mit ihrer Erfahrung in der Analyse, dass ich sie nicht wegschickte, wenn sie zwei Wochen nicht gekommen sei oder Stunden abgesagt hatte, sondern sie verstehen könne, wie schmerzlich der Beginn ihres Lebens gewesen und wie schmerzlich die Trennung von Peter gewesen sei. Sie ergänzte, dass diesem Kind kalt sei, weil es keine richtigen Socken, keine Unterhose anhatte, weil der Vater es nicht richtig versorgt hatte.

In der äußeren Realität gab es ein heftiges Hin und Her. Ihr Freund Peter war wieder zurückgekommen, sie waren wieder ein Paar, aber Aurica kam nicht nach Hause und vertröstete ihre Eltern nur mit einer SMS. Die Adoptiveltern hatten herausgefunden, dass das junge Paar in ihrem Sommerhaus lebte, der Vater war wütend und ließ dann das Schloss austauschen, sodass sie nicht mehr hineinkommen konnten.

Meine Versuche, die Enttäuschung der Eltern zu verstehen und ihnen zu helfen, zu sehen, dass der Aufenthalt im Sommerhaus ein relativ sicherer Platz sei, sie sich keine Sorgen machen müssten, schlug fehl. Der Vater fühlte sich hintergangen, weil sie vorher nicht gefragt hatten. Der Vater wollte die Analyse nicht mehr bezahlen.

Diskussion

Die Eltern fühlten sich enttäuscht, angelogen und provoziert. Sie waren nicht mehr daran interessiert, wie Aurica ihr Leben weiter gestaltet. Es wurde klar, dass die Adoptivmutter ihre Aufgabe als Adoptivmutter nur nützte, um ihr eigenes Leben zu füllen. Erst als Adoptivmutter gestattete sie sich, erstmals eine Beziehung zu einem Mann, der sie wegen der Adoption bewunderte. Nun sagen sich beide von Aurica los. Mein Angebot an Aurica, die Therapie auf Krankenschein weiterzuführen, konnte sie nicht annehmen.

4.2.3 Fallbeispiel: Frau P. mit den Adoptivkindern Alina und Leo

Im folgenden Fallbeispiel wird eine Adoptivfamilie gezeigt, die trotz einer sehr schwierigen Ausgangssituation für die beiden schwer traumatisierten Kinder eine sichere, neue Familie schaffen konnte, ohne den regelmäßigen Kontakt zu den leiblichen Eltern zu unterbrechen. Den Kontakt zu den biologischen Eltern aufrechtzuerhalten, war wegen deren Drogensucht, deren Alkoholismus, Gefängnisaufenthalten und anderer Belastungen besonders herausfordernd. Diese Entwicklung wurde durch eine begleitende Therapie, zunächst als Eltern-Kleinkind-Therapie und später mit einem Therapieangebot an die Mutter unterstützt.

> Beginnen möchte ich mit einem Follow-up-Treffen der Adoptivmutter mit mir vier Jahre nach Beginn der Therapie. Zunächst nahm die Adoptivmutter eine fünfstündige Eltern-Kleinkind-Therapie in Anspruch, welche die dringenden Probleme verbessern konnte. Da die Mutter selbst große Probleme hatte, kam sie zu weiteren fünf Stunden allein. Es folgten in größeren Abständen weitere Stunden einer Eltern-Kleinkind-Therapie. Das letzte Treffen lag einige Monate zurück. Eine Follow-up-Sitzung war vereinbart worden, um die die Mutter telefonisch gebeten hatte.
>
> Frau P. kam pünktlich zur vereinbarten Stunde. Strahlend begann sie die Stunde mit der Erzählung, dass gestern die Eröffnung ihrer Emi-Pikler-Spielgruppe stattgefunden habe. Trotz Corona seien zahlreiche Leute gekommen und sie hätten gemeinsam gefeiert. Ich fragte sie: »Sie erzählen mir, dass damit ein großer Traum von ihnen in Erfüllung gegangen ist. Etwas, was sie sich kaum zugetraut hatten. Wie ist das möglich geworden?« Frau P. antwortete, dass ihr Mann sie sehr unterstützt habe. »Die Ausbildung habe ich ja schon länger abgeschlossen; es war so eine nette Stimmung, es waren so viele Leute da, die Interesse hatten – es war viel schöner, als ich mir das vorstellen hätte können.«

Diskussion

Frau P. war am Beginn der Therapie eine junge, sehr unsichere Frau, die sich wenig zugetraut hatte. In der Schule hatte sie Probleme, sich zu konzentrieren. Die beiden adoptierten Kinder wuchsen ihr über den Kopf. Ihre Trauer, selbst wegen einer Stoffwechselerkrankung keine Kinder bekommen zu können, war verdrängt, verursachte lange depressive Verstimmungen. Sie beschrieb sich als »traumverloren«, ihre Gedanken schweiften ab, sie konnte den Kindern nicht zuhören. Erst nachdem sie diesen schmerzlichen Verlust benannt und betrauern konnte, begann sie, einen emotionalen Kontakt zu den Kindern herzustellen. Sie hatte immer den Wunsch gehabt, selbst eine Therapie zu machen, wagte es aber nicht. Da die Schwierigkeiten mit den adoptierten Kindern so massiv geworden waren, konnte sie auf Empfehlung des Jugendamtes eine Therapie beginnen, die auch bezahlt wurde. Es dauerte einige Zeit, bis klar wurde, wie gerne und wie dringend sie für sich Hilfe in Anspruch nehmen würde. Es war dann möglich, eine organisatorische Form zu finden. Ihre

Unsicherheit und ihre Misserfolgsorientierung hinderten sie zunächst, relevante Fortbildungsangebote in Anspruch zu nehmen.

Frau P. wollte therapeutische Hilfe in Anspruch nehmen, da sie große Probleme mit ihrer jüngeren Adoptivtochter Alina hatte. Diese lehnte sie ab, sagte: »Du bist nicht meine Mama, du hast mir nichts zu sagen. In der oben geschilderten Follow-up-Stunde zeigt sich, wie gut Alina in der Familie integriert ist und nicht nur eine sichere Bindung zu Frau P. entwickelt hat, sondern wie stabil ihr inneres gutes Mutterbild verankert ist. Das innere Bild, die innere psychische Struktur eines Kindes zeigt sich im spontanen Spiel (Winnicott, Klein). In der Stunde berichtet Frau P. von den weiteren Ereignissen:

Frau P. berichtete in der Stunde zunächst, dass vor Kurzem das Jugendamt angerufen und mitgeteilt habe, dass Andreas' (erstes Adoptivkind) Vater ein neues Baby bekommen habe, das er nicht betreuen könne. Die zuständige Sozialarbeiterin fragte, ob Frau P. und ihr Mann es ebenfalls adoptieren würden. Sie hätte schon überlegt, aber es sei ihr rasch klar geworden, dass es jetzt nicht passe. Ihr Mann war ganz klar dagegen.

Es habe einen Besuch bei Alinas Vater gegeben. Sie und Alina sowie die andere Pflegemutter mit Alinas Schwester hätten ihn im Park getroffen. Er habe ganz große Geschenke, die die Oma ausgesucht hatte, mitgebracht. Andreas sei begeistert gewesen, so einen »coolen« Papa zu haben, habe ihn heftig umarmt und seine Freude gezeigt. Der Vater, der vorher voller Wut über sein verpfuschtes Leben geschimpft hatte, war hocherfreut.

Alinas Vater sei nun wieder aus dem Gefängnis entlassen worden, habe eine neue Freundin, die die Pflegemutter zu Hilfe gerufen habe, weil er den Entzug abgebrochen habe, sie bestohlen und Heroin gekauft hatte.

Pflegemutter Frau P. berichtet vom Spiel von Alina, bei der Alina die Puppenmutter ist und sich folgender Dialog entwickelt:

Alina: »Ich habe einen Garten, da können alle Kinder kommen und spielen, klettern und rutschen. Es gibt gutes Essen, das allen schmeckt.« (Die Kinder werden mit Puppen und Steiftieren dargestellt)
Mutter: (sitzt dabei und schaut zu, fragt) »Was soll ich tun?«
Alina: »Du kannst uns helfen.« (was die Mutter tut)
Alina: (am Abend) »Wenn ich das, mit dem großem Garten spiele, fühle ich mich so glücklich.«

Ein weiteres Spiel sieht wie folgt aus:

Alina muss mit der Puppe zum Arzt, um sie impfen zu lassen. Sie packt den Kindersitz ein und fährt zum Arzt. Als sie erschöpft ankommt, erzählt sie empört, dass der Arzt nicht einmal mit der Puppe gesprochen hat, sondern sie einfach rasch geimpft hat. Sie ist empört, wie lieblos er ist. Sie muss rasch nach Hause, weil sie noch zwei andere Kinder hat, die auf sie warten und zwei Besuchskinder.

Danach fragt Alina ihre Pflegemutter, warum sie nicht das neue Baby aufnehmen. »Wo soll es hin?«, fragt sie. »Wenn meine Eltern noch ein Baby bekommen, sollten wir es zu *uns* nehmen«, fügt sie hinzu.

Wie gut sich die Beziehung zwischen Alina und den Pflegeltern entwickelt hat, wird durch die Beschreibung der Anfangssituation sichtbar: Alina hatte einen schwierigen Start im Leben, ihre Mutter war drogensüchtig, der Vater nicht in der Lage, sich um sie zu kümmern. Sie blieb einen Monat allein im Krankenhaus, dann kam sie zu einer Krisenpflegemutter. Mit drei Monaten kam sie zu Frau P., die bereits einen fünfjährigen Jungen, der geistig beeinträchtigt war, in Pflege hatte. Die Anbahnung der Pflege, als Alina alleine bei ihnen war, war schwierig, da sie fast die ganze Zeit weinte.

Als Alina vier Jahre alt war, wandte sich Frau P. an mich. Frau P. hatte den Eindruck, sich völlig übernommen zu haben und die beiden Kinder – vor allem Alina – nicht managen zu können. Dem Vater falle es leichter, klare Grenzen zu setzen. Frau P. hatte den Eindruck, sich selbst nicht wahrnehmen zu können. Oft sitze sie nur und »schaue in die Luft«, merke gar nicht, wenn Alina mit ihr spreche. Die Mutter konnte dann ihren Vorsatz, den Tag zu strukturieren, verwirklichen, was mehr Ruhe in die Familie brachte. Alina war sauber geworden, wollte nun wie die Erwachsenen auf die Toilette gehen.

Diskussion

Wie ersichtlich wird, gelingt es Frau P., mit ihrem Mann, trotz der schwierigen Familienverhältnisse, den permanenten Krisen Kontakt zu den biologischen Eltern zu halten und den Adoptivkindern deren Situation verständlich zu machen.

Im oben skizzierten Spiel als Puppenmutter zeigt Alina, wie sie sich mit einer großzügigen Mutter identifiziert hat, deren großer Garten, deren großes Herz Raum für alle Kinder und alle Tiere lassen. Es gibt gutes Essen für alle Kinder. Ihr Spiel gleicht einem Tagtraum, in dem für alle genug da ist.

An der Sequenz, als Alina ihre Puppe beim Arzt impfen lassen will, wird eindrucksvoll deutlich, dass Alina emotional fest in der Pflegefamilie verankert ist. Sie erlebt dort, dass sich ihre Pflegeltern umsichtig um sie kümmern. Für sie ist es auch der Ort, wo neue Babys eine Zuflucht finden sollten, da sie weiß, dass ihre leiblichen Eltern sich auch um diese neuen Kinder nicht kümmern können.

Im Spiel ist sie eine liebevolle, umsichtige Mutter, die an alles denken kann. Der Kinderarzt erledigt die Impfung nur routinemäßig, ohne ein Wort an das Kind zu richten. Im Spiel will sie ihre Mutter übertreffen, möchte alles noch besser machen als sie.

In der Therapie kann die Pflegemutter über ihren Schmerz sprechen, kein eigenes Kind bekommen zu können. Ihr Groll gegen die »undankbaren G'fraster« (Nichtsnutze, Anmerkung v. GDW), die nicht dankbar sind für alles, was sie tut, kann in der Therapie besprochen werden.

In der Therapie gelingt es Frau P., sich von ihrer Herkunftsfamilie zu lösen und sich zu überlegen, was sie selbst im Leben machen wolle. Ihren sehnlichen Wunsch, eine Ausbildung zu einer Emi-Pikler-Pädagogin zu machen, kann sie verwirklichen. Die Entscheidung, selbst eine Therapie in Anspruch nehmen zu dürfen, bedarf einer ausführlichen Bearbeitung ihrer Überzeugung, für sie gebe es wie in ihrer Herkunftsfamilie keinen Platz.

Erst als Frau P. sich einen Platz in der Therapie nehmen und sich ihre Wünsche nach einer beruflichen Ausbildung erfüllen konnte, war sie in der Lage, wirklich auf die Bedürfnisse der Pflegekinder einzugehen und sie zu fördern. Es bedurfte gleichsam zunächst einer »emotionalen Reanimation« (Pedrina et al., 2016, S. 242) der Mutter, um sie in die Lage zu versetzen, ihre bedürftigen Pflegekinder zu betreuen. Das entstehende starke Zugehörigkeitsgefühl von Alina und ihrem Bruder zu ihr als (Pflege-)Mutter vermittelte ihr eine neue Selbstsicherheit, wirklich das Zentrum einer Familie zu sein. Diese Entwicklung ist erst auf der Basis eines sicheren »Containments«, eines emotionalen Einfühlungsprozesses, möglich.

Es besteht eine gewisse Tendenz, dass sich Frauen, die sich selbst vernachlässigt und in ihrer Familie ausgegrenzt gefühlt haben, bereit sind, Kinder zu adoptieren oder zur Pflege aufzunehmen. Das in der Pflegeforschung postulierte Programm einer präventiven bindungs-entwicklungsorientierten Begleitung zur Unterstützung der Pflegefamilien bei der Übernahme von Pflegekindern, wie sie Pedrina empfiehlt, kann diese Problematik ins Zentrum der Betreuung stellen.

4.2.4 Fallbeispiel: Johanna – die alte Johanna

Renate Welsh beschreibt in den beiden Büchern das Leben eines unehelichen Kindes, zunächst die Jahre als Mädchen *Johanna*, und im zweiten Band wie *Die alte Johanna* rückblickend ihr Leben als Mutter von acht Kindern, aus denen allen »etwas geworden« ist, sieht. Aus dem verachteten Pflegekind, dem unehelichen Kind einer Alkoholikerin, wird eine geachtete Mutter von acht Kindern. Sie ist stolz, weil sie sich langsam Achtung und Anerkennung im Ort errungen hat. Aus der Perspektive der alten Johanna werden die traumatisierenden Zuschreibungen, die sie als Kind und junges Mädchen diskreditiert und von jeder Form der Bildung ausgeschlossen hatten, wie in einem Brennglas in der ähnlichen Behandlung ihrer Kinder durch die Autoritäten beschrieben.

Mit viel psychologischem Verständnis beschreibt Welsh die wahre Geschichte des Lebens eines unehelichen Kindes, das die Mutter im Alter von zwei Monaten zu einer armen, aber liebevollen Ziehmutter gegeben hat (Welsh, 2021a, S. 14). Die alte Johanna beschreibt die Ziehmutter aus als »... gut, auch wenn sie sehr streng war«. Trotzdem fühlte sie sich nie zugehörig zum Bauernhof der Ziehmutter. Das transgenerative Verhaltensmuster beschreibt sie kurz und prägnant: »Sie war das uneheliche Kind einer Bauernmagd, die das uneheliche Kind einer Bauernmagd war, die das uneheliche Kind einer Bauernmagd war, aufgewachsen bei Pflegeeltern, die gut zu ihr, aber selbst arm waren« (Welsh, 2021b, S. 6).

Obwohl sie später die geachtete Mutter von acht Kindern werden sollte, ist Johanna vor der Ehe schwanger geworden, wird zunächst verachtet und findet Zuflucht bei ihrer Ziehmutter, bevor sie den Vater des Kindes heiratet.

Eindrucksvoll beschreibt sie den entrechteten Status eines unehelichen Kindes, das unglaublich ausgebeutet wird, in der Zwischenkriegszeit in Österreich. Ihr Wunsch, etwas zu lernen, wird ihr als unerhörte Frechheit und Anmaßung ausgelegt. Nach Beendigung der Schulpflicht, nach der sie eine Lehre als Schneiderin machen wollte, teilte die Gemeinde ihr mit, sie könne das nur in der Heimatgemeinde ihrer Mutter tun. Um eine Lehre machen zu können, entschied sie sich von der Ziehmutter wegzuziehen.

Die Fürsorgerin lieferte sie im Gloggnitzer Armenhaus ab, wo der Armenrat ihre Zähne inspizierte, die Armmuskeln betastete und zufrieden feststellte: »Mager, aber zäh. Du bist also meine Dirn.« Sie versuchte sich zu wehren, erklärte, man hätte ihr versprochen, hier könne sie eine Lehre machen. »Das wäre noch schöner«, entrüstete sich der Armenrat, »wenn ledige Kinder schon was wollen dürften!« (Welsh, 2021a, S. 6).

Dieser Satz, der vor mehr als 30 Jahren zu ihr gesagt worden war, blieb ihr als schmerzliche Narbe ein Leben lang in Erinnerung. Ihrer Mutter begegnete sie nur einmal, als diese sie besuchte und Geld von ihr wollte. Von ihr, die ohne Entlohnung die schwerste Arbeit am Bauernhof machen muss, kaum zu essen bekommt.

»In der Küche saß eine fremde Frau, klein, rundlich, mit wirren Haaren. Johanna ging an ihr vorbei zum Tisch und legte die Wäsche ab. ›So begrüßt du deine Mutter?‹, fragte die Frau.
›Ich kenn dich nicht. Woher soll ich dich kennen?‹
›Seine Mutter kennt man‹, sagte die Frau. Sie stand auf und ging auf Johanna zu. Johanna wich zurück. Sie wollte nicht umarmt werden von dieser fremden Frau. Seit sie denken konnte, hatte sie sich davon geträumt, dass ihre Mutter kommen und sie abholen würde, dann würde alles gut werden. Aber diese Frau?
»Vor zehn Jahren hättest du kommen sollen«, sagte Johanna (Welsh, 2021a, S. 79).

Diskussion

Die Mutter will Geld von ihr, sie ist eine Fremde, die sich nicht um ihr weggegebenes Kind gekümmert hat. Eindrucksvoll schildert Welsh das Spannungsfeld zwischen der Sehnsucht der 14-jährigen Johanna nach »ihrer« Mutter, die sie aus der rechtlosen, demütigenden Situation als Magd retten soll und der Begegnung mit der fremden Frau, die sie nur noch zusätzlich ausbeuten will.

Für unsere Fragestellung der transgenerativen Weitergabe positiver oder negativer Familienmuster gibt der zweite Band über die »alte Johanna« Aufschluss. Sie wiederholt als uneheliches Kind das Muster der unehelichen Geburt bei ihrer ersten Tochter.

Johanna hat zunächst so wie ihre Mutter, Großmutter und Urgroßmutter als Magd ein uneheliches Kind zur Welt gebracht, das keinen Anspruch auf Bildung oder ein erfülltes Leben haben darf. Der Kampf der inzwischen verheirateten Johanna, ihren Kindern eine bessere Zukunft, Zugang zu Bildung und Ansehen zu verschaffen, wird nach Kräften zu verhindern versucht. »Haben nichts, sind nichts, aber jedes Jahr ein Kind!«, sagt der Lehrer (Welsh 2021b, S. 19).

Der massive soziale Druck, den sozialen Aufstieg des unehelichen Kindes zu verhindern, wird im Ausspruch des Direktors der Schule deutlich:

> »Aus denen kann nichts werden«, hatte der Direktor der Volkschule gesagt, »bei so einer Familie! Ich bitte Sie, hat doch keinen Sinn, einen von denen in die Hauptschule zu schicken«. Also waren alle acht Kinder in die Volkschule gegangen, acht Jahre lang. Mehr war nicht drin, mehr konnten sie sich nicht leisten. Aber als dreißig Jahre später ihr ältester Sohn den Titel ›Professor‹ verliehen bekam, sagte derselbe Direktor »Ich habe schon immer gewusst, dass in Ihrem Sohn etwas Besonderes steckt« (Welsh, 2021b, S. 19).

Die gegen alle Widerstände errungene Leistung von ihr als Mutter, gemeinsam mit ihrem Mann allen acht Kindern eine ansprechende Ausbildung angedeihen zu lassen, stellt eine Genugtuung dar. Der älteste Sohn erringt die höchste akademische Auszeichnung, Professor zu werden. Im Nachhinein werden die Hindernisse, die den Kindern in den Weg gelegt wurden, verleugnet oder ins Gegenteil verkehrt.

Genauso schwierig wie die soziale Anerkennung zu bekommen, war es laut Welsh, die innere Auseinandersetzung von Johanna mit ihrer Position als »lediges Kind«, das keine Familie, keinen Platz in der Gesellschaft hat. Sie schreibt: »Lange hatte sie sich geschämt. Viel zu lange. Hatte geglaubt, alle würden ihr ansehen, was für eine sie war, die Tochter einer solchen Mutter, eine, die ständig beweisen musste, dass sie trotz ihrer Herkunft ihren Platz behaupten durfte« (Welsh, 2021a, S. 132).

Bei ihrer ältesten Tochter Marthe wiederholt sich das Familienmuster: »Nur Martha hatte nicht geheiratet. Als sie den Jakob bekam, hieß es noch nicht »alleinerziehende Mutter«, da redeten die Leute noch abfällig von »ledigen Müttern«, da war das Jugendamt noch Vormund aller ledig geborenen Kinder, aber Martha schaffte es« (Welsh, 2021b, S. 159).

Diskussion

Im Roman wird die Sprachlosigkeit und die durch Blicke und Vermeidung ausgedrückte Verachtung über die ledigen Kinder transportiert. Durch die Änderung der rechtlichen Situation der ledigen Mütter – heute alleinerziehende Mütter genannt – verbesserte sich die soziale und psychische Situation, Anklänge an das Ausgegrenztwerden existieren jedoch weiter.

4.3 Patchwork-Familien – Stieffamilien

Unter Patchwork-Familien verstehen wir Familien, in der von unterschiedlichen Elternteilen stammende Kinder leben. Der Begriff ersetzt den früher gebräuchlichen Begriff der »Stieffamilien«. Er setzt sich aus den beiden englischen Begriffen

»Patchwork«, ein aus bunten Stoffen zusammengesetzter Stoff, der besonders in den USA von den deutschstämmigen Amish zu einer Kunstform entwickelt wurde, und »Family« als Familie zusammen. Dieser Begriff wird stärker umgangssprachlich verwendet, weil er eine positivere Konnotation hat als der ursprüngliche Begriff der »Stieffamilie«. Früher war der Hauptgrund, eine Stieffamilie zu gründen, der Verlust eines Elternteils durch den Tod, der bei der Frau z. B. durch Kindbettfieber und bei Männern durch Krieg und Unfälle hervorgerufen worden war. Den fehlenden Elternteil durch eine neue Eheschließung zu ersetzen, war zur Aufrechterhaltung der Versorgung der Kinder notwendig. Heute sind Scheidungen bei Paaren mit Kindern, die in den letzten Jahrzehnten stark zugenommen haben, der häufigste Grund. Die neuen Familien, bei denen ein oder beide Elternteile ein Kind aus der früheren Beziehung mitnehmen, werden wie die aus Stoffteilen zusammengesetzten Decken Patchwork-Familien genannt. Die Patchwork-Familie kommt in Deutschland relativ häufig vor. Ungefähr 14 % der Familien in Deutschland sind tatsächlich Patchwork-Familien (BMFSFJ, 2024). In Österreich sind es 2022 ca. 9 % der Familien, in absoluten Zahlen 84.000, wenn das Alter der Kinder unter 18 Jahren liegt (Statistik Austria, Mikrozensus 2022). Den höchsten Anteil an Patchwork-Familien hat Wien mit 12,2 %, gefolgt von Kärnten mit 11,6 %. Die Stieffamilie/Patchwork-Familie stellt hinter der Kernfamilie – also einem Ehepaar aus Vater und Mutter und leiblichen Kindern – und der Ein-Eltern-Familie (Alleinerziehende) die dritthäufigste Familienform dar.

Auch sogenannte Regenbogenfamilien, bei denen Kinder bei zwei gleichgeschlechtlichen Partnern leben, werden Stieffamilien genannt. Auf diese besondere emotionale Situation gleichgeschlechtlicher Eltern kann hier nur auf weiterführende Literatur verwiesen werden (Rupp, 2009).

Das Finden einer Form des Zusammenlebens erfordert von allen Beteiligten, vor allem von den Stiefeltern großes Einfühlungsvermögen und Toleranz. Meist sind alle Familienmitglieder noch mit dem vorherigen Verlust oder der Kränkung, die mit der Trennung oder Scheidung verbunden war, beschäftigt. In diesen sensiblen Phasen können auch die jeweiligen neuen Elternteile schlecht mit Kränkungen und Zurückweisungen umgehen. Es gilt eine Reihe von Herausforderungen zu bewältigen, die eine traditionelle Familie nicht hat. Statt sich langsam auf einen neuen Lebensabschnitt als Eltern während der Schwangerschaft vorbereiten zu können, wird der jeweilige neue Elternteil mit größeren Kindern konfrontiert.

Kinder sind häufig überzeugt, wegen ihrer ödipalen Rivalitätsphantasien schuld an der Scheidung der Eltern zu sein, wie Figdor (1991; 1998) in zahlreichen Untersuchungen bestätigt hat. Trennungen oder der Tod eines Elternteils sind für Kinder ein traumatisches Geschehen, das erst langsam verarbeitet werden kann. Auch neue Geschwisterkonstellationen bringen Selbstverständliches ins Wanken. Bekommt das frühere Nesthäkchen plötzlich jüngere Halbgeschwister, verliert es seine privilegierte Situation. Das Geschlecht der neuen Geschwister ist ein wichtiger Faktor, der sich positiv oder erschwerend auswirken kann. Wenn ein Einzelkind, z. B. ein Mädchen eine ältere Schwester bekommt, die die jüngere bemuttert, so kann es das als Bereicherung sehen. Oder zwei zehn und elf Jahre alte Schwestern bekommen einen 17-jährigen, sportlichen (Halb-)Bruder, mit dem sie viel Spaß haben, dann werden sie gerne neue Rollen finden. Konkurrenzgefühle gegenüber den neuen Halbgeschwistern sind nicht selten. Besonders schwierig wird es, wenn das neue Elternpaar ein gemeinsames Kind bekommt. Die älteren Geschwister fühlen sich schnell als »zweitklassig«, weniger geliebt und geschätzt, benachteiligt und weggeschoben.

In einer Patchwork-Familie leben Kinder aus früheren Beziehungen bei einem »neuen« Elternteil, oft mit einem weiteren Kind aus der neuen Beziehung. Das Leben in einer solchen Familie stellt häufig eine große Herausforderung dar. Das Kind, das aus einer früheren, liebevollen Beziehung hervorgeht und als Symbol der Vereinigung und als Inbegriff der Kreativität gesehen werden kann, stellt in einer neuen Beziehung immer auch eine Erinnerung an die vorangegangene Beziehung oder Ehe dar. Es ist etwas Fremdes, mehr noch, die Erinnerung an eine andere, frühere (Liebes-)Beziehung. Je unsicherer der neue Lebenspartner sich selbst gegenüber ist und je unsicherer die neue Liebesbeziehung eingeschätzt wird, desto stärker kann das »Stiefkind« zur Irritation werden. Die optische und charakterliche Ähnlichkeit zu einem Elternteil kann sich nach der (oft ungewollten) Trennung ins Gegenteil umwandeln, da es an den nun abgelehnten oder gehassten Ex-Partner erinnert. Für die neue Partnerin bzw. den neuen Partner kann das Kind des anderen/der anderen Anlass zu Eifersucht sein.

Der neu hinzukommende Stiefelternteil soll den leiblichen Elternteil nicht zu ersetzen versuchen, sondern ein zusätzlicher Vater bzw. eine zusätzliche Mutter sein, sich besonders bei disziplinarischen Fragen zurückhalten.

Die Stiefkinder des Vaters/der Mutter leben dauernd oder zum Teil in der Familie und teilweise auch in der des geschiedenen/getrennten Elternteils. Nach einer Scheidung oder Trennung hat die Mutter/der Vater meist allein mit dem Kind/den Kindern einige Zeit verbracht, sodass eine besonders enge Verbundenheit entstanden ist. Da eine zweite erwachsene Person fehlt, tendiert der alleinlebende Elternteil dazu, wichtige Fragen, Entscheidungen oder Alltagserlebnisse mit den Kindern zu teilen. Die Kinder haben das Gefühl, in besonderer Weise für die Mutter oder den Vater sorgen zu müssen – oft entsteht eine Überforderung (vgl. Konzept der Parentifizierung). Der neue Elternteil kann eine Entlastung für die Kinder eines alleinerziehenden Elternteils sein – jedoch erst nach einer Übergangsphase. Gefährlich ist es, den biologischen Elternteil ersetzen zu wollen, da das Kind dadurch in Loyalitätskonflikte verstrickt wird. Die Regelung des Besuchsrechts für den getrenntlebenden Elternteil soll offen und für das Kind nachvollziehbar und verlässlich sein. Betont werden soll, dass der/die getrenntlebende Vater/Mutter immer der Vater/die Mutter für das Kind bleiben wird. Die Stiefeltern sollen eine soziale Rolle für sich finden, die eine Ergänzung und keine Rivalitätsbeziehung darstellt. Sonst droht innerhalb und außerhalb der Familie eine Konfusion über das erwartete Verhalten und den zugeschriebenen Verantwortungsbereichen. Es gibt keine Bezeichnung für das Verhältnis der nicht verheirateten Partner zu den jeweiligen Kindern des anderen. Auch die Rolle der Großeltern von beiden Seiten erfordert eine klare Zuschreibung.

Gorell (1997), die selbst Stieftochter und Stiefmutter war, führte Langzeituntersuchungen zur Familienstruktur von Stieffamilien durch. Sie versteht Stieffamilien als »Form der sozialen Evolution« und bezeichnet die daraus entstehenden Schwierigkeiten und Probleme als »inhärenten Teil des Familienlebens und einer

Gesellschaft im Übergang einer Familienform in eine andere« (Gorell, 1990, S. 3). Der Übergang in eine Stieffamilie bringt ein höheres Maß an Belastung, da dieser Prozess viele Trennungserfahrungen einschließt: das Zerbrechen der früheren Beziehung, der Verlust oder die Verminderung der Beziehung zu einem Elternteil, Unterbrechung der inzwischen etablierten alleinigen Mutter- bzw. Vater-Kind-Beziehung. Die neue Liebesbeziehung eines Elternteils mit einem erwachsenen Partner erfordert eine Adaption der Kinder. Das Kind verliert die Verlässlichkeit des Lebens mit beiden Eltern; es entsteht ein massiver Veränderungsdruck zur Neugestaltung der Rollen in der Familie (vgl. Wallerstein et al., 1988; Wallerstein, 2000).

Gorell (1990, S. 4) nennt fünf potenzielle Gefahrengebiete, die in den Untersuchungen von Stieffamilien gefunden wurden:

- Die Qualität der Ehebeziehung und das Verhältnis zur Qualität der elterlichen Erziehung.
- Die Beziehung zwischen Stiefvater und Stiefkinder.
- Die Beziehung zwischen Stiefmutter und Stiefkindern.
- Stiefgeschwister und deren Beziehung.
- Ähnlichkeiten und Unterschiede von funktionalen Familien und Konfliktfamilien.

Qualität der Paarbeziehung

Eine liebevolle Beziehung zwischen den Ehepartnern in einer zweiten oder dritten Ehe korreliert nicht notwendigerweise mit einer liebevollen Beziehung zwischen Eltern und Kindern. Jungen zum Beispiel zeigen eine positive Reaktion, wenn der Stiefvater eine liebevolle Beziehung zur Mutter zeigt, Mädchen aber nicht (Gorell, 1990, S. 4). Wenn die Mutter jedoch liebevolle Gefühle zum Stiefvater zeigt, erlebt dieser eine schwierige Zeit mit den Kindern, die auf ihn eifersüchtig sind (Brand & Clingempeel, 1987). Wir nehmen an, dass die besonders enge Beziehung zur alleinerziehenden Mutter Groll hervorruft, besonders bei Mädchen, die den Stiefvater als Rivalen um die mütterliche Zuwendung sehen.

Während Jungen, wenn sie mit der Mutter leben, nach der Scheidung meist negative Gefühle dem neuen Partner der Mutter gegenüber äußern, aber nach einiger Zeit von der Beziehung zum Stiefvater profitieren können, können Mädchen ihm lange Zeit feindselig gegenüber bleiben (Clingempeel & Segal, 1986).

In Familientherapien zeigen sich widersprüchliche Dimensionen der Probleme von Adoleszenten. Oft geht es um die Hoffnung der Jugendlichen, dass ihr geliebter Vater, der die Familie vor Jahren verlassen hat und von einer potenziellen Tochter häufig idealisiert wird, wieder zurückkommt. Oft wollen Väter, die eine neue Familie haben, die Töchter aus erster Ehe nicht mehr sehen. Die neue Beziehung der Mutter zu einem Mann erzeugt oft die Angst, dass die Jugendlichen jetzt genauso uninteressant für die Mutter werden, wie sie es durch die Wiederverehelichung des Vaters für ihn geworden waren. Sie fürchten zugleich, dass sie die enge Beziehung zur Mutter durch den neuen Rivalen verlieren. Es ist wichtig, dass die Therapeutin den Jugendlichen zeigen kann, wie diese sich wie ein Partner der Mutter verhalten und sich für die Mutter verantwortlich fühlen, was eine Überforderung ist, da sie die Kinder sind, die des Schutzes der Mutter brdürfen. Durch die Übernahme der Verantwortung des neuen Partners können die Jugendlichen nun frei sein, das Leben einer 13- oder 15-Jährigen zu führen, die mit ihren Gleichaltrigen zusammen sein wollen. Erstrebenswert ist, wenn sich eine Möglichkeit eröffnet, den neuen Partner der Mutter als zusätzlichen Vater statt eines Ersatzvaters zu sehen, der den Töchtern einen Raum eröffnet, sich wieder als Kinder und nicht als Partnerersatz fühlen zu müssen.

Es geht um eine Integration der Vergangenheit statt einer Spaltung und der Verdrängung der biologischen Eltern. Der Trauerprozess erfordert Geduld. Es ist wichtig, den Kindern Zeit und Raum zu geben, um ihr Narrativ der Trennung/Scheidung ihrer Eltern zu hören. Rutter (1987) betont, wie wichtig es für die Entwicklung von Resilienz und Stressbewältigungsstrategien für Kinder aller Altersgruppen ist, ihnen die Gelegenheit zu geben, über die Erfahrungen der Scheidung zu sprechen. Rutter empfiehlt, die Kinder zu ermutigen, die Lebensgeschichte des biologischen Vaters bzw. der Mutter und des Stiefvaters/der Stiefmutter zu hören und Fragen dazu zu stellen, um sich selbst ein klares Bild der Familienrealität machen zu können.

In Analogie zu Patchwork-Familien hat sich im Deutschen der Begriff »Bonusfamilie« eingebürgert. Er stammt aus der sechsteiligen Fernsehserie der Regisseurin Isabell Braak (2019). Dieser positive Begriff bezieht sich auf die neuen Möglichkeiten, die in der Erweiterung der Familie liegen. Tatsächlich können »neue Geschwister« (Stiefgeschwister) den Wunsch nach einer Schwester oder einem Bruder in Erfüllung gehen lassen. Wie in der Fernsehserie ist viel Humor notwendig, um die unterschiedlichen Familiensysteme in einer neuen Form der Kooperation zusammenzuführen. Dazu nachfolgend eine Szene aus einer Patchwork-Familie.

Fallbeispiel »Bonusbub«

Der 29-jährige Informatiker A., der sich schon lange nach einer Familie gesehnt hat, lernt eine 28-jährige Frau kennen, die einen siebenjährigen Jungen hat. Da sich der leibliche Vater relativ wenig um seinen Sohn kümmert, ist der Sohn, den ich Florian nenne, sehr bedürftig nach einer männlichen Bezugsperson. Herr A. ein sportlicher, kinderliebender Mann unternimmt viel mit Florian und seiner Mutter, genießt das gemeinsame Fußballspielen und Abenteuer im Wald. Die Mutter fördert diese männlichen Aktivitäten und fühlt sich entlastet. Eines Tages entwickelt sich folgender Dialog zwischen Florian und A.:

Florian: »Magst du Kinder?«
A.: »Ja, warum fragst du?«
Florian: »Kannst du mit meiner Mama noch ein Geschwisterchen machen, mit dem ich spielen kann?«
A: (freut sich über die Frage, da bereits ein gemeinsames Baby unterwegs ist und beide überlegt hatten, wie sie es Florian sagen sollten) »Ja, gerne, machen wir das. Ich spreche mit deiner Mutter.«

Nach einigen Wochen erzählen sie Florian, dass nun ein Schwesterchen oder Brüderlein unterwegs ist – sie wollen sich vom Geschlecht des Kindes überraschen lassen – Mädchen oder Junge sind gleichermaßen erwünscht. Florian wird bei dieser Gelegenheit mit dem Wachsen des Babys im Bauch durch das Ultraschallbild und das Fühlen der Bewegung des Embryos vertraut gemacht.

Diese günstige Voraussetzung heißt noch nicht, dass es nach der Geburt des Babys neben der Freude nicht auch Eifersucht und Enttäuschung gibt, weil es noch lange dauert, bis es mit Florian spielen können wird.

Diskussion

Wesentliche Voraussetzung für die emotionale Ausgangssituation ist einerseits das Alter des Kindes zum Zeitpunkt der neuen Eheschließung und andererseits, wie gut die Beziehung zum getrennten Elternteil aufrechterhalten werden kann. Von den Patchwork-Eltern erfordert diese neue Familie eine gute Zusammenarbeit, Krisenbewältigung sowie Geduld. Die Umstellung des neuen Elternteils auf mehr oder weniger unbekannte Kinder/Jugendliche braucht Zeit – Zeit für die Eltern und Zeit für die Kinder. Der neue Elternteil ist gut beraten, möglichst wenig disziplinarische Maßnahmen bei den »fremden« Kindern zu setzen, sondern möglichst viel spielerisches Zusammensein zu ermöglichen, Ausflüge zu machen, gemeinsame Planungen von Unternehmungen durchzuführen. Es ist auch eine gewisse Robustheit erforderlich, die zu erwartende Ablehnung der Kinder nicht persönlich zu nehmen, sondern sie als Zeichen des Loyalitätskonflikts mit dem geschiedenen/verstorbenen/verlassenen Elternteil zu verstehen. Man muss davon ausgehen, dass das Kind – egal, ob ganz klein, größer oder schon erwachsen – Probleme mit einem neuen Partner/einer neuen Partnerin hat. Es braucht gewöhnlich bis zu fünf Jahre, bis Patchwork-Familien zusammenwachsen und sie sich im neuen Familienverbund sicher fühlen.

Besonders schwierig gestaltet sich der Aufbau einer Patchworkfamilie mit Kindern zwischen *sechs und zwölf Jahren*, da diese zu Loyalitätskonflikten zwischen dem leiblichen und dem sozialen Elternteil neigen. Gerade wenn sie sich gut mit dem neuen Elternteil verstehen, empfinden Kinder in dieser Altersspanne das oft als Verrat am biologischen Vater oder der biologischen Mutter.

Im *Teenageralter* fällt es oft leichter, eine Trennung zu verarbeiten, dafür haben sie meist Probleme, den sozialen Elternteil als Autoritätsperson anzuerkennen.

Für Patchwork-Eltern ist es wichtig, sich seine Gefühle einzugestehen: Es ist normal, das leibliche Kind mehr zu lieben als das Kind des Partners/der Partnerin, allerdings sollen die Kinder trotzdem oder gerade deswegen gerecht behandelt werden. Der neue Partner/die neue Partnerin kann seinen/ihren Wunsch, als Ersatzelternteil angesehen zu werden, reflektieren, statt das Kind zu bedrängen. Der neue soziale Elternteil sollte anerkennen, dass der leibliche Elternteil der Vater/die Mutter bleiben wird und daher eine besondere Rolle für das Kind spielt.

Patchwork-Familien können auch als Chance gesehen werden; sie sind bunter, vielfältiger und nicht selten lebendiger als traditionelle Familienverbünde. Kinder in Patchwork-Familien lernen zwangsläufig mit vielen verschiedenen Bezugspersonen zu interagieren und sind daher sozial oft überdurchschnittlich kompetent. Außerdem zeigen sie sich nicht selten konfliktfähiger und toleranter als ihre Altersgenossen. Gerade wenn wenig oder gar kein Kontakt zum leiblichen Elternteil besteht, kann der soziale Vater oder die soziale Mutter darüber hinaus eine wichtige emotionale Stütze darstellen.

5 Eltern-Kleinkind-Therapie

5.1 Begriff der Eltern-Kleinkind Therapie

Die Eltern-Kleinkind-Therapie (EKKT), bei der die Eltern und das Baby/Kleinkind gemeinsam in Therapie kommen, hat in den letzten 30 Jahren große Aufmerksamkeit wegen ihrer raschen Wirkung erfahren. Diese Art der therapeutischen Arbeit ist kurz, tiefgehend und effektiv und kann in wenigen Sitzungen Zugang zur Psyche der teilnehmenden Eltern und Kinder herstellen und schon im Therapieprozess eine neue Interaktionsqualität erfahrbar und damit leichter in den Alltag übertragbar machen.

Die Eltern-Kleinkind-Therapie ist eine Fokaltherapie, die für Eltern und Kinder bis zu einem Alter von fünf Jahren konzipiert wurde. An der Tavistock-Klinik in London im Child and Family Department wird sie als *Under Five Counselling* angeboten (Pozzi, 2003). Der Titel des Buches *Psychic Hooks and Bolts* (dt. psychische Haken und Bolzen) von Maria Emilia Pozzi stellt in einer Metapher den Ansatzpunkt der besonderen therapeutischen Schwerpunktsetzung dar. Solange die (emotionalen) Haken und (emotionalen) Bolzen zwischen Mutter und Baby geöffnet und wieder zusammengefügt werden können, sind sie für eine Entwicklung der Beziehung und des Babys hilfreich. Verhakt sich jedoch der Haken im Bolzen, so kommt es zu einem Stillstand der Entwicklung oder zu massiven Problemen wie Schlaf- und Entwicklungsstörungen, Gedeihproblemen oder Schlaflosigkeit, da das Baby seine Probleme nur über den Körper ausdrücken kann. Diese Verklammerung bewusst zu machen und zu lösen, ist Zielsetzung der EKKT. Da die kindliche Psyche besonders empfänglich für mütterliche Zuwendung oder Ablehnung ist, d.h. auf ein Containment durch die Psyche der Mutter angewiesen ist, treten bei einem fehlenden oder parasitären Containment körperliche Probleme auf. Es besteht ein besonders enger Zusammenhang zwischen dem Unbewussten der Mutter und dem des Babys. Diese enge Verbindung stellt bei einer, wie Winnicott (1951) es bezeichnet, »zureichend guten Bemutterung«, die Basis für die emotionale Entwicklung und Förderung des Babys dar. Die »zureichend gute Mutter« (»good-enough mother«) ist in der Lage, auf die Bedürfnisse des Babys einzugehen, zumindest so weit, dass sich das Baby nie komplett verlassen fühlt. Im Zentrum der Behandlung steht daher nicht eine einzelne Person, sondern die Qualität der Beziehungsgestaltung zwischen Eltern und Kind, die dem Kind die emotionale Sicherheit gibt, von den Eltern als einzigartiges Wesen anerkannt zu werden. Jedes Mutter-Kind-Paar hat eine einzigartig implizite, d.h. unbewusste, Form des Zusammenseins, die sich von den bewusst beschriebenen Gefühlen erheblich unterscheiden kann. Besonders verdrängte dunkle Gefühle und unbewältigte Konflikte, die aus den Erfahrungen der Eltern mit ihren eigenen Eltern oder von einer schwierigen Geburtserfahrung stammen können, sind schwer bewusst zu machen und bedürfen einer therapeutischen Hilfestellung, da sie die Beziehung zum Baby schwer belasten können. Selma Fraiberg, eine der Pionierinnen dieser Therapierichtung, spricht davon, »dass wir die Eltern an dem reichen Erfahrungsschatz der Psychoanalyse teilnehmen lassen zu einem Zeitpunkt, zu dem sie es am dringendsten brauchen« (Fraiberg, 2011, S.13).

In der Eltern-Kleinkind-Therapie setzen wir bei dem intensiven unbewussten Beziehungsgeflecht zwischen der inneren Welt der Eltern und der inneren Welt des Babys/Kindes an. Dieser Fokus wird bei allen Schulen der EKKT gesetzt. Die Zeit scheint für diese neue Form der Kurztherapie reif gewesen zu sein, da sie an verschiedenen Orten der Welt im gleichen Zeitraum entwickelt wurde. Das in hundert Jahren erprobte Wissen der Psychoanalyse und ihre Erkenntnis, dass die tiefen Schichten der Persönlichkeit in den frühen Jahren wie eine Matrix gelegt werden, führte zu der Folgerung, dass es sinnvoll sein könnte, schon bei der Entstehung gravierender psychischer Probleme des Babys therapeutische Hilfe anzubieten. Diese Hilfe ist im Bereich zwischen Prävention und Heilung angesiedelt.

Die zugrundeliegenden theoretischen Modelle bedienen sich unterschiedlicher Begriffe. Die Objektbeziehungstheorie spricht von Projektionen und Introjektionen zwischen Baby und Mutter, weitergeführt von Bions Modell von »Container und Contained« (Bion, 1962).

Fraiberg und Winnicott sprechen von »Geistern im Kinderzimmer«, als Umkehr der containenden Funktion der Mutter, die die primitiven Projektionen in einer Grundhaltung der Reverie aufnehmen, verdauen und dem Kind in einer transformierten Form zurückgeben kann. Rustin bezeichnet das als »eine Umkehr der normalen Container-/Contained-Beziehung« (Rustin, 2022, S. 8; übersetzt v. GDW), da das Kind empfänglich für die Projektionen der Eltern wird. Das Baby kann die Projektionen nicht mental verarbeiten und reagiert mit körperlichen Problemen wie Ess- und Entwicklungsstörungen, Einschlafproblemen und heftigem Weinen.

Fraiberg begann zwischen 1965 und 1972 im Rahmen des Projekts »The Child Development Project« in Ann Arbor eine Längsschnittuntersuchung mit gehörlosen Kindern und ihren Eltern durchzuführen. Die enormen Schwierigkeiten der von Geburt an gehörlosen Kinder besonders in der sensomotorischen Phase, die oft in eine Sackgasse führen und weitere Entwicklung erschweren oder verhindern, wurden sichtbar. In dieser Phase wurden auch die Probleme der Eltern, die nicht nur mit ihrem Kummer zurechtkommen mussten, sondern die sich auch durch den mangelnden Blickkontakt mit den Kindern ausgeschlossen gefühlt haben, offensichtlich. (Fraiberg 1971, 1977).

Aufbauend auf diesen Erkenntnissen institutionalisierte sie mit ihrem Team ein Programm für mentale Gesundheit, das als »kitchen table therapy« bekannt wurde, da das Team bestehend aus einer Therapeutin, einem Sozialarbeiter und einem Psychologen direkt zu den Problemfamilien mit kleinen Kindern (bis zwei Jahren) in die Wohnung bzw. in die Küche kam. Es gab drei Formen der Intervention: eine kurze Krisenintervention, eine Entwicklungsberatung und Eltern-Kleinkind-Therapie. Eine kurze Krisenintervention wurde angeboten, wenn es wenige, spezifische Mängel in der Betreuung des Kindes gab. Eine Entwicklungsberatung wurde angeboten, wenn das Baby unter chronischen Krankheiten oder chronischen Entwicklungsstörungen litt, und die Eltern diese Herausforderungen nicht meistern konnten, aber prinzipiell fähig waren, ihre Aufgaben als Eltern gut wahrzunehmen. Eltern-Kleinkind-Therapie wurde Eltern angeboten, die selbst große, ungelöste Konflikte mit ihrer eigenen Kindheit haben, die sie daran hinderten, ihre elterliche Aufgabe zu erfüllen. Das Ziel besteht darin, den Eltern zu helfen, ihre ungelösten Konflikte mit Hilfe der Therapeutin zu bearbeiten und sie nicht auf das Kind zu übertragen. Diese Therapietechnik, schreibt Weatherstone (2001, S. 44) »verbindet psychoanalytisches und psychiatrisches Wissen sowie die Erfahrungen aus der Sozialarbeit, um den Eltern und ihren Kindern zu helfen, eine sichere Bindung als Basis für die kindliche Entwicklung in den ersten Lebensjahren herzustellen.« (übersetzt v. GDW).

In Australien etablierte Ann Morgan am Royal Children's Hospital in Melbourne ein »Infant Mental Health Programme (IMHP), das Campell (2014) in seinem Buch *Das Baby als Subjekt* beschreibt. Der zentrale therapeutische Mechanismus besteht darin, die kindliche Erfahrung aus der Perspektive des Kindes zu verstehen versuchen und dem Kind und seinen Eltern zu zeigen, dass das Kind eigene Erfahrungen hat. Die Interventionen finden in Gegenwart der Eltern statt mit dem Ziel, ihre Reflexionsfähigkeit und die des Kindes in Bezug auf die emotionale Kommunikation der anderen und sich selbst zu erhöhen. Viele Kinder können ihr Verhalten in einer einzigen therapeutischen Sitzung mit der Hilfe eines Therapeuten, der die Zusammenhänge ordnet, ändern. Eltern haben nichts gegen die Beschäftigung des Therapeuten mit dem Baby, sie beobachten ihn mit Argusaugen und voller Konzentration. Das genaue Beobachten des Analytikers ist Ausdruck ihres Interesses. Sie wollen von ihm lernen und sind neugierig, wie er Kontakt zu ihrem Kind herstellt. Die wir als Analytiker das Baby »als Subjekt« betrachten, zu dem wir sprechen, reagiert es auch. Eltern sind überrascht, dass auch ein kleines Baby seine Befindlichkeit ausdrücken kann und wie es »Interpretationen« des besprochenen Themas durch sein Spiel oder sein Verhalten bekräftigt.

Stern (1998, S. 26), der die EKKT in den USA entwickelt hat, meint, dass die Eltern-Kleinkind-Therapie als »eigenständiges Verfahren« zu betrachten sei. Sie unterscheide sich durch ihre Komplexität, ihre eigenen Notwendigkeiten und Möglichkeiten von normalen klinischen Situationen – sie ist unauflöslicher Bestandteil der klinischen Situation. Das System einer Familie mit einem neuen Baby/Kind ist so komplex, dass der Therapeut seine Aufmerksamkeit auf verschiedene Dimensionen gleichzeitig richten muss. Wenn man sich therapeutisch auf das Phantasieleben der Mutter bezieht, wird sich die reale Interaktion mit dem Baby zunächst als störend erweisen. Man kann jedoch die beobachtbare Interaktion zwischen Mutter und Baby nicht ignorieren. »Der Therapeut ist gezwungen«, so schreibt Stern, »immer wieder die Grenzen zwischen dem Interpersonalen und dem Intrapsychischen zu überschreiten« (Stern, 1998, S. 25). Oder man legt das Augenmerk eben genau auf dieses Zusammenspiel der Phantasiewelt der Mutter und versteht die Interaktion des Kindes/Säuglings als Kommunikation, als Kommentar zu der eben besprochenen Thematik. Die belgische Analytikerin Watillion-Naveau

(2001) spricht vom Kind als »Katalysator« der unbewussten Konflikte der Eltern, das diese durch sein Verhalten sichtbar macht.

Die Auswirkung von ungelösten Konflikten der Eltern aus ihrer eigenen Lebensgeschichte hat Fraiberg als Ursachen von Entwicklungsstörungen von Babys erforscht. Wenn durch die Schwangerschaft und Geburt bei den Eltern belastende und unverarbeitete Lebenserfahrungen aktiviert werden, so können sie auf das Kind übertragen werden, was Fraiberg (2011) mit dem Begriff der »Geister im Kinderzimmer« (engl. ghost in the nursery) bezeichnet hat. Unbewusst erhält das Kind in der inneren Welt der Mutter/des Vaters eine Rolle zugeschrieben, bei der es die wiederbelebten Figuren, die aus der Vergangenheit der Eltern stammen, repräsentiert. Die Eltern können dann nicht das Verhalten des Kindes wahrnehmen, sondern diese Rollenzuschreibung »geistert« gleichsam in den Eltern herum, und sie können nicht adäquat reagieren. Wie eine Brille verzerrt diese Rollenzuschreibung die Wahrnehmung des Kindes, wie es wirklich ist. Dadurch wiederholt sich eine frühere, von negativen Gefühlen begleitete Beziehungsdynamik. Das Kind wird nur mehr als Repräsentant eines inneren Objekts eines Elternteils erlebt. Wie können wir uns das vorstellen?

Wenn die Mutter unter einem strengen, nie zufriedenstellbaren Vater gelitten hat, von dem sie sich abgelehnt gefühlt hat, so kann sie das Weinen ihres eben gestillten und frisch gewickelten Sohnes als Vorwurf erleben. Sie kann ihm nicht helfen, einzuschlafen, sondern ist genervt, da sie sich durch ihn kritisiert fühlt. Sein Weinen erlebt sie wie einen Vorwurf, keine gute Mutter zu sein, was sie veranlasst, sich vom Baby abzuwenden, statt es – wie es sich es wünscht und erwartet – aufzunehmen und kurz an sich zu drücken. Ihr Sohn fühlt sich dann tatsächlich abgeschoben, abgelehnt und weint immer verzweifelter. Sein Weinen wird durchdringender, da er durch die Abwehr der Mutter durchzudringen versucht, was ihre Ablehnung jedoch nur noch verstärkt. Manchmal kann dann der Vater einspringen und den Sohn beruhigen und der Mutter helfen, seine Bedürftigkeit wahrzunehmen statt sich kritisiert zu fühlen. Meist entsteht ein Teufelskreis, aus dem sie ohne professionelle Hilfe keinen Ausweg finden.

In der Eltern-Kleinkind-Therapie, wenn sich die Mutter im therapeutischen Prozess, d. h. in der realen Gegenwart des Therapeuten befindet, können die beschreibenden Deutungen der Interaktion zwischen Mutter und Baby ihr helfen, das Kind mit seinen Augen zu sehen, also in einem neuen Licht. Wir sprechen von einer »parallelen Sichtweise« (Stern, 1998, S. 21), die eine Veränderung ermöglicht. Wenn der Therapeut hinzufügt, dass ihr Kind sie so sehnsüchtig anschaut, als ob es aufgehoben und gehalten werden will, kann sie das Kind als bedürftig und nicht als kritisierend erleben.

Die Eltern-Kleinkind-Therapie wird von unterschiedlichen therapeutischen Schulen angeboten und ist ein Beispiel, wie aus heftigen theoretischen Kontroversen eine fruchtbare, kreative Forschung und klinische Anwendung entstehen konnte.

5.2 Fallbeispiele von Eltern-Kleinkind-Therapien

Die Beziehung zwischen der Mutter und dem Vater des Babys beginnen nicht bei der Geburt, sondern schon bei der ersten Überlegung, ob sie ein Baby wollen, auch ob sie gemeinsam ein Kind großziehen wollen. Wir sprechen vom »imaginären Baby« in der Phantasie der Eltern, die über mit ihren Kinderwunsch /ihrer Angst vor einer Schwangerschaft nachdenken. Ist es zur Befruchtung des Eis in der Gebärmutter der Frau gekommen, gibt es eine Phase der Entscheidung für das Austragen oder den Abbruch der Schwangerschaft. Die »Geister im Kinderzimmer«, von denen Fraiberg (2011) spricht, sind schon vor der Geburt wirksam.

5.2.1 Fallbeispiel: Peter und sein Stiefvater

Eine Familie mit einem 18 Monate alten Sohn, den ich Jakob nenne, wollte eine Eltern-Kleinkind Therapie machen. Problem war allerdings nicht Jakob, sondern der aus erster Ehe der Mutter mitgebrachten zwölfjährige Sohn, den ich Peter nenne.

Erste Stunde

Zur ersten Sitzung kamen die Eltern mit dem schlafenden Jakob, der auch während der gesamten Sitzung tief schlief. Der Vater gab als Problem seine Schwierigkeiten mit dem Stiefsohn an, den ich Peter nenne. Er sei immer ein abgelehntes Kind gewesen, habe »das falsche Geschlecht« und bei ihm habe »nichts funktioniert«. Bei dem gemeinsamen Baby Jakob sei alles anders, leicht und unproblematisch. Ausschlaggebend für das Aufsuchen der Therapie sei ein erschreckendes Erlebnis gewesen, als er als Peters Stiefvater beim gemeinsamen Urlaub – als ihn Peter wieder wütend gemacht hatte – im Affekt eine aggressive Handlung vollzogen hatte, die ihn tief erschreckt hatte. Er schämte sich dafür und konnte es nur schwer beschreiben.

Seine große Eifersucht dem Stiefsohn gegenüber konnte der (Stief-)Vater erkennen und brachte sie mit seiner eigenen Kindheitssituation in Verbindung. Er hatte einen sechs Jahren älteren Bruder, der mit 14 Jahren die Familie verließ, sodass er das umsorgte und geliebte Einzelkind gewesen sei. Eine Position, die er genossen hatte.

Die Mutter berichtete von einer schweren Geburt mit Peter, bei der sie fast gestorben wäre. Meine Deutung, dass sie Peter vielleicht unbewusst hasst, weil er ihren Körper fast »kaputt gemacht« habe, macht sie nachdenklich.

Zur Verbesserung der Situation schlägt die Mutter gemeinsame Aktivitäten der drei Männer vor, was für sie eine ungestörte Zeit alleine bedeuten würde, die sie sehr vermisse.

Diskussion

Es war wichtig, dem Vater/Stiefvater genug Raum zu geben, über seine von ihm wie einen Mordversuch gewertete Handlung im Affekt sprechen zu lassen und ihm dabei zu zeigen, dass es einen Unterschied zwischen der tatsächlichen Handlung und den die Tat begleitenden Fantasien und Gefühlen gegeben hatte. Sein Impuls, Peter so lange in der gefährlichen Situation zu belassen, bis er wirklich erstickt wäre, machte ihm seinen mörderischen Hass bewusst. Er fühlte sich tatsächlich wie nach einem Mordversuch. Das Betonen des Unterschieds zwischen einem Impuls und einer Tat entlastete ihn ein wenig. Seine Motivation, seine Beziehung zu Peter zu verbessern, war sehr groß – um sich und ihn vor ähnlichen Impulsdurchbrüchen zu schützen.

Die Mutter konnte meine Deutung, dass die gefährliche Situation bei der Geburt einen tiefen Groll in ihr erzeugt haben könnte, aufnehmen.

Zweite Stunde

Zur zweiten Sitzung kam das Ehepaar allein. Die Mutter sagte, dass es mit Peter viel besser gehe, weil sie seine Ablehnung, schlafen zu gehen, nicht mehr als gegen sich gerichtet erlebte, sondern als Ausdruck, dass er noch weiterspielen wolle. Sie habe über meine Äußerung viel nachgedacht, ob sie Peter hasse, weil er ihren Körper »kaputt gemacht« habe.

Der Stiefvater sagte, er lasse sich nun nicht mehr von Peter provozieren. Zum Beispiel setzte sich Peter auf die Couch, wo sich der Stiefvater mit Jakob hinsetzen wollte, um ihm das Fläschchen zu geben. Früher hätte sich der Stiefvater sehr geärgert und sich woanders hingesetzt. Jetzt scheuchte er Peter weg und musste sich nicht mehr ärgern. Ich lud den Stiefvater ein, gemeinsam mit mir über diese Szene nachzudenken, indem ich ihn fragte, was er denke, dass Peter mit seinem Körper ausdrücken wollte. Zunächst meinte der Stiefvater, Peter wollte sagen »Ich will den Platz!« Ich biete eine andere Erklärung an (»Ich will auch ein Baby sein«) und frage, ob es Körperkontakt zwischen ihm (dem Stiefvater) und Peter gebe. Der Stiefvater wurde nachdenklich und meinte, seine Frau bringe die besten Seiten an ihm zum Vorschein, Peter die schlechtesten. Dann erzählte er eine Geschichte der Kränkung aus den letzten drei Jahren. Für seinen »geliebten Chef« hatte er 130 % gegeben, sei um 6 Uhr morgens aus dem Haus gegangen und erst um 21 Uhr heimgekommen. Wegen der psychischen und physischen Überlastung bekam er psychosomatische Beschwerden, die mit Antidepressiva behandelt wurden. Sein Chef ging im Sommer in Pension, ohne den besonderen Einsatz des Stiefvaters zu würdigen. Nach der erzwungenen Trennung vom Chef durch dessen Pensionierung habe er eigenmächtig und plötzlich die Medikamente abgesetzt. Beim Urlaub mit der Familie kam es zur erwähnten Eskalation.

Ich ging auf die »Babybedürfnisse« des Stiefvaters ein, den die Kränkung, das Verlassenwerden, die mangelnde Anerkennung des Chefs wütend gemacht hatten. Danach sprach er über seinen Wunsch, mit seiner Frau und Jakob allein wegzufahren.

Diskussion

Das Erkennen der Zusammenhänge ermöglichte es dem Vater, sich einerseits gegen Peter durchzusetzen aber auch auf dessen Bedürftigkeit und Sehnsucht nach Nähe zum Vater einzugehen. Als es möglich war, hinter dem provokanten Verhalten des Stiefsohns dessen Bedürftigkeit zu erkennen, traute sich der Vater, seine eigenen Kränkungen, vom Chef verlassen worden zu sein, einzugestehen. Die Anerkennung der »Babybedürfnisse« der Eltern ist eine wichtige Dimension des Containments, da die Eltern meist an sich (zu) hohe Forderungen stellen und sich aus Schuldgefühlen heraus nicht trauen, ihre Position durchzusetzen (Platz auf der Couch).

Dritte Stunde

Zur dritten Sitzung kamen sie zu dritt. Der Vater trug seinen Sohn Jakob. Der Vater begann zu erzählen, dass alles so viel besser geworden sei. Er könne jetzt tatsächlich mit Peter kuscheln, er könne es selbst kaum glauben, dass das möglich sei. Einen Abend pro Woche sei jetzt »Männertag«, an dem der Vater für alles verantwortlich sei. Er versorge beide Kinder, seine Frau habe frei. Es falle ihr aber schwer, sitzen zu bleiben, aber entweder es gelinge oder sie gehe weg, sagte er mit einem Lächeln. Der Vater erzählte, dass er mit Jakob gespielt habe, wer ihn alles lieb habe. Das habe er auch mit Peter gespielt und am Ende habe er zu Peter gesagt, ohne es geplant zu haben: »Und ich habe dich auch lieb.«

Ich beschrieb, wie gerührt er sei, dass er so liebevolle Gefühle für Peter entwickeln könne. Die Mutter betonte, wie froh und erleichtert sie über diese Entwicklung sei. Während dieser Erzählungen hatte Jakob verschiedene Tiere in die Hand genommen und die Geräusche dieser Tiere – das Schnauben der Pferde, das Tröten des Elefanten, das Gackern der Hühner etc. – nachgemacht. Ich beschrieb, was Jakob erkennt und wie er spielte, was den Vater voll Stolz lächeln ließ.

Diskussion

Die Mutter ließ dem Vater mehr Raum zum Erproben seiner väterlichen Fähigkeiten. Bisher hatte sie Peter vom Stiefvater ferngehalten, da es so oft zu Szenen zwischen ihnen gekommen war. Nun konnte der Stiefvater erkennen, dass auch der 12-jährige Peter dieselben Wünsche nach Nähe und Umsorgtwerden hat wie sein kleiner Sohn. Überrascht erkannte er die liebevollen Gefühle in sich, die er auch seinem Stiefsohn gegenüber entwickelt hatte, worüber er in der vierten Stunde, die hier nicht näher beschrieben wird, tief bewegt sprach.

Fünfte Stunde

In der fünften Stunde kamen sie zu dritt, Peter war dabei, Jakob beim Babysitter, weil er krank war. Diese Stunde stellte mich (im nachfolgenden Dialog Analytikerin) vor die schwierige Aufgabe, mit so einem großen Jungen (12 Jahre) im Beisein der Eltern zu sprechen und dabei die enge Verflochtenheit mit der Mutter aufzuzeigen, indem beider Anteile sichtbar gemacht werden mussten. Wie zu erwarten, war Peter derjenige, der unübersehbar den zentralen Punkt sichtbar machte. Zugleich war anzunehmen, dass er versuchen würde, alle Deutungen abzuschmettern oder lächerlich zu machen. Der Prozess im Detail:

Peter: (setzt sich auf den Schoß seiner Mutter wie ein Baby. Er mustert den Raum mit den Augen.)
Analytikerin: »Du erkundest den Raum mit den Augen.«
Peter: (macht sich lustig) »Wie denn sonst?«
Analytikerin: »Vielleicht schaust du auch, wie es hier riecht. Haben Deine Eltern Dir schon erzählt, was sie hier mit mir besprochen haben?«
Peter: (setzt zu sprechen an, aber die Mutter spricht statt ihm und sagt, dass sie ihm wenig erzählt haben.)
Analytikerin: »Jetzt spricht deine Mutter statt dir. Vielleicht machst du es oft so, dass du nichts sagst, und die Mama erledigt das für dich.«
Peter: (lacht, auch der Vater lacht und nickt zustimmend.)
Analytikerin: »Jetzt fühlst du dich verstanden. Was denkst du denn, dass hier passiert?
Peter: (Als er nicht gleich antwortet, beugt sich die Mutter und flüstert ihm in Ohr, dass er schon mit ihr beim Therapiekaffee war.)
Analytikerin: »Es ist gar nicht so leicht, selbst zu antworten. (Ich erkläre ihm die Regel, dass er alles sagen oder zeichnen kann.) Vielleicht kann jeder sagen, was er sich wünscht, was besser gehen könnte.« (Ich schlage hier als Aufgabenstellung in der Therapiestunde für alle drei vor, jeweils einen Wunsch an die anderen beiden zu formulieren, um den Druck auf Peter, reden zu müssen, zu verringern.)
Peter: (sagt nichts.)
Mutter: (antwortet eher rasch) »Ich wünsche mir, dass du mehr Hilfe von mir annehmen kannst, wenn ich dir beim Schulaufgabenmachen helfe; dass du, wenn Jakob (der jüngere Bruder) schläft, ruhiger bist und um 9 Uhr schlafen gehst«.
Analytikerin: »Wenn Mama einen Wunsch äußern soll, sagt sie gleich drei. Kommt dir das bekannt vor?« (Vater und Peter nicken und lachen.)
Vater: »Ich wünsche mir, dass sie einander zeigen können, dass sie sich liebhaben.«

Als Peter nichts dazu sagt, schlage ich vor, dass er mit uns durch eine Zeichnung kommuniziert. Da er meine Einladung, sich zum Tisch zu setzen, nicht annimmt, lege ich den Block und die Stifte zu ihm auf den Tisch.

Zu unser aller Überraschung nimmt Peter den Stift und zeichnet in die Mitte des Blattes ein kleines Männchen (als Vater), dann sich selbst als noch kleineres Männchen. Dann zeichnet er die Mutter als große Figur und er kommentiert, dass sie wie ein 13-jähriges Mädchen aussehe. Dann Jakob, so winzig, dass man sein Gesicht kaum erkennen kann.

Dann zeichnen auch die Eltern die Familie und besprechen ihre Bilder.

Diskussion

Peter und seine Mutter demonstrieren in der Stunde ihre enge Verbundenheit, indem der 12-Jährige bei ihr auf dem Schoß sitzt wie ein Baby und die Mutter, indem sie ständig statt ihm antwortet. Die Beschreibung dieser Beobachtung ermöglicht es Peter, sich durch sein Lachen mit dem Vater zu verbünden und sich gegenüber der Mutter zu distanzieren. Seine Idee, die Familie zu zeichnen, wird von Mutter und Vater aufgegriffen. Die übermächtige Mutter zeigt sich in der Stunde und wird von Peter als dominante Figur ins Zentrum der Zeichnung gesetzt.

Letzte Stunde

Zur letzten Stunde kamen Vater (Stiefvater von Peter) und Mutter zu dritt mit Jakob. Peter war bei seinem Vater, der ihn jetzt wieder regelmäßig sieht. Vater und Mutter wirkten in der Sitzung sehr entspannt.

Die Mutter begann zu erzählen, dass Jakob jetzt im Kindergarten sei, dort gerne spiele. Der Vater erzählte, dass sie über die verschiedenen Familienzeichnungen gesprochen und sie die unterschiedlichen Sichtweisen sehr interessant gefunden hatten. Die Mutter berichtete, dass Peter am Schulskikurs teilgenommen habe. Die Familie habe er jedoch vermisst und seit der Rückkehr sei er wirklich »pflegeleicht«. Sie habe mit ihm einen Deal geschlossen: Peter dürfe mit seinem Handy spielen, nachdem er seine Aufgaben gemacht habe. Das motiviere ihn sehr, jetzt gebe es keine Probleme mehr. Während der Erzählung spielte Jakob begeistert mit den Tieren und Autos, sprach viel und wollte später einen Keks. Dann ging er zum Vater und will sich auf dessen Sessel setzen; der Vater stand auf und setzte sich auf die Couch. Der Vater reagierte nachdenklich und meinte, bei Jakob sei es ok, ihm seinen Platz zu überlassen, bei Peter hätte er es als Provokation empfunden.

Diskussion

Die Patchwork-Familie hat eine neue Ordnung gefunden. Interessanterweise hat der biologische Vater von Peter nun mehr Interesse gezeigt, seinen Sohn regelmäßig zu sehen, was die Angst von Peter, vergessen zu werden, verminderte. Der Stiefvater ist zu einer zusätzlichen Vaterfigur geworden, die eine Bereicherung darstellt. Da der Stiefvater die Provokationen nicht mehr als persönliche Beleidigung empfindet, die ihn wütend machen, kann er locker damit umgehen und seine Position in der Familie im vermehrten Engagement zeigen. Durch die »sternförmige Kommunikation«, bei der die Mutter jeweils statt der angesprochenen Person antwortet, verhinderte die Mutter die Kommunikation zwischen der Analytikerin und Jakob, und zu Hause zwischen dem Stiefvater und Jakob. Diese zentrale Position fand sie zugleich überfordernd und sie wünschte sich Zeit für sich. Durch die »Männerabende« entstand eine Koalition der drei »Männer«, was eine neue Dynamik in der Familie ermöglichte.

5.2.2 Fallbeispiel: Flora

Frau M. wandte sich per Mail um Hilfe als Therapie oder Coaching an mich. Sie schrieb:

> Sehr geehrte Frau Professor Dr. Diem-Wille,
> Sie wurden mir empfohlen und ich möchte anfragen, ob ich bei Ihnen einen Termin bekommen könnte. Meine Situation ist so, dass ich seit der Geburt meiner Tochter mit meinen Eltern überfordert bin, die wie ich aus Kärnten kommen, sich nun eine Wohnung in Wien, noch dazu in meiner Gasse, gekauft haben und uns immer wieder besuchen, was mich gefühlsmäßig extrem mitnimmt, da seit der Geburt meiner Tochter Ende September mir meine nicht angenehm in Erinnerung gebliebene Kindheit und Jugend wieder überdimensioniert präsent ist und ich nach ihrem letzten Besuch zwei bis drei Wochen nicht aus einem emotionalen Tief herauskam. Mittlerweile (wiederum zehn Tage später) geht es mir durch mehrere Maßnahmen, die ich gesetzt habe, wie Strukturierung des Alltags, zwar im Vergleich wieder gut, jedoch bräuchte ich dennoch eine Unterstützung im Umgang mit den Eltern und mit meinen Gefühlen (Ängste, schlechtes Gewissen, Gefühlsstrudel). Ich würde mich freuen, von Ihnen zu hören.
> Mit freundlichen Grüßen

Ich schlug ihr eine EKKT als Kurztherapie mit fünf Sitzungen vor, die sie gerne annahm.

Erste Stunde

Frau M. kam mit ihrer Tochter Flora im Tragetuch. Sie war eine schlanke, sportliche Frau. Flora schmiegte sich an die Mutter, als ob sie Teil von ihr wäre. Das Bild erinnerte an ein Kängurubaby im Beutel der Mutter. Die Mutter löste das Tragetuch, doch ließ sie Flora eng an sich gepresst auf ihrem Schoß sitzen. Sie schien sich an ihr festzuhalten. Flora schaute mit Interesse im Zimmer herum, dann mich mit großen Augen an, hielt Blickkontakt, während ich sie begrüßte und zu ihr sagte: »Du möchtest wissen, wer ich bin. Eine fremde Frau, zu der deine Mama kommt, um über ihre Probleme zu sprechen.«

Während ich zu Flora gesprochen hatte, wurde der Muskeltonus der Mutter lockerer, sie setzte sich am Sessel zurück und ließ Flora sitzen. Nun lächelte die Mutter, als ich von »der fremden Frau« gesprochen hatte. Sie hatte mich empfohlen bekommen und wollte gerne mein Angebot annehmen. Ich wiederholte, dass es sich um eine kurze Hilfestellung von einem bis fünf Treffen handelte. Die Mutter wirkte sichtlich erleichtert, als sie noch einmal das begrenzte Angebot hörte und es annahm. Sie setzte sich zurecht, Flora blieb wie selbstverständlich an sie gelehnt sitzen, sie schien für die Mutter als Schutz wichtig zu sein.

Aus der Mutter brach es hervor: Es war eine lange Geschichte, der Depression, des Abnehmens, wann alte Wunden wieder aufgebrochen waren. Ähnlich wie in der Mail begann sie ausführlich über den geplanten Besuch der Eltern zu sprechen, den sie als enorme Belastung empfinde. Ihr Vater sei »übergriffig« und respektiere ihre körperliche Integrität nicht. Als ich nach einem konkreten Beispiel fragte, erzählte sie, dass ihr Vater Flora an den Füßen berühre und halte. Als ich das als eine durchaus mögliche Kontaktaufnahme verstand und den Wunsch des Großvaters, seine Enkelin ein bisschen zu berühren, wirkte sie nachdenklich, meinte aber, Flora möge das gar nicht.

Flora hatte begonnen, sich aufzusetzen, sodass sie sich nicht mehr an der Mutter anlehnte und studierte mit Interesse die Babyspielsachen, die ich auf den kleinen Tisch hergerichtet hatte.

Die Mutter fuhr fort, ihre schwierige, unerträgliche Situation zu beschreiben: Sie könne täglich nur zwei Stunden schlafen. Der Besuch ihrer Eltern sei so eine Belastung, die Vorstellung, sie zu treffen, sei unerträglich. Flora hattte inzwischen die Spielsachen auf dem Tisch genau inspiziert und erwiderte meinen Blick und lächelte mich breit an. Ich entdeckte ihre Zähne und sagte zu ihr: »Flora, du schaust dir alles genau an, auch mich, und lächelst mich so freundlich an. Du hast ja schon Zähne, zwei, nein mehr.«

Die Mutter unterbrach mich, schaute voller Stolz auf Flora und meinte, sie habe bereits fünf Zähne. »Nun kannst du ja auch schon beißen«, meinte ich. »Wollen Sie mir erzählen, wie Flora auf die Welt kam?«

Nachdem die Mutter mir die Anzahl der Zähne von Flora gezeigt hatte, setzte sie sich so nahe zum Tisch, dass Flora das Holzspielzeug, einen runden Turm, bestehend aus immer kleiner werdenden Holzteilen, die man aneinandersetzen kann, ergreifen konnte. Sehr geschickt und behutsam griff Flora nach dem obersten runden Stein, der eine Ausbuchtung hatte, drehte ihn hin und her und steckte ihn dann so in den Mund, dass die Ausbuchtung wie ein Schnuller oder eine Brustwarze in ihrem Mund war. Sie kaute, lutschte und schleckte daran herum. Die Mutter entspannte sich, beobachtete Flora mit einem Lächeln, als sie mit Begeisterung nun auch einen zweiten Stein in die andere Hand nahm und untersuchte.

Flora sei ein Wunschkind gewesen. Sie habe sich einen Kaiserschnitt gewünscht und geplant, aber Flora sei dann spontan gekommen, berichtete die Mutter. Es war eine lange Geburt von 36 Stunden, sie bekam einen Kreuzstich, sodass sie die Presswehen nicht gespürt habe. Aber insgesamt sei es ein sehr schönes Erlebnis gewesen. Sie hatte ein Rooming-In, die Vorwehen seien sehr schmerzlich gewesen. Danach hatte sie einen »Baby Blues«, weinte, weil Flora eine leichte Gelbsucht hatte. Der erste Besuch ihrer Eltern war sehr anstrengend, sie habe nur geweint. Ihr Bruder wolle keine Kinder, sie habe erst sehr spät, mit 44 Jahren Flora bekommen, erzählte die Mutter.

Flora erforschte nun auch die anderen Spielsachen, z. B. ein Spiel, bei dem man drei verschieden große Zügen herausnehmen und wieder in die dafür vorgesehene Stellen hineingeben kann. Sie nahm den kleinen, mittleren und großen Zug heraus und versuchte, sie gleich wieder hineinzugeben. Meine Aufmerksamkeit pendelte zwischen der Mutter und ihrer mit heftigen Gefühlen verbundenen Erzählung und meiner Beschreibung, was Flora gerade tat. Ich sprach mit Flora, wie interessant es sei, die verschiedenen Züge herauszunehmen, benannte den kleinen, mittleren und großen Zug und ahmte ihr Geräusch »zsch, zsch, zsch« nach. Die Mutter unterbrach ihre Erzählung, wenn ich sprach, Flora schaute mich und die Mutter an, sodass ich sagte: »Du siehst, dass Mama nun jemanden hat, dem sie all ihre schrecklichen Erlebnisse erzählen kann, der ihr zuhört und sie versteht.«

Die Mutter erzählte von zwei dramatischen Fehlgeburten. Die erste sei mit sieben Wochen abgegangen, beim Fötus sei schon alles zu sehen und sie schon 41 Jahre alt gewesen. Ich kommentierte, dass sie vielleicht auch große Angst gehabt habe, überhaupt nicht mehr schwanger zu werden oder kein Baby austragen zu können. Nun sei es leichter darüber zu sprechen, da sie jetzt die wunderbare Flora auf ihrem Schoß sitzen habe und sehe, wie interessiert sie an der Welt sei. Flora blickte nun immer öfter zu den am Boden liegenden Spielsachen. Die Mutter sprach vom zweiten Abortus im Alter von 42 Jahren, bei dem sie dann den Fötus gar nicht mehr sehen habe können. Bei Flora sei die Schwangerschaft in der ersten Hälfte gut gewesen, dann habe sich ihre Stimmung verschlechtert, sie sei stationär aufgenommen worden, konnte nicht alleine sein. Ihre Lieblingstante sei an Bauchspeicheldrüsenkrebs erkrankt. »Und Sie hatten große Angst, dass Flora sie auch wieder verlassen wird, sie auch das dritte Baby verlieren würden«, sagte ich. Die Mutter schaute mich erleichtert und überrascht an, drückte Flora an sich. Doch Flora machte vermehrt kleine Bewegungen, die darauf hinwiesen, dass sie auf den Boden wollte. Ich beobachtete das eine Weile, dann beschrieb ich, wie wichtig es der Mutter sei, Flora zu spüren, dass es schwer sei, wahrzunehmen, wie gerne Flora auf den Boden und alles erforschen wolle. Nun nahm die Mutter Floras Bewegungen wahr und fragte sie, ob sie auf den Boden wolle. Wie zur Antwort streckte sie sich durch in Richtung des Bodens. Die Mutter lachte und gab sie auf den Boden. Wie ein Fisch, der endlich in seinem Element ist, drehte sie sich sofort auf den Bauch und robbte sehr geschickt zu einer Plastikrassel. Ich schaute ihr fasziniert zu, da sie sehr geschickt war und sie in beiden Händen je ein Holzelement hatte, das sie festhielt. Ich kommentierte etwa folgendermaßen: »Nun zeigst du uns, wie gerne du den festen Boden unter dir spürst, wie gut es ist, sich hier strecken, bewegen und krabbeln zu können. Du willst aber die beiden Holzbausteine nicht hergeben und kannst trotzdem weiterkommen.« Auch die Mutter beobachtete sie mit sichtlichem Stolz und Freude. »Ich hätte gar nicht wahrgenommen, dass sie nun lieber am Boden sein und sich selbständig bewegen will«, meinte die Mutter nachdenklich.

Den Rest der Stunde teilen wir unsere Aufmerksamkeit zwischen der Entdeckungsfreude Floras und dem Besprechen der schwierigen Erfahrungen der Mutter im Krankenhaus, ihren psychischen Problemen, heftigem Schüttelfrost, ihren großen Problemen mit den Autoritäten im Krankenhaus, von denen sie sich nie verstanden, sondern gemein behandelt gefühlt hatte. Flora entdeckte den Raum, begann sich am Glastisch hochzuziehen, wobei sie barfuß enorm geschickt ihre Zehen durchstreckte, oft sehr schief stand, es aber immer schaffte, sich hochzuziehen und wieder zu Boden zu gehen. Ich beschrieb die Faszination der verschiedenen Materialien, das Leder des Sessels, das Glas des Tisches, das Holz der Bausteine, da sie offensichtlich jeweils das Material untersuchte, klopfte, schleckte und es erforschte. Die Mutter war sichtlich überrascht, wie sehr sich Flora jeweils über die Entdeckungen und Untersuchung der Textur freute.

Sie erzählte, dass Flora jetzt schon an festem Essen interessiert sei und sie ihr auch gestatte, es anzugreifen und selbst in den Mund zu stecken. Ich kommentierte immer wieder, wie faszinierend es für die Mutter und mich ist, zu sehen, wie Flora es macht, was sie unternimmt. Ich betonte, wie gut es für Flora sei, dass die Mutter ihr die Erfahrung des Begreifens und haptischer Erfahrungen ermögliche, damit die Lust am Essen – wie Anna Freud betont – um eine Dimension erweitert werde.

Nach der Geburt, so fuhr die Mutter fort, sei sie so erschöpft und schwach gewesen, sie habe Flora in den ersten sechs Wochen immer auf ihrer Brust gehabt, sodass sie in der Nacht nie mehr als zwei Stunden schlafen konnte und sehr unter Druck stand. Nun gehe Flora in eine Pikler-Spielgruppe, in der Mütter den Kindern beim Spielen zuschauen können. Als die Stunde zu Ende war, wollte Flora noch bleiben. Die Mutter hob sie gekonnt auf und packte sie in das Tragetuch. Beim Weggehen, nachdem wir für nächste Woche eine weitere Stunde vereinbart hatten, wendete sie sich um und fragte mich, ob sie zum Psychiater gehen solle. Ich sagte ihr, dass wir das alles in der nächsten Stunde besprechen könnten.

Diskussion

In der ersten Stunde laufen zwei Handlungen parallel ab: die ausführliche Klage der Mutter über ihre schmerzlichen Erfahrungen, über die beiden Abortus ihrer beiden ersehnten Schwangerschaften, über die körperlichen und psychischen Schwierigkeiten während der Schwangerschaft mit Flora. Die Mutter betont, wie sie sich von niemanden verstanden und ganz allein gelassen gefühlt habe. Gleichzeitig bewegt sich Flora im Raum wie in einer Demonstration eines neugierigen, körperlich gut entwickelten Kindes, das den Raum erforscht, selbständig die Materialien und Texturen mit Händen, Augen und dem Mund untersucht. Die gleichzeitige Aufmerksamkeit von mir als Analytikerin auf die Mutter und auf Flora, ermöglicht es der Mutter, diese beiden Ebenen zu verbinden: So als ob sie erkennt, dass all die Mühen sinnvoll gewesen seien, weil sie so mit Flora ein wunderbares »Produkt« hervorgebracht habe. Wie eine dunkle Wolke legt sich der Hinweis auf den Besuch der Großeltern über die Stunde – als ob die »dunklen Geister der Vergangenheit« Einlass fordern: Floras Mutter erlebt ihren Vater (Großvater von Flora) als übergriffig. Ein genaues Nachfragen bringt jedoch nur das Berühren der kleinen Füße von Flora durch die Hände des Großvaters ans Licht – eine durchaus übliche zärtliche Geste, die schwer als übergriffig bewertet werden kann. Die Interventionen und Deutungen in der ersten Stunde beziehen sich auf Floras Wunsch, am Boden krabbeln zu dürfen – wobei die Mutter bemerkt, dass sie die klaren Hinweise in Floras Verhalten ohne meinen Hinweis nicht verstanden hätte. Tatsächlich handelt es sich bei Flora um ein überdurchschnittlich geschicktes, aufgewecktes Kind, das sehr achtsam mit den Spielsachen umgeht, sie fast liebevoll untersucht und sich daran erfreut. Diese Lebens- und Entdeckungsfreude steht im Gegensatz zur Depression und Niedergeschlagenheit der Mutter. Die letzte Bemerkung oder Frage der Mutter, ob sie einen Psychiater aufsuchen solle, zeigt ihre Angst, psychisch krank zu sein und von mir an einen Psychiater weiterverwiesen zu werden.

Zweite Stunde

In der zweiten Stunde, eine Woche später, kam Floras Mutter strahlend zur Türe herein. Flora im Tragetuch, setzte sie auf den Boden und sagte: »Alle Symptome sind weg! Meine Zwangsvorstellungen, meine Befürchtungen. Ich kann mich jetzt hinsetzen und Flora beim Spielen zuschauen, sie genießt es, wenn ich einfach bei ihr bin.«

»Und Sie genießen es, Mutter so einer wunderbaren Tochter zu sein«, sagte ich darauf. Sie schaute mich an und lachte. Dann wendete ich mich an Flora und sagte: »Du zeigst uns, dass du ein ganz normales, wunderbares Baby bist. Jetzt müssen wir noch deiner Mama helfen, das auch zu sehen und zu wissen, dass sie so etwas hervorgebracht hat und dich ernährt und fördert!«

Die Mutter sagte, der Tag nach unserer Stunde sei sehr gut gewesen, sie habe mit ihrem Freund gesprochen, der sehr sensibel reagiert habe. Sie habe ihm nun gestattet, auch mit Flora zu kuscheln und zu spielen, er mache es wirklich sehr gut. Flora genieße es auch sehr und schmiege sich an ihn und sie könne nun ein bisschen Zeit für sich haben.

Flora schien alles wiederzuerkennen, krabbelte zu dem kleinen Tisch – vom dem ich rasch die große Holzfigur entfernte, die sonst umfallen könnte. Ich kommentierte, wie vertraut sie sei und dass dieser niedrige Tisch genau richtig für sie passe, dort könne sie die Gegenstände gut erreichen. Ich begleitete Flora bei ihrer Exploration, indem ich immer wieder – zwischen den klagenden und anklagenden Erzählungen der Mutter über ihre Eltern, deren »Übergriffe« und Bestrafungen – beschrieb, was sie tat, wie gut sie das konnte, wie sie manchmal zauderte, ob sie etwas in ihrer Hand loslassen sollte, weil sie etwas anderes im Moment noch mehr interessierte. Sie zeigte ihre Wünsche und Interessen sehr deutlich, schaute das neue Spielzeug an, dann wieder auf ihre Hand, verwendete die Plastikreifen des Steckspiels wie ein Armband und lachte, als ich das toll fand.

Die Mutter verglich ihre Erfahrungen als Kind mit dem Spiel von Flora. Mit 1,5 Jahren war sie in der Gehschule, ganz alleine und durfte nicht heraus. Niemand sei da gewesen. Als sie sich beim Kochen an den Rockzipfel oder die Beine der Mutter angeklammert habe, habe diese keine Notiz von ihr genommen. Sie erzählte, wie das Nicht-Sprechen als Strafe eingesetzt wurde, es oft eine »absolute Stille« gegeben habe, die sie geängstigt habe. Ich verband meine Beschreibung von Floras Spiel mit den Erzählungen der Mutter: »Deine Mama hat niemanden gehabt, der ihr so aufmerksam zugeschaut hat, wie wir dir hier; niemanden, der ihr das alles in Worten beschreiben konnte. Flora zog sich am Glastisch auf und griff nach dem Zugpuzzle, nahm den kleinen Zug heraus und machte ein klar hörbares »Zsch-Zschu«-Geräusch. Ich schaute sie fasziniert an und konnte es nicht glauben, deshalb fragte ich: »Kannst du dich daran erinnern, dass das ein Zug ist, der immer ›Zsch-Zsch-Zschu‹ macht?« Flora schaute mich mit großen Augen an und wiederholte die Geräusche, sodass wir es nun beide taten.

Die Mutter erzählte weiter, dass ihre Eltern wenig miteinander gesprochen hatten und sie sehr unter dieser Sprachlosigkeit gelitten habe. Mit 4,5 Jahren sei sie an Diabetes erkrankt, ein halbes Jahr vorher sei ihr Zuckerspiegel normal gewesen, dann sei sie ins Koma gefallen, musste für zwei Wochen ins Krankenhaus, wo sich der Zucker aber nicht einstellen ließ. Danach musste sie nicht mehr in den Kindergarten. Während ihrer eigenen Schwangerschaft mit Flora viele Jahre später musste sie sehr sorgfältig auf ihren Insulinspiegel achten, erst gegen Ende der Schwangerschaft brauchte sie weniger Insulin. Im Anschluss sei sie wieder zu Kräften gekommen und konnte ihr Laufen wieder aufnehmen.

Letzte Woche hatte sie wieder Spaß und war guter Laune, konnte mit ihrem Mann einen netten Abend verbringen. Fast so, als ob dies allen zu positiv sei, begann sie wieder von den traumatischen Erlebnissen nach der Geburt zu sprechen. Als Flora nicht genug zugenommen habe, ging sie zu einer Stillberaterin, musste alle zwei Stunden Milch abpumpen. Sie ließ sich im Krankenhaus aufnehmen. Statt Hilfe zu bekommen, musste sie sich einer »schrecklichen Behandlung« unterwerfen. Sie musste zu einer Psychoanalytikerin gehen, sich von Flora trennen, die bitterlich weinte. Die Teambesprechung sei wie ein »Gericht« gewesen, ihr sei die Schuld an den Blähungen von Flora gegeben worden, es »passe noch nicht«. Ihr sei gedroht worden, dass man ihr, falls sie jetzt die Behandlung abbreche, das Jugendamt schicken werde. Man habe sich nur um das Wohl des Kindes gekümmert, ihr sei es immer schlechter und schlechter gegangen.

Flora zeigte uns während der Erzählung der Mutter, was sie seit letzter Woche gelernt hatte: Sie hangelte sich an der Couch entlang, griff nach den verschiedenen Spielsachen, wobei sie ihr »Lieblingsspielzeug« immer in einer Hand festhielt. Ich verband ihre Vorliebe mit der Gestalt dieses Holzsteins, der an eine Brustwarze erinnerte, die Flora nun selbständig halten und in den Mund führen konnte. Die Mutter fügte hinzu, dass sie vor unserem Gespräch jede Annäherung von Flora so verstanden habe, dass sie zu ihr »hinaufwolle« oder an der Brust trinken wolle. Aber hier hatte sie gesehen, dass Flora ihr auch nur manchmal etwas bringen wolle, gestreichelt oder begrüßt werden wolle. Wie zur Demonstration kam Flora nun zur Mutter und zeigte ihr etwas. Die Mutter fragte sie, was sie wolle, und nahm sie nicht herauf, worauf sich Flora wieder zum Tisch wendete und dort Dinge zusammensteckte.

Eine Sozialpädagogin, die zu ihr nach Hause gekommen sei, um sie zu unterstützen, habe sie gelobt, wie gut sie Flora vorlese, berichtete die Mutter. Nach zwei Monaten hätte sie dann ihre Besuche eingestellt. Als Flora neun Monate alt war, bekam sie wieder depressive Zwangsgedanken.

Diese Geschichte ihrer schrecklichen Erfahrungen mit Institutionen, Psychoanalytikerinnen und Jugendamt kommentierte ich mit der Feststellung, wie viel Mut sie aufgebracht haben musste, um trotz dieser schrecklichen Erfahrungen Hilfe bei mir zu suchen, sich auf so ein Exponiertsein einzulassen.

Diskussion

Die große Erleichterung nach der ersten Stunde zeigt, wie wichtig es gewesen ist, all die schrecklichen Erfahrungen während der drei Schwangerschaften aufzunehmen und der Mutter zu zeigen, wie schmerzlich und unverdaut diese Ereignisse für sie sind. Die Ermutigung, Flora selbständig auf den Boden zu setzten, scheinen es der

Mutter möglich gemacht zu haben, auch dem Vater von Flora zu erlauben, sich um seine Tochter zu kümmern, was für die Mutter eine große Entlastung bedeutet.

Durch die Anerkennung als gute Mutter für Flora schöpft sie Vertrauen, mir ihre als für sie schwierig erlebte Kindheitserfahrung anzuvertrauen. Die Angst vor den Psychologinnen und Psychotherapeutinnen und die Sorge, jemand könne ihr Flora abnehmen, schien durch meine anerkennende Beschreibung von Floras Fähigkeiten gemildert worden zu sein.

Dritte Stunde

In der dritten Sitzung berichtet die Mutter, dass es ihr wieder schlechter gehe, sie so »verschwommene Gedanken«, manchmal keine klare Erinnerung habe. Was sie dann mache, sei: Sie setzt sich 20 Minuten zu Flora und schaue ihr einfach zu, wie sie voll Lebensfreude den Raum exploriere. Sie habe meine Anregung aufgegriffen, Flora nicht einzusperren, sondern mit einer Pikler-Trennwand die sensiblen Teile der Wohnung vor Flora zu schützen.

Während der gesamten Stunde erzählt sie von belastenden übergriffigen Szenen mit ihrem Vater, wobei nicht klar ist, ob es sich um krasse Verzerrungen handelt oder reale Geschehnisse. Mit 16 Jahren sei sie fassungslos vor dem Käfig ihrer Kolibris gestanden, als ihr Vater hereingestürzt sei und geschrien habe: »Jetzt ist aber Ruhe!« In einer anderen Situation gibt er ihr eine Ohrfeige ins Gesicht und fragt, ob sie nun wieder brav sein werde und schlägt mit der Faust zu, bis sie »Ja« sagt. Ihr Zahnfleisch sei geplatzt, später sei die Mutter gekommen und habe ihr als Wiedergutmachung 100 Österreichische Schilling angeboten mit dem Kommentar »Tu nicht so!«

Die sexuellen Übergriffe seien schwer zu thematisieren – sie fänden statt, seit sie sich erinnern könne. Auf meine Nachfrage, worin diese bestanden haben, erzählt sie Beispiele: Der Vater habe immer wieder Anspielungen auf ihren Bauch gemacht; er sei mit ausgestreckter Zunge hinter ihr hergelaufen oder habe gefragt, was sich unter ihrer Bikinihose verberge. Als ihr Körper mit 13 Jahren erste Rundungen zeigte und der Bruder eben ausgezogen sei, sagte der Vater: »Wir müssen dich operieren lassen!« Es gab »Grabschversuche« an ihrer Brust, vor fünf Jahren hätte sich der Vater zu ihr ins Bett gelegt und gesagt, ihm sei kalt. Beim 70. Geburtstag ihres Onkels habe sich der Vater beim Gruppenbild neben sie gestellt und dabei seine Hand wie zufällig von der Taille auf ihren Po rutschen lassen. Er habe getan, als ob nichts wäre und gelacht. Oder er trinke aus ihrem Weinglas, wenn sie protestiere, nenne er sie »geizig«.

Nach guten Erfahrungen mit dem Vater befragt, erzählt sie, dass ihr Vater ihr einmal, als sie ihre Puppe vergessen hatte, diese geholt habe. Das habe sie sehr gefreut.

Floras Entwicklung ist sehr eindrucksvoll zu beobachten, sie zieht sich nun sehr sicher hoch, am Tisch oder an der Couch. Sehr bestimmt kann sie zur Mutter krabbeln, sich aufstellen und mit kurzen Lauten ein Aufgenommen-werden-Wollen ausdrücken. Die Mutter nimmt sie hoch, kann aber ihre Wünsche, auch rückwärts beim Sessel heruntergelassen zu werden, verstehen. Die Mutter reagiert nun feinfühlig und ist überrascht, wie gerne Flora selbständig unterwegs ist. Zuhause dürfe sie nun auch viel länger frei spielen und die ganze Wohnung entdecken, komme aber immer wieder zur Mutter zurück, um zu sehen, ob sie da sei.

Flora zeigt sehr deutlich, wie sie denkt und zu Entscheidungen kommt. Sie bewegt sich mit einem Plastikreifen in jeder Hand zu einem Nachziehhund. Sie schaut ihn intensiv an, dann blickt sie auf ihre beiden Hände, dann noch einmal zum roten Hund. Ich beobachte sie und sage: »Jetzt hast du den roten Hund mit den großen Ohren entdeckt, den du schon in der letzten Stunde untersucht hast. Du schaust auf deine Hände, die beide einen Reifen halten. Was machst du nun? Wofür entscheidest du dich?« Sie schaut mich an, die Mutter blickt sie an. Nun blickt Flora noch einmal zum Hund, lässt einen Plastikreifen los und nimmt den Hund auf. Ich sage: »Jetzt hast du dich entschieden! Der Hund ist noch interessanter.« Sie untersucht genau die Nase des Hundes, steckt ihn in den Mund, lutscht daran, schaut ihn konzentriert an. Nach einer gründlichen Beschäftigung wendet sie sich dem fallengelassenen Plastikreifen zu und es gelingt ihr, ihn in die Hand, in der sie bereits einen hält, zu nehmen. »Nun kannst du sogar schon zwei Plastikreifen in einer Hand halten! Es gelingt dir!«, sage ich. Flora blickt auf ihre Hand mit den beiden Reifen und lächelt.

Die Mutter taucht immer wieder aus ihrem Problemnebel – wie sie es nennt – auf, wenn ich mit Flora spreche. Ich schlage ihr vor, dass sie sich dann, wenn ihre wiederkehrenden Gedanken kommen, 20 Minuten Zeit nimmt, um Flora beim Spielen zuzuschauen und ihr »Wunderwerk« zu bewundern. »Du zeigst deiner Mama, wie gut sie sich um dich kümmert, wenn du so flott unterwegs bist«, sage ich zu Flora. Wie als ob sie eine Antwort geben wollte, plappert Flora vor sich hin und schaut uns abwechselnd an.

Als ich die Mutter am Ende frage, ob sie drei Wünsche an ihre Eltern formulieren könnte (die Eltern hatten sie gefragt, was sie sich von ihnen wünsche), fällt es ihr sehr schwer zu antworten. Sie erzählt eine komplizierte Geschichte von einem Tisch, den sie haben wollte, der Vater bestellt und dann doch nicht gebracht hat. Ich schlage vor, mit ihm darüber zu sprechen.

Diskussion

In der dritten Stunde breitet Floras Mutter ihre chaotische innere Welt vor mir aus. Ihre Gedanken und Erinnerungen drängen sich zwischen sie und das reale Leben und damit auch zwischen sie und Flora. Die Doppelstrategie besteht wieder im Aufnehmen, Verstehen und Ordnen der belastenden Erinnerungen, wobei die Gefühlsqualität der Erinnerungen nicht eindeutig zuordenbar ist, und gleichzeitig Floras Leben, ihren Forschungsdrang, ihre Freude am Entdecken der Gegenstände mit Worten festzuhalten. Ich versuche auch, die in Flora stattfindenden Überlegungen, etwa wie sie einen dritten Gegenstand ergreifen kann, wenn sie in beiden Hände bereits einen Plastikreifen hält, nachzuzeichnen. Es gelingt, die Mutter aus den sie festhaltenden Gedankenzwängen herauszuholen und sie für die Handlungen und Überlegungen ihrer Tochter zu interessieren. Es geht um die Stärkung ihrer

Kompetenz als Mutter, ihren Stolz und ihr Selbstbewusstsein als zureichend gute Mutter zu betonen – und damit sozusagen ein Gegengewicht zu etablieren, um nicht im Sog ihres Gedankendickichts zu versinken. Durch den Vergleich ihrer Erziehung durch ihre Eltern, die sie als lieblos und mangelhaft erlebt hat, mit ihrer eigenen Erziehung von Flora kann sie sich als bessere Mutter sehen. Zugleich erlebt sie mich als Analytikerin, die ihre kleine Tochter liebevoll beobachtet und ihre Gedanken verstehen will, als Vorbild. Ganz gezielt schlage ich ihr vor, auch außerhalb der Stunden das Beobachten der fröhlichen Flora als Gegenmittel zu nutzen, als Hilfe einzusetzen, was sie tatsächlich hilfreich findet. Schon zu Beginn der Stunde erzählt sie, dass sie sich – so wie wir es in der Therapiestunde gemeinsam machen – an Floras Spiel und Erkundung der Welt erfreuen kann. Da Floras Mutter schlechte, traumatisierende Erfahrungen mit einer Psychotherapeutin in einer Institution gemacht hat, ist es nicht sinnvoll, ihr eine eigene Therapie zu empfehlen. Ihre positive Übertragung zu mir sowie die Verbesserung ihrer Beziehung zu Flora ermöglichen es der Mutter, eine mehrjährige sporadische Therapie bei mir zu machen. Behutsam versuche ich eine freundlichere Sicht des großelterlichen Interesses an Flora und deren Wunsch, sie als ihre Tochter zu unterstützen, einzuführen.

Vierte Stunde

Die Mutter kommt strahlend herein und sagt: »Es ist alles viel, viel besser geworden; Anfang September wieder ein bisschen schlechter, aber in den letzten Tagen wieder besser. Ich bin ganz weit weg von der Depression. Nie hätte ich mir vorstellen können, dass das ohne Medikamente geht.«

Sie kann Flora nun besser verstehen, ob sie zu ihr hinauf möchte oder etwas essen will. Am Abend rolle sich Flora jetzt von ihr herunter und schlafe alleine ein (nicht mehr auf der Brust der Mutter).

Flora ist sehr beweglich und mobil geworden. Bei der Begrüßung schaut sie mich durchdringend freundlich an. Die Mutter stellt sie zum Tisch, sie nimmt sich gleich ihr Lieblingsspielzeug, den Holzsteckturm. Die Mutter fragt mich, wo sie das bekommen könne. Sie erzählt mir, dass sie jetzt verstehen kann, wann Flora die Flasche und wann sie durch ein »Yam, Yam!« ausdrückt, dass sie die Brust will.

Die Mutter erläutert, dass Yam auf Serbisch Essen heißt, sie meine damit feste Nahrung. Ich stelle fest, Flora könne sich schon in zwei Sprachen ausdrücken, eine eindrucksvolle Leistung.

Während Flora sich wieder intensiv mit den Spielsachen beschäftigt, herumkrabbelt, fast schon einen Schritt vom Stuhl zum Sessel macht, sagt die Mutter nachdenklich, dass sie jetzt ihre Eltern anders sehen könne und überlegt, deren Angebot zum Babysitten anzunehmen. Sie fragt, ob ich denke, dass ihre Eltern Flora eine Stunde Babysitten könnten. Ich frage, wie sehr sie sich wegen der Grenzüberschreitung ängstige. Sie antwortet, das habe sich gegeben. Der Großvater (Vater von ihr) greift Floras Füße an, aber sie findet das lustig und lacht dabei. Also sei es auch für sie o.k. Sie könnte die freie Stunde ohne Kind nutzen, um zu lesen.

Bei meiner Frage, wie sie weitermachen wolle, und ich ergänze, dass das unsere dritte Stunde sei, korrigiert sie mich und meint, es sei schon die vierte. Sie will, wenn es möglich ist, länger kommen. Ich schlage vor, dass sie sich bis zum nächsten Mal überlegen soll, ob sie noch eine Verlängerung z. B. um drei Stunden will oder später ein Follow-up.

Sie ist sehr erleichtert und bedankt sich überschwänglich für die große Hilfe und wie sehr ich ihr aus ihrer aussichtslosen und hoffnungslosen Situation herausgeholfen habe. Sie hätte sich nicht vorstellen können, dass so etwas so rasch möglich sei. Ihre Erfahrungen mit anderen Analytikern, die ihre Ängste verstärkt hätten, hatten es ihr schwer gemacht, wieder therapeutische Hilfe in Anspruch zu nehmen.

Diskussion

Es war gelungen, die verfolgenden Ängste, die aus den verdrängten Groll gegenüber ihren Eltern stammten, zu mildern. Sobald die Mutter Zutrauen zu ihren mütterlichen Fähigkeiten entwickelte, sah sie ihre Eltern als weniger bedrohlich und konnte deren Hilfsangebot annehmen. Flora war das einzige Enkelkind der Großeltern, die es gerne sehen wollten.

Flora trug entscheidend dazu bei, ihre Mutter aus der depressiven Verstimmung herauszuholen. Auch der Übergang vom Stillen zur festen Nahrung schien ohne Probleme gemeistert worden zu sein. Flora übernahm die Initiative, die übergroße Nähe zur Mutter – zuvor hatte sie auf auf ihr geschlafen – durch ihr Herunterrollen aufzulösen. Dadurch erhielt die Mutter einen ungestörten Schlaf und fühlte sich nicht mehr überfordert.

Fünfte Stunde

Die Mutter kommt lachend herein und sagt: »Es geht mir immer noch gut. Keine große Depression. Flora will weniger oft gestillt werden, isst auch andere Nahrungsmittel sehr gerne mit großem Appetit«. Die Mutter hat Flora gleich auf den Boden gesetzt, wo sie gleich geschäftig herumwerkelt.

Wenn Flora zwei Jahre alt sein wird, möchte die Mutter wieder teilweise unterrichten. Während Flora die bunten Plastikreifen wieder wie Armbänder auf ihre beiden Arme legt und ich das bewundernd beschreibe, schaut sie stolz herum.

Die Mutter fragt, ob sie beim Stillen lesen soll. Ich meine, sie könnte nun das Stillen begrenzen und sich in dieser Zeit aber Flora ganz zuwenden. Wir besprechen andere Trinkmöglichkeiten, wie einen Schnabelbecher etc.

Abschließend sagt die Mutter, sie möchte in den nächsten fünf Monaten einmal pro Monat kommen, was ich zusagen kann.

Diskussion

Obwohl die Mutter eine äußerst belastete Beziehung zu ihren Eltern hat, kann sich Flora trotz der übergroßen Nähe – es lässt sich bereits als Klammern der Mutter bezeichnen – gut entwickeln. Wie gelingt es Flora neben und mit einer in einer psychischen Krise befindlichen Mutter, mit wenig Unterstützung durch den Vater und fast keiner Hilfe durch die Großeltern diesen massiven Projektionen der Mutter standzuhalten? Oder hat die Mutter ihre Zwangsgedanken und ihr »Nebelbewusstsein« von ihr fernhalten können? Ist es Zeichen einer robusten Persönlichkeit von Flora, einer Resilienz, die ihrem Wunsch groß zu werden, Raum gegeben hat?

Meine Interventionen konzentrierten sich darauf, der Mutter zu helfen, ihre Tochter mit liebevollen Augen anzuschauen, statt sie ängstlich an sich zu pressen und sich an ihr festzuhalten.

Als Flora zwei Jahre alt ist, schreibt die Mutter folgende Mail:

»Uns geht es bei der Eingewöhnung nach wie vor prächtig. Flora bleibt schon zum Mittagessen dort, freut sich noch immer am Hinweg, sagt selbst: ›Baba, Mama!‹, wenn ich am Morgen zu lange mit der Tagesmutter plaudere, aber auch ›Baba, Rita!‹ zur Tagesmutter, wenn dasselbe beim Abholen geschieht und erzählt zu Hause eifrig von der Tagesmutter, den Kindern und den Aktivitäten. Nächste Woche probieren wir, ob auch der Mittagsschlaf dort funktioniert. Sie ist noch selbstbewusster geworden und mir tut die gewonnene Zeit für mich extrem gut, ich fühle mich wesentlich stärker. Danke nochmals für alles!«

6   Zur Bedeutung der Elternarbeit in Kindertherapien[5]

Die Einbeziehung der Eltern hat im Bereich der Kinderanalyse eine lange Tradition. Freud erlebte zum Beispiel den Abbruch der Arbeit mit seiner jugendlichen Patientin Dora, die auf Initiative des Vaters ohne Einbeziehung der Mutter in Analyse kam. Als deutlich wurde, dass Doras Probleme mit der geheim gehaltenen, außerehelichen Beziehung der Mutter zu tun hatten, wollte die Mutter Doras Analyse unterbrechen. Um das Geheimnis zu wahren, veranlasste Doras Mutter die Einlieferung der Tochter in eine Nervenheilanstalt (Freud, 1916–17, S 479). Kindertherapeutinnen wie Anna Freud und Melanie Klein betonten daher, wie wichtig es sei, die Eltern in die analytische Arbeit einzubeziehen. Unterschiedliche Auffassungen zwischen A. Freud und Klein bestanden in der Frage, ob kleine Kinder bereits eine Übertragungsbeziehung zur Analytikerin herstellen können. Anna Freud, die bei ihrem Vater ihre Lehranalyse absolviert hatte, war der Meinung, dass Kinder so eng an die Eltern gebunden sind, dass sie keine – der Erwachsenenanalyse vergleichbare – Übertragungsliebe, die als »Übertragungsneurose« bezeichnet wird, herstellen können. »Das Kind bildet aus diesen Gründen keine Übertragungsneurose« (A. Freud, 1927, S. 53). Als Gründe führt sie an, weil »seine ursprünglichen Objekte, die Eltern, noch in Wirklichkeit, nicht wie beim erwachsenen Neurotiker in der Phantasie, als Liebesobjekte vorhanden sind, zwischen ihnen und dem Kind bestehen alle Relationen des täglichen Lebens …« (ebd.). Melanie Klein vertritt die Auffassung, dass Übertragung ein allgemeines Phänomen ist und dass es die Übertragung ist, die uns den Zugang zu den unbewussten Phantasien ermöglicht, bei Erwachsenen ebenso wie bei Kindern: »Eines der Hauptanliegen dieser Vorlesungsreihe wird sein, Ihnen zu zeigen, dass die Übertragungssituation und die Erkundung des Unbewussten die beiden Grundlagen sind, an denen sich unsere Behandlungstechnik kontinuierlich orientiert und dass es zwischen beiden sogar eine ständige Wechselwirkung gibt« (Klein 2019, S. 55). In der praktischen Arbeit in der Child-Guidance-Klinik, Institut für Erziehungshilfe in Österreich und Deutschland, die sich an Anna Freuds Technik orientieren, arbeitet jeweils eine Therapeutin mit dem Kind und eine Therapeutin mit den Eltern. Diese tauschen miteinander ihre Einschätzungen über die Eltern und das Kind aus. An der Tavistock-Klinik, in der nach der Objekttheorie nach Melanie Klein gearbeitet wird, wird ein Team von drei Therapeutinnen eingesetzt. Eine Therapeutin arbeitet mit dem Kind, die zweite mit

---

5   Dieses Kapitel stellt eine Erweiterung meines Aufsatzes »Diem-Wille, G. (2022). Zur Bedeutung der begleitenden Arbeit mit den Eltern in einer Kindertherapie. Eine Einzelfallstudie« dar, der im Psychotherapieforum 26, 57–64 (2022) veröffentlicht wurde. (https://link.springer.com/article/10.1007/s00729-022-00198-5).

den Eltern und die dritte, die »fallführende Therapeutin«, hält den Kontakt zur Schule, Kindergarten oder Sozialeinrichtung aufrecht. Es gibt einen regelmäßigen Erfahrungsaustausch. In der analytischen oder therapeutischen Arbeit in einer Privatpraxis kann die Arbeit mit dem Kind und den Eltern auch von derselben Therapeutin durchgeführt werden, wobei besonderes Augenmerk darauf zu richten ist, die Privatheit der Therapie mit dem Kind vor den Eltern zu bewahren, sowie das Kind von einem bevorstehenden Elterngespräch zu informieren und zu bearbeiten, was es für das Kind bedeutet.

Die psychotherapeutische Arbeit mit Eltern wird zwar in seiner Bedeutung gewürdigt, theoretisch aber wenig beleuchtet. (Novick et al., 2005; v. Klitzing, 2005) Die Eltern sind das zweite Patientensystem, mit dem ein Therapeut/eine Therapeutin eine stabile Kooperationsbeziehung etablieren muss, um die weitere Therapie des Kindes zu ermöglichen. Diese beiden Patientensysteme – Eltern und behandeltes Kind – sind eng miteinander verwoben, d. h. eine Veränderung des Kindes wirkt sich auch auf die Beziehung des Kindes zu seinen Eltern und zu den Geschwistern aus. Es geht also nicht nur darum, dass die Eltern die Sinnhaftigkeit der Analyse für ihr Kind erkennen, sondern auch darum, ihre eigene Verstrickung (oft mit ihren eigenen Eltern) zu erkennen und zu bearbeiten – »…weil eine bleibende Veränderung des Kindes voraussetzt, dass sich auch die Eltern verändern, was jedoch das Kind allein nicht vollbringen kann« (Grieser, 2018, S. 14). Das Wegfallen der Symptome, die die Eltern veranlasst haben, eine Therapie für ihr Kind zu suchen, bringt nicht nur eine Erleichterung für die gesamte Familie, sondern ermöglicht oft die Entwicklung eines tiefen Vertrauens und die Fähigkeit, über Gefühle zu sprechen. Die unterbrochene oder blockierte Entwicklung wird wieder möglich.

Wir gehen von der Annahme aus, dass die innere Welt des Kindes durch die Verinnerlichung der Erfahrungen (Introjektion) mit den äußeren Objekten (Eltern und Bezugspersonen) und inneren Erlebniswelten (Gefühle des Kindes wie Angst) gebildet wird. Das bedeutet, dass auch die Symptome und Probleme des Kindes in enger Verflochtenheit mit der inneren Welt der Mutter und des Vaters gedacht werden müssen. Die traumatischen Erfahrungen eines Elternteils oder massive Deprivationserfahrungen werden dann unbewusst in der Beziehung zum Kind in Szene gesetzt, sodass es zu einer Wiederholung derselben Beziehungsmuster kommt. In der Elternarbeit geht es darum, diesem Elternteil zu ermöglichen, sich diesen Zusammenhang der Wiederholung bewusst zu machen, was Bion (1984, S. 17) »als Bewegung in Richtung auf die emotionale Wahrheit ›O‹« bezeichnet. Hampe (2004) spricht bei den betroffenen Eltern von einer »kontemplativen Suche nach der Wahrheit ihres eigenen Lebens«. Wenn der Elternteil erlebt, dass sich das Kind mit Hilfe der Analyse aus der Verstrickung zu lösen beginnt und die Symptome oft überraschend rasch milder werden, erkennen die Eltern leichter ihren Anteil der Verstrickung. Anhand von vier Falldarstellungen soll in diesem Kapitel die Hypothese der emotionalen Verstrickung zwischen einem Elternteil und einem Kind diskutiert und deren Auflösung anhand von Protokollen der Elterngespräche und der Therapiestunden gezeigt werden.

Durch die jahrzehntelange Erfahrungen sowohl in Therapien mit Kindern und ihren Eltern als auch in der psychoanalytischen Babybeobachtung in Familien nach

Esther Bick (1968, 2009; Miller et al. 1989.) gibt es reichhaltige Daten über das Entstehen der Beziehung zwischen Eltern und Kind.

Die zentrale Bedeutung der frühen Mutter-Kind-Beziehung wurde von Freud betont, erfuhr dann in der Objektbeziehungstheorie eine weitere Differenzierung. Das Hauptaugenmerk wird nicht mehr auf das Triebgeschehen und die Dynamik im psychischen Apparat im Subjekt, wie Freud es nannte, gelegt, sondern auf die frühe Beziehung des Kindes zur Mutter (Objekt). Klein (1952) postuliert ab der Geburt einen »rudimentären Ich-Kern« im Baby, der auf ein »Du«, konkret auf das mütterliche Objekt gerichtet ist. In den empirischen Dokumentationen über die ersten Interaktionen nach der Geburt steht die Suche des Kindes nach dem Blick der Mutter im Zentrum (z. B. BBC-Film *Ben and Damian*, Film *The Social Baby* des Winnicott Centers). Daniel Stern revidierte seine Annahme, dass das »Selbst« erst drei Monate nach der Geburt in der Lage sei, sich auf ein (Mutter-)Objekt zu beziehen, im Buch *Lebenserfahrungen des Säuglings* und verlagert das »Selbst« auf die Zeit nach der Geburt. Die Verlagerung der Aufmerksamkeit von dem einzelnen Individuum zu der (frühen) Beziehung zwischen dem Baby und den ersten Bezugspersonen rückt die Bedeutung der therapeutischen Arbeit mit den Eltern während einer Kindertherapie noch stärker ins Blickfeld. Es ist daher überraschend, dass bei der Darstellung von Kindertherapien die therapeutische Arbeit mit den Eltern nur peripher erwähnt wird. So erwähnen Bürgin und Steck in ihrem Buch *Indikation psychoanalytischer Psychotherapie bei Kindern* (2013) bei jeder Fallgeschichte bei der »persönlichen Anamnese« wohl die Situation der Mutter bei der Geburt des kindlichen Patienten, dann werden aber keine weiteren Angaben zur weiterführenden Arbeit mit den Eltern gemacht. Mit der Elternarbeit beschäftigen sich Novick et al. (2001) und v. Klitzing et al. (1999, 2005), das Themenheft der Kinderanalyse zur Elternarbeit (2005) sowie Lebersorger (2020, 2021).

Elternarbeit wird zwar immer als Notwendigkeit bezeichnet, schon weil Eltern normalerweise als Erziehungsberechtigte über die Aufnahme, Weiterführung oder Beendigung der Therapie des Kindes entscheiden und diese auch organisatorisch und finanziell unterstützen. Doch werden sie eher als »notwendiges Übel« denn als »Bündnispartner« betrachtet, wie der Kinderanalytiker von Klitzing (2005) es auf den Punkt bringt. Die Rolle der Eltern bei der Entstehung der Symptomatik des Kindes wird wohl mitgedacht, manchmal wird auch explizit darauf eingegangen, aber selten gezeigt, wie den Eltern geholfen wird, ihren Anteil der kindlichen Probleme zu verstehen und ihr Verhalten so zu verändern, dass sie die krankmachende unbewusste Konstellation nicht mehr weiterführen, sondern die Zusammenhänge verstehen und die emotionalen Verflechtungen »loslassen« können. In der Objektbeziehungstheorie wird die Bedeutung der realen Eltern während der Therapie betont, wenn Bick (1968) von der »großen Dankbarkeit den Eltern gegenüber« spricht, die der Analytikerin ihr Kind anvertrauen. Bick betont, dass die Kinderanalyse eine faszinierende Möglichkeit sei, die unbewussten Schichten des kindlichen Denkens zu erforschen und dass es ein Privileg sei, von den Eltern das Vertrauen geschenkt zu bekommen, mit ihrem Kind zu arbeiten und zu wissen, dass das Kind noch fast sein gesamtes Leben vor sich hat und seine Fähigkeiten entwickeln kann.

Von Klitzing steht Melanie Kleins Ansichten in Bezug auf die Kinderanalyse kritisch gegenüber. Er schreibt, »dass sie (Klein, Anmerkung v. GDW) den Einfluss der Familie verleugne … (ihre) Theorie und Technik die Einflüsse der Beziehungsumwelt ignoriert und die Kinderanalyse als in allen Belangen äquivalent zur Erwachsenenanalyse darstellt« (2005, S. 114). Er wiederholt damit ein Vorurteil gegenüber Klein, das weder ihren Schriften noch der kleinianischen Tradition, wie sie etwa an der Tavistock-Klinik praktiziert wird, entspricht. So wird im Child and Family Department an der Tavistock-Klinik, an der ich selbst eineinhalb Jahre arbeitete, der Therapeutin des Kindes eine Therapeutin für die Eltern und eine »fallführende verantwortliche Therapeutin« (für die Kontakte zur Schule oder zur Sozialarbeiterin) zur Seite gestellt, die sich regelmäßig zusammensetzen, um ihre Erfahrungen auszutauschen. Klein sieht das Verhalten des Kindes im Spiel, beim Zeichnen oder im Rollenspiel als gleichwertigen Zugang zum Unbewussten wie die freie Assoziation des Erwachsenen. Im Werk *Die Trauer und ihre Beziehung zu manisch-depressiven Zuständen* (1940, S. 166f.) schreibt Klein über die Bedeutung der *realen* Eltern:

> »All die Glückserlebnisse, die dem Baby in seiner Beziehung zur Mutter zuteilwerden, beweisen ihm, dass *sowohl das innere als auch das äußere (kursiv im Original)* Liebesobjekt unbeschädigt ist und sich nicht in eine rachsüchtige Person verwandelt hat … Die Liebe, die dem Kind entgegengebracht wird, die freudigen und tröstlichen Erfahrungen, die es mit anderen Menschen macht, stärken sein Vertrauen in das eigene Gute und in das Gute der anderen …
> Unangenehme Erfahrungen und ein Mangel an freudigen Erlebnissen, vor allem der Mangel an glücklichen und engen Beziehungen zu geliebten Menschen, verstärken die Ambivalenz des kleinen Kindes, schwächen sein Vertrauen und seine Hoffnung und geben den Ängsten vor innerer Vernichtung und äußerer Verfolgung neue Nahrung; darüber hinaus werden sie die entwicklungsfördernden Prozesse, durch die es langfristig seine Sicherheit entwickelt, verzögern oder sogar für alle Zeit hemmen.«

Sehr klar beschreibt Klein die Bedeutung der realen Erfahrungen mit den Eltern (Primärobjekten) und ihre Auswirkung auf die Entwicklung der inneren Welt, der Ängste, des Vertrauens und der Zuversicht des Kindes.

Die Bedeutung der präödipalen Mutter wird laut Klein in der Objektbeziehung betont (1952, S. 89): »Objektbeziehungen stehen im *Zentrum* des emotionalen Lebens (kursiv im Original) … Die Analyse sehr kleiner Kinder hat mich gelehrt, dass es Triebregungen, Angstsituationen oder psychische Prozesse, an denen keine inneren oder äußeren Objekte beteiligt sind, nicht gibt.« Genau an dem Entstehungspunkt der kindlichen psychischen Probleme in der Interaktion mit den Eltern (meist der Mutter) setzt die Eltern-Kleinkind-Therapie an, die mit der gesamten Familie arbeitet, um die »Geister im Kinderzimmer«, wie Fraiberg (2011) die elterlichen Projektionen gegenüber deren Kindern nennt, aufzuspüren und zu reflektieren, statt sie zu agieren. (vgl. auch Baradon, 2011; Cramer & Stern, 1983; Brazelton & Cramer, 1991, Diem-Wille, 2014).

Die Eltern eines minderjährigen Kindes entscheiden, ob sie für ihr Kind eine Therapie in Anspruch nehmen wollen. Den Eltern als »zweitem Patientensystem« muss gesonderte Aufmerksamkeit geschenkt werden. Eine stabile Kooperationsbeziehung entscheidet, ob das Kind zureichend lange in Therapie sein kann. Das bedeutet, dass auch die Symptome und Probleme des Kindes in enger Verflochtenheit mit der inneren Welt der Mutter und des Vaters gedacht werden müssen. Wie oben beschrieben, spricht Fraiberg (2011), wenn Eltern ihre unbewussten und unbewältigten Konflikte mit ihren Eltern auf ihre Kinder projizieren, indem sie interaktiv mit dem Baby in Szene gesetzt werden, von »Geistern im Kinderzimmer«. Augustin-Forster (2011) schreibt im Vorwort des Buches *Seelische Gesundheit in den ersten Lebensjahren:*

»Gleichzeitig hat Fraiberg damit die entscheidende Rolle der projektiven Identifizierung und die generationenübergreifende Dimension der frühen pathologischen Beziehungsmuster illustriert. Sie ging dabei bis zur Formulierung, ›das Kind sei für seine Eltern ein Übertragungsobjekt‹«.

Bei der analytischen Arbeit mit Eltern werden die Anteile der Eltern am Zustandekommen der Probleme zu verstehen und zu reflektieren versucht, um die integrierende Tendenz der beiden Subsysteme zur Entfaltung zu bringen.

Beim Gespräch mit den Eltern erhält die Therapeutin Einblick in die Art und Weise, wie die Eltern über ihr Kind sprechen, sowie in die Fähigkeit der Eltern, eine dritte Person als relevante Bezugsperson des Kindes akzeptieren zu können, was von Klitzing (2005) als »triadische Kompetenz« bezeichnet. Können die Eltern über ihre Scham, Hilfe zu brauchen, und ihre Versagensängste als Eltern sprechen? Haben sie einen inneren Raum, um mit der Therapeutin über ihr Kind nachzudenken (Götz, 2018)? Bei der begleitenden Arbeit mit den Eltern während der Therapie geht es um einen Informationsaustausch, um zu erfahren, wie sich das Kind im Kindergarten/in der Schule und zu Hause verhält. Den Eltern soll geholfen werden, den Blickwinkel des Kindes einnehmen und so seine Reaktionen verstehen zu können (Sorensen, 2005). Ein Festlegen des Therapieendes sollte idealerweise im Konsens getroffen werden, und zwar mit einem ausreichend großen Zeithorizont (3–6 Monate), der eine Bearbeitung des Abschieds ermöglicht.

Da die therapeutische Arbeit mit den Eltern in Verschränkung mit dem analytischen Prozess beim Kind stattfindet, soll die Kinderanalyse als Spieltherapie in nachfolgendem Kasten kurz beschrieben werden.

> **Exkurs: Psychoanalytische Spieltherapie**
>
> Die Technik der Kinderanalyse in der Objekttheorie versteht die Handlungen, Spielweisen, Zeichnungen und Äußerungen des Kindes in Analogie zur freien Assoziation bei Erwachsenen als klinische Daten. Das Deuten der Bedeutung des kindlichen Spiels ermöglicht ein Verstehen der inneren Welt des Kindes sowie seiner Beziehungen. Das Therapiezimmer ist ein robuster Raum mit einfachen Möbeln (Tisch, Stühle, Couch mit Polster und einer Decke, einem Waschbecken mit kaltem und warmem Wasser) sowie abwaschbaren Wänden, in dem das Kind spielen und sich bewegen kann. Dieser robuste Rahmen ermöglicht es, dass das Therapiekind wenigstens in gewissen Maßen seine aggressiven, eifersüchtigen oder wilden Impulse darstellen kann, ohne dass der Therapeut pädagogisch belehrend auftreten muss, sondern sich uneingeschränkt und ohne sich Sorgen machen zu müssen auf die Handlungen und Projektionen des Kindes konzentrieren kann. Als klare Grenze gilt, dass das Kind weder die Therapeutin, Gegenstände oder sich selbst verletzen darf. Dann ist es die Aufgabe der Therapeutin, das Kind daran zu hindern, indem es die zur Destruktion verwendeten

Gegenstände (z. B. Holzblöcke, Schere) entfernt und sie erst dann wieder dem Kind gibt, wenn es diese konstruktiv verwenden kann. Will das Kind die Therapeutin schlagen, stoßen etc., so ist es wichtig, sich zu schützen (z. B. mit einem Polster oder die Arme des Kindes zu halten etc.) Statt des Wortes bei der Erwachsenenanalyse steht beim Kind das Handeln im Mittelpunkt. »Es soll das Gefühl haben, alles von sich in die Behandlung einbringen zu können – Hoffnungen, Befürchtungen, Impulse, Ängste etc.«, schreibt die englische Kinderanalytikerin Betty Joseph im Artikel *Nachdenken über das Spielzimmer als Setting* (2008, S. 58).

Jedes Kind erhält in der Spieltherapie ein Set von Spielsachen, das an einem sicheren Ort bis zur nächsten Stunde aufbewahrt werden kann, d. h. entweder in einer verschließbaren Box oder in einer verschließbaren Lade. Als Spielsachen werden kleine Gegenstände wie beispielsweise Holzfiguren oder -zäune, Tiere, Autos und Bausteine angeboten, die die inneren Objekte symbolisieren können, sowie Mal- und Zeichenutensilien wie Bleistift, Buntstifte, Radiergummi, Kleber, Klebeband, Schere, Lineal, ein kleiner, weicher Ball, Plastilin sowie eine Rolle Bindfaden. Alle Zeichnungen und angefertigte Gegenstände werden am Ende der Stunde wie oben beschrieben in der Lade oder der Box aufbewahrt, sodass sie in der nächsten Stunde dem Kind wieder unverändert zur Verfügung stehen. Dieser eigene Raum stellt symbolisch den mentalen Raum im Kopf der Therapeutin dar, in dem die Erinnerungen an die letzte Stunde aufbewahrt werden.

Nicht nur das Spielzimmer muss viel aushalten, sondern auch die Therapeutin selbst, die ohne eigene Vorstellungen und Erwartungen einzubringen, offen sein soll für das, was das Kind einbringt. Melanie Klein schreibt in *Die psychoanalytische Spieltechnik* (1955, S. 201 f.):

> »Das bedeutet, dass der Analytiker nicht mit Missbilligung reagieren sollte, wenn das Kind ein Spielzeug zerstört hat; er soll es aber auch nicht ermutigen, seine Aggressivität zum Ausdruck zu bringen, oder ihm raten, das Spielzeug zu reparieren. Mit anderen Worten: Er sollte dem Kind Gelegenheit geben, seine Gefühle und Phantasien so zu erleben, wie sie in ihm selbst auftauchen. Ich habe es immer als Bestandteil meiner Technik betrachtet, keinen pädagogischen oder moralischen Einfluss auszuüben, sondern konsequent am psychoanalytischen Verfahren festzuhalten, das heißt, kurz gesagt: die Psyche des Patienten zu verstehen und ihm zu vermitteln, was in ihr vorgeht.«

Wichtig ist das Ziel im Auge zu behalten, nämlich Erkenntnisse zu gewinnen und zu Erkenntnis zu verhelfen, und unsere eigenen Werte in Bezug auf Moral und Erziehung aus der Behandlung herauszuhalten (Joseph, 2008). Es ist nicht unsere Aufgabe die Kreativität des Kindes zu fördern. Oder es zu ermutigen, Zerstörtes wieder gutzumachen, sondern die Ängste und Konflikte des Kindes zu verstehen und zu vertrauen, dass es dann selbst entscheidet, was es tun will. Konfrontierende Deutungen der unbewussten Angst, ermöglichen es dem Kind, seine Motive zu verstehen und führen zu einer Verminderung der Angst. (Diem-Wille 2018). Es ist oft schmerzlich und nur schwer auszuhalten, zuzuschauen, wie ein Kind alle Buntstifte zerbricht oder die Personen im Schiff im Waschbecken ertrinken lässt, sie von wilden Tieren fressen lässt, um seine chaotische innere Welt oder seine inneren toten Objekte, wie sie ein sexuell missbrauchtes Kind oft aufweist, zu deuten und zu verstehen und die Verzweiflung und Hoffnungslosigkeit des Kindes mitzufühlen. Es ist auch wichtig, ein Kind zu bitten, uns zu erklären, was es gezeichnet hat, wer diese gezeichnete Person ist etc. Das genaue Beachten der Gegenübertragungsgefühle ist dabei von großer Bedeutung.

Auch im Rollenspiel ist es wichtig, nicht eigene Vorstellungen einzubringen, sondern das Kind zu fragen, was die Therapeutin, in der vom Kind definierten Rolle tun oder fühlen soll, indem die Therapeutin z. B. fragt, was sie in der Rolle der »dummen Schülerin« tut oder wie sie sich fühlt.

In den nun folgenden Falldarstellungen wird neben der Beschreibung der Kindertherapie das Augenmerk auch auf die therapeutische Arbeit mit den Eltern gelegt. In ausführlichen, wortwörtlichen Protokollen wird der Dialog mit den Eltern im Detail wiedergegeben, um die Wechselwirkungen von den Erzählungen der Eltern mit den Deutungen der Therapeutin und ihre Gegenübertragungsreaktionen plastisch zu machen. Ob eine Deutung auf fruchtbaren Boden gefallen ist, d. h. ob die Eltern einen Zusammenhang zwischen ihren Gefühlen und der Beschreibung der Interaktion zwischen Eltern und Kind zu Hause oder zwischen den Eltern und der Therapeutin im Therapiezimmer herstellen können, zeigt sich an der Reaktion der Eltern. Können sie eine Deutung annehmen oder müssen sie es ablehnen.

6.1 Fallbeispiel: Die Therapie von Patrik und seinen Eltern

In der Beschreibung des Falls geht es darum zu zeigen, wie einerseits versucht wurde, Patriks Probleme, Ängste und Aggressionen zu bearbeiten und gleichzeitig bei den Elterngesprächen die Anteile der Eltern am Zustandekommen der Symptome des Kindes zu verstehen und die Verstrickung zu entwirren.

Ein dreijähriger Junge, den ich Patrik nenne, wurde auf Empfehlung einer Erzieherin von einer Psychologin getestet, die dringend eine Spieltherapie empfahl. Seine Eltern vereinbarten mit mir einen Termin.

Bei kleinen Kindern vereinbare ich zunächst ein Elterngespräch, um von den Eltern zu hören, welche Probleme das Kind hat oder sie mit dem Kind haben. Danach schlage ich vor, für das Kind zwei psychotherapeutische Sitzungen zu vereinbaren, um mir ein Bild über seine Probleme machen zu können (Diem-Wille, 2022). In den Stunden mit dem Kind versuche ich herauszufinden, ob das Kind einen Leidensdruck hat und von sich aus Hilfe in Anspruch nehmen möchte. Aufgrund dieser Erfahrungen bespreche ich dann mit den Eltern beim zweiten Treffen, ob ich für ihr Kind eine Therapie empfehle. Stimmen die Eltern zu, vereinbaren wir das Setting, die Bezahlung und die Absageregelung sowie meine Urlaube, die ich parallel zu den Schulferien organisiere.

Das erste Elterngespräch

Die Eltern sind ein junges, sympathisches Paar, beide ca. 30 Jahre alt und jeweils berufstätig. Sie beschreiben Patriks Probleme. Er hat Alpträume, Schreianfälle, will nicht mehr in den Kindergarten gehen und hat Probleme, sich von der Mutter zu trennen. Seit der Geburt seiner 1,5 Jahre jüngeren Schwester leide er unter heftiger Eifersucht. Aus dem psychologischen Befund und den Testergebnissen der zuweisenden Psychologin entsteht folgendes Bild:

Patrik wird als distanzunsicher beschrieben, hat Trennungsängste, Machtkämpfe mit der Mutter und der Testleiterin – er will seine »Stärke« demonstrieren, zeigt ein massives aggressives Spielverhalten, sadistische Züge sind enthalten. Er befindet sich noch im Kritzelstadium.

Die intellektuelle Leistungsfähigkeit ist, trotz geringer Einsatzbereitschaft und Widerwillen zur Mitarbeit, durchschnittlich gut. Emotional zeigt sich eine Fixierung auf die anal-sadistische Phase, die unbedingt eine Spieltherapie notwendig macht.

Beim ersten Treffen spricht hauptsächlich die Mutter. Der Vater wirkt tief gekränkt, dass sein Sohn überhaupt getestet wurde. Er verteidigt ihn, indem er sagt, Patrik sei beim Test einfach müde gewesen, der Test sei deshalb nicht aussagekräftig. Er fühlt sich ungerecht behandelt. Die Mutter ist mehr mit Patriks emotionalen Einsamkeit in Kontakt, er leidet unter Angstträumen und ist ganz isoliert im Kindergarten.

Diskussion

Die starke Abwehr des Vaters verweist darauf, dass er die Not und den Leidensdruck seines Sohns nicht sehen will und er die Probleme verleugnet. Ist er mit Patrik so verstrickt, dass er ihm die Hilfe verweigern will? Es folgen zwei Sitzungen mit Patrik.

Assessment mit Patrik

In der ersten Stunde kann sich Patrik nicht von seiner Mutter trennen, sodass sie beide im Spielzimmer sind. Er ist sehr aggressiv, zerschneidet den Bindfaden, bedroht seine Mutter mit der Schere und will ihr Kleid zerschneiden.

In der zweiten Stunde verabschiedet sich die Mutter, so wie sie es im Kindergarten tut. Patrik zeigt mir, wie es in seiner chaotischen inneren Welt aussieht, indem er zunächst mit dem Kleber am Blatt herumschmiert und dann in einem immer intensiver werdenden erregenden Spiel allen neuen 12 Buntstiften die Spitze abbricht, dann die Stifte zerbricht und sie herumwirft. Mit grausamer Destruktivität und immer größerer Lust, verwandelt er das Spielzimmer in einen chaotischen Raum, in dem keine Hoffnung auf Verständigung Platz hat. Alle meine Deutungen stacheln ihn immer noch mehr auf, alles zu zerbrechen. Ich fragte mich, ob sich Patrick an einer Welt rächen wollte, die *ihn* aus seiner Sicht »zerstört« hatte. Er ließ mich seine Hilflosigkeit und Aggression erleben. Ich musste die Unsicherheit ertragen, nicht zu wissen, was er erlebt hatte, außer dem

Wissen, dass er vor 1,5 Jahren eine kleine Schwester bekommen hatte. Erst als ich deute, dass er überzeugt sei, dass ich ihn wegschicken würde und ihn nicht mehr sehen wolle, änderte er sein Verhalten plötzlich. Patrick kam zu mir und berührte meine Beine wie zufällig mit seinem Körper. Ich meinte, dass er mir so zeigte, dass er sich verstanden und von meinen Worten berührt gefühlt hatte. Er sah mir tief in die Augen und nickte. Wir wussten beide, dass wir die Lüge von der Wahrheit unterschieden hatten und ein erstes Verständnis seiner inneren Welt bekommen hatten. Ich als seine Analytikerin fühlte mich zunächst massiv angegriffen, fühlte mich bombardiert, dann aber stark emotional berührt.

Elterngespräch
Die Eltern stimmen einer zweistündigen Therapie zu, die bald in eine dreistündige Analyse umgewandelt wurde. Der mütterliche Großvater übernimmt es, Patrik zu den Therapiestunden zu bringen, da beide Eltern berufstätig sind. Der Vater ist sehr ambivalent, lässt sich aber von seiner Frau überreden zuzustimmen. Er meint, Patriks Therapie bedeute, dass er als Vater versagt habe. Ich versuche mit ihm zu besprechen, wie schwer es ihm fällt, Hilfe für sich und seinen Sohn anzunehmen. Als Antwort erzählt mir der Vater, dass Patrik gesagt habe, ich hätte ihn geohrfeigt und ihm am T-Shirt gezogen.

Die Mutter beschreibt ihre Erziehungsmethode, dass sie Patrik nie ein klares Ja oder Nein gibt, oder eine Erklärung, sondern sie ihm sagt, das bekomme er später oder andere Vertröstungen macht. Es ist deutlich, dass sie sehr manipulativ ist und Patrik keine klaren Grenzen, sondern unklare Vertröstungen und Versprechungen bekommt, die dann nicht gehalten werden.

Beginn der Analyse mit Patrik
Patrik entwickelte sehr rasch eine intensive positive und negative Übertragung. Er erforscht das Zimmer und will alles genau untersuchen. Seine neuen Buntstifte kann er kurz zum Zeichnen verwenden. Als er die vier versperrten Laden in der Kommode entdeckt, fragt er, ob noch drei andere Kinder zu mir kommen. In der nächsten Stunde bringt er eine Menge von kleinen Klebezetteln mit, die er in seiner Lade für die anderen Kinder aufhebt. Im Garten hatte er in der zweiten Stunde zwei Arbeiter gesehen, die Rasen gemäht haben.

P.: »Hast du zwei Männer? Meine Mama hat gesagt, dass Frau Diem auch ein Mann ist.«

A.: »Du denkst, ich habe zwei Männer, die mir noch ein Baby machen wollen. Vielleicht hast du Angst, dass deine Mama noch ein Baby bekommt und du dir den Platz mit zwei Geschwistern teilen musst, so wie du denkst, ich habe vier Kinder in Therapie.«

P.: »Dann müssen wir uns Windeln von dir ausborgen.«

P.: (Er zeichnet und tut so, als ob er meine Worte nicht gehört hätte.) »Hast du den Mist von der letzten Stunde weggeräumt?« (Er klebt zwei große Klebezettel und zwei kleine auf seine Zeichnung, reißt dann die kleineren wieder weg. Er bastelt aus dem Kleber und dem Papier eine Bombe, die er im Wasserbecken zerplatzen lässt).

Dazwischen fragt er mich, ob ich auch schimpfen kann. Da er sehr orientierungslos schien, zeichnete ich ihm in der ersten Stunde einen Kalender, in dem ich die Tage mit Therapie einzeichnete und die anderen Tage in einer anderen Farbe. Am Beginn jeder Stunde nahm er den Kalender und hakt den jeweiligen Tag ab.

Diskussion

Patrik zeigt mir, wie in seinem Kopf viele Dinge in Unordnung sind: bin ich ein Mann oder eine Frau? Wie viele (Therapie) Kinder habe ich? Wie viele Männer habe ich? Sein Schwanken zwischen dem Wunsch zu den anderen Kindern Kontakt aufzunehmen (durch die Pickerl) und seiner Eifersucht (Pickerl abreißen, Bombe im Waschbecken) zeigt er, deute ich aber in diesem Moment nicht. Ganz wichtig war für ihn, die Struktur der Stunden klar visualisiert zu sehen und zu erleben, dass diese ganz verlässlich stattfinden. Sein Großvater brachte ihn pünktlich und holte ihn rechtzeitig ab.

Elterngespräch nach 6 Wochen

Beide Eltern kommen pünktlich und berichten, was sich bislang bei Patrik verändert hat.

Mutter: »Alles ist viel besser geworden.«
Vater: »Patrik hat keine Wutanfälle mehr.«
Mutter: »Er kann jetzt über seine Gefühle sprechen, seine Wünsche klar ausdrücken und sagen, wenn er traurig, wütend oder enttäuscht ist. (Sehr gerührt) Gestern ist er spontan zu mir gekommen, hat mich umarmt und gesagt: ›Mami, ich habe dich lieb!‹ Das hat er noch nie gesagt, ich habe ihn fest an mich gedrückt und war glücklich.«

Wir besprechen, wie wichtig es ist, Patrik die Wahrheit zu sagen und seine Enttäuschung oder Freude auszuhalten. Die Mutter ergänzt, dass sie das schon probiert habe und ganz überrascht war, dass er auf ein Nein nicht mit einem Wutanfall regierte, sondern fragte: »Warum geht es nicht?« Sie konnte es ihm erklären und sie fanden gemeinsam eine Lösung. Er gehe nun ohne Probleme in den Kindergarten und kann sich von der Mutter trennen. Die Eltern stimmen einer Erhöhung der Frequenz auf drei Stunden pro Woche zu.

Diskussion

Durch die klare Struktur der Woche – an zwei aufeinander folgenden Tagen mit Therapie und fünf Tagen ohne Therapie – konnte sich Patrik orientieren. Er erlebte, dass ich auf ihn wartete und ihm meine ganze Aufmerksamkeit schenkte. Er sah, dass das Spielzimmer wieder aufgeräumt war und nahm an, ich räume die Unordnung weg oder schiebe sie so weg, wie er es tut. Oft werden durch das Containment der Aggression und Eifersucht in den analytischen Stunden, die Aggressionen und Ängste den Eltern gegenüber vermindert, sodass sich die liebevollen Gefühle den Eltern gegenüber zeigen. Damit wird auch die Angst der Eltern, die Therapeutin wolle die bessere Mutter sein und ihnen die Liebe des Kindes »wegnehmen«, vermindert. Es ist wichtig, dass sich die Therapeutin mit der Mutter mitfreuen kann. Meine Deutungen konnte er überraschend gut aufnehmen und seine Eifersucht »meinen Männern« (die Arbeiter, die er in der Praxis gesehen hat) und Therapiekindern gegenüber zeigen.

Weiterer Verlauf

Die Osterpause stellte ein großes Problem für ihn dar, es ist »wie sterben«, sagte er und rollte sich auf der Couch wie ein sterbendes Tier zusammen. Er bringt Bücher von sich zu Hause mit, die ich mit einem Stempel versehen soll. Meiner Deutung, dass er etwas von mir bei sich haben will, wenn er mich in den zwei Wochen Osterpause nicht erreichen kann, stimmt er zu. Fürsorglich packt er die gestempelten Bücher ein. Dazwischen tritt er mich zweimal gegen die Schienbeine, was ich als Ausdruck seiner Wut mir gegenüber verstehe, dass ich so lange weg bin, was er akzeptiert. Als ich ihm sage, dass er jetzt dreimal pro Woche kommen kann, putzt er alle drei Fenster mit einem nassen Papierhandtuch. Ich sage, er will mir zeigen, dass er ganz brav sein und unseren Raum schön machen will.

In der ersten Stunde nach der Osterpause brüllt er mich im Rollenspiel als strenger Vater immer wieder an, ich bin »zu langsam, langsam, wie eine Schnecke«. Er beschimpft mich, wie doof ich bin. Als ich ihm sage, wie wütend er ist, weil die Zeit ohne Stunden ihm so endlos erschienen und die Zeit so langsam vergangen ist, ändert sich seine Stimmung. Er spitzt alle Buntstifte und packt den Müll sorgfältig als Geschenk in ein Papier, das er nach Hause mitnehmen will. Er wünscht sich neue Ölkreiden und beginnt, schön zu zeichnen.

In den folgenden Stunden bittet er mich, etwas zu zeichnen, dazwischen brüllt er mich in meiner Rolle als langsamem Kind immer wieder an, bekommt einen roten Kopf und beschimpft mich. Wenn ich in der Rolle des dummen Kindes sage, ich weiß nicht, wie man das zeichnet, wird er wütend und dann ganz verzweifelt und todunglücklich.

Diskussion

Immer wieder zeigt mir Patrik, wie er den Vater ohnmächtig und wütend machen kann, wie er und der Vater in eine intensive grausame Beziehung verstrickt sind. Ich frage mich, wie er es schafft, den Vater so in der Hand zu haben. In der Gegenübertragung spüre ich, wie mächtig ich bin, in der Rolle als langsames Kind den starken Vater bis zur Weißglut reizen zu können – und erschrecke bei diesem heftigen Gefühl. Wenn ich seine Trennungsangst anspreche, fühlt er sich verstanden und kann die Buntstifte spitzen und etwas als ein Geschenk nach Hause mitnehmen.

Elterngespräch

Bei den beiden nächsten Elterngesprächen standen die Kindheitserinnerungen des Vaters an seinen eigenen Vater im Mittelpunkt. Der Vater, der zu Beginn so skeptisch bis ablehnend der Therapie seines Sohnes gegenübergestanden war, wollte nun genau wissen, wie die Spieltherapie funktioniert. Er hatte vergeblich versucht, Patrik durch Schreien, Demütigen und Schläge zur Vernunft zu bringen, ihn zu zwingen, kooperativ zu sein. Nun staunte er über die rasche Veränderung von Patrik. Ich versuche dem Vater zu erklären, wie das Kind im Spiel seine Konflikte und Probleme ausdrückt und wir diese deuten. Ich frage ihn, wie seine Beziehung zu seinem Vater war. Die Mutter scheint sehr froh zu sein, dass der Vater nun mehr Interesse an der Therapie zeigt.

Dem Vater fällt es schwer darüber zu sprechen: Seine Eltern hatten beide ein Geschäft und bis zum späten Abend keine Zeit für ihn und seine Schwester. Er musste mit fünf Jahren auf sich und seine kleine Schwester aufpassen. Er will sich gar nicht an die Vergangenheit erinnern, weil sie so schrecklich ist. »Es ist eine Hassliebe zwischen mir und meinem Vater«, sagt er. »Jetzt habe ich keinen Kontakt zu ihm.« Er möchte auf alle Fälle vermeiden, dass seine Beziehung zu Patrik so sei wie zu seinem Vater. Nach einer nachdenklichen Phase meint er, ob er nicht schon auf besten Weg sei, so eine Hassbeziehung zu entwickeln. Er werde von Patrik zur Weißglut gereizt, dass er so wütend werde, dass er ihn wüst beschimpft.

Beim nächsten Elterngespräch meint der Vater, dass er viel über sich und Patrik nachgedacht habe. Er habe nach unserem letzten Gespräch beschlossen, alle disziplinären Aufgaben seiner Frau zu überlassen, was sich sehr bewährt habe. Er habe nun mehr Zeit, mit den Kindern zu spielen. Wenn er Bauchweh hätte, habe er Patrik den Bauch massiert, was gut geholfen habe. »Als ich dann Bauchweh hatte, ist Patrik gekommen und hat meinen Bauch liebevoll massiert. Wenn meine Frau K. (die kleine Schwester) zu Bett bringt, kuschelt sich Patrik an mich, wenn ich ihm eine Geschichte vorlese – etwas, was ich nie bei meinem Vater gemacht habe«, sagt er sichtlich bewegt.

Diskussion

Erst nachdem sich der Vater an seine schmerzliche Kindheit erinnern kann, d. h. mit seinem psychischen Schmerz in Kontakt treten konnte, und seine Sehnsucht nach einem liebevollen Vater aussprechen kann, entwickelt er eine neue Verhaltensweise. Sobald es dem Vater gelingt, sich aus der Verstrickung zurückzuziehen, erlebt er, wie gerne Patrik zärtlich seine Nähe sucht. Er erkennt, dass er auf dem besten Weg war, mit seinem Sohn dieselbe Situation wie mit seinem Vater zu wiederholen.

Patrik in Analyse

In den folgenden Wochen zeigt mir Patrik in Rollenspielen, wie er seine Beziehung zum Vater erlebt. Er ist der strenge, wütende, brüllende unkontrollierbare

Vater und ich bin der dumme »Scheiß-Patrik«. Er verhöhnt mich (»Scheiß-Patrik hat sich angeschissen«) und lacht dabei höhnisch. Dann wechselt er die Rollen: Nun bin ich der Vater, der ihn anbrüllt, ihm die Windel wechselt und ihm dabei fest auf den Po hauen soll. Als ich es nur andeutungsweise tue, schreit er »Fester, fester«. Dann nimmt er seine Hand und schlägt sich selbst auf den Po und kommentiert: »So macht man das.« Er ist vor Aufregung und Lust ganz rot im Gesicht, es ist ein richtiger Höhepunkt. »Du willst, dass ich und du so aufgeregt sind wie du und dein Papa«, sage ich und deute, dass er mir zeigt, wie er seinen Vater dazu bringt, ganz wütend auf ihn zu sein und ihn fest zu schlagen. Er nickt und sagt: »Ja, so geht das«.

Trennungen sind für Patrik schwer zu ertragen. Vor einem Feiertag, bei dem eine seiner drei Stunden ausfällt, fragt er: »Warum gibt es Feiertage?« Ich verstehe, dass er diese Stunde sehr vermisst und auf mich böse ist. Da kommt er nahe zu mir und greift mir wie ein Lover auf den Po, nicht zärtlich, sondern Besitz ergreifend. Ich sage ihm, dass er einen Groll gegen mich hegt und mir zeigen will, dass er mich ganz für sich haben will. Als er mich beim Weggehen auf der Straße sieht, schimpft er mit mir.

Nach dem Feiertag kommt er traurig in unsere Stunde, sagt, ihm sei kalt und geht aufs Klo. Als ich sage, dass er denkt, ich bin böse auf ihn, weil er mich in der letzten Stunde nicht weggehen lassen wollte und mich beschimpft hat, zeichnet er eine hohe Mauer, auf der er mich darstellt und mich herunterfallen lässt. Er sagt: »Jetzt fällst du runter und bist tot und dein Scheißmann auch!« Als ich verstehe, wie eifersüchtig er auf meinen Mann ist, von dem er denkt, dass ich das lange Wochenende mit ihm verbracht habe, kommt er zu mir und legt seinen Kopf auf meinen Schoß. Er wechselt das Thema: Wir sind nun Eltern und haben Katzenbabys, die wir im Haus liebevoll versorgen. Er baut unter dem Tisch eine Wohnung für uns und die Katzenbabys.

P.: »Du bist das Katzenbaby, das sich die Pfote verbrannt hat. Ich bin der große, starke Hund, der dich nach Hause bringt.«
A.: »Was soll ich machen?«
P.: »Du bist ganz klein und kannst nur leise Miau machen. (Er nimmt mich zart bei der Hand und bringt mich in unser Haus – unter den Tisch.) Du musst jetzt schlafen, bis du wieder gesund bist. (Ganz fürsorglich deckt er mich zu) Morgen spielen wir weiter!« (sagt er beim Weggehen)

Am nächsten Tag spielt er weiter, als ob er vor einer Minute gegangen wäre. Er fragt mich, ob ich mich noch erinnern kann, wie es geht. Ich sage, dass er herausfinden will, ob ich ihn auch über Nacht in meinen Gedanken gehabt habe und ich mich an unser Spiel erinnern kann. Er ist zunächst das Katzenbaby, das ins Krankenhaus muss. Er wird jedoch von großer Angst überfallen, der er sich über eine Körperausscheidung entledigen muss. Er geht aufs Klo, macht »Kaka« und ruft mich, um ihn abzuwischen.

Zurück im Spielzimmer will er ein Haus bauen, es wird aber ein See, in dem er Fische fängt, dreimal fischt er kleine Fische. Ich verbinde die kleinen Fische mit seinen drei Stunden und mit Babys, die er mit mir machen will. Zunächst macht er weiter, dann wird er aber von einer Eifersucht überwältigt, wird aggressiv und wirft sie weg.

Diskussion

Patrik ist traurig, dass seine Stunden wegen der Feiertage entfallen. Wie viele erwachsene Patienten macht er der Therapeutin deshalb einen Vorwurf. Wenn die inneren bösen Gedanken übermächtig werden, kann er sie nur durch eine Entleerung auf der Toilette loswerden. Statt darüber zu sprechen, scheidet er sie ganz konkret aus. Patrik und sein Vater sind durch Grausamkeit und Scham eng miteinander verbunden. Als weiteres Motiv tauchen ödipale Elemente auf, also sein Wunsch, auch Kinder bekommen zu können. Ganz zärtlich und liebevoll versorgt er »unsere« Katzenbabys, manchmal werde ich zum Katzenbaby, das sich die Pfoten verbrannt hat und er bringt mich zum Arzt – eine Form der Wiedergutmachung für das, was er mir (Mutter) in der Phantasie angetan hat.

Elterngespräch

Der Vater ist beeindruckt, wie Patrik seine Gefühle ausdrücken kann, als er wegen einer Magenverstimmung nicht in den geliebten Zirkus mitgehen kann und nur die Mutter mit der kleinen Schwester geht. »Ich bin traurig und enttäuscht, weil ich nicht in den Zirkus mitgehen kann«, sagt er.

Der Vater berichtet, dass er nicht nur Patrik beobachtet, sondern auch sein eigenes Verhalten. Es fällt ihm auf, wie schwer es ihm fällt, Patrik beim Spielen auch einmal gewinnen zu lassen. Ich kommentiere, dass er Patrik oft wie einen Bruder und nicht wie einen Sohn behandelt. Er begreift auf einmal, wie gerne er als Kind mit seinem Vater gespielt hätte und gewinnen hätte wollen, was er nie konnte. Er wurde damals auch so wütend wie Patrik.

Der Vater ist gerührt, dass er jetzt im Spiel der Kinder einen Platz bekommen hat: er ist entweder der Postbote, der Pakete bringt, oder ein Helfer, der Dinge repariert. Nun gehen auch seine kindlichen Wünsche, mitspielen zu dürfen, in Erfüllung. Der Vater erzählt die Szene, als sie Patrik zur Strafe hinauf auf sein Zimmer schickten. Patrik habe freundlich zu seiner Schwester gesagt, ob sie jetzt oben mit ihm spielen wolle, was sie gerne tat. Sie gingen dann wie ein Liebespaar ins Kinderzimmer und blieben dort mehr als eine Stunde und die Eltern fühlten sich ausgeschlossen. Patrik kann so die Strafe der Eltern in ein liebevolles Spiel mit der Schwester umpolen und die Eltern zurücklassen.

Nach zwei Jahren Analyse zeichnet und malt Patrik gerne, kann Buchstaben lesen und bis 100 zählen. Er will auch einmal so ein »großer Mann« wie sein Vater werden. Damit geht auch der Wunsch des Vaters, ein Vorbild für seinen Sohn sein zu können, in Erfüllung. Er erzählt, dass er inzwischen manchmal Patrik im Spiel gewinnen lassen kann, d. h. er ihn nicht mehr als Rivalen (wie einen Bruder) sieht.

In den Elterngesprächen versuche ich, den Eltern die Art und Weise zu erklären, wie kleine Kinder, gefangen im magischen Denken, die Welt erleben.

Anhand von konkreten Anlässen, die der Vater erzählt, versuchen wir gemeinsam zu verstehen, was in Patrik vorgeht. So erzählte der Vater, dass Patrik wieder ohne Grund einen Schreianfall bekommen hätte und nicht zu beruhigen gewesen sei. Ich meine, dass wir oft als Erwachsene die Ursache von Bedrohungen oder Schwierigkeiten übersehen und wir ganz genau hinschauen müssen, um zu verstehen.

Ich bitte dann den Vater, mir zu erzählen, was genau geschehen sei. Der Vater sagt:

> »Wir waren alle gemeinsam im Wohnzimmer als meine Frau beschlossen habe, kurz zur Nachbarin durch den Garten hinüberzugehen. Als ich hinter meiner Frau die Terrassentüre verschlossen habe, wurde Patrik ganz aufgeregt und habe gefleht, die Türe offen zu lassen. Da es draußen aber Minusgrade hatte, bestand ich auf dem Schließen der Türe. Patrik hat versucht, sie aufzumachen, konnte es nicht und wurde immer verzweifelter, bis ich wütend wurde und ihn bestrafte.«

Er verstehe Patriks Verhalten nicht. Nun lade ich den Vater ein, nachzudenken, was im Kopf von Patrik vorgegangen sein könnte. Der Vater wird nachdenklich und meint, dass er vielleicht gedacht habe, die Mutter könne nun nicht mehr hereinkommen, da man von außen nicht aufmachen kann. Jetzt fällt ihm auch ein, dass Patrik immer wieder »Mami, Mami« gerufen hätte. Ich schlage dem Vater vor, Patrik beim nächsten Mal durch eine Beschreibung der Situation zu verstehen zu helfen, dass die Mutter bald zurückkommen und er dann für sie die Türe öffnen und sie hereinlassen werde. Der Vater sagt, er sei immer wieder überrascht, was Patrik alles verstehe, und wie vernünftig er mit ich sprechen kann. Bis jetzt habe er gedacht, dass er nichts verstehe.

Die Mutter kann Patrik nun auch bei wichtigen Entscheidungen einbeziehen. Sie berichtet, dass sie sich gemeinsam verschiedene Schulen angesehen haben. Ihm habe die Montessori-Schule am besten gefallen, weil sich die Kinder ihre Lernmaterialien selbst aussuchen können. Vermutlich erinnert ihn das an die Situation im Therapie-Spielzimmer. Am liebsten wäre er gleich dortgeblieben. Seine Angst vor dem Kindergarten und der Schule sei gänzlich verschwunden, meint die Mutter. Im Gegenteil er freue sich schon auf die Schule.

Als die Eltern nach 2,5 Jahren über das Ende der Therapie sprechen, äußert die Mutter die Angst, es Patrik zu sagen. Während der 2,5 Jahre hatten die Eltern einige Male die Frage des Beendens aufgebracht, sie konnten aber meinen Hinweis, dass es noch der weiteren Arbeit bedürfe, um eine stabile Veränderung zu erreichen, gut annehmen. Ich betone, wie wichtig es ist, ihn vorzubereiten und ihm Zeit für die Bearbeitung der Trennung zu geben. Die Mutter entschließt sich, offen mit ihm über das Ende der Analyse zu Ostern zu sprechen.

Ende der Analyse

Am nächsten Tag kommt Patrik, der vom Großvater gebracht wird, und sagte, dass er gestern so stark geweint habe. »Du hast gesagt, ich habe schon genug gelernt«, sagt er vorwurfsvoll.

Ich sage ihm, dass er wohl so böse auf mich ist, weil ich ihn gehen lasse, obwohl er noch so gerne bleiben will.

»Ich möchte, dass jede Stunde zwei Stunden dauert«, sagt Patrik.

»Du möchtest die Stunden verdoppeln, weil es noch so viel gibt, was du mir zeigen willst und wir gemeinsam ordnen sollen«, antworte ich.

Der Abschied ist sehr schmerzlich, wir werden beide traurig. In den letzten Stunden vor Ostern will er meine drei Fenster mit Ostereiern schmücken, als ob er nicht wüsste, dass er nach Ostern nicht mehr zu mir kommen kann. Als er mich fragt, was ich mit seinen Spielsachen mache, erkläre ich ihm, dass ich sie in einer Box aufbewahre. Er fragt, ob wir das gemeinsam machen können, was ich bejahe. Ganz geschickt räumt er die Box ein und schreibt auf den Deckel seinen Vornamen und meint, wenn er wiederkommt, kann er weiterspielen. Nach einem kurzen Nachdenken schreibt er auch seinen Familiennamen auf den Deckel, »falls noch ein anderer Patrik zu dir kommt«.

Abschließende Bemerkungen

Die Hypothese, dass Patrik und sein Vater in einer engen, grausamen Beziehung verstrickt waren, hat sich im Spiel eindrucksvoll gezeigt. Auf die Frage im Rollenspiel, wo denn die Mutter sei, antwortete Patrik: »Die ist tot.« Es gab emotional vor allem die enge Beziehung zum Vater, bei der Patrik den Ton angab und er den Vater bis zur Weißglut reizen konnte. Als Patrik sich aus dieser Verstrickung durch die Bearbeitung seiner Ängste lösen konnte, zeigten sich seine ödipalen, liebevollen Wünsche den mütterlichen Objekten gegenüber.

Der Vater, der zunächst skeptisch wegen einer Therapie seines Sohnes gewesen war, erlebte eine große Entlastung, wenn Patrik seine Probleme in die Stunde brachte und zu Hause die Wutanfälle und Alpträume abrupt verschwanden. Statt in Alpträumen wurden seine Eifersucht, Neid und Konkurrenz lebhaft in den Analysestunden in Szene gesetzt und konnten benannt sowie geordnet werden. Rasch entwickelte Patrik mehr Selbstvertrauen und konnte seine Gefühle mit Worten statt mit Destruktivität ausdrücken und sich verstanden fühlen.

Es war sehr wichtig, dass der Vater beschloss, sich von den Disziplinierungsaufgaben zurückzuziehen und zu erkennen, wie er unbewusst genau dieselbe unglückliche Hassliebe-Beziehung wie zu seinem Vater eingegangen war. Wie in den Vignetten der Stunden mit Patrik gezeigt wurde, ist es von zentraler Bedeutung, auch die negative Übertragung zu sehen und zu deuten, um eine Spaltung in idealisierte Analytikerin und böse Eltern zu vermeiden.

6.2 Fallbeispiel: Eltern von Mark (13 Jahre alt)

Im zweiten Fallbeispiel wird die Elternarbeit – hauptsächlich mit der Mutter von Mark – dargestellt.[6] Bei dieser Therapie wird der schwierige Balanceakt beschrieben, der darin besteht, das Kind einerseits vor invasiven Eltern zu beschützen, die die Therapeutin ganz für sich in Beschlag nehmen wollen und andererseits eine hinreichend gute Kooperation mit den Eltern aufrechtzuerhalten. Für Eltern bedeutet die Notwendigkeit, für ihr Kind therapeutische Hilfe in Anspruch zu nehmen, meist das Eingeständnis, ihr Kind und seine Probleme nicht oder nicht hinreichend gut zu verstehen. Vor allem dann, wenn der Hinweis auf die Notwendigkeit einer Therapie für das Kind von Pädagogen, Erzieherinnen oder Lehrerinnen erfolgt. Auch Marks Eltern verleugneten die große Einsamkeit und Verzweiflung ihres Sohnes. Der Vater meinte, er sei nur unterfordert, weil er überdurchschnittlich intelligent sei. Die Mutter meinte, Mark sei einfach ein Intellektueller, der sich eben nicht für Gleichaltrige oder andere Menschen interessiere, sondern nur für Bücher. Mit diesen Theorien schützen sich die Eltern vor der Einsicht, Fehler bei der Erziehung gemacht zu haben sowie vor den damit verbundenen Schuldgefühlen. Auch die Wünsche der Eltern an mich als Therapeutin sind zwiespältig. Oft herrscht der unbewusste Wunsch vor, die Therapeutin möge ebenso wie die Eltern scheitern. Es existiert oft nur ein kleines Stück Hoffnung, dass dem Kind und damit der Familie wirklich geholfen werden kann. Bemerken die Eltern dann – oft überraschend rasch – eine Verbesserung der Symptomatik, wird oft der Schluss gezogen, jetzt sei keine weitere Therapie mehr nötig, obwohl sie ahnen, dass die tiefen, strukturellen Probleme noch gar nicht bearbeitet werden konnten. In diesen Fällen – wie auch bei Mark – droht die Rivalität mit der Therapeutin den Erfolg der Therapie zu verhindern. In diesen sensiblen Phasen ist es notwendig, sich emotional ganz der Mutter/dem Vater zuzuwenden, um auch ihnen ein Containment und eine Offenheit für ihre oft eigenen massiven Probleme angedeihen zu lassen. Die Frage eines Abbruchs der Therapie steht dann im Mittelpunkt. Meiner Erfahrung nach ist es kontraproduktiv, die Notwendigkeit einer weiteren Therapie für das Kind zu betonen, da dies nur die Rivalität der Eltern verstärken würde. Es gilt dann in der Therapie, Raum für die emotionalen Probleme der Eltern zu schaffen. Ich werde mich daher in dieser Beschreibung vorrangig mit der therapeutischen Arbeit mit den Eltern beschäftigen und das Elterngespräch, das den drohenden Abbruch der Analyse zu verhindern half, ausführlich darstellen. Gleichzeitig besteht das Ziel der Arbeit darin, den Eltern oder einem Elternteil zu vermitteln, dass sie selbst Hilfe brauchen – allerdings muss diese von einer anderen Therapeutin geleistet werden. Die Therapie mit Mark, die hier nur kurz beleuchtet wird, wurde in meinem Buch *Pubertät. Die innere Welt der Adoleszenten und ihrer Eltern* (2019) beschrieben. Ist es dann möglich, eine hilfreiche therapeutische Beziehung zu diesem Elternteil herzustellen, so besteht wieder die Gefahr, dass die Mutter zur eigentlichen Patientin werden will. Sie will gleichsam

---

6   Einzelne Aspekte der analytischen Arbeit mit Mark wurden in meinem Beitrag »Using the concept of the ›total situation‹ in the analysis of a borderline adolescent«, erschienen im Journal of Child Psychotherapy, Vol. 30, 3, 2004, pp. 308–329 verwendet.

dem Sohn die Therapeutin wegnehmen und sie ganz für sich haben. Die notwendige Überweisung der Mutter an eine andere Analytikerin erfordert große Feinfühligkeit und Behutsamkeit.

Der 13-jährige Mark, wie ich ihn nenne, wird vom Institut für Erziehungshilfe Wien mit der Symptomatik »Schwierigkeiten in der Schule und mit den Kollegen« an mich überwiesen. Seine Mutter rief mich im August an und sprach auf meinen Anrufbeantworter. Beim Rückruf sagte sie sehr spontan und direkt: »Unser Mark macht uns solche Sorgen.«, Ich bat sie, sich mit mir nach dem Sommer in Verbindung zu setzen. Mitte September rief sie wieder an und wir vereinbarten einen Termin mit beiden Eltern.

Erstes Elterngespräch
Die Eltern kommen 20 Minuten zu spät. Die Mutter macht einen lebendigen Eindruck, schaut mir direkt in die Augen. Der Vater ist kräftig gebaut, sitzt eher vorgebeugt, auf seine Knie gestützt. Als er ins Therapiezimmer kommt, geht er fast bis zu meinem Stuhl, als ich stehen bleibe, geht er zurück und setzte sich neben seine Frau.

Die Mutter begann zu erzählen, was der Vater fortführte. Es war eine eigenartige Form eines Duetts. Jeder sprach einen Teil des Satzes, den der andere dann jeweils fortsetzte. Es gab keinen Widerspruch, keine unterschiedliche Meinung. Es dauerte einige Zeit, bis ich verstand, worum es ging. Zuerst dachte ich, es gehe um Schulprobleme im Sinne von Lernproblemen. Aber die Mutter sagte: »Er kommt mit den Kollegen gar nicht aus. Er wird ausgeschlossen. In der zweiten Klasse hatte er noch einen Freund, der hat ihn aber im letzten Jahr fallen gelassen und sich sogar an die Spitze seiner Gegner gestellt. Eine Lehrerin meinte, sie haben ihn ›Schwuler‹ genannt.« Es stellt sich heraus, dass Mark ein guter Schüler ist und große soziale Probleme hat.

Seine Eltern haben ihn nun in eine andere Schule gegeben und gehofft, dass sich die Probleme damit lösen. Beim Test im Institut für Erziehungshilfe sei herausgekommen, dass er « Probleme mit sich hat». Er sei sehr verschlossen, wenn sie ihn etwas frage, brumme er nur.

Ich schlug vor, Mark zweimal zu sehen und dann noch einmal mit den Eltern zu sprechen. Der Vater war sehr angetan und meinte, ich könne ja keine »Ferndiagnose« stellen. Mark sei nur unterfordert und er langweile sich, nachdem er mit einem Blick auf die Tafel alles verstehe, verliere er die Aufmerksamkeit.

Diskussion

Die Mutter schwankte zwischen der Einsicht, dass Mark Hilfe brauche und einer Verleugnung seiner Probleme. Der Vater hat sich eine schmeichelhafte Theorie zurechtgelegt, Mark habe keine Probleme, sondern er sei einfach überdurchschnittlich intelligent und sei deshalb zu wenig gefordert. Beim Telefongespräch hatte ich den Eindruck, sie sei eine alleinerziehende Mutter und war froh, dass ich auch den Vater kennenlernen konnte. Der Vater, ein Computerfachmann, schien selbst emotional ganz zurückgezogen zu sein. Hat er ähnliche Kontaktprobleme wie Mark?

Assessment mit Mark

Mark kommt 5 Minuten zu früh, schüttelt mir zur Begrüßung wortlos die Hand. Er hat ein hübsches, offenes Gesicht und lebendige Augen. Er wirkt jünger, als er ist, noch sehr kindlich. Ich bin nicht darauf vorbereitet, dass er kein Wort spricht, sich aber sehr klar mit seinem Körper und seiner Mimik ausdrückt. Er schaut mich fragend an, ich lade ihn ein, ins Therapiezimmer zu kommen. Er geht hinein, blickt mich wieder fragend an, ich sage, er könne sich hinsetzen, wo er wolle.

In der ganzen Stunde versuche ich mit Worten zu beschreiben, was er tut und welche Bedeutung es haben kann. Er zeigt durch ein Nicken des Kopfes, ein zustimmendes »Mhm« oder einem überraschten Blick, was ihn bewegt. Ich sage, dass wir uns zwei Mal sehen, um zu überlegen, ob er Hilfe in Anspruch nehmen will. Er schaut mir tief in die Augen, sagt »Mhm« und nickt. Wie mit einem Pinsel fährt er mit seinen Augen über alle Gegenstände.

»Es ist gar nicht so leicht in einem ganz fremden Raum mit einer unbekannten Person zu sein«, kommentiere ich.

Mark schaut mich an und macht eine Andeutung eines Nickens und schaut dann weiter herum, er wirkt entspannter. Als sein Blick zum Fenster hinauswandert, sage ich: »Du bist gekommen, bist hier, aber vielleicht möchtest du auch weg sein, draußen sein.« Mark schaut mich überrascht und zustimmend an. Ich fahre nach einiger Zeit fort: »So als ob ein Teil von dir kommen wollte und interessiert ist, was hier geschehen könnte und ein Teil von dir nicht kommen will.« Wieder nickt er. Ich erkläre ihm die Grundregel: Dass er hier alles machen könne – reden, zeichnen, spielen –, solange er weder sich noch mich verletzt. Ich weise auf meine Verschwiegenheit auch gegenüber den Eltern hin; er schaut zustimmend. Ich frage noch einmal, ob er versteht und er nickt und wirkt beruhigt. Als er lange auf das weiße Papier schaut, das vor ihm auf dem Tisch liegt, sage ich: »Das ist ein unbeschriebenes Blatt Papier, so wie die Beziehung zwischen uns, die noch fast ganz offen ist, wir sind schon 30 Minuten zusammen.«

Er schaut mich an, lächelt leicht und nickt. Er sitzt ganz starr da, fast unbeweglich.

»Es könnte sein, dass du den Eindruck hast, deine Gedanken und deine Erinnerungen tun weniger weh, wenn du ganz ruhig bist und sie nicht herauslässt. (Und nach einer Pause) Ich denke, es ist sehr wichtig zu klären, ob du dir wirklich vorstellen kannst, dass alles in diesem Raum zwischen uns bleibt. Kannst du das glauben?«, frage ich.

Mark schaut mich konzentriert an, nickt und lässt sich ganz langsam entspannter zurück an die Rückenlehne gleiten und lehnt sich an.

Als ich versuche, ihn zu einer Entscheidung zu bringen, ob er wiederkommen will, schweigt er, als ob er versuchen wollte, die Stunde zu verlängern. Ich betone, wie wichtig es ist, dass *er* entscheidet. Nach einer Pause frage ich ihn, ob ich einen Vorschlag machen soll. Er nickt. Ich schlage vor, dass wir uns noch einmal treffen, nächste Woche zur selben Zeit. Er nickt, es fällt ihm sehr schwer zu gehen, so als ob er am Sessel angeklebt wäre. Stehend wiederhole ich, dass die Zeit nun vorbei sei. Zögernd steht er auf, nimmt seine Wasserflasche, drückt mir ganz fest die Hand. Ich hatte erwartet, dass die Hand eher nass und weich wäre, sie ist aber erfrischend energisch und fest. Erst bei der Eingangstüre, dreht er sich um und sagt ein lautes: »Auf Wiedersehen!«

Diskussion

Ich war in keiner Weise darauf vorbereitet, dass er das Sprechen verweigert. Gleichzeitig stellte er sehr rasch eine intensive emotionale Verbindung mit mir he. Ich fühle wie verzweifelt und fast ohne Hoffnung er war. Es war wichtig, dass ich sein Schweigen akzeptierte. Er bot mir eine Beziehung an, bei der ich aktiv sein sollte, ich ihm Fragen stellen sollte. Er zeigte mir, wie schwer es ihm fällt, mit mir und auch mit anderen Personen in Beziehung zu treten. Ich beobachtete seine Bewegungen und seinen Gesichtsausdruck und versuchte, Hypothesen aufzustellen, was er damit ausdrücken wollte. Als ich zuerst über seine Angst sprach, mit einer fremden Person in einem unbekannten Raum zu sein, blickte er mir tief in die Augen. Kann sein rascher Blickkontakt heißen, dass er überrascht war, verstanden zu werden? Mit seiner Passivität könnte er die Mutter dazu bringen, ihn wie ein Baby zu behandeln, als sein Hilfs-Ich zu fungieren und Dinge für ihn auszuhandeln. Deshalb war es wichtig, nicht dasselbe Muster aufzubauen, d. h. den nächsten Termin direkt mit ihm und nicht mit seiner Mutter zu vereinbaren. Zugleich war ich skeptisch, ob ich mich vorrangig auf meine Gefühle und meine Gegenübertragen verlassen könne. Sein langes Sitzenbleiben am Ende der Stunde könnte ein Ausdruck dafür sein, dass er nicht gehen wollte.

Kontakt mit der Mutter

Wie ich angenommen hatte, rief mich die Mutter vor der nächsten vereinbarten Stunde an und fragte mich, ob Mark wirklich morgen eine Stunde mit mir vereinbart hätte. Sie bekäme »nichts aus ihm heraus«. Ich bestätigte den Termin und schlug vor, drei Gespräche mit Mark zu haben, bevor ich einen Termin mit den Eltern vereinbare. Sie stimmte zu und ersuchte, die Stunde um eine halbe Stunde früher anzubieten, was ich erst beim dritten Gespräch anbieten konnte.

Marks Entscheidung für eine vierstündige Analyse
In den nächsten beiden Stunden versuchte ich Marks Körpersprache zu verstehen und die in mich projizierten Gefühle (Gegenübertragung) zu erkennen und in Worte zu fassen.

Zur zweiten Stunde kommt er fünf Minuten zu früh, geht zielstrebig ins Therapiezimmer und setzt sich auf seinen Stuhl, lehnt sich zurück, als ob alles bereits vertraut wäre. Nach einer Pause meine ich, dass er durch sein frühes Kommen ausdrücke, dass für ihn die gestrige und die heutige Stunde eng miteinander verbunden sind. Das sei ganz anders, als erst nach einer Woche wiederzukommen. Er könne jetzt hintereinander an vier Tagen der Woche zu mir kommen.

Mark reagiert auf meine Interpretation in zwei Formen. Er hört aufmerksam zu, scheint zuzustimmen, aber dann wendet er sich ab. Könnte sein Blickkontakt bedeuten, dass er mir mitteilte, dass er froh war, wieder zurück zu sein, und sein Wegschauen steht wiederum symbolisch für seine feindseligen Gefühle, weil ich ihn darauf aufmerksam gemacht hatte?

Als ich später sagte, er frage sich, ob er seine schmerzlichen Erfahrungen von draußen hierherbringen könne, reagierte er, indem er forschend im Zimmer umher blickte. Zunächst wollte er nur zwei Mal pro Woche kommen. Als er erkannte, dass seine großen Probleme eine vierstündige Analyse erforderten und ich vorschlug, dass er Montag oder Dienstag kommen könne, schüttelte er den Kopf. Er sagte: »Wir haben da am Nachmittag Schule.. Dann schlug ich ihm Samstag vor, um vier Stunden möglich zu machen. Es war klar, dass das eine besondere Stunde war. Er hatte am Mittwoch, Donnerstag, Freitag und Samstag eine Stunde.

Diese Form des Bestimmens, der Kontrolle über mich, zeigte sich in vielfältiger Weise. Es gelingt ihm, die Rollen umzukehren. Es ist, als ob ich dankbar sein müsste, dass er überhaupt kommt und dass er bereit ist, viermal zu kommen. Deshalb ist es aus seiner Sicht »selbstverständlich«, dass ich für ihn eine Ausnahme mache. Viele Beispiele dieser psychotischen Omnipotenz Marks zeigen sich – in Abwechslung mit Verzweiflung und der Überzeugung, dass niemand wirklich mit ihm sein will. Gleichzeitig zeigt sich sein Wunsch, die Analyse zu zerstören oder unmöglich zu machen. Als ich diese Stunden mit österreichischen Kollegen besprach, meinten alle übereinstimmend, eine Analyse mit ihm sei nicht möglich. Das Besprechen mit einer englischen Kollegin, Betty Joseph, überzeugte mich, nicht aufzugeben. Sie sagte: »You are his lifeline, don't give him up.« Es werde eine schmerzliche, aber sehr interessante Arbeit. Tatsächlich kam er 3,5 Jahre zu mir und machte enorme Fortschritte.

Elterngespräch
Nachdem ich mit Mark eine vierstündige Analyse vereinbart hatte und er unmissverständlich gesagt hatte, er werde die Eltern darüber informieren und sie würden sich mit mir in Verbindung setzen, wartete ich ab. Tatsächlich rief mich die Mutter an und meinte, Mark habe ihr von einer vierstündigen Therapie erzählt, aber das müssten sie ja zuerst mit mir besprechen, vor allem wegen des Honorars. Ich bin positiv überrascht und wir vereinbaren ein Gespräch.

Die Eltern begrüßten mich mit leicht übertriebener Freundlichkeit; sie schienen einerseits erleichtert, dass ich das Problem ernst nehme, andererseits ist es ihnen nicht recht, dass Mark selbst entschieden hat. Aus der Mutter »sprudelt es heraus«, ob ich wisse, dass Mark in der Schule ernste Probleme habe, er habe bereits in der neuen, anspruchsvolleren Schule zwei »Nicht-Genügend« bekommen und ein »Genügend« in Mathematik. Gleichzeitig scheinen sie erleichtert, dass er »normale« Lernprobleme habe. Es sind seine ersten »Nicht-Genügend«. Der Vater ergänzt, dass er Mark gesagt habe, er müsse Lernen lernen, weil er alles bisher ohne zu lernen konnte. Mit äußerster Mühe habe er aus ihm herausgequetscht, dass Mark meinte, er könne es nicht schaffen. Probleme mit den Mitschülern habe es nicht gegeben. Der Vater hatte sogar gesehen, dass er mit einem Mitschüler um die Wette gelaufen sei.

Ich sage, dass ich überzeugt bin, dass Mark therapeutische Hilfe brauche, ohne Details aus den Therapiestunden zu erzählen, da die Verschwiegenheit besonders den Eltern gegenüber wichtig ist. Die Mutter scheint enttäuscht, dass ich nichts von dem sage, was in der Stunde geschehen ist. Aus Mark sei »nichts herauszubekommen«, meint sie. Ich betone, dass er seine Probleme in die Stunde bringe und wie wichtig es sei, dass sie mit der Schule so gut in Kontakt seien. Dann bitte ich sie, mir noch zu erzählen, wie Marks Geburt gewesen sei. Die Eltern schauen sich überrascht an.

»Die Geburt war normal, aber er sei ein Schreibaby gewesen. Drei Jahre lang ist er jede Nacht aufgewacht, dann hat er seinen Schnuller oder seine Wasserflasche gesucht. Mit 1,5 Jahren hat er dann auf die Flasche verzichtet, da war dann weniger zu suchen. Ich habe nie gewusst, warum er schreit«, berichtet die Mutter.

Ich weise auf ihre Schwierigkeit hin, seine Bedürfnisse zu verstehen. Und wie verunsichernd und schmerzlich es für sie als junge Mutter und Vater gewesen sei, nicht zu wissen, was er habe. Ihre Unsicherheit als unerfahrene Eltern könnte sich noch verstärkt haben. Beide nicken und scheinen tief bewegt zu sein.

»Beim zweiten Kind bin ich schon viel sicherer gewesen«, erzählt die Mutter. Bei ihrer Tochter J. hätte man nichts falsch machen können. »Sie hat getrunken, wenn sie hungrig war und geschrien, wenn sie hungrig war oder nass war, sonst hat sie geschlafen. Erst mit drei Jahren habe ich zu Mark, wenn er aufgewacht ist, gesagt: ›Wir sind da und kommen, wenn du uns brauchst. Das hat Wunder gewirkt. Danach hat er geschlafen.‹«

Dann klären wir die organisatorischen Details.

Diskussion

Mark fand es schwer, sich im Leben zurechtzufinden, so wie es in der Analyse auch schwer für ihn war. Er schrie als Baby viel, war schwer zu beruhigen. Obwohl er ein erwünschtes Baby war und seine Geburt ohne Komplikationen verlief, war er für die Eltern »schrecklich«, da sie dreimal pro Nacht aufstehen mussten. Seine Ängste blieben unverstanden. Das Suchen nach dem Fläschchen bedeutet, dass die Mutter ihm zum Füttern nicht auf dem Arm getragen hat, sondern er das Fläschchen alleine getrunken hat und dann eingeschlafen ist. Es ist zu fragen, ob es ein Übergangsobjekt geworden war. Unter einem Übergangsobjekt verstehen wir mit Winnicott (1951) einen Gegenstand, der die Mutter repräsentiert und doch noch kein richtiges Objekt ist. Es ist etwas auf halben Weg zu einem echten Objekt. Es kann aber, wenn das Kind keine einfühlsame Mutter hat, zu einem »autistischen Objekt« (Tustin, 1972) werden, das die Mutter ersetzen soll. Deshalb warnt Anne Alvarez (2001) Eltern davor, dem Kind das Fläschchen zu überlassen, da es dann zu einem kontrollierbaren Mutter-Ersatzobjekt werden kann:

»Wenn diese Übergangsobjekte sich zu etwas entscheidend Wichtigem wandeln, das gerade so gut wie – oder sogar besser als – die reale Mutter ist und es dem Kind ermöglichen, diese

Mutter und das Bedürfnis nach einem lebendigen Menschen unablässig zu ignorieren, dann werden sie zu symbolischen Gleichsetzungen oder autistischen Objekten.« (Alvarez 2001, S. 69)

Erst als die Mutter ihm sagte, dass sie im Nebenraum waren und zu ihm kommen, konnte er durchschlafen. Seine Mutter scheint unfähig gewesen zu sein, seine projektive Identifikation und seine Beta-Elemente – wie Bion sie nennt – aufzunehmen, zu verdauen und ihn zu verstehen. Sie versorgte ihn, aber ohne seine Bedürfnisse zu verstehen oder einer Fähigkeit, sich mit ihm zu identifizieren. Bion beschreibt einen Patienten mit so einer Mutter wie folgt:

> »Er hatte eine Mutter, die auf seine emotionalen Bedürfnisse pflichtbewusst reagiert hatte. Das pflichtbewusste Verhalten beinhaltete ein Element der Ungeduld ... Aus der Perspektive des Kindes hätte es sich gewünscht, dass die Mutter seine Todesangst aufgenommen und sie selbst erlebt hätte. Die Todesangst, die das Kind noch nicht explizit als Gefühl erleben konnte, (sondern nur als rohe Beta-Elemente, Anmerkung v. GDW) (Bion 1959, S. 105, Übersetzung v. GDW).

Bions Patient hatte eine Mutter, die keine intensiven Gefühle tolerieren konnte. Was der Hintergrund für die Unfähigkeit von Marks Mutter gewesen ist, dessen Ängste aufzunehmen (zu containen) wird erst in den späteren Gesprächen verständlich. Besonders interessant ist es, dass sie es bei den anderen Geschwistern offensichtlich gut konnte. Das fehlende Containment erzeugt eine »namenlose Angst«, wie Bion es nennt, wenn die Projektionen, statt aufgenommen zu werden, am Objekt (Mutter) abprallen und das Baby überfluten.

Marks Analyse

In den Stunden zeigten sich Marks tiefe Kontaktprobleme. Seine Körperhaltung zeigte Panik, wenn er in einen bestimmten Winkel des Raumes blickte. Sobald ich diese Angst vor dem Unbekannten dort ansprach, entspannte er sich. Er kontrollierte mich durch sein unregelmäßiges Erscheinen: Er kam 5 Minuten, 20 Minuten zu spät oder nur für 5 Minuten vor dem Ende der Stunde. Gleichzeitig zeigte sein Verhalten in der Stunde aber auch in der Schule, wie wichtig die Stunden für ihn waren. Obwohl er in den Stunden kaum sprach, verbesserte sich seine sprachliche Ausdrucksweise beim Schreiben von Aufsätzen in der Schule enorm. In Phasen großer Spannung glich sein Gehen der Bewegung eines Roboters, als ob er Schwierigkeiten hätte, sich in Bewegung zu setzen. Die Beobachtungen seines mimischen Ausdrucks und seiner Körperbewegungen sowie meiner Gegenübertragungsreaktion machten es möglich, Hypothesen zu formulieren, auf die Mark klar reagierte. Oft ließ er mich erleben, wie ausgeschlossen und einsam er sich fühlte, verzweifelt und fast ohne Hoffnung.

Kontakte mit den Eltern

Die Mutter ruft im Januar in aggressivem Ton an und fragt, wie es Mark in der Analyse geht. Sie befürchtet vermutlich, dass er gar nicht mehr komme, es aber geheim halte. Ich antworte, dass er seine Probleme in die Analyse bringe. Sie wird etwas ruhiger und fragt nach der Monatsrechnung für Marks Therapie, die noch bei mir ist, was ich ihr sage. Ich frage, wie er sich in der Schule eingewöhnt habe.

Die Mutter erzählt, dass er beim Skikurs mitgefahren sei. »Zu Hause hustet er zurzeit ekelerregend«, berichtet die Mutter, »so laut, dass wir dann sagen: ›Mark, das ist unerträglich.‹« In Englisch hat er ein »Genügend«. In Deutsch wird er besser – »Nicht-genügend«, »Genügend«, »Befriedigend« lauten seine Noten. Er schreibt jetzt längere, gute Aufsätze. »Er sagte früher, dass er eigentlich nicht in Analyse kommen wolle, aber in letzter Zeit sagt er nichts mehr«, meint die Mutter und scheint beruhigt zu sein, dass seine Leistungen in der Schule etwas besser werden.

Die Mutter scheint sehr ambivalent zu sein. Einerseits ist sie froh, dass es Mark bei mir (auch) nicht gefällt, dass er nicht zu mir kommen will. Andererseits ist sie erleichtert, dass ich mit ihm weitermachen will. Sie sorgt sich, ob Mark wirklich zu seinen Stunden komme. Im April ruft die Mutter an und bittet um eine Stunde für sich.

Gespräch mit der Mutter
Die Mutter kommt 20 Minuten zu spät, will ihren Schirm an die Garderobe hängen. Ich weise auf den Schirmständer hin. Sie sagt: »Ich habe Kontaktprobleme.«

»Was sollen wir tun? Mark möchte nicht mehr kommen«, fragt die Mutter. »Wir sollten diese Frage sorgfältig untersuchen«, antworte ich. Die Mutter erzählt dann, dass es in der Schule besser geht, er wird ohne Probleme durchkommen. Sein großes Interesse gilt dem PC. Wenn er könnte, wie er wollte, würde er den ganzen Tag dabeisitzen. Er hat auch zwei Freunde. Einen bringe er auch öfter mit nach Hause mit.

Ich unterstreiche, wie gut Mark sich entwickelt hat und nun soziale Kontakte herstellen kann. Die Mutter stellt keinen Zusammenhang zwischen seiner Analyse und der Verbesserung seiner Situation her. Sie betont, dass er *keine Probleme* hat. »Er ist wie ich, ich werde auch mit allem alleine fertig«, sagt sie. »Besonders in der Pubertät habe ich mit niemanden sprechen können..

Ich habe das Gefühl, dass sie sehr eifersüchtig auf meine Zuwendung gegenüber Mark ist – sie will meine Aufmerksamkeit für sich haben. Ich bin überzeugt, dass die Mutter deshalb die Analyse abbrechen will, außer sie bekommt heute meine ganze Zuwendung und Aufmerksamkeit. Ich greife dann ihr Zuspätkommen und ihre Äußerung, dass sie Kontaktprobleme habe, auf.

Die Mutter (M.) meint zunächst mit einem breiten Lächeln: »Ich habe keine Kontaktprobleme, die Schnellbahn ist vor Heiligenstadt stehen geblieben und deshalb war ich spät.«

A.: »Vielleicht ist es Ihnen nicht leichtgefallen, heute herzukommen?«
M.: »Ich habe als Kind nie gewusst, kommt der Vater oder nicht. Er hat eine
     Freundin gehabt, wie ich in der Volkschule gewesen bin (weint und nimmt
     ein Taschentuch). Als ich geheiratet habe, hat er gesagt ›Jetzt braucht ihr mich
     nicht mehr‹ und hat sich scheiden lassen (schluchzt stärker und nimmt das
     zweite Taschentuch). Wir haben nie gewusst, wann er kommt. Er ist oft
     tagelang weggewesen, meine Mutter hat immer gesagt: ›Er ist in der Garage.‹«

A.: »Es war für sie dann doppelt schwer. Sie haben den Vater vermisst und durften auch nicht darüber sprechen. Es wurde nie offen darüber gesprochen.«

M.: »Mit meinem Bruder konnte ich darüber nicht sprechen, der ist auf der Intelligenzstufe eines 14-Jährigen stehengeblieben. Er hatte eine Gehirnhautentzündung, war eine Zeit bewusstlos – der Arzt ist lange nicht gekommen. Er war so schlecht in Mathematik, er musste die Sonderschule drei Mal wiederholen. Aber dann hat er eine Stelle bei der Gemeinde bekommen.«

A.: »Sie waren dann ganz allein mit dem Problem und mussten vermutlich auch noch die Mutter unterstützen.«

M.: (weint laut und nimmt das dritte Taschentuch) »Einmal im Gartenhaus (beschreibt es genau) war meine Mutter so verzweifelt, dass sie nur noch geweint hat. Ich habe dann einfach mit ihr mitgeweint.«

A.: »Haben Sie je mit dem Vater darüber gesprochen?«

M.: »Vor oder nach meiner Hochzeit, als er sich scheiden ließ, ist er mich nie besuchen gekommen und ich bin nicht zu seiner neuen Frau gegangen (weint und nimmt das vierte Taschentuch). Ich habe ihn zehn Jahre nicht gesehen. Jetzt ist seine Freundin vor einem Jahr gestorben, jetzt ist er mehr mit meiner Mutter zusammen, sie fahren sogar gemeinsam in Urlaub. Das ist schon komisch.«

Gegen Ende der Stunde fragt sie noch einmal, was mit Mark ist. Ich sage, dass er der Analyse überwiegend kritisch gegenübersteht, aber zugleich schon begriffen hat, dass die Analyse hilft. Was ich nicht ausspreche ist, dass Mark weiß, wie überlebenswichtig die Analyse für ihn geworden ist, er sich diese Abhängigkeit nicht eingestehen will und er deshalb in Opposition ist.

Diskussion

Zu diesem Zeitpunkt stand Marks Analyse vor dem Abbruch. Seine Mutter war gekommen, um die Analyse zu beenden. Hinter ihrem forschen Auftreten war aber deutlich ihre Bedürftigkeit zu spüren, als ob sie mir sagen wollte: Warum kümmern sie sich so intensiv um Mark, wenn ich doch eigentlich viel größere Probleme und Verletzungen habe? Ich entschloss mich, ihr den gesamten Raum dieser Stunde zu widmen. Und tatsächlich »ergießt« sich ihr Leid über mich, als ob man eine Schleuse öffnet. Die vier nass geweinten Taschentücher stehen symbolisch für Marks vier Stunden, die sie vermutlich gerne selbst hätte.

Ihre Erzählung hilft uns zu verstehen, warum sie nach Marks Geburt keinen inneren Raum hatte, seine Ängste zu erkennen und aufzunehmen. Sie hatte damals eine schwierige Zeit. Ihr Vater ließ sich kurz vor ihrer Hochzeit scheiden und sagte ihr, dass er 18 Jahre auf diesen Moment gewartet hatte. Er entwertete damit ihre gemeinsame Zeit. Sie weigerte sich, mit ihm zu sprechen und ihn zu sehen, sodass er Mark, der ihm sehr ähnlich sieht, erst im Alter von zehn Jahren zum ersten Mal sah. Sie war durch ihren großen Kummer belastet und musste sich gleichzeitig um ihren behinderten Bruder kümmern sowie den Schmerz ihrer Mutter mittragen. Sie hatte keinen inneren Raum für Mark. Wir nehmen an, dass Mark als Baby immer verzweifelter versucht hat, eine Beziehung zu seiner geistig-abwesenden Mutter herzustellen; dieses heftige Versuchen können wie feindliche Angriffe (sein Weinen) auf die Mutter gewirkt haben, was sie geängstigt und zu ihrem weiteren inneren Rückzug geführt hat. In der Gegenübertragung in der Analyse erlebte ich, dass Mark mich emotional nicht erreichen konnte und zu anderen Zeitpunkten bombardierte er mich mit seiner Panik, Verzweiflung und Verachtung.

Ich schlage der Mutter vor, regelmäßig Gespräche am Institut für Erziehungshilfe zu führen, was sie tut und damit sehr zufrieden ist.

Weitere Analyse mit Mark

Er versuchte mich weiterhin mit seinem Kommen, Spätkommen und Nichtkommen zu kontrollieren und auf die Probe zu stellen, ob ich ärgerlich werden und die Analyse abbrechen würde. Besonders vor Unterbrechungen zu Ostern oder im Sommer agierte er heftig. Nachdem Mark dreimal nicht gekommen war, erwähnte ich die Möglichkeit, die Analyse zu beenden. Er schreit auf. (Ich weiß, wie dringend er die Analyse braucht, und verstehe sein Agieren als Ausdruck seines inneren Konflikts zwischen dem Teil, der wie eine »Mafia« alles Gute verhindern will und einem kleinen, hoffnungsvollen Teil, der gesund werden will). Ich sage, dass ich für den kleinen Teil in ihm spreche, der Hoffnung hat und kommen will. Sobald ich den »kleinen, hoffnungsvollen Teil« von ihm benenne, lächelt er. Als ich sein Lächeln wiederum beschreibe, wird es zu einem strahlenden Lächeln. Ich beschreibe, wie dieser hoffnungsvolle Teil verspottet und herumgestoßen, eingeschüchtert und bedroht wird. Wenn er weiterhin nicht kommt, kann heute die letzte Stunde sein, schließe ich.

Gespräch mit Mutter

Als die Mutter am nächsten Tag kommt, sagt sie: »Seit gestern habe ich ein neues Kind!« Ich schaue sie erstaunt an und sie sagt:

> »Ja, ich kann es nur so ausdrücken: Er ist wie ein neues Kind. Er spricht zu mir, ist freundlich. Gestern ist er sogar einkaufen gegangen. Sonst, wenn ich ihm sage: ›Mark, geh einkaufen‹ schaut er mich nur böse an (sie imitiert sein grantiges Gesicht) und zieht sich in sein Zimmer zurück. Diesmal hat er selbst angeboten, Milch zu kaufen.«

Die Mutter will, dass er bis zum Ende des Jahres weiter zu mir in die Analyse kommt.

Nach der langen Sommerpause gibt es wieder eine Krise, da die Frage im Raum steht, ob Mark weiter kommen will. Ich schlage vor, die Analyse zu beenden. Nach vier Wochen ruft mich die Mutter an, um mich zu bitten, Mark wieder zu nehmen. Seine Leistung in der Schule haben sich in den vier Wochen dramatisch verschlechtert. Er mache keine Hausaufgaben, mache nicht mit. Ich erklärte mich bereit und sagte, er müsse mich anrufen. Mark ruft an und sagt: »Ich soll anrufen.« Er akzeptierte nur dieselben Stunden, die er vorher gehabt hatte. Es wird klar, dass er psychisch sehr große Probleme hat. Nach der Fortsetzung der Analyse beginnt er in der Schule, gut zu lernen. Er bewirbt sich alleine an einer Höheren Technischen Lehranstalt, eine anspruchsvolle Form des

Gymnasiums mit einer technischen Ausbildung zum Diplom-Ingenieur und wird akzeptiert. Die Eltern erzählen, dass sie beim Heimkommen gesehen hätten, dass Mark mit seinen beiden Schwestern ein Brettspiel spielt und sie gemeinsam lachen – etwas, was es noch nie vorher gegeben hatte. Sein Aussehen hat sich dramatisch verändert: Er ist ein großer, fescher Jugendlicher geworden, der selbstsicher auftritt.

Am Therapieende, das ich mit Mark verhandelt hatte, ruft mich die Mutter an und fragt, ob es stimmt, dass Mark die Analyse beendet. Sie ist sehr erleichtert, fragt, ob er am Ende auch bei mir »aus sich herausgegangen sei«. Mark bietet zu Hause nun seine Hilfe an, ist gesprächig –»auch über Alltagsthemen«, wie die Mutter berichtet. »Es ist, als ob er etwas nachholen wollte«, sagt die Mutter. Am Montag war er sogar mit seinem Vater im Kino, was er noch nie gemacht hatte. Auch der Vater ist so erleichtert über Marks Veränderung.«

Diskussion

In Marks Fall war es wegen seiner tiefen Störung, die teilweise Züge einer psychotischen Störung aufwies, notwendig, eine enge Kooperation mit der Mutter zu haben. Über einige Zeit hinweg brachte sie Mark am Samstag zur Analyse und erinnerte ihn an seine Stunden. Die Überweisung zur therapeutischen Betreuung der Mutter in einer anderen Institution half, klare Grenzen zwischen mir als Marks Therapeutin und der Mutter zu ziehen. Seine Kommunikation fast ohne Sprache ließ mich oft im Ungewissen, wie es ihm in der Schule und in der Familie ergehe. Die Telefonate mit der Mutter halfen mir, einen besseren Gesamtüberblick und mehr Informationen zu bekommen.

Die transgenerative Weitergabe des Traumas der Mutter auf Mark, die sich von ihrem Vater im Stich gelassen fühlte und von der Mutter überfordert wurde, ist deutlich sichtbar. Eine Mutter, die von ihren eigenen Problemen so überfordert ist, kann keinen inneren Raum für ihr Baby entwickeln. Wir sprechen mit Bion wie bereits erwähnt von einem »fehlenden Containment« und es erzeugt im Baby »namenlose Angst«. Die Tatsache, dass Mark ein männliches Baby war, kann die innere Gleichsetzung mit dem Vater, der sie verlassen hat, noch verstärkt haben. Diese unerledigten Konflikte mit dem Vater, über die die Mutter mit niemanden sprechen konnte, waren gleichsam wie »Geister im Kinderzimmer«, die ihre Beziehung zu Mark belasteten.

6.3 Fallbeispiel: Jonathan und seine Eltern

Bei diesem Fallbeispiel wird zunächst die Eltern-Kleinkind-Therapie mit Jonathan und seinen Eltern dargestellt. Nachdem die aktuellen Schwierigkeiten rasch bearbeitet werden konnten, für die Eltern und die Analytikerin jedoch deutlich erkennbar war, dass es noch große emotionale Probleme – sowohl bei Jonathan als auch bei seiner Mutter – gab, wird dann auch die Weiterführung in Form einer Kinderanalyse und begleitenden Elterngesprächen beschrieben. Wie wichtig es ist, zugleich mit der Kinderanalyse auch an den unbewussten Konflikten der Eltern zu arbeiten, wird in diesem Fall besonders deutlich. In der Darstellung kommt es daher zu einer Verschränkung der Beschreibung des analytischen Prozesses mit Jonathan und den Elterngesprächen, so wie sie in zeitlichen Abfolge stattgefunden haben. Es ist wichtig, dass die belastenden Projektionen der Eltern auf das Kind durch das Bearbeiten der inneren Konflikte und Ängste der Eltern bearbeitet werden, um die Entwicklung des Kindes nicht weiter zu behindern.

Die Eltern wandten sich nach der Geburt der kleinen, 1,5 Jahre jüngeren Schwester an das Gesundheitszentrum für Frauen, Eltern und Mädchen in Wien (FEM) wegen der großen Eifersucht ihres älteren Sohnes, den ich Jonathan nenne. Sie nahmen eine fünfstündige Eltern-Kleinkind-Therapie, eine psychoanalytische Fokaltherapie, in Anspruch. In ein bis fünf Sitzungen mit Eltern und Kleinkind wird die bewusste und unbewusste Dynamik zwischen Mutter, Vater und Baby erforscht, indem die Interaktionen zwischen den Eltern, ihrem Baby und der Therapeutin beobachtet werden und die Therapeutin als »innere Beobachterin« die in ihr wachgerufenen Gegenübertragungsreaktionen registriert. In der Therapiesitzung wird besonderes Augenmerk auf die Reaktionen des Babys oder Kleinkindes gelegt; sie werden als Ausdruck unbewusster Mitteilungen zu verstehen versucht (Diem-Wille, 2014). Wie die fünfstündige Eltern-Kleinkind-Therapie verlief, wird nachfolgend zusammengefasst:

Eltern-Kleinkind-Therapie

Zur ersten Sitzung kommen die Eltern mit beiden Kindern. Der Vater ist ein ruhiger, warmherziger Mann, der sich viel mit Jonathan beschäftigt. Die Mutter ist eine wesentlich jüngere, attraktive Frau, die ihre drei Monate alte Tochter während der Stunde stillt. Der Vater war vorher einmal verheiratet gewesen und hat eine Tochter im Teenageralter. Zu Beginn der zweiten Ehe gab es massive Rivalitätsprobleme zwischen der Mutter und seiner adoleszenten Tochter, was die Familie bewog, eine Familientherapie in Anspruch zu nehmen, die hilfreich war. Die Mutter berichtet, dass ihr Vater, als sie 16 Jahre alt gewesen ist, Suizid begangen hat – was nach wie vor sehr schmerzlich für sie ist.

Als ich nach den Umständen bei der Schwangerschaft mit Jonathan frage, erzählt mir die Mutter enthusiastisch, wie wunderbar diese Zeit gewesen sei. Drei Wochen nach dem errechneten Geburtstermin wollte die Mutter die Geburt noch immer nicht einleiten lassen. Erst nach sieben vergeblichen Versuchen, die Geburt einzuleiten, stimmte sie einem Kaiserschnitt zu. Sie wachte benommen auf und konnte Jonathan gar nicht willkommen heißen. Sie stillte Jonathan, er trank gut. Während des heißen Sommers machte sie sich Sorgen, dass er durstig sein könnte, da er das Fläschchen mit Tee verweigerte. Sie weckte ihn während der Nacht alle zwei Stunden, um ihn an die Brust anzulegen. Seit damals wacht er jede Nacht einige Male auf und verlangt etwas zu trinken. Während des Tages schlief er nie länger als 30 Minuten. Als er fünf Monate alt war, entdeckte die

Mutter Blut in seinem Stuhl. Im Krankenhaus wurde in Vollnarkose eine Rektoskopie durchgeführt, die aber kein Ergebnis brachte. Nach der Narkose wachte Jonathan in Panik auf und weinte untröstlich. Nach fünf solcher invasiven Untersuchungen beschlossen sie, keine weitere zu machen. Blut war nicht mehr im Stuhl.

Während die Mutter dies alles in einer sachlichen Weise erzählt, verlangt Jonathan einen Keks. Er bekommt mehrere und bittet mich, sie für ihn aufzuheben. Da die Mutter noch ergänzt, dass er Essprobleme gehabt habe, als sie das Stillen beendet hatte, bemerke ich, dass er jetzt sehr wohl seine Wünsche äußern könne und Zuversicht hat, dass die Kekse bei mir gut aufgehoben sind. Die Eltern betonen, dass sie nie mit Jonathan über die Untersuchungen im Krankenhaus gesprochen hätten. Er sei immer ängstlich, wenn er zum Kinderarzt gehen müsse. Nur jetzt, seit seine Schwester auf der Welt sei, möchte er immer, dass der Arzt auch ihn untersucht. Da er einen Leistenbruch habe und einen Schlupfhoden, stünden noch zwei Operationen bevor. Ich betone, wie wichtig es ist, mit Jonathan über die früheren Untersuchungen zu sprechen und ihn auf die Operationen vorzubereiten.

In der zweiten Sitzung sagt die Mutter, dass sie mit Jonathan über die Operationen gesprochen habe und er danach von einem verletzten Kätzchen geträumt habe. In der Stunde bringt er mir ein kleines Schaf, dessen Fell ein Loch hat, und sagt, es sei verletzt. Ich bringe das verletzte Schaf mit ihm in Zusammenhang, wie er sich im Krankenhaus verletzt und »kaputt« gefühlt habe.

In der dritten Stunde sprechen wir über die bevorstehende Operation; er bringt sein kleines Tretauto, auf dem er sitzen kann, und fährt ganz wild um den Tisch herum – als ob er als Arzt ins Krankenhaus fahren müsse. Als ich das aufgreife und sage, dass er uns zeigt, dass er ein guter Arzt ist, der den Kindern, die Probleme haben, hilft, nickt er sehr stolz und fährt noch schwungvoller um den Tisch. Aber bald ist seine Überzeugung, beschädigt zu sein, so groß, dass nun auch das Doktorauto kaputt geht und erst repariert werden muss, bevor er weiterfahren kann. Das Thema Baby spielt eine Rolle. In der Stunde zeigt er seinen Ärger auf seine Mutter, was ich mit seinem Ärger verbinde, dass sie eine teilweise »kaputten« Jonathan (so wie das kaputte Schaf) geboren hat, der erst im Krankenhaus geheilt werden muss. Als er einen aggressiven Angriff auf seine Schwester, die als Baby am Boden liegt, vorbereitet, beschreibe ich, was er tun will. Gleichzeitig biete ich ihm aber ein Kissen an, das seine Schwester darstellen soll, und meine, hier könne er zeigen, wie wütend er auf sie ist. Statt auf seine Schwester zu springen, schlug er auf das Kissen und kickte es wild herum, was ich mit Worten beschreibe und mit seiner Eifersucht in Verbindung bringe.

In der vierten Stunde erzählte die Mutter, dass Albträume ihres Sohnes gänzlich verschwunden seien. Die Operation sei geplant, Jonathan sei gut vorbereitet, sie wird mit ihm im Krankenhaus übernachten. Das »Schwesterkissen« habe sie übernommen, es funktioniere sehr gut. Jonathan lächelte mich an, seine Sprache hatte sich enorm verbessert, er sprach in ganzen Sätzen, wollte, dass ich ihm aus Papier Babys ausschneide.

In der fünften Stunde, kurz nach Jonathans Operation sagte die Mutter, dass die Träume nach der Operation nicht schlimm gewesen seien. Jonathan schaute weniger ängstlich aus, war gewachsen und zeigte mir das Schaf, das geheilt worden war, machte aus Knete gutes Essen, mit dem er mich und sich selbst fütterte.

Diskussion

Jonathan hat weder seine traumatischen Erlebnisse im Krankenhaus verarbeiten können noch die Eifersucht auf seine nur 1,5 Jahre jüngere Schwester. Er hatte seine Mutter nur acht Monate für sich gehabt, bevor sie wieder schwanger geworden war. Wir wissen nicht, wie langsam oder abrupt er abgestillt wurde. Die Schilderung der Geburt wirft verschiedene Fragen auf, die offen geblieben sind: Wollte die Mutter sich nicht von ihrem Baby im Bauch trennen? Kann sie die Geburt nicht zum Termin einleiten lassen? Traut sie sich eine spontane Geburt nicht zu, bei der sie und Jonathan zusammenarbeiten, und muss er dann gewaltsam aus ihr herausgeschnitten werden? In der Kurztherapie werden viele Themen nur angerissen, die nicht im Detail besprochen werden können, da man sich auf die Hauptthemen – die Symptome des Kindes – konzentriert.

Die vielen invasiven Untersuchungen von Jonathan machen nachdenklich. Was ist genau passiert, dass die Eltern ein so kleines Kind so häufig diesen Prozeduren einer Vollnarkose ausgesetzt haben?

Jonathan kann diese diffusen Erlebnisse nicht mental verdauen, da die Eltern nie mit ihm darüber gesprochen haben. Erst als die Mutter dieses tabuisierte Thema, das auch mit schmerzlichen Erinnerungen an ihre Eltern verbunden sind, besprochen hat, kann Jonathan symbolisch damit umgehen und es verarbeiten. Er zeigte mir das verletzte Stofftier, mit dem er sich identifizierte. So konnten wir die Verletzung, die Heilung, die Operationen und die Krankenhauserfahrung im Spiel mit dem kaputten Schaf darstellen. Dieses Phänomen, dass Eltern mit ihren Kindern nicht über schmerzliche Erlebnisse, Krankheiten, Krankenhausaufenthalte oder den Tod eines Großelternteils sprechen, wird meist von den Eltern damit begründet, dass das Kind zu klein sei, um das zu verstehen. Als Psychoanalytiker verstehen wir das als Rationalisierung, um sich nicht mit ihrem eigenen psychischen Schmerz auseinandersetzen zu müssen. Hatten die Eltern Angst, dass sie ihr Kind verlieren können, wenn Blut im Stuhl ist? Haben sie gedacht, es sei sterbenskrank? Ein Besprechen dieser traumatischen Erlebnisse, die ja das Kind und die Eltern betreffen, ermöglicht erst ein mentales »Verdauen« in der Psyche der Eltern. Die Eltern wurden von mir auch ermutigt, die Situation im Krankenhaus (Untersuchungen, Operationen mit Stofftieren etc.) nachzuspielen. Wenn sie dem Kind einen Doktorkoffer schenken, kann man sicher sein, dass das Kind dann mit seinen Stofftieren diese gefährlichen Untersuchungen oder die in seiner Phantasie stattgefundenen Operationen durch Aufschneiden und Zukleben nachspielt und so psychisch/mental verarbeitet.

In dem Maß wie die Eltern erlebten, dass ich als Therapeutin mit Jonathan darüber sprechen konnte, er seine Fragen in Bezug auf Babys formulieren konnte sowie das Thema der Nahrungsaufnahme (aus Knete sollen er und ich gute und böse Nahrung machen), traute sich die Mutter auch darüber zu sprechen. Sehr rasch erlebte sie, dass dadurch die traumatischen Erlebnisse geordnet und verdaut werden konnten (bei ihr und bei Jonathan) und er ruhig schlafen konnte. Das versetzte sie auch in die Lage, Jonathan auf die geplanten Operationen (Leistenbruch und Schlupfhoden) vorzubereiten. Im Spiel wird er der große Chirurg, der in einem großartigen Auto von Krankenhaus zu Krankenhaus fährt und von uns allen bewundert wird. Er kann nun Kindern helfen und sie wieder gesund machen. Er kann sich mit dem gefürchteten Chirurgen identifizieren und ist nun derjenige, der den Kindern hilft. Statt ein passiver Patient zu sein, der vom Chirurgen aufgeschnitten wird, ist er nun der potente Arzt. Diese Bewältigungsstrategie nennt der Schweizer Analytiker Zulliger »*heilende Kräfte im kindlichen Spiel*«, was zugleich auch der Titel seines Buches zum Thema ist (1970). Wenn z. B. in der Bearbeitung einer Hundephobie zuerst der Vater den gefährlichen Hund darstellt und dann das Kind der Hund »wird« und so die abgespaltene Aggression zurückgenommen wird. Jonathans Aggression und sein Wunsch, seine kleine gesunde Schwester auch »kaputt« zu machen, kann ausgesprochen und dann mit dem Kissen in symbolischer Form ausprobiert werden. Jonathan kann in dem Zeitraum von Februar bis Mai sehr viel ausdrücken, im Spiel zeigen und mit der Hilfe der Deutungen ordnen. Die unmittelbaren unerträglichen Symptome des mehrmaligen Aufwachens und Schreiens in der Nacht, das Beißen und gefährliche Treten nach der kleinen Schwester haben sich verändert, können nun symbolisch ausgedrückt werden. Die Bewunderung durch die kleine Schwester, die Jonathan gerne akzeptiert, tragen zur Bewältigung seiner Eifersucht bei. Trotz all der eindrucksvollen Verbesserungen ist klar, dass Jonathan längere therapeutische Hilfe braucht.

Beim Abschlussgespräch der Eltern-Kleinkind-Therapie nur mit den Eltern konnte der Vater meinen Vorschlag einer Einzeltherapie für Jonathan zu beginnen, gut annehmen, da er von den raschen Erfolgen tief beeindruckt war. Jonathan ist nun sehr liebevoll zum Vater und möchte so ein großer Mann wie er werden. Die Mutter ist besorgt, dass eine Therapie für Jonathan heißt, er sei so »gestört wie ihr Vater«, der Selbstmord begangen hat. Nachdenklich fragt sie sich dann, ob es ihrem Vater geholfen hätte, in einer Therapie über seine Probleme zu sprechen. Die Eltern wollen darüber nachdenken und sich nach dem Sommer mit mir in Verbindung setzten. Sie rufen dann erst vor Weihnachten an. Die Mutter meint, sie brauche dringend eine Therapie, sie verliere oft die Nerven und schreie die Kinder an. Jonathan sei besonders schwierig, er schlinge seine Arme so um ihren Hals, dass sie kaum atmen könne. Wir einigen uns auf den Beginn der Einzeltherapie für Jonathan im Februar (er ist zu diesem Zeitpunkt dann fast drei Jahre alt).

Erstes Elterngespräch im Rahmen der Kinderanalyse

Im Februar vereinbaren die Eltern ein Vorgespräch für die an die Eltern-Kleinkind-Therapie anschließende Einzeltherapie für Jonathan, da klar ist, dass die aktuellen Probleme gemildert sind, aber die tieferliegenden Ursachen der Störung einer Bearbeitung bedürfen.

Die Mutter weint fast die ganze Stunde. Es fällt ihr schwer, Jonathan jemand Fremdem anzuvertrauen. Der Vater betont, wie wichtig es ist, dass er jetzt Hilfe bekommt und dass sich Jonathans Zustand verschlimmern könne, wenn wir jetzt nichts tun. Der Vater sagt, er hat volles Vertrauen zu mir und hat gesehen, wie rasch Jonathan eine Beziehung zu mir aufgebaut hat. Er meint, dass er nur mehr ganz selten Albträume habe, bei denen er von Autos träumt, die ihn ängstigen. Vorige Woche hat er alles über das Thema Geburt wissen wollen und dann mit seinen Stofftieren Geburt gespielt. Jonathan spielt jetzt mit seiner kleinen Schwester. Sie krabbelt ihm nach und bewundert ihn grenzenlos. Wenn er hereinkommt, lacht sie über das ganze Gesicht, was ihn freut.

Die Mutter sagt, sie habe oft Zornanfälle. Ich versuche die Notwendigkeit einer Analyse auch für die Mutter zu unterstreichen. Sie weint und sagt, jetzt sei ihr alles zu viel. Ihr Mann meint auch, eine Hilfe für sie sei sehr wichtig. Ich weise auch auf die Gefahr hin, dass sie das Gefühl haben könnte, Jonathan werde ihr von mir weggenommen, deshalb wäre es wichtig, dass auch sie die ungeteilte Aufmerksamkeit einer Therapeutin bekommen könne. Ich empfehle eine Therapeutin nur für die Mutter, was sie annimmt.

Diskussion

Die enge Hassliebe zwischen der Mutter und Jonathan wird an ihrer Ambivalenz einer Therapie gegenüber deutlich. Sie will, dass ich Jonathan und damit der Familie helfe, gleichzeitig hat sie Angst, er könnte ihr weggenommen werden. Er zeigt seine aggressive Bindung, indem er seinen Kopf auf ihren Hals presst, als ob er in sie hineinkriechen wollte und sie dann keine Luft mehr bekommt. Das Weinen der Mutter zeigt, dass sie dringend Hilfe für sich braucht, was der Vater in seiner ruhigen Art gut findet und unterstützt. Ich weise darauf hin, dass wir das Schreien der Mutter als Ausdruck ihrer Überforderung, Hilflosigkeit und Frustration sehen sollten. Eine größere Unterstützung wäre hilfreich. Die Mutter meint, ihre Mutter hätte angeboten, die Kinder manchmal, auch über Nacht zu nehmen. Der Vater meint, er würde sich mehr um die Kinder kümmern.

Die Angst der Mutter, dass eine Analyse für Jonathan zeigt, dass er so »gestört« sei wie ihr Vater, den sie im Alter von 16 Jahren durch seinen Selbstmord verlor, lässt mich die Hypothese formulieren, dass die Mutter ihre unerledigten Konflikte mit dem Vater, der sie durch seinen Selbstmord früh verlassen hat, auf Jonathan projiziert. Es geht in der analytischen Arbeit darum, das Kind von den Projektionen der ambivalenten Gefühle (Trauer, Wut, Schuldgefühle), die die Mutter gegen ihren Vater hat, zu befreien. Werden frühere Erfahrungen der Mutter mit Jonathan reinszeniert, so muss er die Last ihrer Projektionen tragen. Diese Wiederholung eines Beziehungsmusters aus der Vergangenheit in der Gegenwart muss sozusagen von beiden Seiten, von der mütterlichen und der kindlichen – durch »Mitspielen« des Kindes – bearbeitet werden.

Aus dem Vorgespräch und der Eltern-Kleinkind-Therapie konnte die Mutter ihre eigene Bedürftigkeit erkennen. Auch der Vater unterstützt den Plan, für die Mutter eine Therapeutin zu finden. Immer wieder hatte die Mutter betont, dass eigentlich sie dringendere Hilfe brauche als Jonathan. Da ich mit Jonathan analytisch arbeiten wollte, ermutigte ich die Mutter, bei ihrer Therapeutin, bei der sie schon war, die Frequenz zu erhöhen. Da ich diese Analytikerin nicht kannte, gab es keinen Austausch der Erfahrungen wie in einer »Tandembetreuung« (Götz), bei der die beiden Therapeuten einander über die Fortschritte informieren.

Ich möchte nun zunächst aufzeigen, wie in den Elterngesprächen (es waren immer beide Eltern anwesend) die Verstrickung der Beziehung von Jonathan mit dem Vater der Mutter bzw. auch mit ihrem Bruder sichtbar und bearbeitet wurden. Erst in einem zweiten Schritt, gehe ich auf den analytischen Prozess mit Jonathan ein.

Zweites Elterngespräch (März)

Nach einem Monat der Analyse mit Jonathan dreimal pro Woche kommen die Eltern zu einem Gespräch. Der Vater, der jetzt zwei Wochen Urlaub hat, beginnt zu sprechen. Er sagt: »Jonathan kommt gerne zur Therapie. Ich denke, er hat einen großen Entwicklungsschritt gemacht – vor allem seine sprachliche Ausdrucksweise hat sich sehr gebessert.« Die Mutter ergänzt, dass Jonathan nach der ersten Analysestunde im Auto ein Lied gesungen hat und als sie ihn fragte, was er singe, sagte er: »Das will ich nicht sagen. Zu Hause hat er sich in sein Zimmer gesperrt und hat seine Puppe gestillt. Und am Abend hat er zu ihrer großen Verwunderung gesagt: »Ich habe nicht dich gerufen, sondern Papa.«

Ich bespreche mit den Eltern, dass diese Entwicklungsschritte von Jonathan einerseits für sie erfreulich sind, sie aber auch sein Selbständigwerden als einen Verlust der großen Nähe erleben könnten. Als ich von dem Verlust der Nähe spreche, beginnt die Mutter zu weinen und erzählt: »Mein Bruder liegt im Spital. Es wurde ein fortgeschrittener Darmkrebs diagnostiziert, seine Lebenserwartung liegt zwischen sechs Wochen und einem Jahr.« Als ich frage, ob sie Jonathan darüber informiert hätten, meint die Mutter, sie habe ihm gesagt, dass Onkel L. im Krankenhaus liegt, weil er Bauchweh habe. Ich unterstreiche die Bedeutung, Jonathan die schmerzliche Wahrheit in einer kindgerechten Form zu sagen. Der Vater schlägt vor, ihm zu sagen: »Onkel L. ist schwer krank und liegt im Spital.« Ich ergänze: »Und Mama und Großmutter machen sich große Sorgen um ihn.« Die Mutter nickt und meint, die Großmutter sei vom Leid überwältigt, hatte ihren Mann und den Bruder sehr wichtig genommen und hadere nun mit dem Schicksal, dass sie jetzt auch den zweiten Mann verliert.

Im Anschluss äußert die Mutter ihre Angst, dass Jonathan so intelligent wie ihr Bruder, ein Genie und deshalb dem Wahnsinn nahe sei.

Diskussion

Wieder klingt an, wie schwer es der Mutter fällt, Jonathan mehr Raum und mehr Selbständigkeit zu geben. Seine sprachliche Entwicklung weckt gleich die Angst, er könne so intelligent wie ihr – im Sterben liegender – Bruder sein und vom »Wahnsinn« bedroht sein. Die große Nähe ihrer Mutter zu ihrem Bruder lässt die Eifersucht gegenüber dem Bruder anklingen, der für ihre Mutter (Großmutter von Jonathan) so viel wichtiger war als sie. Auch die Zuwendung von Jonathan zu ihrem Mann – obwohl öfter als ihr Wunsch formuliert – wird jetzt eher von ihr als

Kränkung und Zurückweisung erlebt. Sie fühlt sich nicht entlastet, sondern beraubt, nun nicht mehr die einzige für ihn wichtige Person zu sein. Jonathans Lösung aus der emotionalen Verstrickung mit der Mutter öffnet einen Raum in ihm für die Identifikation mit dem Vater. Jonathans Wunsch, wie die Mutter Babys bekommen und stillen zu können, kann er nicht nur in der Analysestunde, sondern auch zu Hause im Spiel ausdrücken.

Drittes Elterngespräch (April)

Die Mutter beschreibt die große Nähe zu Jonathan, die sie herbeiführt, aber unter der sie zugleich leidet: Jonathan schläft jetzt nur auf ihrem Körper liegend ein. Sie kann sich kaum vorstellen, was sie sonst tun könnte, um ihn schlafen zu legen. Die Kinder konnten dreimal bei der mütterlichen Großmutter übernachten. Der Vater ist milder und konsequent, aber er kommt gegen die massiven Forderungen der Mutter nicht an. Die Mutter weint, weil der Vater nicht das, was sie will, mit den Kindern tut. Die Mutter hat Angst, dass sie aus Jonathans Bett »raus« muss, weil der Vater das Einschlafritual nicht gut findet. Jonathan sagt, er muss auf Mama und die Schwester aufpassen, anstatt dass Papa das macht.

Die Mutter erzählt unter Tränen, dass sie so oft mit den Kindern schreit. Sie möchte das ändern und weiß nicht wie. Ich bitte sie, mir eine konkrete Situation zu erzählen, bei der sie die Beherrschung verliert und brüllt. Sie beschreibt, wie Jonathan an der Stereoanlage herumspielt, sie ihm zweimal sagt, er soll dort weggehen und er es nicht macht. Dann verliert sie die Nerven und brüllt. Sie ist entsetzt, wie wütend sie wird. Zunächst weise ich auf die Ambivalenz der Gefühle zu einem geliebten Menschen hin. Es sei normal, seinen Gatten oder seine Kinder manchmal zu »hassen«, sich zu wünschen, ohne sie zu sein. Wenn sie sich das eingestehen könnte, wäre es entlastend. Dann betrachten wir genauer die Situation, die sie zum Brüllen gebracht hat. Ich verweise darauf, dass so kleine Kinder, wenn sie auf zwei Aufforderungen nicht reagieren, vermutlich auch auf weitere Zurufe nicht reagieren. Es ist für alle Beteiligten einfacher, wenn die Eltern – bevor sie ärgerlich werden – aufstehen und das Kind physisch an einem anderen Ort (auch im Zimmer) bringen und ihm ein anderes Spielzeug anbieten. Die Eltern hören aufmerksam zu und wollen das Probieren.

Seit April ist die Mutter zwei Mal pro Woche in Therapie.

Diskussion

Da Jonathan sich in einigen Bereichen stärker von der Mutter abgegrenzt hat, scheint die Mutter unbewusst einen Ersatz für die verlorene Nähe eingeführt zu haben. Es ist auch möglich, dass Jonathan ahnt, dass die Mutter ein neues Baby im Bauch hat, und sie ganz für sich in Beschlag nehmen will. Jonathan kann nur auf ihr liegend einschlafen, sie liebt es und leidet zugleich darunter. Die Mutter ganz zu besitzen (beim Einschlafen) lässt ihn denken, er sei jetzt der Vater der Familie, der auf die Mutter und die Schwester aufpasse. Die Mutter konnte jedoch die Hilfe und Unterstützung ihrer eigenen Mutter bei der Kinderbetreuung annehmen. Die konkreten Anregungen, wie sie ihr lautes Schimpfen vermeiden kann, unter dem sie selbst sehr leidet und sich schuldig fühlt, werden von beiden Eltern mit Interesse aufgenommen.

Die Hoffnung ist, dass die Mutter in der engen Beziehung zu ihrer Therapeutin Jonathan erlauben kann, wieder allein einzuschlafen.

Elterngespräch (Ende Mai)

Gleich zu Beginn fragt die Mutter, ob ich sie für eine Rabenmutter halte, wenn sie Jonathan einfach beim Niederlegen weinen lässt und hinausgeht, wie es ihr ihre Therapeutin geraten hat. Nach einer Weile sagt die Mutter erfreut: »Seit drei Wochen kann Jonathan beim Mutter-Kind-Turnen mit anderen Kindern spielen und sich einordnen.« Die Anregung, Jonathan ein neues Spielzeug anzubieten und ihn wegzuholen, statt zu schimpfen, habe sich überraschend gut bewährt. Die Eltern haben auch das Wohnzimmer so umgestaltet, dass manche Einrichtungsgegenstände vor dem Zugriff der Kinder geschützt seien. Am Ende des Gesprächs teilen mir die Eltern voll Freude mit, dass sie ein neues Baby erwarten und fragen, ob und wie sie es Jonathan sagen sollen.

Diskussion

Unter leichtem Druck lässt die Mutter Jonathan allein einschlafen. Es scheint für sie sehr schwer zu sein, sich von ihm zu trennen, ihn selbständig werden zu lassen. Das neue Baby ist ein Ersatz. Nun gibt es wieder eine Einheit in ihrem Körper, sie und das neue Baby.

Dieses Thema greift Jonathan in seiner Therapiestunde auf. Am Beginn einer Stunde sagt er: »Blödes Christkind kommt zu Weihnachten.« Ich interpretiere, dass er meint, das neue Baby, das zu Weihnachten kommt, blöd sei, weil er sich wieder verdrängt fühlt. Er bestätigt es. Neben dem Thema der Babys und seiner Eifersucht, gibt es »gefährliche Gespenster«, die aber – wie er sagt – im Therapieraum bleiben und ihn nicht mehr in der Nacht erschrecken können.

Elterngespräch (Juli)

Vor der Sommerpause teilen mir die Eltern mit, dass Jonathan nun mit drei Jahren und einem Monat sauber geworden ist. Früher hat er sich – obwohl er schon tagsüber sauber war – eine Windel verlangt, um seine Ausscheidungen nicht auf der Toilette »herzugeben«. Aber seit drei Wochen will er groß sein wie die anderen Kinder im Kindergarten und geht auf die Toilette. Nur wenn der Vater weg ist, macht er ins Bett. Die Eltern sind sehr neugierig, was in den Stunden passiert, dass sich Jonathan so positiv verändert hat. Er ist jetzt mehr an anderen Kindern interessiert, auch das neue Baby scheint ihn nicht zu beunruhigen. Die Mutter fragt, ob sie ihn in einen Integrationskindergarten geben soll, weil sie überzeugt ist, dass er »beschädigt« ist und »spinnt«. Sie ist sich bewusst, wie aggressiv sie zu Jonathan gewesen ist, ihn so oft angeschrien und herabgesetzt hat. Recht aggressiv bedrängt sie mich mit der Frage, was in den Stunden geschehe, dass Jonathan sich sprachlich so gut ausdrücken könne.

Diskussion

Die Förderung der Analyse mit Jonathan durch die begleitende Elternarbeit wird deutlich, wenn wir das Ineinandergreifen der beiden Ebenen betrachten. Jeder Schritt Jonathans zu mehr Selbständigkeit – allein zu spielen, mit anderen Kindern sein zu wollen, sauber zu werden, gerne in den Kindergarten zu gehen – ist für den Vater eine große Erleichterung und Beruhigung und er unterstützt diese Entwicklung. Für die Mutter sind diese Schritte ambivalent besetzt. Immer wieder tritt eine Eifersucht mir gegenüber auf. Sie fragt sich, wie ich das schaffe und warum Jonathan so eine enge Beziehung zu mir herstellen kann. Am liebsten würde sie die Analyse beenden. Es bedarf der ruhigen Worte vom Vater, der für eine Weiterführung der Therapie eintritt.

Analyse von Jonathan

Jonathan kommt dreimal in der Woche. Das Thema »Baby« beschäftigt ihn in vielfacher Weise. Ich hatte ihm seine Box aus der Eltern-Kleinkind-Therapie mitgebracht, die er untersucht. Er findet die Papierschnipsel, die er als Babys ausgeschnitten hat und gibt sie mir. Er will, dass ich alle ins Wasser gebe, wo sie untergehen. Er gibt mir das verletzte Schaf, das er aus der Box herausnimmt.

»Du bist froh, mich wiederzusehen, aber du hast Angst, dass ich das Schaf und dich für zu beschädigt halte und ich mir lieber andere Babys nehme«, kommentiere ich (weiter unten im Dialog als A.).

Er ist sehr froh, mich wieder zu sehen und dass ich seine Box für ihn aufgehoben habe. Er ist überzeugt, dass ich an ihn gedacht habe, aber er ist voll Argwohn, dass er weggeworfen und durch ein gesundes Baby (wie seine Schwester) ersetzt werden soll.

Als er sicher ist, wirklich dreimal pro Woche kommen zu können, zeigt er, wie voller Verzweiflung und Frustration er ist. Er baut eine Garage, fährt mit den kleinen Autos hinein; eines ist durch die wilden Zusammenstöße beschädigt. Das rote Auto stellt ihn dar, es fährt sehr schnell und kann überall fahren. Er will, dass ich eine Garage baue und sobald sie fertig ist, zerstört er sie lustvoll. Wie die Mutter brüllt er mit den Autos, wie schlimm sie sind. Sie werden zur Strafe in die Lade geschmissen. Dann baut er ein Gespenst, mit dem er mich erschrecken will.

Nach meiner vierwöchigen Sommerpause, die durch einen zweiwöchigen Urlaub der Familie verlängert worden war, kommt er mit der Mutter. Er weint und die Mutter sagt, er wollte heute nicht spielen kommen. Sie lässt ihn im Wartezimmer und ich bin bei ihm dort. »Du bist wütend auf mich, weil ich die Eltern nicht davon abhalten konnte, noch zwei Wochen länger weg zu sein und du schon dringend zu mir kommen wolltest«, sage ich. Jonathan hört daraufhin sofort zu weinen auf, geht ins Spielzimmer zu seiner Lade).

6.3 Fallbeispiel: Jonathan und seine Eltern

Im Oktober sagt Jonathan, er denke, er könne nicht mehr zu mir kommen. Als ich ihm sage, dass ich mit den Eltern sprechen werde und ihnen sage, dass er noch viele Stunden mit mir braucht, nimmt er das weiße Ambulanzauto und bringt alle Spielsachen zu seiner Lade. Als die Mutter ihn an zwei Tagen in eine Spielgruppe gibt, müssen wir die Vormittagsstunde verschieben. Er ist sehr verletzlich, wenn es zu Änderungen des Settings kommt.

A.: »Wenn du so wütend auf die anderen Kinder hier und auf deine kleine Schwester bist, dass du sie zerschneiden und zerbeißen willst, denkst du, dass du böse bist, und dann bestrafst du dich und beißt dir selbst in die Zunge.«
P.: (schaut mich an, nickt, zeigt auf seinen Bauch) »Da ist auch ein Baby.«
A.: »Du denkst, dass du auch ein Baby in deinem Bauch hast.«
P.: (lächelt verschämt) »Nein, nur die Mama hat ein Baby im Bauch.«
A.: »Wenn du für einen Moment denkst, du hast auch ein Baby in deinem Bauch, dann bist du nicht mehr eifersüchtig.«
P.: (Aus der Knete macht er kleine Krokodil-Babys und gibt sie ins Waschbecken, das einen großen See darstellt.)
A.: »Was ist im See?«
P.: »Viele Krokodile und Fische. Wenn die Krokodile schnell schwimmen, können sie die Fische beißen und sie fressen. Aber es macht nichts, sie können wieder herauskommen. Es ist ein Papa, eine Großmutter-Krokodil, Mutter und zwei Babys.«
A.: »Wer hat die schärfsten Zähne?«
P.: »Die Baby-Krokodile. (Er geht zum Teppich und macht ein Boot.) Komm, Frau Diem. Schau, da ist ein Loch, da können die Krokodile zum Schlafen reingehen und kommen am Morgen zurück.«
A.: »Wenn du eifersüchtig bist, weil andere Kinder kommen, möchtest du das ganze Zimmer kaputt machen. (Er hat auch mit der Schere in der Mauer Löcher gebohrt.) Kommen die Krokodile in der Nacht zu dir?«
P.: »Nein, die bleiben da. Nun gehen wir schlafen, du legst dich auf den Sessel und ich auf die Couch.« (Er legt sich hin und tut so, als ob er schlafe).
A: »Du wirst nicht böse, wenn ich allein schlafe und nicht mit meinem Mann. Die Krokodile machen Babys, aber ich bin sicher, weil ich allein schlafe.« (Er spielt dreimal Schlafen und Aufwachen).

Am nächsten Tag geht er zunächst nicht ins Spielzimmer, weil die gefährlichen Krokodile überall sind; als ich das interpretiere, kann er hineingehen.

Diskussion

Jonathan ist so voller eruptiver Eifersucht und mörderischer Wut, dass er Angst vor der eigenen Aggression hat. Wenn er denkt, er kann die gefährlichen Krokodile bei mir lassen, verringert sich seine Angst. Wenn er erlebt, dass ich seine gefährlichen Attacken mit der Schere und mit der Wasserpistole überlebe, ist er beruhigt. Er muss sehen, dass ich allein, ohne meinen Mann schlafe, dann kommen keine neuen

Babys. Seine Phantasien werden in dieser Stunde zu konkreten Objekten – die Krokodile, die das Spielzimmer beherrschen, sodass er sich nicht hineingehen traut. Wir beide müssen uns dann im Wartezimmer eng nebeneinandersitzen, er fragt mich, ob ich denn die Krokodile nicht sehe. Erst wenn ich seine Angst benenne, die scharfen Zähne der Krokodile mit seinen aggressiven Gedanken in Verbindung bringe, die anderen Babys zu beseitigen, kann er zwischen Phantasie und Realität unterscheiden. Wenn er in die Wände des Spielzimmers Löcher bohrt, so steht der Raum für den mütterlichen Körper, in dem er neue Babys vermutet, die er zerstören will. Da er die Ungeheuer, Gespenster und Monster bei mir im Spielzimmer lassen kann, schläft er zu Hause ruhig, obwohl die Mutter nun wieder ein drittes Baby erwartet.

Elterngespräch

Im nächsten Elterngespräch bedrängt mich die Mutter und will genau wissen, was das Problem von Jonathan sei. Sie ist sehr eifersüchtig auf seine Beziehung zu mir, wie gerne er zu mir kommt und neugierig, was ich von ihm weiß. Sie fragt, ob sein Sprechen vom »schwarzen Mann« ein Hinweis sein kann, dass er sexuell belästigt wurde. Sie wünscht sich einen »geordneten Rückzug« von Jonathan aus der Therapie. Statt darauf einzugehen, verstehe ich diese Idee als ihre Eifersucht. Ich bespreche mit ihr ihren Wunsch, mehr über sich selbst zu wissen und unterstütze eine Erhöhung der Frequenz ihrer Therapie, was sie annehmen kann.

Die Mutter ist nun in einer dreistündigen Therapie, was sie als »enorm hilfreich« bezeichnet. Sie konnte beim dritten Kind eine unkomplizierte, spontane Geburt erleben. Bei Jonathan hatte sie einen Kaiserschnitt; bei der kleinen Schwester hatte sie einen Kreuzstich und eine Saugglocke musste verwendet werden.

Jonathans Verhalten hat sich sehr verbessert, er geht gerne in die Spielgruppe, kann sich gut von der Mutter trennen und fühlt sich als Junge. Die Mutter spricht darüber, wie schwer es ihr fällt, wenn er sich aus Lego Pistolen baut und damit schießt. Das neue Baby war in der Weihnachtspause geboren worden. Jonathan bat den Vater, mir nichts über das Baby zu erzählen, er würde mir davon berichten. Seit der Geburt der kleinen Schwester, spielt er nicht mehr mit Pistolen. Er spricht liebevoll über das neue Baby E. Die Mutter sagt, er liebt das Baby und zeige keine Eifersucht.

Der Vater spricht davon, dass er nun mehr Zeit mit Jonathan verbringt, mit ihm Ball spielt und Brettspiele, bei denen Jonathan oft gewinnt, was ihn sehr freut. Auch die Mutter betont, wie entlastet sie sich dadurch fühlt, dass Jonathan nun von sich aus öfter zu seinem Papa geht, um sich trösten zu lassen oder etwas mit ihm zu spielen.

Diskussion

Die Erhöhung der Frequenz der mütterlichen Analyse und der Fortschritt bei Jonathans Entwicklung mindert die Belastung der Mutter. Da Jonathan sich sprachlich gut ausdrücken kann, diskutiert er mit seiner Mutter, statt aggressiv zu werden. Die spontane Geburt vermittelt der Mutter das Gefühl, das Gute in ihr überwiege. Sie ist sehr glücklich darüber. Da die Mutter Jonathan nun mehr Raum gibt und seine Selbständigkeit zulässt, kann er mit anderen Kindern spielen und seine Eifersucht ist wesentlich geringer als bei der ersten Schwester. Der Vater verbringt mehr Zeit mit den Kindern, was die Mutter nun als Entlastung empfindet. Die Nähe der Mutter beim Stillen des dritten Babys ist emotional hoch besetzt.

Analyse von Jonathan

In der ersten Stunde nach Weihnachten erzählt er mir von der Geburt der Schwester, er zeichnet seine erste richtige Zeichnung: einen Clown in der Mitte eines Zirkus.

Während der Semesterferien hatte ich meine Praxis neu gestrichen. Jonathan ist wütend auf den Maler und schlägt Nägel in die Wand. Als ich interpretiere, dass er Nägel in meinen Körper schlägt, damit ich keine neuen Babys machen kann, lehnt er die Deutung ab und sagt: »Nein, das ist eine Wand.« Ich weise darauf hin, dass ihm nicht gefällt, was ich gesagt habe. Er schlägt weitere Nägel in die Wand.

A.: »Du schlägst weitere Nägel in die Wand, weil du nicht willst, dass der Maler zu mir kommt.«
P.: »Ich habe eine Idee.« (Er holt ein Kissen und seine Decke und legt sie auf das Fensterbrett. Er spricht in das Kissen hinein und schimpft.)
A.: »Wer ist das?« (Es wird lauter und lauter und klingt sehr ärgerlich.)
P.: (nach der zweiten Wiederholung) »Es ist das Kissen.« (Er schlägt auf das Kissen ein, zuerst ein wenig und dann immer fester und ärgerlicher, verleiht dem Kissen eine Stimme, d. h. er spricht für das Kissen)
A.: »Könnte es sein, dass das Kissen so ärgerlich ist, weil der Maler das Spielzimmer neu ausgemalt hat? Über deine Zeichnungen an der Wand drüber gemalt hat? Du fühlst dich durch einen anderen Mann verdrängt.«
P.: (schlägt weiter auf das Kissen.)
A: »Nun bestrafst du das Kissen, aber vielleicht willst du auch deinen Ärger ausdrücken; nun wirst du ängstlich, wenn ich verstehe, wie ärgerlich du auf mich bist. Vielleicht willst du auch mit mir schimpfen?«
P.: »Nein. Jetzt spielen wir etwas Nettes.«
A.: »Du willst gar nicht zeigen, dass du am liebsten weinen würdest, weil du so enttäuscht von mir bist.«
P.: »Nur als Baby habe ich geweint. (Er wendet sich um und macht Laute wie ein Weinen des Kissens.) Nun sperre ich dich in die Lade und dort bleibst du bis zum Ende der Stunde. (Er klettert auf die Couch und breitet die Decke über sich aus.) Suche mich, ich bin weg!«
A.: »Ich soll dich suchen, so wie du gerne schauen willst, was ich mit meinem Manne in der Nacht mache.« (Ich suche ihn im ganzen Zimmer, komme näher zur Couch, er schaut heraus, versteckt sich wieder und lacht aufgeregt.) Hier bist du! Ich habe dich gefunden!«

P.: (steht auf, wickelt sich in die Decke.) »Jetzt bin ich ein Geist! Komm zu mir.« (Er breitet die Decke über meine Schulter.)

A.: »Jetzt sind wir beide unter der Decke. Du zeigst mir, wie gerne du mit mir im Bett sein willst.«

P.: »Jetzt bauen wir ein Haus! Dort drüber bei den Laden, wir räumen alles andere weg. Dann kann niemand herein.«

A.: »Du willst niemanden hereinlassen, nicht die anderen Kinder, nicht den Maler oder meinen Mann.«

P.: »Wohin fahren wir? Ich schreibe eine Liste, wir besuchen viele Städte.«

A.: »Du möchtest heiraten und eine schöne, lange Reise mit mir machen. Du möchtest mir interessante Dinge zeigen, aber die Stunde ist bald aus.«

P.: »Heute ist die Stunde so schnell vergangen.« (Er räumt alle seine Sachen sorgfältig in seine Lade und macht sie zu. Als die Mutter läutet, sagt er ihr, dass er heute allein hinunterkommt.)

Diskussion

In der Stunde zeigt er seine ödipale Liebe zu mir und seine heftige Eifersucht auf den Maler, den er als meinen Liebhaber erlebt, und dem ich meinen Raum und damit in Jonathans Phantasie meinen Körper überlassen habe. Er kann seinen Ärger indirekt zeigen, indem er für das ärgerliche Kissen spricht, schimpft und weint. In das Kissen projiziert er seinen Ärger, seine Angst und seine Verzweiflung. Wenn ich den Ärger, den das Kissen ausdrückt, mit seinem Ärger in Verbindung bringe, erfolgt eine Bestrafung, aber es ist auch tröstlich, dass ich ihn verstehe. Der ödipale Rivale (Maler) hat mich dazu gebracht, ihm »untreu zu werden«. Freud sagt dazu (1910b, S. 73): »Er vergisst es der Mutter nicht und betrachtet es im Lichte der Untreue, dass sie die Gunst des sexuellen Verkehrs nicht ihm, sondern dem Vater geschenkt hat.« Da Jonathan bereits in der Analyse seine Eifersucht auf die neuen Babys und seine Wünsche, die Mutter/mich zu besitzen, durchgearbeitet hat – und damit nach Melanie Klein die »depressive Position« erreicht hat –, kann er die widersprüchlichen Gefühle im Spiel ausdrücken. »Der Ödipuskomplex wird durch das Durcharbeiten der depressiven Position aufgelöst und die depressive Position wird durch die Durcharbeitung des Ödipuskomplexes aufgelöst«, fasst Ron Britton (1998, 47) diesen komplexen Zusammenhang zusammen. Rasch kann Jonathan dann seine Sehnsucht zeigen, mit mir im Bett zu sein, mich zu heiraten und mich auf eine Hochzeitsreise zu führen. Dabei ist aber für ihn wichtig, die Türe zu verbarrikadieren, damit niemand hereinkommen kann. Seine Neugierde und seine voyeuristischen Impulse projiziert er in mich, ich soll neugierig sein und ihn suchen. Die Mutter hatte auch erzählt, dass er beim Stillen der Schwester sehr an ihrer Brust interessiert gewesen sei, die Brust gestreichelt habe, was sie einmal zugelassen, dann aber nicht mehr gestattet hat.

Ende der Analyse

Die Eltern hatten beim letzten Gespräch mit mir vereinbart, dass die Analyse Ende Mai zu Ende sein müsse. Ich bat sie, Jonathan das zu sagen, was sie zunächst nicht taten. Der Vater sagte ihm in meiner Gegenwart, dass nach seinem vierten Geburtstag im Mai die Stunden zu Ende sein werden. Es sei für die Mutter zu schwierig, ihn dreimal pro Woche zu bringen und selbst drei Therapiestunden zu haben. Jonathans Verhalten habe sich so eindrucksvoll verbessert, seine sprachliche Entwicklung sei erstaunlich und erfreulich, er kann über seine Wünsche und Gefühle in klarer Formulierung sprechen. Es ist ein besonders schmerzlicher Abschied, weil Jonathan und ich wissen, wie dringend er noch einige Monate Analyse gebraucht hätte. Die Situation der Familie mit drei Kindern und einer notwendigen Therapie für die Mutter ließ die Fortführung der Analyse von Jonathan einfach nicht länger zu. Die Mutter scheint auch in starker Konkurrenz mit mir zu sein, weil für Jonathan die Stunden so wichtig sind. Jonathan kommt jetzt wieder wie früher in ihr Bett und umarmt sie so, dass sie kaum Luft bekommt. Sie kann ihm keine Grenzen setzen und will darüber mit ihrer Therapeutin sprechen. Jonathan ist sehr kooperativ, hat keine Wutanfälle mehr – außer einmal beim Vater, als er nicht tun durfte, was er wollte. In sechs Wochen wird seine Analyse beendet.

Analyse mit Jonathan in der Abschiedsphase

In der ersten Stunde nach der Mitteilung des Endes seiner Analyse sagt er am Beginn der Freitagstunde, dass er nicht kommen will, weil es hier so langweilig sei. Nach ein paar Minuten kommt er ins Spielzimmer und scheint niedergeschmettert von dem baldigen Ende zu sein. Ich zeichne einen Kalender für die sechs Wochen, wenn seine Stunden zu Ende sein werden. Er wird immer freundlicher, als ob er gedacht hätte, es ist schon bald vorbei. In jeder Woche lächelt er entspannter. Zuerst zeichnet er noch weitere Wochen im Juni, wenn keine Stunden mehr sind, streicht diese Zeilen durch, knüllt dann den Kalender zusammen und wirft ihn weg. Am Ende der Stunde bittet er mich, ihm noch einen Kalender zu zeichnen, den er sorgfältig in seiner Lade aufhebt.

In der folgenden Woche ist er ernst und traurig. Am Mittwoch stellt er sich schlafend, sodass die Mutter ihn heraufträgt. Sobald sie draußen ist, steht er auf und spielt. Zuerst ergreift er sein Klebeband, das fast aufgebraucht ist. Er bittet mich, es zu halten und er zieht es heraus, mit der Erwartung, dass es gleich leer sei. Er ist glücklich, als er es länger und länger herausziehen kann, er geht mit dem herausgezogenen Band bis zur anderen Wand und hält es gespannt. Ich sage, dass er erwartet hat, dass es gleich leer sei, wie er auch denkt, die Stunden seien gleich zu Ende und er jetzt erleichtert sei, dass das Band/die Stunden mit sechs Wochen noch länger als erwartet sind. Als er das Klebeband mit der Schere abschneiden will, bricht die Befestigung. Er wirft es weg und sagt: »Es ist sowieso zu Ende!« Ich sage, dass er Angst hat, dass alles zerbricht, wenn er Abschied nehmen muss. Meine Gegenübertragungsgefühle sind heftig, ich bin traurig und fühle mich schuldig, nicht eine längere Analyse für ihn möglich gemacht zu haben.

Am nächsten Dienstag als die Mutter ihn bringt, weint er, klammert sich an die Mutter und fleht: »Mami, Mami, nimm mich mit, ich will nicht hierbleiben!« Die Mutter geht. Ich sage ihm, dass er sich von mir abgelehnt fühlt und er denkt, ich will ihn nicht mehr sehen, dann lässt er mich erleben, wie es ist, sich von ihm abgelehnt zu fühlen. Sofort hat er zu weinen aufgehört. Ich frage ihn, ob ich ihn ins Spielzimmer tragen soll, er nickt. Er geht zu seiner Lade, nimmt den Knäuel des in der letzten Stunde heruntergezogenen Klebebandes heraus.

A.: »Du möchtest dich am liebsten an mich ankleben, dann kann niemand uns trennen.«
P.: »Machst du ein Boot für mich?«
A.: »Du könntest es selbst tun und ich helfe dir.«
P.: »Nein, ich kann es nicht, du sollst es tun.«
A.: (In der letzten Stunde wollte er, dass ich für ihn einen Papierhut mache, den er aufgehoben hat.) »Soll ich den Papierhut dafür verwenden?« (Ich denke, er will ganz klein sein.)
P.: (nickt und gibt ihn mir aus seiner Lade).
A.: (Ich falte das Boot und zeige ihm, wie man das macht.) »Hat dir schon jemand anderer ein Boot gemacht?«
P.: »Nein, niemand hat je ein Boot für mich gemacht. Mach auch noch ein Boot für dich!« (Er will dann sein Boot anmalen, will ein Loch mit dem Buntstift machen, dann wird er wild und zerstört das Boot und wirft es weg.)
A.: »Du zeigst mir, wie sehr du fürchtest, selbst ohne Stunden in Stücke zu zerfallen und du denkst, dass ich dich wegwerfen will, wenn wir keine Stunden mehr haben.«
P.: (schaut mich nachdenklich an, dann holt er die neue Box mit Knete. Später geht er zum Fenster und schaut hinaus.) »Schau, eine Blume. Wieso kann eine Blume am Dach wachsen?« (Er zeigt mir mit seinem Armen und Körper, wie eine Blume wächst.)
A.: »Die Blume hat so viel Kraft, dass sie sich den Weg bis zum Dach bahnen kann.«
P.: »Böse Frau, böse Mutter.«
A.: »Du denkst, ich bin böse, weil ich dich allein lasse. Wie kann ich dich weggehen lassen? Wie kann ich ohne dich wachsen? Wie soll ich alles ohne dich schaffen, denkst du. Wenn du dich von mir weggeschickt fühlst, dann bin ich eine böse Frau.«
P.: (geht zum zerknüllten Kalender und gibt viel Kleber drauf, als ob er mir sagen will: »Siehst du nicht, ich will hier bei dir bleiben.«)
A.: »Ich soll verstehen, dass du dich hier an mich ankleben willst und nicht weggehen.«

Als die Mutter läutet, geht Jonathan zum Waschtisch und trinkt Wasser, weil er »so durstig« ist, er trinkt viel Wasser. »Wie gut das schmeckt«, sagt er und trinkt noch einmal. Beim Hinausgehen singt er ein fröhliches Lied, gibt seiner Mutter und auch der kleinen Schwester einen großen Kuss.

Diskussion

In der Stunde ist es von zentraler Bedeutung, dass ich seinen Schmerz verstehe, ohne mich mit ihm zu identifizieren. In der Gegenübertragung werde ich auch traurig, vor allem, nachdem er gegangen ist. Immer wieder zeigt er mir, durch das Ankleben und Erweitern der Stunden am Kalender, wie gerne er sich an mich »ankleben« und bleiben will. Dann zeigt er seinen Ärger und macht mir Vorwürfe, wie kann ich ihn gehen lassen, wenn ich weiß, hier ist der Platz, der ihm geistige Nahrung gibt. Er zeigt, wie er es liebt, hier bei mir zu sein. Von seinem dringlichen Wunsch, weiterhin herzukommen, spricht er auch Mitten in der Nacht, wie seine Mutter am Telefon erzählt. Sie fragt besorgt, ob ein Ende jetzt zu früh sei und ihn überfordere. Ich meine, wir sollten bei dem geplanten Ende nach seinem vierten Geburtstag bleiben, er kann über seinen Schmerz in der Stunde sprechen und kann genug mitnehmen. Beim Weggehen demonstriert er, wie er die »analytische Nahrung« (Bion) wie Essen und Trinken für die Seele erlebt. Ganz konkret will er mein Wasser trinken und sagt, wie gut es schmeckt. Wenn er sich verstanden und mit seinem psychischen Schmerz angenommen fühlt, ist er ohne Groll gegen seine Mutter und Schwester, singt fröhlich und gibt beiden einen Kuss. Es ist dabei wichtig, die Vorwürfe anzunehmen und sie nicht auf die Eltern zu schieben. Es wäre nicht gut, wenn ich als Therapeutin sagen würde, ich wäre für eine Fortsetzung und die Eltern erlauben es nicht. Es ist wichtig, die Rolle der »Bösen« anzunehmen und den Schmerz und die Enttäuschung in der Stunde zu bearbeiten. Jonathan fragt sich: Wie kann er wachsen, wie die Blume am Dach, ohne meine Unterstützung? Auch die Anklage, ich werfe ihn hinaus, muss ich aushalten und aufnehmen. Hat er nur die beiden Möglichkeiten im Sinn, sich entweder ganz eng an mich anzukleben (wie an seine Mutter) oder mich ganz zu verlieren? Er möchte, dass ich wie das Schiff, einen Raum für ihn habe, in dem er einen sicheren Platz hat. Am Beginn der Stunde regrediert er zu einem kleinen Jungen, der nichts kann, getragen werden muss und ganz von mir abhängig ist.

> Auch in den folgenden Stunden kann er sowohl seinen Ärger auf und seine Vorwürfe gegen mich zeigen als auch seinen Wunsch, einen Platz bei mir zu haben. Wir bauen zusammen ein wunderschönes Auto, dann machen wir ein Haus aus Knete; er macht eine stabile Verbindung mit dem Lineal – will mit mir verbunden sein. Ich kann ihm sagen, dass wir auch ohne Stunden verbunden sein können, wenn ich ihn in meinem Gedanken behalte und er mich. Am Ende der Stunde läuft er fröhlich hinaus und sagt: »Heute haben wir genau das gespielt, was ich mir gewünscht habe, genau was ich wollte.«

Diskussion

Die letzten verbleibenden Wochen sind schmerzlich, aber sehr wichtig, um die Trennung durchzuarbeiten, sodass sein Ärger bearbeitet wird, das Gute der Analyse erhalten bleiben kann und er Zuversicht entwickelt, genug mitzunehmen, um auch mit Hilfe der Eltern wie die Blume zu wachsen.

Bei einem abschließenden *Gespräch mit den Eltern* meinen sie, dass Jonathan sich sehr verändert hat, ganz reif geworden ist. Er hat Hoffnung, dass er später, wenn er größer ist, wieder zu mir kommen kann. Die Eltern sind dankbar und sagen, wie sehr Jonathan von der Therapie profitieren konnte, sie können nun alles mit ihm besprechen. Er argumentiert, sieht aber viele elterliche Maßnahmen ein. Im Kindergarten entwickelt er fantasievolle Spiele in der Kuschelecke und ist gut integriert.

6.4 Fallbeispiel: Jana und ihre Eltern

In dieser Fallgeschichte wird eine Krisensituation beschrieben, bei der die Mutter die Jugendliche Jana, 15 Jahre, wie zur Bestrafung in Therapie schickt, um eine Verbündete für sich zu suchen. Diese Krisensituation war bereits beim ersten Telefonat überdeutlich und erforderte eine besondere Behutsamkeit, sich nicht auf die Seite der Mutter gegen die Tochter ziehen zu lassen, sondern eine eigene Beziehung zu ihr zu ermöglichen. In der analytischen Arbeit mit Adoleszenten, die sich eben in einer Phase der Loslösung von den Eltern befinden, ist die Betonung der Eigenständigkeit der Jugendlichen besonders wichtig.

Erster Kontakt mit den Eltern

Im März rief mich Janas Mutter in Panik an und sagte: »Etwas Schreckliches ist mit unserer 14-jährigen Tochter geschehen.« Es sei sehr dringlich.
 Ohne auf die Sache genauer einzugehen, frage ich, ob die Tochter mit mir sprechen will. Ich schlage vor, zuerst ein Treffen mit der Tochter zu haben, um »die Sache« direkt von ihr zu erfahren. Die Mutter ist ein bisschen überrascht, willigt aber gleich ein.
 Die Tochter, Jana, ruft wenig später an, klingt sehr erwachsen und macht sich mit mir einen Termin für den nächsten Tag aus.

Erstgespräch mit Jana
Wir vereinbaren zwei Vorgespräche, bei denen ich mir ein Bild machen kann, ob ich eine Therapie empfehle und Jana herausfinden kann, ob sie eine Therapie will und ob sie diese bei mir machen will.
 Rasch beschreibt Jana die Situation zu Hause: »Meine Mutter hat mein Tagebuch gelesen und herausgefunden, dass ich mit 13 Jahren einen Freund hatte. Jetzt beim Skikurs war ich in der Disco und hatte Sex mit einem sehr netten Schweizer. Jetzt drohen mir die Eltern, mich aus der Schule zu nehmen.«
 Ich kommentiere, dass sie es als Vertrauensbruch erlebt hat, dass die Mutter ihr Tagebuch gelesen hat. Ich betone, wie wichtig es ist, dass sie mir ihre Sicht der Dinge schildern kann. Jana führt aus:

»Die Mutter quält mich jetzt mit Fragen, nennt mich Hure, beschimpft mich, sagt, wie ich nur so auf Abwege geraten konnte. Meine Mutter hatte mit 16 Jahren eine Abtreibung, im Alter von 18 Jahren eine weitere Schwangerschaft. Ich habe einen drei Jahre jüngeren Bruder, der mein Vertrauter ist, mit dem ich alles besprechen kann.«

Sie erzählt weiter, dass zu Hause eine absolute Krisenstimmung herrscht. Der Bruder war immer der Vertraute des Vaters. Er hat sich immer mehr um den Bruder gekümmert. Die Mutter hatte Asthma und war oft im Krankenhaus. Die Mutter hatte oft Weinkrämpfe, hat Psychopharmaka genommen und konnte nicht arbeiten gehen.

Ich bespreche mit Jana, dass ich gerne die Eltern sprechen möchte, um sie dann noch einmal zu sehen und zu schauen, was ich vorschlagen kann.

Gespräch mit den Eltern
Beide Eltern kommen pünktlich und sind sehr besorgt. Auffallend ist, dass die Mutter sehr neugierig ist, wissen will, ob ich in dieser Wohnung auch wohne. Sie bestätigen die Erzählung von Jana; die Mutter fühlt sich berechtigt, das Tagebuch zu lesen. Sie fügt hinzu, dass sie auf gar keinen Fall eine Familientherapie machen wollen, da sie den jüngeren Bruder nicht mit hineinziehen will. (Sie scheint gar nicht zu wissen, dass der Bruder der Vertraute von Jana ist und über alles informiert ist.) Die Eltern wollen eine Therapie für Jana, aber höchstens einmal pro Woche.

Diskussion

Wie sich im Erstgespräch mit Jana zeigt, ist die Krise dadurch entstanden, weil die Mutter Janas Tagebuch gelesen hat. Die Mutter hat so wenig von ihrer Tochter gewusst, dass sie entsetzt über die sexuellen Kontakte war. Nach der Erzählung der Tochter hatte die Mutter selbst als Adoleszente ihre eigenen Konflikte durch ein sexuelles Agieren und Abtreibungen ausgedrückt. Vermutlich hat sie Angst, dass es ihre Tochter ähnlich macht und sucht deshalb Hilfe bei einer Psychotherapeutin.

Im Gespräch mit den Eltern wird deutlich, wie wenig die Eltern über ihre Tochter wissen. Das lässt mich vermuten, dass sie sich sehr einsam und unverstanden fühlt. Statt mit der Tochter zu sprechen, beschimpft die Mutter sie als Hure. Der Vater will sich aus den »Frauensachen« heraushalten.

Therapie mit Jana

Im zweiten Vorgespräch mit Jana ist sie sehr überlegen; sie hat keine Probleme, aber sie ist bereit, eine Therapie zu machen, »um die Eltern zu beruhigen«, wie sie sagt. Als sie dann über ihre Einsamkeit und Hoffnungslosigkeit spricht, weint sie heftig und kann mehr mit ihrer Bedürftigkeit in Berührung kommen. Wir vereinbaren eine zweistündige Therapie, die ich empfohlen habe.

Zu Beginn steht das Thema, welche Bedeutung die Therapie für sie hat, im Mittelpunkt. »Du fragst dich, ob ich ein verlängerter Arm der Mutter bin, ob ich auf dich aufpassen soll«, sage ich. »Das können Sie gar nicht. (Pause) Am Samstag durfte ich zu einem Tanzfest gehen, obwohl die Eltern zunächst Nein gesagt haben«, antwortet Jana.

Bis zum Ende der Stunde behält sie ihre distanzierte, souveräne Haltung bei. Sie braucht keine Hilfe, sie kommt nur, um die Eltern zu beruhigen. Ihre Bedürftigkeit ist in die Eltern projiziert, die machen sich Sorgen um sie.

In der zweiten Stunde kann sie darüber sprechen, wie stolz sie ist, dass sie gestern nicht geweint hat, sondern cool geblieben ist. In der Schule lacht man über sie und sie lacht mit (Sie erzählt nicht, worüber gelacht wird und wie sie verspottet wird.). Das Therapiezimmer ist ihr am Anfang leer und kalt vorgekommen. Sie spricht sehr viel, so als ob sie sich am Erzählen festhalten möchte:

> »In der Schule und zu Hause spiele ich zwei ganz verschiedene Rollen. (Pause) Der Vater meiner Mutter war Alkoholiker, meine Mutter wollte, dass sich ihre Mutter scheiden lässt, aber sie hat sich nicht getraut. Auch mein Vater ist zu Hause zu kurz gekommen. Von meiner väterlichen Großmutter bin ich auch enttäuscht. Die will mich nicht mehr so oft sehen, obwohl ich mit dem Gedanken gespielt habe, zu ihr zu ziehen, weil ich es zu Hause nicht mehr aushalte.«

Ich weise darauf hin, dass sie mir zeigt, wie sehr Mutter, Vater und sie große seelische Lasten mit sich herumtragen und wie wichtig es ist, hier mit mir darüber sprechen zu können.

Jana sagt nichts dazu, sondern beschreibt stattdessen zwei Typen von Frauen: diejenigen, die wie ihre Mutter ein traditionelles Leben führen und keine Fehler machen wollen und die anderen, die vom Leben lernen wollen. »Ich will auf Drogen, Alkohol und sexuelle Beziehungen verzichten, und alles aus eigener Kraft schaffen«, sagt sie.

»Es ist gar nicht so leicht, hier zu mir zu kommen und meine Hilfe anzunehmen. Am liebsten würdest du mich nicht brauchen und alles allein können«, sage ich..

»Ja und nein«, antwortet Jana. »Ich bin ganz froh, dass ich hier bei ihnen gelandet bin.«

In der fünften Stunde erzählt sie, wie sie in der Schule verspottet wird und sich nicht wehren kann. In der folgenden Stunde fragt sie, was denn der Sinn des Lebens sei, zeigt wie tief ihre Verzweiflung ist und kann sagen, wie wichtig ihr die Stunden geworden sind.

Jana.: »Am Dienstagabend hatte ich einen Zusammenbruch, alles war mir zu viel, die Schule kann ich nicht schaffen, zu Hause ist es schrecklich. Ich stelle mich dumm und naiv, aber es ist schrecklich.«
A.: »Du fragst dich, ob es einen Sinn ergibt, weiter hierher zu kommen.«
Jana: »Ja, wollen sie mich überhaupt sehen, wenn ich nichts kann?«
A.: »Du fragst dich, ob ich mit dir arbeiten will, wenn du so große Probleme hast und so unglücklich bist?«

Sie ist froh, dass ich sie weitersehen will, und fügt hinzu, dass ihre Freundinnen sie oft zwei Stunden warten lassen und es hier gut ist, dass ich sie erwarte.

Nachdem sie sicher ist, dass ich unter den schrecklichen Problemen nicht zusammenbreche, vertraut sie mir weitere Geheimnisse an: Sie wurde mit 12 Jahren von einem Freund der Mutter immer wieder sexuell belästigt und traute sich darüber nicht zu sprechen. Erst als er auch ihren Bruder im Ferienlager belästigt hat, konnte sie es ihrer Mutter erzählen. Die Mutter will, dass sie das einfach vergisst und nicht mehr darüber spricht. Als die Mutter in ihrem Tagebuch gelesen hat, wie sie darüber geschrieben hat, gab es eine »unerfreuliche Diskussion«, wie Jana sagt.

Gegen Ende der Stunde überschüttet sie mich mit Details, so dass es schwer ist, zu unterbrechen. Ich deute es, dass ich jetzt diejenige bin, die die Stunde beendet, als ob ich sie zwingen wollte, nicht mehr darüber zu sprechen wie die Mutter. Jana schaut mich überrascht und wertschätzend an, diese Deutung hat ihr gefallen.

Diskussion

Wie weiter oben zu Beginn der Therapie erkennbar wird, verbergen sich hinter der Promiskuität von Jana ihre Einsamkeit und Suche nach Nähe und Geborgenheit, die sie zu Hause nicht findet. Sie hat Hoffnung, diese bei mir zu finden und vertraut mir die Familienprobleme an.

Jana kann im weiteren Verlauf Übertragungsdeutungen aufnehmen, scheint davon eher entlastet zu sein. Hinter der coolen Fassade verbirgt sich ihre Verzweiflung, die bis zu Todessehnsucht und Suizidgedanken reichen. Die traumatisierenden sexuellen Übergriffe können in der Stunde erstmals ausführlich besprochen und ihre zerstörerische Dimension aufgezeigt werden. Ihre Überzeugung, dass niemand davon etwas wissen will, wird jeweils am Ende der Stunde, wenn ich beenden will, deutlich agiert. Sie kann auch über ihre Angst sprechen, wenn sie weiter Therapie macht, möglicherweise herauszufinden, dass sie verrückt ist, dass sie »im Kopf krank« ist. Sie zweifelt und fragt sich auch auf der anderen Seite, ob es einfach ein Fehlverhalten ist, das sie ändern kann.

Sie lässt sich die Haare ganz kurz schneiden und hat Angst, was die Klassenkameraden dazu sagen werden. Wenn ihre Mutter anruft, um zu fragen, ob sie kommt, teile ich der Mutter mit, dass Jana ihre Probleme in die Stunde bringt. Jana sage ich, dass ich mit der Mutter gesprochen habe und der Mutter mitteilte, sie bringe ihre Probleme in die Stunde. Auch in der Schule schwankt Jana zwischen »Nicht-genügend«, um dann im selben Fach auf den Test ein »Sehr gut« zu schreiben. Der Lehrer glaubt, sie schwindelt, wie will ihm aber »heimzahlen« indem sie gute Noten schreib, meint sie.

Vor dem Elterngespräch teile ich Jana mit, dass die Eltern mit mir sprechen wollen und wann ein Treffen geplant ist.

Gespräch mit den Eltern im Juni

Dieses Gespräch verläuft sehr dramatisch. Die Mutter hat einen emotionalen Panzer der Abwehr, der es ihr nicht gestattet zu sehen, wie groß Janas Verzweiflung und wie stark sie gefährdet ist. Gleich zu Beginn sagt sie, wie gut Jana nun in der Schule mitarbeitet und sie denkt, alle Probleme seien gelöst und wir könnten die Therapie beenden. Im gleichen Atemzug fragt sie, ob Janas Probleme »normal« für die Adoleszenz seien oder ob es Hinweise auf eine Geisteskrankheit gibt. Sie erwähnt noch einmal die Alkoholsucht ihres Vaters und seine geistige Veränderung am Ende des Lebens. Ohne Details zu sagen, betone ich, dass Jana ernste Probleme habe und dringend weitere Hilfe braucht. Eine Erhöhung der Stundenfrequenz wäre hilfreich.

Der Vater ist sensibler und mehr in Kontakt mit Janas Verletzlichkeit. Auf seine Frage, was die frühen sexuellen Kontakte bedeuten können, gehe ich auf die psychoanalytische Perspektive ein. Die Psychoanalyse versteht diese Suche nach Nähe und körperlicher Berührung bei adoleszenten Mädchen als Ausdruck der Sehnsucht nach mehr Nähe und Liebe von dem wichtigsten Mann im Leben einer Tochter: dem Vater. Ich gehe auf die Wiederbelebung der frühen, kindlichen ödipalen Wünsche des Mädchens dem Vater gegenüber ein. Der Vater wird nachdenklich und erinnert sich, wie sie als kleines Mädchen immer sehr zärtlich war und davon sprach, ihren Papa heiraten zu wollen. Er erwähnt, dass ihre körperliche Reife und sexuelle Attraktivität ihn verwirrt hatte und er auf physische Kontakte verzichtet.

Hier unterbricht die Mutter und fragt mich, ob Jana von dem sexuellen Missbrauch durch einen guten Freund der Familie gesprochen habe. Sie hätte schon länger etwas geahnt, aber nichts sehen und nicht fragen wollen. Erst als ihr Sohn belästigt worden sei, »griff ich rigoros ein und habe ihm das Haus verboten«, gibt sie widerwillig zu. Ich betone, dass Jana ihre Probleme in die Stunden bringt. Für ein Kind ist die stillschweigende Duldung durch die Mutter ein Verrat und eine Enttäuschung, da sie keinen Schutz bekommt.

Als der Vater fragt, ob es hilfreich wäre, wenn er mit Jana – wie er es auch mit seinem Sohn tut – Freizeitaktivitäten zu zweit planen könne, ermutige ich ihn dazu. Er hat gleich mehrere Ideen, z. B. mit ihr ins Theater, Kino oder Ausstellungen zu gehen, was beide interessiert. Die Mutter scheint nicht sehr begeistert zu sein, entwickelt dann jedoch Ideen, was sie in der Zeit mit ihrem Sohn machen könnte. Ich betone, wie wichtig es ist, wenn der Vater mit der Tochter über ein Drittes gemeinsam sprechen und gemeinsam Schönes erleben könnte. Der Vater betont, dass zwei Therapiestunden fortgeführt werden sollen und die Eltern sich bis zum Herbst überlegen werden, ob die Frequenz erhöht werden könnte.

Diskussion

Trotz massiven Drucks ist es gelungen, die Privatheit der Therapiestunden zu schützen und den Eltern trotzdem die Dringlichkeit der Hilfe vermitteln zu können. Es ist deutlich, wie sehr die Mutter sich schuldig fühlt, Jana nicht geschützt zu haben und erst aktiv eingegriffen zu haben, als der von ihr bevorzugte Sohn in Gefahr war. Der Vater war offen dafür, die Hintergründe von Janas Problemen zu sehen. Mein Hinweis auf ihre große Sehnsucht nach der verlorenen Nähe zum Vater (vermutlich durch seine Scheu vor dem sexualisierten Körper der Tochter) konnte der Vater nicht nur nachvollziehen, sondern er entwickelte konstruktive Lösungsvorschläge.

Analyse mit Jana

In der nächsten Stunde zeigt Jana ihre ambivalenten Wünsche. Sie hatte erwartet, ich würde die Fassade, dass alles nur kleine Probleme wären, zerstören. Das, was sie gerne tun wollte und nicht kann, sollte ich stellvertretend für sie tun. Dann allerdings hätte ich sie hintergangen und einen Vertrauensbruch begangen. Sie fügt hinzu, dass der Vater mit ihr am Wochenende sprechen wolle. Sie wünscht sich sehnlich eine große Nähe zum Vater, hat aber tiefes Misstrauen, dass »kein Mensch einem anderen helfen will«.

A.: »Du bist überzeugt, dass auch ich dir nicht helfen kann und will. Du bist voller Verzweiflung und tiefer Skepsis. Fragst du dich, wozu das alles?«
Jana: (beginnt heftig zu weinen). »Jetzt haben Sie getroffen. Wie beim Schifferlversenken. Oft treffen sie nur weiße Felder, aber heute ins Gelbe – ein voller Treffer.«
A.: »Deine Haltung, ob hier eine wirkliche Hilfe stattfinden kann, spiegelt sich auch in der Anzahl der Stunden. Eine Therapiestunde soll dazu dienen, nichts zu ändern, sondern soll wie eine Krücke helfen, »weiterzuhumpeln«. In zwei Therapiestunden pro Woche hast du erlebt, wie all die Verzweiflung und Wut, Sehnsucht und Schmerzen aus dir herausbrechen und ich zuhören und sie verstehen kann. Drei Stunden heißt sich tiefer auf deine Probleme einzulassen, und du hast auch Angst, wie weh das tut könnte. Und du hast nur einen Funken Hoffnung, dass die Stunden dir helfen können.«

Diskussion

Ich war zufrieden, mich nicht in der Familiendynamik auf eine Seite ziehen zu lassen und einen Raum zum Nachdenken, zumindest für den Vater und Jana, eröffnet zu haben. Jana ist in der Lage, ihre Intelligenz in der Schule beim Lernen zu nutzen. Ihre Außenseiterposition in der Schule hat sich aufgelöst, sie hat zwei Freundinnen, war im Skikurs gut integriert und fand ihn sehr schön. Die Mutter verwendet die Besserung der Symptomatik als Begründung, die Therapie zu beenden, da sie Angst vor den tieferliegenden Problemen hat, den Suizidgedanken, der Verzweiflung und eines psychischen Zusammenbruchs ihrer Tochter.

Therapie mit Jana vor der Sommerpause

In der Stunde nach dem Wochenende spricht Jana schon beim Niedersetzen von dem »guten Gespräch mit dem Vater«, sie sieht selbstsicherer und entspannter aus. Der Vater habe gemeint, sie könne kommen, so oft sie wolle. Ihm sei wichtig, dass es ihr wieder besser gehe. »Die Mutter hat keine Ahnung, will auch nichts wissen, spricht nur vom Skikurs. Sie macht mir Vorwürfe, dass sie Schlafpulver nehmen müsse, weil sie sich solche Sorgen um mich macht, hat wieder zu rauchen angefangen«, sagte Jana.

Meinen Hinweis auf die lange unmittelbar bevorstehende Sommerpause wischt Jana weg. Sie habe jetzt einige gute Freunde, mit denen sie etwas unternehmen könne und sei nur mehr selten einsam. Ihre Idee von der Therapie ist wie eine Operation, die die Probleme herausschneiden solle, um danach wieder »gerade gehen zu können«.

Diskussion

Jana schwankt zwischen der Einsicht, wie wichtig die Stunden für sie geworden waren, um wieder innere Stabilität zu finden. Trotz meines Angebots, die Therapie weiterzuführen, entscheiden sich die Eltern dagegen. Da Janas Leistungen in der Schule sich eindrucksvoll verbesserten und ihr Verhalten zu Hause freundlich war, wollten sie die Therapie ihrer Tochter im Herbst beenden.

Abschlussgespräch mit den Eltern

Zu allen Gesprächen kamen beide Eltern. Der Vater, der sich zu Beginn der Therapie ganz am Rand gesehen hatte, hatte die Ernsthaftigkeit der Schwierigkeiten seiner Tochter erkannt. Er war sensibel und konnte sich eingestehen, dass er sich zu wenig um Jana gekümmert hatte. Jana kann das Interesse des Vaters an ihr gut annehmen, hat ein Vertrauensverhältnis zu ihm entwickelt.

Die Mutter hält an ihrem Wegschauen fest. Sie bezeichnet Janas Probleme als »Ausrutscher«, der behoben wurde. Jetzt sei alles wieder in Ordnung, Jana sei wieder zärtlicher zu ihr. Als Gründe für Janas psychische Probleme nennt sie die zu frühe Einschulung. Als ich sie daran erinnere, dass sie selbst über den sexuellen Missbrauch gesprochen hat, wehrt sie ab und meint, Jana habe »sich da in etwas hineingesteigert«. Der Vater hingegen kann den Zusammenhang verstehen und übernimmt Verantwortung, zu lange weggeschaut zu haben. Die Eltern wollen sich die Möglichkeit einer Fortsetzung der Therapie in einem Jahr offenhalten. Wie zu erwarten war, sahen sie keine Notwendigkeit dazu.

Abschließende Bemerkungen

Die Therapie mit Jana zeigt, wie schwierig es ist, mit einer Jugendlichen therapeutisch zu arbeiten, wenn die Eltern die Probleme und Verzweiflung ihrer Tochter nicht sehen wollen. Es ist gelungen, den Vater zu sensibilisieren und seine Beziehung zu Jana neu zu definieren. Er konnte die Therapie nutzen, um seine reflexive Funktion zu entwickeln, über eigene Gefühlszustände und die seiner Tochter nachzudenken, sodass eine neue Qualität der Beziehung möglich wurde. Die Mutter war zu Beginn der Therapie durch die Tagebucheintragungen, die sie gegen den Willen der Tochter gelesen hatte, in Panik. Nur ansatzweise konnte sie in der schwierigsten Phase, als Jana jede Leistung in der Schule verweigerte und zur

Großmutter ziehen wollte, sich eingestehen, dass sie den sexuellen Missbrauch ignoriert und weggesehen hatte. Doch sobald Jana in der Schule keine Probleme mehr hatte, legte sie wieder einen Panzer der Verleugnung darüber.

Es gibt unterschiedliche Positionen bei der Frage, ob die Beurteilung der Elternfunktion als wesentlicher Bestandteil der Indikationsstellung vor Beginn der Therapie mit dem Kind geklärt werden muss. So meint Rosenbaum (2005, S.127 ff.), dass zuerst eine Abklärung der reflexiven Fähigkeit der Eltern, »ihr Kind als getrennte Person zu sehen« erfolgen muss, bevor ein Analytiker mit dem Kind zu arbeiten beginnen soll. Rosenbaum beschreibt, dass er häufig eine einige Monate dauernde »Elternarbeit« durchführt, bevor er mit dem Kind therapeutisch arbeitet. In der Objektbeziehungstheorie, wie sie in diesem Buch verstanden wird, werden die Symptome und Probleme des Kindes oder der Jugendlichen als Ausdruck einer Verstrickung mit der Pathologie der Eltern gesehen. Erst in der Therapie mit dem Kind wird für die Therapeutin das feingesponnene Interaktionsgeschehen sichtbar, das eine Wiederholung des Beziehungsmusters eines Elternteils mit seinem Vater/ seiner Mutter reinszeniert. Es geht um die Verschiebung der ungelösten Konflikte mit den Eltern auf die Kinder, wobei etwa der Sohn unbewusst in die Rolle des strengen, kritischen, grausamen Vaters gedrängt wird.

In den vier Fallbeispielen wurde gezeigt, wie eine begleitende Elternarbeit in unterschiedlichen Kinder-/Jugendlichen-Analysen gehandhabt wurde. Es geht weniger um eine »best practice«, sondern es soll gezeigt werden, wie wichtig es ist, pragmatisch auf unterschiedliche Anforderungen zu reagieren. Wir müssen mit dem arbeiten, was wir haben. Sicherlich wäre es günstig, wenn Eltern – so wie Rosenbaum postuliert – »sich der Individualität des Kindes und seiner von den ihren abweichenden Bedürfnissen bewusst werden.« (Rosenbaum, 2005, S. 137) Er fordert daher eine der Kinderanalyse vorausgehende längere Abklärung mit den Eltern. Er fährt fort: »Bevor eine solche Einsicht (der abweichenden Bedürfnisse des Kindes, Anmerkung v. GDW) erreicht ist, können Eltern eine Behandlung nicht unterstützen, die auf die Bedürfnisse des Kindes ausgerichtet ist, auch wenn diese ihren eigenen Bedürfnissen widerspricht« (ebd.). Als »Empfehlung« geht Rosenbaum so weit, dass der Analytiker den Eltern mitteilen müsse,

> »dass die psychoanalytische Behandlung des Kindes vorerst nicht möglich sei, weil es keine Basis gebe, eine therapeutische Beziehung aufzunehmen: Wenn der Junge je behandelt werden sollte, müsste er zunächst seine Eltern als Menschen, die seine Bedürfnisse als verschieden oder sogar vorrangig vor ihren eigenen sehen könnten, erleben«. (Rosenbaum, 2005, S. 139)

Erst nachdem die Mutter in dem Fallbeispiel von Rosenbaum eine Therapie begonnen hatte, nahm er das vierjährige Kind in Therapie. Diese Vorgehensweise ignoriert die enge unbewusste Verstrickung der emotionalen Beziehung zwischen Eltern und Kind. In dem Fallbeispiel von Patrik zeige ich, wie wichtig es ist, parallel zur Arbeit mit dem Kind auch die Eltern in begleitenden Elterngesprächen einzubeziehen. Ganz im Gegenteil meine ich, dass die Bearbeitung der Probleme des Kindes in der Übertragung zur Analytikerin die Verstrickung so weit vermindert, dass der Vater von Patrik erkennen kann, dass er bereits in der Beziehung zu seinem

Sohn dieselben Muster einer wechselseitig quälenden Beziehung eingegangen war wie in der Hassliebe-Beziehung zu seinem Vater (vgl. Gastrick, 2013). Indem er seine unbewusste Wiederholung erkennt und darüber nachdenken konnte, fasste er den Entschluss, sich aus den disziplinären Aufgaben Patrik gegenüber zurückzuziehen. Die Mutter war dann gezwungen, sich selbst mit Patrik über Verbote und Anforderungen auseinanderzusetzen. Da Patrik seine verbale Kompetenz und ein gemeinsames Nachdenken über sich und seine Gefühle in den Analysestunden erlebt hatte und sich verstanden gefühlt hatte, konnte er den Argumenten seiner Mutter folgen, Gegenargumente bringen und es gemeinsam aushandeln. Das überraschte die Eltern und oft war Patrik derjenige, der Gefühle und Probleme benennen konnte.

Bei Jonathan wurde im Verlauf der Therapie klar, wie wenig die Mutter ihre traumatischen Kindheitserlebnisse bewältigt hatte. Eine Doppelstrategie erwies sich als zielführend. Einerseits erhielt die Mutter von Jonathan durch ihre eigene Therapie Raum, ihre unerledigten Konflikte, ihren Groll gegen ihren Vater (mütterlicher Großvater von Jonathan) und ihre Sehnsucht nach Geborgenheit in der Übertragung neu zu ordnen, andererseits konnte in den Elterngesprächen die Bedeutung der Unterstützung durch den Vater betont werden. Durch das stärkere Engagement des Vaters fühlte sich die Mutter entlastet und unterstützt.

In der Elternarbeit geht es eben nicht nur darum, die verzerrte Wahrnehmung der Eltern durch die Projektionen ihrer unerledigten Konflikte mit den eigenen Eltern auf die Kinder aufzuheben, sondern auch die Ressourcen der Eltern zu nutzen, die ja gerne gute Eltern sein wollen. Timmermann betont, dass »Eltern in ihrer jeweiligen emotionalen Situation« gesehen werden sollen. »Sie sollen erleben, dass sie an dem durch die Therapie eingeleiteten Entwicklungsprozess maßgeblich beteiligt werden und die Elterngespräche … auch entlastend sein können« (Timmermann 2016, S. 148).

7 Literatur

Alvarez, A. (2001). *Zum Leben wiederfinden. Psychoanalytische Psychotherapie mit autistischen, Borderline-, vernachlässigten und missbrauchten Kindern.* Stuttgart: Brandes & Apsel.
Ainsworth, M., Blehard, M.C., Waters, E. and Wall, S. (1978). *Patterns of Attachment.* Hillsdale, N. J.: Erlbaum.
Anderssen-Plaut, H. (1997). Ungehaltene Eltern- ungehaltene Kinder. *Kinderanalyse,* 5(3), S. 227–246.
Ammaniti, M. & Gallese, V. (2014) *The Birth of Intersubjectivity. Psychodynamics, Neurobiology, and the Self.* New York: Norton.
Asimakis, J. (2014). Weibliche Unfruchtbarkeit aus psychoanalytischer Sicht: ein historisch-theoretischer Überblick von Freud bis zur Gegenwart. *Psychotherapie Forum* 19, S. 75–82.
Augustin-Forster, A. (2011). Vorwort. In S. Fraiberg (Hrsg.), *Seelische Gesundheit in den ersten Lebensjahren. Studien aus einer psychoanalytischen Klinik für Eltern und ihren Babys* (S. 7–11). Gießen: Psychosozial.
Auhagen-Stephanos, U. (2015). Mütter auf dem Weg zur künstlichen Befruchtung: »Woher willst Du wissen, was Gottes Wille ist?« *Analytische Kinder- und Jugendlichen Psychotherapie* 46, S. 87–105.
Badinter, E. (1980). *Die Mutterliebe. Geschichte eines Gefühls vom 17. Jahrhundert bis heute.* München, Zürich: Piper.
Balint, E. (2003). *Therapeutische Aspekte der Regression. Die Theorie der Grundstörung* (3. Auflage). Stuttgart: Klett-Cotta.
Baradon, T. et al. (2011). *Psychoanalytische Psychotherapie mit Eltern und Säuglingen. Grundlagen und Praxis früher therapeutischer Hilfen.* Stuttgart: Klett-Cotta.
Bell, D. (1997). Hanna Segal, the Work and the Person, In Bell, D. (Ed.), *Reason and Passion. A Celebration of the Work of Hanna Seagal.* London: Duckworth.
Bell, D. (1993). Hanna Segal, the Work and the Person, In Bell, D. (Ed.), *Reason and Passion. A Celebration of the Work of Hanna Segal,* London: Duckworth.
Bell, D. (2015). The Death Drive: Phenomenological Perspectives in Contemporary Kleinian Theory. *International Journal of Psychoanalysis,* 96, 411–42.
Bettelheim, B. (1977). *Kinder brauchen Märchen.* Stuttgart: Deutsche Verlagsanstalt.
Bettelheim, B. (1993). *Erziehung zum Leben: Gespräche mit Ingo Hermann in der Reihe »Zeugen des Jahrhunderts«.* Göttingen: Lamuv.
Bick, E. (1968). Child Analysis Today. In M. H. Williams (Hrsg.), *Collected Papers of Martha Harris and Esther Bick* (S. 7–113). Perthshire: Clunie Press.
Bick, E. (1968/2009). Bemerkungen zur Säuglingsbeobachtung in der psychoanalytischen Ausbildung. In G. Diem-Wille & A. Turner (Hrsg.), *Ein-Blicke in die Tiefe. Die Methode der psychoanalytischen Säuglingsbeobachtung und ihrer Anwendungen* (S. 19–36). Stuttgart: Klett-Cotta.
Bion, W. (1959). Attacks on Linking. In Bion, W., *Second Thoughts.* (S. 93–109). London: Karnac, 1967.
Bion, W. (1962). *Lernen durch Erfahrung.* Frankfurt: Suhrkamp.
Bion, W. (1984). *Transformation.* London: Karnac.
Bion, W. (1995). Zur Unterscheidung von psychotischen und nicht-psychotischen Persönlichkeiten. In E. B. Spillius (Hrsg.), *Melanie Klein Heute. Entwicklungen in Theorie und Praxis,* Bd. 1, (S. 75–102). Stuttgart: Internationale Psychoanalyse.

Brazelton, T. B. & Craemer, B. G. (1991) *The Earliest Relationship: Parents, Infants and the Drama of Early Attachment*, London: Karnac.
Boomingtale, T. (1987). *Witz und Mutterwitz*. Hamburg: Zsolnay.
Bowlby, J. (2011). *Bindung als sichere Basis*. München: Reinhard.
Brazelton, T. & Cramer, B. (1991). *Die frühe Bindung. Die erste Beziehung zwischen dem Baby und seinen Eltern*. Stuttgart: Klett-Cotta.
Brand, E. & Clingempeel, W.G. (1987). Interdependences of marital and stepparent: Research findings and clinical implications. *Family Relations*, 36, 140–145.
Breen, D. (Ed.) (1993). *The Gender Conundrum: Contemporary Psychoanalytic Perspectives on Femininity and Masculinity*. London: Routledge.
Brisch, K.H. (2014). Säuglings- und Kleinkindalter (Bindungspsychotherapie): Bindungspsychotherapie – Bindungsbasierte Beratung und Therapie. Stuttgart: Klett-Cotta.
Britton, R. (1998). Ödipus in der depressiven Position, in ders. *Glaube, Phantasie und psychische Realität* (S. 47–60). Stuttgart: Klett-Cotta.
Bründl, P. Endres, M. & Hauser, S. (Hrsg.) (2016). *Elternschaft. Klinische und entwicklungspsychologische Perspektiven*. Frankfurt: Brandes & Apsel.
Bründl, P., Endres, M. & Hauser, S. (2016). Vorwort. In P. Bründl, M. Endres & S. Hauser (Hrsg.), *Elternschaft: klinische und entwicklungspsychologische Perspektiven*, (S. 7–16). Frankfurt a. M.: Brandes & Apsel.
Bundesinstitut für Bevölkerungsforschung (BIB) (2020). *Säuglingssterblichkeit in Deutschland (1872–2020)*. Abgerufen am 03.01.2022 unter https://www.bib.bund.de/DE/Fakten/Fakt/S10-Saeuglingssterblichkeit-ab-1872.html
Bürgin, D. & Steck, B. (2013). *Indikation psychoanalytischer Psychotherapie bei Kindern*. Stuttgart: Klett-Cotta.
Campell, P., Thomson-Salo, F. (2014). *The Baby as Subject. Clinical Studies in Infant-Parent Therapy*. London: Karnac.
Charter der Grundrechte der Europäischen Union, Verordnung (EG) Nummer 168/2007 vom 15. Februar 2007 (eur-Lex).
Child Mortality – Our World in Data. Kindersterblichkeit, 1751–2013. Die Daten stehen unter der Lizenz *Creative Commons BY license*. Abgerufen am 2. Mai 2019.
Clingempeel, W.G. & Segal, S. (1986). Stepparent-stepchild relationships and the psychological adjustment of children in stepmother and stepfather families. *Child Development*, 57, 474–484.
Coudenhove-Kalergie, B. (2013). *Zuhause ist überall: Erinnerungen*. Wien: Paul Zsolnay.
Cramer, B. (1998). *Frühe Erwartungen – unsichtbare Bindungen zwischen Mutter und Kind*. München: Kösel.
Cramer, C., Stern, D. (1983). Evaluation of changes in mother-infant brief therapy. *Infant Mental Health Journal*, 9, 20–45.
Cramer, B., Palazio-Espasa, F. & Augustin-Forster, M. (Hrsg.) (2009). *Psychotherapie mit Müttern und ihren Babys. Kurzzeitbehandlungen in Theorie und Praxis*, Gießen: Psychosozial.
Datler, W. (2009). Von der akademischen Entwicklungspsychologie zur psychoanalytischen Säuglingsbeobachtung: Über Esther Bick, die Methode der Infant Observation und die Entwicklung von psychosozialer Kompetenz. In G. Diem-Wille & A. Turner (Hrsg.), *Ein-Blicke in die Tiefe* (S. 41–66). Stuttgart: Klett-Cotta.
Damasio, A. R. D. (2000). *Ich fühle, also bin ich. Die Entschlüsselung des Bewusstseins*. München: List.
Daws, D., Sutton, S. (2020). *Parent-Infant Psychotherapy for Sleep Problems*, London: Taylor & Francis.
Deutsch, H. (1944). *The Psychology of Women, Vol. 1: Girlhood*. New York: Grune & Statton.
Die Bibel: Altes und Neues Testament. Einheitsübersetzung, Freiburg: Herder, 2011.
Diem-Wille, G. (1997). Observed families revisited – two years on: a follow-up study. In S. Reid (Ed.) *Developments in Infant Observation. The Tavistock Model* (pp. 182–206). London: Routledge.
Diem-Wille, G. (1993) Infant Observation Follow-up Studie an der Tavistock Klinik, Unveröffentlichter Abschlussbericht an den Fonds zur Förderung der wissenschaftlichen Forschung, Wien.

Diem-Wille, G. (1998). Über den Zusammenhang zwischen Trennungsproblemen einer Mutter und Schlafproblemen eines Kindes: Robin – eine Falldarstellung einer Eltern-Kleinkind Therapie (S. 90–104). In W. Datler & H. Figdor (Hrsg.), *Die Wiederentdeckung der Freude am Kind: psychoanalytisch-pädagogische Erziehungsberatung heute.* Gießen: Psychosozial.
Diem-Wille, G. (2003). Vom Verstehen der »Gesamtsituation« als Übertragung – Falldarstellung einer Analyse eines Borderline-Adoleszenten, *Kinderanalyse* 11, H. 2, 133–154.
Diem-Wille, G. (2009). *Das Kleinkind und seine Eltern. Perspektiven psychoanalytischer Babybeobachtung* (2. Aufl.). Stuttgart: Kohlhammer.
Diem-Wille, G. (2013) *Die frühen Lebensjahre.* Stuttgart: Kohlhammer.
Diem-Wille, G. (2014). Das Baby als Katalysator unbewusster Konflikte der Eltern, In U. Kadi, S. Schlüter & E. Skale (Hrsg.) *Vom Unbewussten III-IV. Das Unbewusste im Symptom, in Kultur und Gesellschaft. S. Freud Vorlesung 2014* (S. 77–92). Wien: Mandelbaum.
Diem-Wille, G. (2017). *Pubertät. Die innere Welt der Adoleszenten und ihrer Eltern,* Stuttgart: Kohlhammer.
Diem-Wille, G. (2018). Psychoanalytisch-orientierte Kindertherapie, In W. Burian & B. Grossmann-Garger (Hrsg.) *Psychoanalytisch orientierte Psychotherapie,* Bd. IV (S. S 762–799). Wien, Berlin: Mandelbaum.
Diem-Wille, G. (2020). Das Körper-Ich in Phasen des Umbruchs beim Mädchen und bei der Frau. In E. Skale, S. Schlüter & U. Kadi (Hrsg.) *Psychoanalyse – nicht ohne meinen Körper. Sigmund Freud Vorlesung 2019* (S. 78–88). Frankfurt: Brandes & Apsel.
Diem-Wille, G. (2022). Zur Bedeutung der begleitenden Arbeit mit den Eltern in einer Kindertherapie. Eine Einzelfallstudie. *Psychotherapie Forum, 26,* 57–64. https://link.springer.com/article/10.1007/s00729-022-00198-5
Doucleff, M. (2021). *Kindern mehr zutrauen. Erziehungsgeheimnisse indigener Kulturen. Stressfrei – gelassen – liebevoll.* München: Kösel.
Drewermann, E. (1990). *Tiefenpsychologie und Exegese. Band I. Traum, Mythos, Märchen, Sage und Legenden.* Olten und Freiburg im Breisgau: Walter.
Eberle, H. (2002). *Briefe an Hitler – Ein Volk schreibt seinen Führer. Unbekannte Dokumente aus Moskauer Archiven – zum ersten Mal veröffentlicht.* Köln: Bastei Lübbe.
Ehrensaft, D. (2008). When baby makes three or four or more: Attachment, individuation, and identity in assisted-conception families. *Psychoanal. Study of the Child,* 63, 3–23.
Erikson, E. (1959). *Identität und Lebenszyklus.* Frankfurt: Suhrkamp, 1974.
Emerson, R.W. (2007). *Drei Ansprachen. Über Bildung, Religion und Henry David Thoreau.* Derk, Freiburg: Janßen.
Ernaux, A. (2022). *Das Ereignis.* Berlin: Suhrkamp.
Fallaci, O. (1979). *Briefe an ein nie geborenes Kind.* Frankfurt: Fischer TB.
Feldman, M. (1999). Projektive Identifizierung: Die Einbeziehung des Analytikers, *Die* Psyche, 9/10, 991–1014.
Feldman, M. (2000). Some views on the Manifestation of the Death Instinct in clinical work, *IJPA,* 81, 53–66.
Figdor, H. (1991). *Kinder aus geschiedenen Ehen. Zwischen Trauma und Hoffnung.* Mainz: Grünewald.
Figdor, H. (1998). *Scheidungskinder – Wege der Hilfe.* Gießen: Psychosozial.
Fleck, L. (1980) *Entstehung und Entwicklung einer wissenschaftlichen Tatsache. Einführung in die Lehre vom Denkstil und Denkkollektiv.* Frankfurt: Suhrkamp.
Fonagy, P., Steele, M., Steele, H. Morgan, G.S. and Higgitt, A.C. (1991). *Measuring the ghost* in the nursery: A summary of the main findings of the Anna Freud Centre-University College London Parent-infant study. *Bulletin Anna Freud Centre,* 115–131.
Fraiberg, S. (1971) Intervention in Infancy: A Program for Blind Infants. *Journal of the American Academy of Child Psychiatry* 10, 3, 381–405.
Fraiberg, S. (1977). *Insights from the Blind.* New York: Basic Books.
Fraiberg, S. (2011). *Seelische Gesundheit in den ersten Lebensjahren. Studien aus einer psychoanalytischen Klinik für Babys und ihre Eltern.* Gießen: Psychosozial.
Frank, C. (1999). *Melanie Kleins erste Kinderanalyse. Die Entdeckung des Kindes als Objekt sui generis von Heilen und Forschen.* Stuttgart, Bad Cannstatt: frommann-holzboog.

7 Literatur

Freud, A. (1927). Vier Vorträge über Kinderanalyse, in: diess. *Gesammelte Schriften der Anna Freud.* S. 11–78, München: Kindler, 1980.
Freud, S. (1900a). Die Traumdeutung. *G.W. II/III.*
Freud. S. (1910b). Über einen besonderen Typ der Objektwahl beim Mann. *G.W. XIII,* 66–77.
Freud, S. (1912d). Über die allgemeinste Erniedrigung des Liebenslebens, *G.W. VIII,* 78–91.
Freud, S. (1912b) Zur Dynamik der Übertragung. *G.W. VIII,* 364–374.
Freud, S. (1913). Märchenstoffe in Träumen. *G.W. X,* 2–9.
Freud, S. (1914c). Zur Einführung des Narzißmus, *G.W. X,* 137–170.
Freud, S. (1914e). Darstellung der »großen Leistungen« in Traum. *G.W. II/III,* 416f.
Freud, S. (1916–17) Vorlesungen zur Einführung in die Psychoanalyse, *G.W. XI.*
Freud, S. (1918b) Aus der Geschichte einer infantilen Neurose, *G.W. Bd. 12,* 27–157.
Freud, S. (1926d). Hemmung, Symptom und Angst, *G.W. XIV,* 113–205.
Freud, S. (1895d) Studien über Hysterie, Wien, *G.W. Bd. 1,* 75–312.
Frevert, Ute (2020). *Mächtige Gefühle. Von A wie Angst bis Z wie Zuneigung. Deutsche Geschichte seit 1900.* Frankfurt: S. Fischer.
Garstick, E. (2013). *Junge Väter in seelischen Krisen. Wege zur Stärkung der männlichen Identität.* Stuttgart: Klett-Cotta.
Gorell Barnes, G. (1985). *Working with Families.* London: BASW/ Macmillan.
Gorell Barnes, G. (1989). Stepmotherhood. In S. Hall & P. Ashurst, *Understanding Women in Distress.* London: Routledge.
Gorell Barnes, G. (1990). Recent Research and Substitute Care in Child and Adolescent Psychiatry. Paper given at the Royal College of Psychiatrists, Child and Adolescent Psychiatry Specialist Section, Day Meeting, unpublished paper.
Gorell Barnes, G., Thompson, P., Daniel, G., Burchardt, N. (1997). *Growing up in Stepfamilies,* Oxford: Clarendon.
Götz, S. (2018). Psychoanalytische orientierte Arbeit mit Eltern. In W. I. Burian & B. Grossmann-Garger (Hrsg.), *Psychoanalytisch orientierte Psychotherapie,* Bd. IV (S. 830–847). Wien, Berlin: Mandelbaum.
Grieser, J. (2018) Elternarbeit in der Psychotherapie von Kindern und Jugendlichen. Göttingen: Vandenhoeck & Ruprecht.
Grimm, J. & Grimm, W. (1812/1815). *Kinder- und Haus-Märchen,* Gesammelt durch die Brüder Grimm. Realschulbuchhandlung, Berlin.
Hampe, M. (2004). Pluralität der Wissenschaft und Einheit der Vernunft – Einige philosophische Anmerkungen zur Psychoanalyse. In M. Leuzinger-Bohleber, H. Deserno & S. Hau (Hrsg.), *Psychoanalyse als Profession und Wissenschaft* (S. 17–32). Stuttgart: Kohlhammer.
Hellinger, B. (2010). *Das geistige Familien-Stellen: Ein Überblick.* Hellinger Publikation.
Hinshelwood, R.D. (1989). *A Dictionary of Kleinian Thought.* London: Free Association Book, 1991.
Holmstern, G. (1972). *Jean-Jacque Rousseau in Selbstzeugnissen und Bilddokumenten.* Reinbek: Rowohlt.
Holgate, B. (1993). Film Talking Cure »Ben and Damian«, Infant Observation, London: BBC.
Israel, A. (Hrsg.) (2007). *Der Säugling und seine Eltern. Die psychoanalytische Behandlung frühester Beziehungsstörungen.* Frankfurt: Brandes & Apsel.
Joseph, B. (1989). *Psychic Equilibrium and Psychic Change,* London: Routledge.
Joseph, B. (2008). Nachdenken über das Spielzimmer als Setting: Die grundlegende Gemeinsamkeit von Kinder- und Erwachsenenanalyse, *Kinderanalyse,* 16, 58–69.
Kadi, U. & Leithner-Dziubas, K. (2016). Nur Variation der Mutterschaft? Wirkungen der Reproduktionsmedizin. AEP-Informationen. *Feministische Zeitschrift für Politik und Gesellschaft,* 3, 27–29.
King, P. H. M. & Steiner, R. (1990). *The Freud/ Klein Controversies in the British Psycho-Analytical Society,* 1941–45. London: Routledge.
King, V. (2010). Bedingungen der Elternschaftskonstellation. Umgestaltung der Identität von der Adoleszenz zu väterlicher und mütterlicher Kompetenz, *Kinderanalyse,* 1, 28–52.
Klein, M. (1940). Die Trauer und ihre Beziehung zu manisch-depressiven Zuständen, *M. Klein. Gesammelte Schriften* Bd. I, 2, 159–200 Stuttgart: Frommann, 1996.

Klein, M. (1921). Eine Kinderentwicklung, (11–88). In *M. Klein, Gesammelte Schriften*, Bd. I, 1. Stuttgart: Frommann-Holzboog.
Klein, M. (1940). Die Trauer und ihre Beziehung zu manisch-depressiven Zuständen. In *M. Klein Gesammelten Schriften, Bd. I/2* (S. 159–200). Stuttgart: Frommann-Holzboog, 1996.
Klein, M. (1946). Bemerkungen über einige schizoide Mechanismen, In *M. Klein, Gesammelte Schriften, Bd. III*, 1946–1963 Stuttgart: Frommann-Holzboog. 1–41.
Klein, M. (1952a) Die Ursprünge der Übertragung, In *M. Klein Gesammelte Schriften* III, Stuttgart: Frommann-Holzboog. 1996, 81–96.
Klein, M. (1952b). Theoretische Betrachtungen über das Gefühlsleben des Säuglings, In *M. Klein* Gesammelte Schriften, Bd.I, 1, Stuttgart: Frommann-Holzboog, 109–140.
Klein, M. (1955). Die psychoanalytische Spieltechnik: Ihre Geschichte und Bedeutung, In *M. Klein, Gesammelte Schriften, Bd. III*, Bd.2 (S. 101–122), Stuttgart: Frommann-Holzboog.
Klein, M. (1975). *Darstellung einer Kinderanalyse, M. Klein Gesammelte Schriften*, Bd. IV ,1, Stuttgart: Frommann-Holzboog.
Klein, M. (2019). Die Vorlesungen über Behandlungstechnik 1936, In J. Steiner, *Vorlesungen zur Behandlungstechnik* (S. 43–132). Gießen: Psychosozial.
v. Klitzing, K., Simoni, H. & Bürgin, D. (1999). Child Development and Early Triadic Relationships. *IJPA* 80, 71–89.
v. Klitzing, K. (2003). Wann braucht ein Säugling einen Psychoanalytiker? Von der Erforschung zur Therapie früher Beziehungen. *Kinderanalyse*, 11, 3–19.
v. Klitzing, K. (2005). Rivalen oder Bündnispartner? Die Rolle der Eltern bei der analytischen Arbeit mit Kindern – Eine Einführung in das Themenheft. *Kinderanalyse*, 13, 113–122.
König, R. (1972). *Materialien zur Soziologie der Familie*, Köln: Kiepenheuer & Witsch.
Langer, M. (1992). *Motherhood and Sexuality*. New York: Guilford Press.
Lebersorger, K. J. (2016). Wunschkinder – Fördernde und hemmende Einflüsse medizinisch assistierter Reproduktion auf die Persönlichkeits- und Beziehungsentwicklung. *Neuropsychiatrie*, 30, 33–41.
Lebersorger, K. J. (2018). Psychoanalytische Aspekte der Eltern-Kind-Beziehung nach medizinisch assistierter Reproduktion, *Psyche*, 8, 611–640.
Lebersorger, K. J. (2021). »Wenn ich einmal Opa bin …«. Chancen und Grenzen der Kinder- und Jugendlichen-Psychotherapie im Zwangskontext. *Kinder- und Jugendlichen-Psychotherapie Zeitschrift für Psychoanalyse und Tiefenpsychologie*, Heft 190, 52. Jg., 2, 213–231.
Lebersorger, K. J., Sojka, G. & Zumer, P. (Hrsg.) (2020): *Herausforderung Kind. Ambulante institutionelle psychodynamische Kinder- und Jugendlichen-Psychotherapie*, Frankfurt a.M.: Brandes & Apsel.
Lebersorger, K. (2020). »(Start-)Hilfe für das Baby 5.0«, In K. J. Lebersorger, G. Sojka & P. Zumer (Hrsg), *Herausforderung Kind. Ambulante institutionelle psychodynamische Kinder- und Jugendlichen-Psychotherapie* (S. 175–188). Frankfurt a.M.: Brandes & Apsel.
Lindgren, A. (2021). *Sonnenkinderleben.de*, https://sonnenkinderleben.de abgerufen am 30. Juni 2022.
Lenkisch-Gnädinger, D. (2003). Traumkinder: Phantasien werdender Eltern, In R. Zwiebel & M. Leuzinger-Bohleber (Hrsg.), *Träume, Spielräume II: Kreativität und Persönlichkeitsentwicklung* (S. 49–76). Göttingen. Vandenhoeck & Ruprecht.
Leuzinger-Bohleber, M. (2021). Transgenerativität in der Psychoanalyse, *Kinderanalyse*, 29, 217–241.
Lidz, T. (1974) The life circle. *Introduction*. In S. Arieti (Ed.) *The Foundation of Psychiatry*, Vol. I, 2, NY, 241–251.
Lieberman, C. & Buffert, R. (1999). *Creating Ceremonies. Innovative Ways to Meet Adoption Challenges*. Phoenix: Zeig, Tucker.
McDougall, (1989). Theatres of the Body: A Psychoanalytic Approach to Psychosomatic Illness, London, New York: Free Association Books.
Miller, L., Rustin, M. & Shuttleworth, M. J. (Eds.) (1989). *Closely Observed Infants*. London: Duckworth.
Miller, L. (2005). Kurzintervention bei Kindern unter fünf Jahren. Mit Rücksicht auf Fragen des diagnostischen Erstgesprächs. In M. Rustin & E. Quagliata (Hrsg.), *Der Anfang*. Tübingen: edition discord.

Novick, J. & Novick, K. (2005). *Elternarbeit in der Psychoanalyse*. Frankfurt a. M. Brandes & Apsel, 2009.
Pedrina, F. & Mögel, M. (2016). Soziale Elternschaft: geteilte Verantwortung bei der Gestaltung von Übergängen von Kleinkindern in Pflegefamilien, In P. Bründl, M. Endres & S. Hauser (Hrsg.), *Elternschaft: klinische und entwicklungspsychologische Perspektiven* (S. 226–251). Frankfurt a. M.: Brandes & Apsel.
Parker, B. (1970). *Meine Sprache bin ich. Modell einer Psychotherapie*. Frankfurt: Suhrkamp.
Perelberg, R. (2016). Negative Hallucinations, Dreams and Hallucinations: The Framing Structure and Its Representations in the Analytic Setting, *Int. J. Psychoanal.*, 97, 6, 1575–1590.
Pikler, E. (2018). *Lass mir Zeit. Die selbstständige Bewegungsentwicklung des Kindes bis zum freien Gehen*. München: Pflaum.
Pines, D. (1993). *A Woman's Unconscious Use of her Body: A Psychoanalytic Perspective*. London: Virago.
Pozzi, M. E. (2003). *Psychic Hooks and Bolts. Psychoanalytic Work with Children Under Five and Their Parents*. London: Karnac.
Publius Ovidius Naso (2010) *Metamorphsen*. Übersetzt von Michael von Albrecht. Stuttgart: Reclams.
Raphael-Leff, J. (1992). The Baby Makers: An In-Depth Single-Case Study of Conscious and Unconscious Reactions to Infertility and ›Baby-Making‹ Technology, *Brit. J. Psychother.*, 8, 278–294.
Raphael-Leff, J. (1993). *Pregnancy. The Inside Story*. London: Sheldon Press.
Raphael-Leff, J. (Ed.) (2000). *»Spilt Milk« perinatal loss & breakdown*. London: Institute of Psychoanalysis.
Raphael-Leff, J. (2007). Femininity and Its Unconscious ›Shadows‹: Gender and Generative Identity in the Age of Biotechnology, *Brit. J. Psychotherapie*, 23, 497–515.
Raphael-Leff, J. (2020). Absolute Hospitality and the Imagined Baby, *Psychoanalytic Study of the Child*, 73, 230–239.
Razum, O. & Breckenkamp, J. (2007). Kindersterblichkeit und soziale Situation. Ein internationaler Vergleich. Dtsch. Ärzteblatt, 105(43). 2950–2956.
Roper, L. (1994). *Oedipus and the Devil: Witchcraft, Sexuality and Religion in Early Europe*. London: Routledge.
Rosenbaum, A. (2005). Die Beurteilung von Elternfunktionen: Ein wesentlicher Bestandteil der Indikationsstellung für eine Kinderanalyse. *Kinderanalyse*, 2, 123–146.
Rosenfeld, H. (1971). A clinical approach to the psychoanalytic theory of the life and death instinct: an investigation into the aggressive aspects of narcissism, *Int. J. Psychoanalysis*, 52 (2) 169–78.
Rousseau, J.-J. (1782). *Die Bekenntnisse*. Frankfurt: Fischer TB, erstmals erschienen 1961.
Rupp, M. (Hrsg.) *Die Lebenssituation von Kindern in gleichgeschlechtlichen Lebenspartnerschaften*. Köln: Bundesanzeiger.
Rustin, M. (2022). Where are we now? Reflections on infant observation then and now, *Int. Journ. for Infant Observation and It's Applications*, 1, 4–15.
Rutschky, K. (Hrsg.) (1977). *Schwarze Pädagogik. Quellen zur Naturgeschichte der bürgerlichen Erziehung*. München: Ullstein.
Rutter, M. (1987). Psychosocial Resilience and protective mechanism. *American Journal of Orthopsychiatry*, 57, 316–331.
Salzberger-Wittenberg, I. (2019). *Beginnen und Beenden im Lebenszyklus*. Übersetzt von Gertraud Diem-Wille, Stuttgart: Kohlhammer.
Satir, V. (2016) *Selbstwert und Kommunikation (Leben lernen, Bd. 18): Familientherapie für Berater und zur Selbsthilfe*. Stuttgart: Klett-Cotta.
Schlüter, A. (Hrsg.) (1992). *Pionierinnen – Feministinnen – Karrierefrauen? Zur Geschichte des Frauenstudiums in Deutschland*. Centaurus: Pfaffenweiler.
Schore, A. (2012). *Schaltstellen der Entwicklung. Eine Einführung in die Theorie der Affektregulation*. Stuttgart: Klett-Cotta.
Schubert, Helga (2021). *Vom Aufstehen. Ein Leben in Geschichten*. München: Deutsche Verlagsanstalt.

Schubert, Helga (2021) Das vierte Gebot. In Schubert, H., Vom Aufstehen, *Ein Leben in Geschichten*. München: Deutsche Verlagsanstalt.
Schülein, J. A. (1990). *Die Geburt der Familie. Über die Entstehung der modernen Elternposition und den Prozess ihrer Aneignung und Vermittlung*. Opladen: Westdeutscher Verlag.
Simon, F. & Stierlin, H. (1984). *Die Sprache der Familientherapie. Ein Vokabular*. Stuttgart: Klett-Cotta.
Statistik Austria Mikrozensus (2022). Österreichisches Institut für Familienforschung, Familie in Zahlen, (Hrsg. Kaindl, D. & Schipfender R. K.) Kindersterblichkeit, www.oif.ac.at.
Statistisches Bundesamt (2024) Kinderlosigkeit und Mutterschaft, Ergebnisse des Mikrozensus 2022. www.destatis.de/DE/Themen/Gesellschaft-Umwelt/Bevoelkerung).
Steiner, John (2019). Einleitung, Überblick und Kommentar. In M. Klein: Vorlesungen zur Behandlungstechnik, hrsg. von John Steiner, Gießen: Psychosozial.
Stern, D. N. (1985). *The Interpersonal World of the Infant. A View from Psychoanalysis and Developmental Psychology*, Basic Books.
Stern, D. N. (1992). *Die Lebenserfahrung des Säuglings*. Stuttgart: Klett-Cotta.
Stern, D.N. (1998). *Die Mutterschaftskonstellation. Eine vergleichende Darstellung verschiedener Formen der Mutter-Kind-Psychotherapie*. Stuttgart: Klett-Cotta.
Sorensen, P. B. (2005). Changing Positions: Helping parents look through the child's eyes. *Journal of Child Psychotherapie, 31*, 20–80.
Springer-Kremser, M. (2001). Das Leiden an der Unfruchtbarkeit. In Springer-Kremser, M. Ringler & A. Eder (Hrsg.), *Patient Frau. Psychosomatik im weiblichen Lebenszyklus* (S. 123–131). Wien: Springer,
Strout, E. (2008) »A Little Burst«. In *Olive Kitteridge*, New York: Random Books.
Tustin, F. (1972). *Autism and Childhood Psychoses*. London: Hogarth.
Murray, L. & Andrews, L. (2014). *The Social Baby. Understanding Babies' Communication from Birth*. Film. Winnicott Centre, London.
Timmermann, H. (2016). Wir wollen doch gute Eltern sein... Psychisch kranke Eltern als Bündnispartner in der Psychotherapie ihres Kindes (S. 146–164). In. P. Bründl, M. Endres & S. Hauser (Hrsg.), *Elternschaft. Klinische und entwicklungspsychologische Perspektive*, Frankfurt: Brandes & Apsel.
Tustin, F. (1972). *Autism and Childhood Psychoses*. London: Hogarth.
Waddell, M. (1999). *Inside Lives: Psychoanalysis and the Growth of the Personality*, London: Karnac.
Wallerstein, J., Corbin, S.B. & Lewis, J.M. (1988). *Children of divorce: A ten-year study*.
Wallerstein, J. (2000). The Unexpected Legacy of Divorce: A 25-Year Landmark Study. New York: Hyperion.
Weatherston, D. J. (2001). »Infant Mental Health«. *Psychoanalytic Social Work., 8(1)*, 43–74.
Welsh, R. (2021a). *Johanna*. Wien: Czernin.
Welsh, R. (2021b). *Die alte Johanna*. Wien: Czernin.
Winnicott, W. (1947). Der Hass in der Gegenübertragung In ders., *Von der Kinderheilkunde zur Psychoanalyse* (S. 77–90). München: Fischer TB, 1983.
Winnicott, W. (1951). Übergangsobjekte und Übergangsphänomene. In ders., *Vom Spiel zur Kreativität* (S. 10–36) Stuttgart: Klett-Cotta, 2002.
Winnicott, W. (1971). Die Spiegelfunktion von Mutter und Familie in der kindlichen Entwicklung. In ders., *Vom Spiel zur Kreativität* (S. 128–135) Stuttgart: Klett-Cotta, 2002.
Winnicott, D. W. (1974). Reifungsprozesse und fördernde Umwelt. München: Kindler.
Winnicott, D.W. (1974). Ichverzerrung in Form des wahren und des falschen Selbst. In *Reifungsprozesse und fördernde Umwelt*, S. 182–199. Gießen: Psychosozial-Verlag, 2020.
Winnicott, D.W. (1977). *The Piggle. An Account of the Psychoanalytic Treatment of a Little Girl*. London: Pinguin Books.
Winnicott, W. (1978). *Familie und individuelle Entwicklung*. München: Kindler.
Winnicott, W. (1993). *Talking to Parents*. London: Addison Wesley.
Yiwu, Liao (2013). Fräulein Hallo und der Bauernkaiser. Chinas Gesellschaft von unten. Frankfurt: Fischer TB.
Zeiler, A. (2016). »Ich habe mein Kind am Schreibtisch bekommen«. Wie unterschiedlich empfinden Pflege- und Adoptiveltern Zustandekommen und Auswirkungen einer künst-

lichen Familienmatrix. In: Bründl, P./Endres, M./Hauser, S. (Hrsg.) *Elternschaft: klinische und entwicklungspsychologische Perspektiven*, (S. 196–225) Frankfurt a M.: Brandes & Apsel.

Zeller-Steinbrich, G. (2008). Fertilitätsbehandlung, Reproduktionsmotive und die Fähigkeit zur Elternschaft. *Analytische Kinder- und Jugendlichen Psychotherapie*, 140. 447–472.

Zeller-Steinbrich, G. (2010). Wie geht es den Wunschkindern? Überlegungen zu individuellen und gesellschaftlichen Auswirkungen der Fertilitätstechnologie. *Analytische Kinder- und Jugendpsychiatrie* 41, 173–188.

Zulliger, H. (1970). *Heilende Kräfte im kindlichen Spiel.* Stuttgart: Fischer.

Stichwortverzeichnis

A

Abhängigkeit 7, 43, 63, 72, 97
Abortus 8, 31, 46, 50, 68, 69, 72, 152, 153
Abstillen 33, 35
Abwesenheit der Mutter 126, 127
Abwesenheit des geliebten Objekts 182
Adoptionsfamilien 115, *siehe* Pflegefamilien
Akzeptanz des Kindes 101
Alleinsein 57, 88, 89
Allmachtsphantasien 104
Als-ob-Persönlichkeit 121
Ambivalenz der Gefühle 62, 71, 81
Anale Phase 46
Angst 171, 183, 197, 209
Angstträume 50, 168
Ausgeschlossenheit vom ödipalen Paar 52, 98, 200
Autonomie 43

B

Babybeobachtung, psychoanalytische 19, 35, 50, 162
Bedeutung des Kindes
– für den Vater 16
– für die Mutter 29
Bedrohliche Träume 49, 50
Beißen 71, 110, 191
Beta-Elemente 183
Blickkontakt 126, 142, 150, 180, 181
Brust
– gute 22

C

Container 17, 51, 82, 142
Containment 107, 132
– fehlendes 118, 141
– parisitäres 141

D

Dankbarkeit 18, 76, 84, 108, 109, 163
Demütigung 80, 90, 117, 172
Depression 65, 75, 153
– postportale 11, 58
Depressive Muster 155, 164, 200
Destruktivität 67, 90, 100, 108, 168, 176
Differenzierung 12, 163
Disziplinierung 86, 136, 172, 176, 212

E

Egozentrik 13, 100
Eifersucht 168, 170, 171, 176, 188, 191, 200
Einsamkeit 10, 63–65, 168, 177, 205, 207
Einschlafprobleme 142
Eizellspende 44
Elterlicher Geschlechtsverkehr 78, 200
Eltern-Kleinkind-Therapie 17, 109, 141, 142, 145
Elternhass 81, 84, 95, 96
Elternliebe 81
Elternschaft 8, 11, 12
Emotionale Qualität der Beziehung 13, 30, 137, 141, 210
Erforschen der Welt 14, 151
Erforschen des Körpers 30
Erziehung, zureichend gute 13, 115, 141, 158
Essprobleme 189

F

Familiengeheimnis 77
Familiensystem 81, 104, 138
Fehlgeburt 48, 62, *siehe* Abortus
– aus der Perspektive des Vaters 73
Frühgeburt 60
Frühkindliche Sexualität 30
Frustration 15, 115, 192

G

Geborgenheit 17, 46, 67, 83, 207, 212
Gegenübertragung 167, 180, 188
Gehaltenwerden 107
Geister im Kinderzimmer 15, 144, 145, 164, 187
Generationengrenze 106
Geschlechtsidentität 77
Geschwisterrivalität 18
Grenzen setzen 35, 86, 109, 113–115
Großeltern 7, 15, 17, 31

H

Halbgeschwister 135
Hilflosigkeit 10, 52, 168, 192

I

Ich-Kern 163
Idealisierung 7, 32, 81, 115
Identifizierung, projektive 183
In-vitro-Fertilisation (IVF) 44, 75
Innere Welt der Eltern 8

K

Kaiserschnitt 21, 32, 47, 59, 61, 111, 151, 188, 198
Kinderanalyse 161, 163
Kinderlieder 94
Kindersterblichkeit 95, 214, 218
Kinderwunsch 43, 66, 78, 115, 145
Kindliches Spiel 149
Konflikte 16, 30
– unbewusste 104
Körper der Mutter 43–45, 55, 56, 61, 111
Kreativität 11, 12, 136, 166

L

Lernen aus Erfahrung 93
Liebesfähigkeit 44
Loslösung 99, 204
Loyalitätskonflikt 136, 139

M

Magisches Denken 100, 174
Männlichkeit 20
Märchen 95, 96
– Die sieben Geißlein 100
– Hänsel und Gretel 96
– Rapunzel 97
– Schneewitchen 98
Mutter-Kind-Interaktion 141, 163
Mutter-Kind-Symbiose 46
Mutterhass 85
Mutterleib 32, 45, 69, 72
Mutterliebe 85, 90, 213
Mythologie 95, 100

N

Narzissmus 7, 31
Neid 15, 43, 46
Neugierde 21, 47, 56, 200

O

Objektbeziehung 142, 163, 164
Objekte
– innere 11, 107
– sichere gute 61
Ödipale Rivalität 200
Ödipale Wünsche 176, 208
Ödipuskomplex 200

P

Parentifizierung 106, 108, 136
Patchwork-Familien 106, 134
Pflegeeltern (Adoptiveltern) 115, 116
Position
– depressive 200
– paranoid-schizoide 82
Präkonzeption 46
Psychotherapeutische Elternarbeit 162, 163

R

Realität
– psychische 15
Reproduktionstechniken (AIH, AID, IVF) 75
Reverie 82, 142
Rivalität 90, 100, 135, 136, 177
Rivalitätsgefühle 90, 91
Rollenumkehr 107, 108

S

Sadistische Impulse 10, 168
Samenspende 75, 80

Scham 76, 96, 102, 165, 174
Scheidung 106, 109, 135
Schlafprobleme 15
Schwangerschaft 21, 24, 25, 29, 31
Schwangerschaftsabbruch 8, 31, 50, 66, 68, 69, 77, 89
Sexuelle Grenzverletzung 108
Spaltung 92, 138, 176
Stillen 22
Stillpaar 37, 91
Symbolische Gleichsetzung 183
Symbolisieren 52

T

Tod 65, 77, 95
Träume 78, 87
– bedrohliche 43
– während der Schwangerschaft 50
Trennung 138, 139, 173
Trennungserfahrung 137
Triangulärer Raum 37

U

Über-Ich 46
Übergangsobjekte 182

Umgestaltung der inneren Welt 7, 44, 103
Uneheliche Kinder 132

V

Vater-Kind-Beziehung 53, 137
Vaterhass 89
Vaterliebe 90

W

Weiblichkeit 44
Wiedergutmachung 115, 121

Z

Zärtlichkeit 76, 78, 81, 82, 90
Zureichend-gute Mutter 87, 141
Zuwendung 84, 90, 102, 107, 114, 122, 137, 141, 184, 193
Zweithaut 124
Zwilling 55, 66, 67